新闻与传播学译丛·国外经典教材系列

电视现场制作与报道

（第五版）

Television Field Production and Reporting

（5th Edition）

弗雷德·舒克（Fred Shook）

[美]　约翰·拉森（John Larson）　　　著

约翰·德·塔尔西奥（John DeTarsio）

雷蔚真　主译

贾明锐　译校

中国人民大学出版社
·北京·

"新闻与传播学译丛·国外经典教材系列"
出版说明

　　"新闻与传播学译丛·国外经典教材系列"丛书，精选了欧美著名的新闻传播学院长期使用的经典教材，其中大部分教材都经过多次修订、再版，不断更新，滋养了几代学人，影响极大。因此，本套丛书在最大限度上体现了现代新闻与传播学教育的权威性、全面性、时代性以及前沿性。

　　在我们生活的这个"地球村"，信息传播技术飞速发展，日新月异，传媒在人们的社会生活中已经并将继续占据极其重要的地位。中国新闻与传播业在技术层面上用极短的时间走完了西方几近成熟的新闻传播界上百年走过的路程。然而，中国的新闻与传播学教育和研究仍然存在诸多盲点。要建立世界一流的大学，不仅在硬件上与国际接轨，而且在软件、教育上与国际接轨，已成为我们迫切的时代任务。

　　有鉴于此，本套丛书书目与我国新闻传播学专业所开设的必修课、选修课相配套，特别适合新闻与传播学专业教学使用。如传播学引进了《大众传播效果研究的里程碑》，新闻采访学引进了《创造性的采访》、《全能记者必备》，编辑学引进了《编辑的艺术》等等。

　　本套丛书最大的特点就是具有极大的可操作性。不仅具备逻辑严密、深入浅出的理论表述、论证，还列举了大量案例、图片、图表，对理论的学习和实践的指导非常详尽、具体、可行。其中多数教材还在章后附有关键词、思考题、练习题、相关参考资料等，便于读者的巩固和提高。因此，本丛书也适用于对新闻从业人员的培训和进修。

　　需要说明的是，丛书在翻译的过程中提及的原版图书中的教学光盘、教学网站等辅助资料由于版权等原因，在翻译版中无法向读者提供，敬请读者谅解。

　　为了满足广大新闻与传播学师生阅读原汁原味的国外经典教材的迫切愿望，中国人民大学出版社还选取了丛书中最重要和最常用的几种进行原文影印，收入"新闻传播学英文原版教材系列"中，读者可以相互对照阅读，相信收获会更多。

中国人民大学出版社

你为什么需要这个新版本?

世界从未像今天这么信息发达:从卫星广播到无线宽带上网,电视新闻观众需要更加专业、有趣的节目。观众们搜索相关的信息,同时也想知道自己能否在观看新闻的过程中获益。电视出现至今已有70年历史,其自身独有的优势在今天显现出了前所未有的重要性,电视正是通过这个特点来吸引和留住拥有广阔选择面的观众的。那么这些优势是什么呢? 这本《电视现场制作与报道》(第五版)强调:电视的优势就是可以将人展现给观众,能抓住和传达一种亲身经历的感觉。这也是过去20年中本书一贯坚持的。

购买新版的六大理由:

1. 本书详细叙述了两位著名新闻人的观点:美国全国广播公司(National Broadcasting Company, NBC)记者约翰·拉森(John Larson)和自由摄像记者约翰·德·塔尔西奥(John DeTarsio)。他们参与了本书的撰写,并在文中强调了视觉报道的好处。

2. 新增一章"像讲故事一样写作",作者是约翰·拉森。该章分析了讲故事和报道的不同,描述了两种活动的规则和原则,并给出了其所适用的环境。拉森首次深入分析了自己发掘和报道新闻所遵循的过程,披露了所有讲述者在作品中都必须包含的重要元素,并展示了除文字外如何使用图像、声音和沉默来讲述事件。

3. 本书另一作者约翰·德·塔尔西奥介绍了外景制作、新闻摄像、照明和声音处理、职业道德等方面的最新信息。作者并非仅仅给出技术建议和解释,而是告诉你如何使用摄像机、麦克风、剪辑台和照明工具这些报道辅助道具,以制作更加生动、感染力更强的电视新闻。作者还讲述了自己如何与拍摄主体合作,以及如何捕捉后者的故事点、动作和行为。

4. 提供现代照明实践的新信息。重点讲述适用于高清电视的HMI灯及其照明方式(第5章)。

5. 新增"法律与电视新闻人"一章,阐释了重要的法律概念及其对报道的影响(第15章)。

6. 新增部分图片,以反映和阐明现代报道实践和广播报道技巧。

美国国家新闻摄像师协会推荐此书作为所有新闻摄像领域初学者的入门教材，或是作为高级培训教材。从事新闻工作多年的专业人士，在阅读此书时将耳目一新；而喜欢思考的读者会发现本书不仅在教授知识，还能引发思考——不论我们的专业水准如何。

——美国国家新闻摄像师协会（National Press Photographers Association，NPPA)

本书旨在帮助你成为优秀的视觉报道者，而不仅仅是摄像师或记者。有架摄像机就能成为摄像师，有个麦克风就能成为记者。早在多年前，似乎只要拥有了摄像机，人人就都能拍摄视频、报道故事。然而，在众多人中，只有少部分最终成为优秀的讲述者。

若要进行视觉讲述或是职业报道，你还需要掌握额外的技能以及数码"语言"。最起码必须掌握两种讲述方式：一种是用图像；一种是用声音，包括人们说的话。这听起来可能很容易，但事实并非如此。你的图像必须传达清晰的意思；照明效果必须能复制出自然的光影；声音必须成为图像的另一半，因为我们要通过耳朵"看"；你的写作不仅必须包含人们说过的话，还要包括视觉媒体工具。在当今世界，观众们已开始使用数字荧屏，只有优秀的、原创的、有趣的和有意义的内容才能吸引他们，这让讲述故事成为一门需要通过学习才能掌握的艺术。

最后我们相信，并且相信你也会赞成，如果你精通必要的数字语言和报道内容，那么你的职业生涯将会很长、很有效益并且收获颇丰。

《电视现场制作与报道》（第五版）新增了大量信息和图片。最值得关注的是NBC记者暨本书作者之一约翰·拉森撰写的"像讲故事一样写作"一章。在该章中，拉森分析了讲故事和报道的不同，描述了二者的规则和原则，并给出了其所适用的环境。拉森首次深入分析了自己发掘和报道新闻所遵循的过程，披露了所有讲述者的作品中都必须包含的重要元素，并展示了除文字外如何使用图像、声音和沉默来讲述事件。作者的分析清晰、丰富、深入，可以帮助读者在数月之内掌握事件讲述过程。

另外值得关注的就是网络自由摄像记者暨本书另一作者塔尔西奥的文章。美国、欧洲、加拿大的同行对塔尔西奥及其对电视新闻的贡献可谓耳熟能详。在第五版中，作者介绍了外景制作、图像新闻、照明和声音处理、职业道德等方面的最新信息。作者并非仅仅给出技术建议和解释，而是告诉你如何使用摄像机、麦克风、编辑台和照明工具这些报道辅助道具，以制作更加生动、感染力更强的电视新闻。作者还讲述了自己如何与拍摄主体合作，以及如何捕捉后者的故事点、动作和行为。

致 谢 >>>>>>>>
Acknowledgments
电视现场制作与报道

感谢以下个人和机构在本书的写作过程中所提供的帮助：

感谢 NPPA 赞助俄克拉何马大学（University of Oklahoma）的电视新闻广播年度论坛（Television News-Video Workshop）。此论坛因在视觉报道领域的成就而获得世界认可。本书中的许多概念便是源自引导该论坛的部分成员。

感谢 NBC 新闻高级记者鲍勃·多特森（Bob Dotson），他是弗雷德·舒克（Fred Shook）的密友。他的报道成为《今日秀》（Today Show）和《NBC 晚间新闻》（NBC Nightly News）的里程碑。本书第 1 章"讲述视觉报道"阐释的便是多特森的工作及其报道哲学。该章是多特森十余年来采访和报道的结晶。

感谢丹佛（Denver）电视台的摄像记者厄尼·莱巴（Ernie Leyba）和鲍勃·布莱登（Bob Brandon）；感谢甘尼特广播公司（Gannett Broadcasting）的董事长兼首席执行官罗杰·奥格登（Roger Ogden）；感谢 KUSA-TV 的新闻部主任佩蒂·丹尼斯（Patti Dennis），摄像部主任艾瑞克·科赫（Eric Kehe）和摄像记者曼妮·索泰罗（Manny Sotello）；感谢 KCNC-TV 的首席摄像师鲍勃·伯克（Bob Burke）和航拍记者栾埃金（Luan Akin）；感谢所有 KUSA 和 KCNC 员工以及在本书图片中出现的公民。

其他对本书做出重要贡献的人还有体育记者玛西亚·内维尔（Marcia Neville）和以下审读者：加利福尼亚州立大学（California State University）的欧文·奎瓦斯（Irv Cuevas），得克萨斯州立大学（Texas State University）的迈克尔·英格兰（Michael Timothy England），查尔斯顿学院（College of Charleston）的帕特里克·哈伍德（Patrick Joseph Harwood），亚利桑那州立大学（Arizona State University）的格伦·斯蒂芬斯（Glen Stephens）和罗德岛学院（Rhode Island College）的苏珊·祖克曼（Susan Zuckerman）。

谨向以上和本书另有提及的人士致以最诚挚的谢意！

弗雷德·舒克的专业领域包括电视报道、制作、撰稿、新闻摄像和视频剪辑。他在国内外做过电视制片、顾问、撰稿人、导演，并为商业电视台、公司和政府机构做过编辑。舒克在电视领域耕耘了至少 25 年，并做出了巨大贡献，因此成为美国电视学术银圈成员（National Television Academy Silver Circle Member）。他因撰稿于 2004 年获得过落基山艾美奖提名（Rocky Mountain Emmy Nomination），并于 2002 年被美国国家摄像师协会授予"国家优秀教育家"（Outstanding National Educator）称号。他还获得过美国国家新闻摄像师协会的 J·温顿·莱门国家资助金，以表彰他在电视摄像中做出的贡献。代表作品有：《电视新闻写作：吸引读者》（*Television News Writing：Captivating an Audience*）、《电视外景制片与报道》（*Television Field Production and Reporting*）、《电子新闻收集程序》（*The Process of Electronic News Gathering*），合著有《广播新闻程序》（*Broadcast News Process*）和即将出版的《电视和互动新媒体的新闻写作》（*Newswriting for Television and Interaction New Media*）。

约翰·拉森是 NBC 记者，被认为是美国最优秀的电视记者之一。他擅长报道调查性新闻、突发新闻及特稿新闻。他获得过许多地区和国家的报道奖项。此外，由于拥有很强的创造力和写作能力，他经常在国内各种论坛和新闻编辑室进行演讲、授课或是监督。所获奖励有：美国调查性新闻报道艾美奖、美国突发新闻报道艾美奖。最值得关注的是拉森曾三次荣获颇具威信的杜邦—哥伦比亚大学电视新闻奖，也就是电视领域内的普利策奖：2001 年，他因报道《一纸追踪》（A Paper Chase）获奖，该报道是对保险业的调查性报道，并成为广播电视史上最负盛誉的作品之一；2004年，因《怀疑模式》（A Pattern of Suspicion）获奖，该报道阐述的是种族问题；2006 年又与其他 NBC 记者共同获奖。1994 年来到 NBC 工作之前，拉森曾就职于西雅图的 KOMO-TV，并获得 16 项地方艾美奖。

塔尔西奥在五家机构担任摄像师、编辑和在线记者。他曾任圣迭戈的 KNSD 7/39 创意部执行制片，后来成为自由网络摄像师和顾问。现在，他供职于多家电视网及其杂志，包括 CBS 新闻频道的《48 小时》（48 Hours）、《60 分钟》（60 Minutes），ABC 新闻频道的《20/20》，

NBC 的《日界线》(Dateline) 以及网络真人秀。塔尔西奥制作公司 (DeTarsio Production) 的客户还有《彻底改变之家庭再造》(Extreme Makeover，Home Edition)、《走进好莱坞》(Access Hollywood)、《号外》(EXTRA)、《今日秀》和 CBS 体育频道。作为一名顾问 (www. DeTarsioProductionInc. com)，他经常和国内外的摄像师、编辑、记者和经纪人等合作，分享自己对视觉报道的热情。所获奖项包括美国国家新闻摄像师协会年度国家摄像师奖 (NPPA National Photographer of the Year)、美国彩虹奖 (National Iris Award)、6 个美国国家新闻摄像师协会国家奖、46 个地方艾美奖、28 个圣迭戈出版社俱乐部的奖项 (San Diego Press Club Award)、9 个金话筒奖 (Golden Mic Award) 以及 55 个美国国家新闻摄像师协会地方奖。

目 录

引　言 / 1

　　电视是一门语言 / 1

　　关键术语 / 3

　　注释 / 3

第 1 章　讲述视觉报道 / 4

　　视觉报道开头要有明确的重点信息 / 5

　　视觉报道主持人的定义 / 5

　　拍摄画面是第一位的 / 6

　　拍摄序列镜头 / 7

　　用视觉来验证报道的重点信息 / 8

　　重点信息可能会改变 / 8

　　在突发新闻事件中寻找报道中心 / 9

　　确定大的突发新闻点 / 9

　　通过人物来做报道 / 9

　　强烈的自然声有助于报道新闻事件 / 10

　　制造意外 / 10

　　使插播保持简短 / 11

　　突出亮点 / 11

　　让报道令人难忘 / 11

　　全套新闻节目就是真实的微型电影 / 11

　　导入 / 12

　　为要点提供视觉证据 / 12

　　结尾 / 13

　　以作者的标准严格要求自己 / 13

　　根据画面写作 / 14

　　剪辑控制台是一部重写机器 / 14

　　报道式剪辑 / 15

　　拍摄突发新闻的计划 / 17

　　小结 / 20

　　关键术语 / 21

讨论 / 21

练习 / 21

注释 / 22

第 2 章   电视拍摄的视觉语法 / 23

镜头 / 23

序列镜头 / 24

基本镜头 / 25

如何组合各种镜头 / 26

摄像机移动 / 26

摄像视角的变化 / 29

有助于讲述故事情节的镜头 / 30

从单人镜头到群体镜头 / 32

带切入的主镜头 / 32

重叠动作 / 34

突发新闻也能拍到匹配的动作系列 / 34

屏幕方向 / 36

改变拍摄角度 / 38

角度产生心理冲击 / 39

对比和比较 / 39

合成 / 39

小结 / 43

关键术语 / 43

讨论 / 44

练习 / 44

注释 / 45

第 3 章   视频剪辑 / 46

形成剪辑理念 / 46

每个人都是电视新闻的编辑 / 47

画面切换 / 47

选择剪辑点 / 48

重叠动作是匹配动作的必需条件 / 48

动点剪辑和顿点剪辑 / 49

镜头内动作和镜头外动作 / 49

跳切 / 50

镜头跳转 / 50

压缩时间和推进动作的方式 / 50

平行剪辑 / 51

镜头顺序影响连贯感 / 52

内容决定节奏 / 53

利用剪切来压缩时间 / 53

组合影响节奏 / 53

屏幕方位 / 54

通过剪辑消除错误的反转 / 54

转场镜头 / 55

利用声音作为过渡方式 / 55

冷切 / 56

闪切 / 56

剪切为观众反应提供空间 / 56

交流是有好处的 / 57

渐隐和其他的光学效果 / 57

小结 / 58

关键术语 / 58

讨论 / 59

练习 / 59

注释 / 60

第 4 章　拍摄电视新闻的现场技巧 / 61

尽量使用三脚架 / 61

手持摄像机 / 62

如何利用变焦拍摄 / 64

故事阐述和计划 / 65

在田间作业时交流 / 65

在拍摄之前考虑清楚 / 66

拍摄序列镜头 / 66

拍摄和移动 / 67

预想动作 / 68

只拍摄你需要的镜头 / 68

不要不加区分地拍摄 / 68

在摄像机上剪辑 / 69

在拍摄时消除错误的反转 / 69

将摄像机融入动作中 / 70

与他人合作 / 70

不要分散主体的注意力 / 71

单人乐队 / 72

寒冷天气下的拍摄 / 73

安全第一 / 75

小结 / 77

关键术语 / 77

讨论 / 77

练习 / 78

注释 / 78

第 5 章　**光线和照明的魔力 / 79**

摄像是操控光线的艺术 / 79

混合光源 / 83

基本照明模式 / 83

人工光线的作用 / 84

主光源 / 84

对比度控制 / 85

光照度平方反比定律 / 85

背光灯 / 86

宽位照明和侧逆照明 / 87

高清晰度效果下的照明 / 87

平光照明 / 88

光线漫射 / 88

反射光 / 89

眼神反射 / 91

曝光 / 91

必需的照明设备 / 92

在阳光下照明 / 92

如何为记者招待会照明 / 93

和其他工作人员一起设置灯光 / 94

照明规则 / 94

新闻现场的夜间照明 / 94

拍摄肤色较暗的主体 / 95

大范围照明 / 95

注意 / 96

小结 / 96

关键术语 / 97

讨论 / 97

练习 / 98

注释 / 99

第 6 章　**音轨 / 100**

麦克风的工作原理 / 101

定向模式 / 101

麦克风的选择 / 102

阻抗 / 103

频率响应 / 103

适合电视记者的麦克风 / 103

无线电收发两用机 / 106

混合器 / 108

音频要点 / 109

减少风噪音的技术 / 112

要有进取心 / 114

麦克风捕捉声音有所不同 / 114

声音角度 / 114

立体声 / 115

关于新闻发布会 / 115

小组讨论的录音 / 116

一对一采访 / 116

收集背景音 / 117

自然声的魅力 / 117

注意你说的话 / 117

声音和视频零件 / 117

小结 / 118

关键术语 / 119

讨论 / 119

练习 / 119

注释 / 120

第 7 章　电视采访 / **121**

建立信任 / 121

练习待人接物 / 122

最重要的采访问题 / 122

把问题留到采访中 / 122

使用无线麦克风 / 123

做好准备工作 / 124

怎么撰写问题提纲 / 124

倾听的艺术 / 124

避免简单的问题 / 125

根据五个 W 问问题 / 125

不要一次问两个问题 / 125

"您觉得怎么样?" / 125

问观众想知道的问题 / 126

巧妙地利用犹豫的技巧 / 126

把握采访机会 / 126

提前安排记者和摄影师之间的暗号 / 127

如何在不显露出明显认同的情况下作出回应 / 127

控制采访 / 128

采访儿童 / 128

发言人头部特写 / 129

影响观众对采访对象的接受 / 129

独眼发言人的头部特写 / 130

肢体语言 / 130

采访结束以后 / 131

直接观察报道式采访 / 131

小结 / 132

关键术语 / 132

讨论 / 132

练习 / 133

注释 / 134

第 8 章　　电视脚本格式 / 135

读稿机 / 135

磁带录像机画外音录制 / 136

磁带录像机的画外音 / 137

现场镜头介绍 / 138

对新闻节目的现场导语 / 139

节目脚本 / 140

记者和主持人的结束语 / 142

关于大小写的问题 / 142

小结 / 143

关键术语 / 143

练习 / 143

第 9 章　　节目制作 / 144

确定报道中心 / 145

开头（演播室导语部分）的写作 / 145

节目导语部分的写作 / 145

中间或主体部分的写作 / 146

结尾的写作 / 147

预先策划节目 / 148

突发新闻报道 / 149

为报道定下高标准 / 150

自由使用自然声 / 150

小结 / 151

关键术语 / 152

练习 / 152

注释 / 153

第 10 章　　像讲故事一样写作 / 154

传送体验 / 154

写下第一句 / 157

三匹马——电视报道讲述故事的工具 / 157
第一匹马：意外 / 158
第二匹马：诉求 / 161
第三匹马：个性 / 163
动人报道的写作提示 / 164

小结 / 166
讨论 / 167
练习 / 168

第 11 章　如何提高讲故事的水平 / 169

寻求逐步提高 / 169
优秀 VS 完美 / 170
找到故事 / 170
种种借口 / 171
了解你的社区 / 171
好奇有益 / 172
透过现象看本质 / 172
告诉观众他们错过了什么 / 173
让摄像机融入现场 / 173
顺序推进故事 / 173
不要一次就把新西兰全展示完 / 175
发展对人的兴趣 / 175
让观众想看 / 176
营造流畅视觉 / 176
报道要适应故事需求 / 177
报道非视觉性故事 / 177
个人外表和行为 / 178
礼节 / 178
拍摄报道突发新闻 / 179
形成新闻理念 / 181

小结 / 182
关键术语 / 182
讨论 / 182
练习 / 183
注释 / 184

第 12 章　现场直播和远程报道 / 185

"外景直播"需要些什么 / 186
突发新闻 / 187
电视直播形式 / 190
口播 / 193

航拍直播 / 195

直播间的现场直播 / 195

直播标识 / 196

直播/主持人的主题引述 / 196

记者的结尾陈述 / 197

主持人的结尾陈述 / 197

为什么要现场直播？ / 197

为什么不去现场直播？ / 198

电话采访 / 199

直播引子 / 199

几点忠告 / 201

最后的思考 / 201

小结 / 202

关键术语 / 202

练习 / 203

第 13 章　　调度编辑和制片人 / **204**

调度编辑 / 204

调度编辑协助将新闻节目概念化 / 205

制片人 / 207

形成一种新闻理念 / 207

引子 / 212

帮助电视台成为地区新闻报道的中坚力量 / 213

提高音频—视频间的关联度 / 214

视觉效果 / 214

注意更新视频文件 / 214

有目的地利用受访者 / 215

天气预报与体育赛事 / 216

小结 / 216

关键术语 / 217

讨论 / 217

练习 / 218

注释 / 219

第 14 章　　体育赛事的拍摄与报道 / **220**

如何成为一名卓越的体育摄影师 / 220

体育摄像中最重要的问题 / 222

如何拍摄体育精彩集锦 / 223

如何拍摄体育特写 / 225

如何同时进行拍摄特写和精彩集锦 / 226

体育报道：创造力决定一切 / 227

做好准备 / 228

体育报道的内场报道 / 229

特写报道 / 234

体育报道的撰写和录音 / 234

避免亲身投入 / 234

小结 / 235

关键术语 / 236

讨论 / 236

练习 / 236

第 15 章　　**法律与电视新闻人** / **238**

搜集新闻 / 238

诽谤 / 239

侵犯隐私 / 240

诋毁 / 241

"涉疑"一词的使用 / 242

表见代理 / 242

技术 / 243

电话录音 / 244

青少年新闻来源 / 245

传讯和新闻记者保护法 / 246

公开性保障法 / 246

法庭电视转播 / 246

一种法律视角 / 250

小结 / 250

关键术语 / 251

讨论 / 251

练习 / 252

注释 / 253

第 16 章　　**记者的道德素养** / **254**

道德的定义 / 254

竞争的效果 / 255

情境伦理学 / 256

发放从业证 / 256

与公众的约定 / 256

道德困境的案例研究 / 257

从相反的角度拍摄 / 261

刻意安排的新闻事件 / 261

再扮演 / 262

存档录像 / 263

外部消息源提供的资料 / 263
个体的道德准则 / 263

小结 / 267
关键术语 / 268
讨论 / 268
练习 / 268
伦理冲突情境的讨论 / 269
注释 / 271

附录 A **拍摄电视新闻** / **272**

摄像机 / 272
镜头 / 274
注意摄像机 / 280

小结 / 280
关键术语 / 280
讨论 / 281
练习 / 281

附录 B **提高现场报道能力** / **282**

提高可以让你自己变得有趣并使你对周围更感兴趣的特质 / 282
我们为什么要沟通 / 283
谈论你对新闻报道的感受 / 283
将你的经历带入你的报道中 / 284
多角度报道 / 284
有效报道的身体语言 / 284
给报道的价值加入一些想法 / 284
给文稿做标记 / 285
学习如何放松 / 286
进行对话式的讲话 / 286
给自己找点事情做 / 287
出镜的原因 / 287
演示出镜 / 287
避免在演示出镜时摆拍 / 288
你的出现 / 289
让观众把你当朋友 / 290
社区分析师 / 290
影响人们对新闻来源的感知 / 291
有效使用肢体语言 / 292
姿势 / 292
非单一面向性展示 / 292
主持人问询 / 293

在镜头前怎样表现 / 293

怎样成为新闻主持人 / 293

小结 / 294

关键术语 / 295

注释 / 295

词汇表 / 296

后 记 / 304

引 言

　　懂得文字魔力的作者才能写出书；电视和电视新闻的制作者则更需要懂得文字、图片和声音的魔力，并把这些结合起来去感染灵魂和激发想象，单凭文字是不够的。

　　电视撰稿需要遵循包容和进展的原则，也就是将一系列说明转化为图片和声音，从而将抽象的观点直观地传达给观众。

　　虽然本书主要讲述电视新闻报道、摄像和剪辑，但实质上也在阐述作为新闻作者，我们能获得何种职业之外的乐趣。这种写作很多时候是无需使用语言的，因为场景本身就有意义，并且通过与其他镜头结合而产生新的意义。本书最重要的内容是如何使用电视报道工具——摄像机、麦克风、视频剪辑控制台和计算机终端进行视觉讲述。

 ## 电视是一门语言

　　撇开引导内容的文字来看，电视是一门语言。电视使用文字，但其根本内容却存于图像中，并在迄今最有影响力的传播工具——电视屏幕上显现。电视自出现之时起，就以通过图像进行最有效的传播为自身特色。在文字主导的社会中，对电视的批评声不绝于耳，因为有人不理解电视屏幕传达观点并认为这会影响人们思维的能力。

　　批评者的观点已是陈词滥调："如果把电视新闻脚本打印出来，连《纽约时报》头版的一半篇幅都占不了"，或是"在电视中，所有的时间都是用来让观众们观看图像，而不是让他们获得内容"，或是"如果删去电视新闻报道中的图像部分，那么平均30分钟的片子传达的内容只相当于平均5分钟的广播新闻的内容"。这些论调的言外之意是，从某种程度上而言，图像是一种低效的传播形式。

文字的确是必要的引导，但不是媒介的精华。当今，最擅长利用媒介的人都知道，在电视中，文字只是引导图像和声音组成节目内容。节目脚本设定了要出现在屏幕上的东西及主持人要讲的话。但正如工程图不同于依其所建的大楼，新闻也不同于起引导作用的文字。

关于电视传播性质的疑惑，大多源自这一媒介的复杂性。电视可以记录和传播声音，这一功能如同广播。电视可以在屏幕上显示文字，这一功能如同报纸。电视能播放静态图片、股市指数和卡通片，但这些都不是电视最擅长的。电视所能做的是通过动态图像进行交流，这点除了网络和动画之外，没有媒介可以做到。电视最基本的优势在于有屏幕，以及能够通过屏幕使观众经历并进而理解历史事件和时事。

刚从印刷媒体转入电视媒体的新闻记者，会本能地依赖更加熟悉的媒介，因而会使用文字作为基本传播手段。如果其原是广播记者，则会依赖文字和声音。要是电视记者不知道如何最大限度发挥这种媒介的优势，那么可能往往就是写出文字脚本，然后对着麦克风照读出来。甚至这个记者在选择表现故事的画面时，结果可能都是他/她站在摄像机前读脚本。而这些图像，顶多只能算做视觉口香糖，或用其他记者的说法叫作"无关画面"或"墙纸视频"——让老人们在家听新闻的时候可以看的画面。最糟糕的就是这些纸媒和广播媒体的记者保留了自身的习惯，并长此以往形成了"电视新闻就应该这么做"的观点。在文字型的社会中，我们某种程度上是被迫将自己的经历文字化，即便是我们亲眼所见的经历。著名摄像师米诺·怀特（Minor White）曾抱怨说：

> 当今的人们总是谈论影像而不是用视觉去感受。不管是看什么，影像或是别的，输入的是视觉信号，但标签却是文字。所以对大多数人来说都是文字、文字、文字，这吞噬并歪曲了原有的一切意义，并以此来表达视觉感受。甚至有些学生会认为，如果事物无法命名，就是没有意义的！[1]

那么，电视语言的组成要素是什么呢？首先是图像。没有图像，电视就成了广播。电视中图像概念的内涵，就是行动与时间的关系，以及夹杂其中的情绪。电视很像音乐，按照提前设定好的节奏和情绪，沿着时间的脉络进行演奏才有了意义。电视不是静止的图片，甚至在一系列包含信息、背景和意义的场景中，如果彼此间没有联系，也算不上是电视。就像音乐中，一个音符是没有意义的，单一的电视场景也是缄默的。只有场景相互衔接，复杂的内容才能够被理解，这样才能传达更多的意义。

电视语言的第二个要素是声音。声音可以和图像一样有意义。满是高楼的镜头，如果加上中央公园的背景音乐，我们就能知道，这里是纽约市。对于设定情绪和地点而言，文字的意义不大。不用文字，加上浪漫的音乐，情绪也能自然设定，甚至还会更为准确。加上愤怒群众的声音，效果十分明显。从圣诞节商店的喧杂，到硝烟后大街的死寂，声音是电视语言的一部分。

电视语言的第三个要素是视频剪辑程序。在纸媒中，作者建构观点，并使所有观点彼此建立起联系。在电视中，视频剪辑起着同样的作用。100年前，俄罗斯电影制作人普多夫金（Pudovkin）将动态图像的剪辑定义为"对观众思维和联想的自觉且经过深思熟虑的指引"。虽然这里定义的是电影剪辑，但这个定义几乎适用于所有创造性活动，若用于描述电视报道，则再准确不过。

写作是电视语言的第四个要素，它本身则是引导观众思维和联想的精心的努力，旨在帮助观众更好地理解节目。在摄像机遗漏或无法表达某些信息时，文字就显得十分必要。文字阐明、强调或提供语气和情绪。但是，即便有如此重要的功能，单纯使用文字仍无法创作出具有感染力的电视新闻。只有成为电视讲述者，或曰视觉散文家，运用所有的写作工具，电视媒体才能发挥出最大的潜能。

当今时代要求电视新闻人担负的职责，要远大于传统媒体中记者、摄像师、制片人或视频编辑的职责。在电视新闻中，每个人都是作者。记者不是简单地搜集事实，然后用键盘敲出文字；摄像师不仅仅是拍摄；剪辑也不单是拼接场景。在电视新闻中，记者、摄像师和编辑的角色同样重要。在讲述故事这一过程中，他们是合作关系，共同努力以制作出打动观众的节目。

只有记者、摄像师和编辑清楚相互合作的重要性，做到相互理解，并能换位思考，电视新闻的巨大潜力才能被发掘出来。若本书能够为促成这种理解起到帮助，那也就实现了其出版目标。

虽然本书主要论及电视新闻现场制作和报道的要求，但也可供电视摄像师和制作人参考。事实上，本书所阐述的原理，在视觉讲述和传播领域中，可谓放之四海而皆准。

 关键术语

无关画面　　　　　　　墙纸视频

 注释

1. "Television is a Language," *The TV Storyteller*, David Hamer, ed. (Durham, NC: National Press Photographers Association, 1985) 67.

第 1 章
讲述视觉报道

在新闻学历史上，今天的新闻报道比任何时候都更能吸引观众的关注且更有意义。两个报道设备使之成为可能：摄像机和麦克风。记者可以用麦克风捕捉新闻事件和人物的声音。最重要的是，电视记者可以用手中的摄像机展示新闻人物的一举一动。摄像机和麦克风可以把观众置于新闻现场，并帮助观众更好地体会这些事件，就像是他们亲身经历过一样（见图 1.1）。生动的故事讲述是新闻沟通最有效的形式，而对于经验丰富的人而言，它也是最引人注目的讲述故事的形式之一。

图 1.1　对新闻环境进行形象刻画的图像能够帮助观众加强对各种经历的感受。

视觉报道开头要有明确的重点信息

视觉报道开头与其他类型故事的开头一样，都是用一个陈述句概括报道的主要内容。这个陈述句有时就被称作中心或者中心陈述，有些传媒也将其称作见解。抛开这个词本身不说，完成这一项工作需要你在拍摄之前先在大脑中对该新闻做出概括。不过，确定事件的中心要求电视记者不仅要做出概括，还要确定报道中最重要以及最有意义的部分。这是一个已延续几百年的理念，即内容的中心体现在主旨、情节、前提和记者本人的观点中。

由于直播的缘故，中心应该是一个简单、生动的陈述句，传达报道的中心思想，是报道的点睛之笔。[1]除非你自己真正理解了某则报道，否则你很难把它播报给观众。电视记者谢尔利·卡拉贝尔（Shellie Karabell）说："如果你无法用一张3cm×5cm的卡片写下一则报道的话，那么你肯定没有理解这则报道。"[2]

有时，记者和摄像记者都会说："我的中心或内容是为了表明……"或者说是为了表达发生的什么事，但是确定一则报道的中心不能局限于表达主旨。如果一则报道不能用一个完整的句子表达出来，那么该报道就无法传达信息，这与"美国农业的发展会影响到所有美国人"是一个概念。中心陈述有助于我们抓住新闻的中心思想。除非你自己真正理解了某则报道，否则你很难把它播报给观众。这个道理听起来简单，却往往被我们忽略。

最好的摄像记者会探寻明确的视觉重点

作为新闻报道的主持人，你要去探寻新闻的发展过程：发生了什么事情，谁在做什么，谁去了什么地点，谁参与了什么。通常情况下，最吸引人的报道是那些主题为一个已确定的目标的报道。

如果你能在大脑里加工某条报道，确定这条报道想要传达的主题，最后再把报道用视觉的手法表现出来，那么你的报道就接近观众想要看到的那种报道了。

上述过程需要你具有观察生活的能力和从生活中发现乐趣的能力，还要有运用图像和声音捕捉这些乐趣，并将其传达给观众的能力。对于掌握这些技巧的人来说，电视便成了世界上最具影响力的媒体之一。

视觉报道主持人的定义

摄像师和摄像记者有一个显著的不同点。KAKE 电台记者拉里·哈特伯格（Larry Hatteberg）说："只要手拿摄像机，这个人就是摄像师。"他在讲述其职业生涯中许多获奖视觉报道时说道："我妈妈是一名摄像师，我外祖母也是一名摄像师，但如果她们没有学会讲述视觉故事，就都不能被称为摄像记者。"[3]哈特伯格对摄像记者的

定义包括电视报道小组中所有的工作人员。他还说："电视报道是一个小组共同工作的结果，每个人的贡献都很大。"[4]当然，有些电视摄像师从来没做过视觉新闻，也并不是所有电视记者都认为自己是视觉报道主持人，尽管他们的作品是以图像为基础的。

一名记者想要做好视觉报道，就必须在播报

时让自己融入其中。"叙事"是对观众做演讲，"展示"是向观众传达新闻内容，只有"让观众身临其境"才能称得上是一名视觉报道主持人。聪明的记者知道自己永远不会成为新闻内容的一部分，也不是新闻中的"亮点"。他们的工作是去讲述其他人的生活，宣传新闻中的人物，让这些人物自己展现自己的故事。

　　起初，这种做法可能会让记者觉得陌生甚至尴尬，毕竟记者的工作只是播报新闻。记者们比谁都清楚他们的名字只会出现在新闻的最后。如果他们的某条新闻大获成功，他们会饱受赞誉，但如果他们的某条新闻惨遭失败，他们就要面对所有的指责与批评。记者很有可能把自己的上镜次数与自己的知名度联系起来，而且在一些极少个性导向的机构中，可能事实就是如此。如果观众对某条新闻没印象，或者不明白该新闻有何重要性，一个记者的上镜次数就永远不会有什么意义。

　　美国全国广播公司资深记者鲍勃·多特森（Bob Dotson）说："如果人们记住你的新闻，他们就很有可能记住你的名字。"[5]当今，电视记者要想在行业中生存下来并做得出色，就必须得面对这一事实（图1.2中是一个工作中的新闻工作者）。

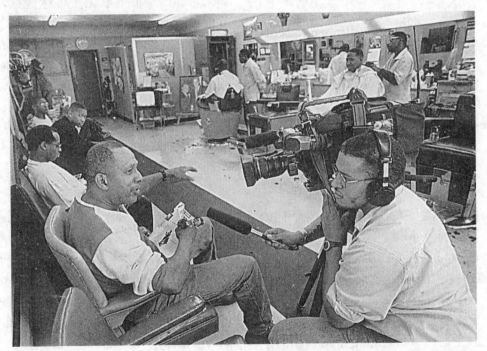

图1.2　摄像记者是视觉讲述者，同人们通常认为的仅仅拍摄影像的摄像师有着显著的区别。

拍摄画面是第一位的

　　要做出最好的电视新闻，记者必须记住"拍摄画面是第一位的"。这要求记者首先考虑好脚本的左半部分（即视频说明部分），然后再考虑报道中要用到的文字。在外景中，先要考虑能表达自己报道内容的画面，再考虑能使报道更有影响力、更富有感情色彩、更有内涵的音效（和插播），最后用文字阐述画面不能表达的东西（见图1.3）。

　　有时候记者在报道中甚至不会用到他们采集到的画面。图像只是用来阐释脚本，而这些脚本则是先写好的，然后用手头的视频进行了"装饰"。结果我们就会看到许多幻灯片式的图片，而不是吸引人的图像。

图 1.3　在电视新闻中，文字是组织构成报道内容的图像和声音的蓝本。

 ## 拍摄序列镜头

　　我们的眼睛把面前的世界分割成了成千上万份，并通过特写、中景、远景把景象呈现在自己面前。我们通过耳朵获取声音，获得对现实世界进一步的了解。我们的大脑一直在获取的视觉和听觉信息中做取舍，然后再重构选中的部分，这样我们就能更多地了解现实世界。实际上，我们就像电影导演一样：在脑海中编导一部"小电影"。这个过程类似于新闻报道：作为记者，我们先把现实世界分成许多部分（包括视觉处理），然后选取可利用的部分重新构建现实世界。

　　在制作电视新闻时，如果想让观众从新闻报道中获得身临其境的感觉，我们就必须在拍摄和剪辑视频时遵循同样的过程。镜头间衔接的连续画面，要符合观众在现实中观看该动作时大脑所做的分解。在现实生活中，我们经常在潜意识里构造序列镜头：你走到自动取款机前，观察附近的陌生人，随后，你从钱包里拿出借记卡，边看按键边输入密码，然后 ATM 机吐出现金，你把钱

装到钱包里。接着你转身并观察路过的行人，你会去注意他们的长相、他们的鞋子、他们走路的姿态，以及他们携带的东西。最后，你会观察来往的公交车和小汽车，你会注意到车牌、司机，以及汽车的款式，甚至会注意到汽车尾气的烟尘。如果我们把进入眼睛的这些不同信息分割开来，我们就会得出一个包含远景（LS）、中景（MS）、特写（CU）的序列：

看到 ATM 机（LS）
看陌生人（MS）
看零钱（MS 或 CU）
按按钮（CU）
从 ATM 机取到钱（MS 或 CU）
把钱放到钱包里（CU）
观察周围的人（LS、MS 或 CU）
公交车和小汽车经过（LS、MS 或 CU）

如果我们用相机拍下这些镜头，而不是用我们的眼睛，我们就会得到一组序列镜头，这组序列镜头剪辑在一起就可以展现在屏幕上，与我们用眼睛看到的一样。所以，序列镜头有助于加强现实感。

当录像必须与成稿相匹配时，我们就很难做成序列镜头。所以，记者必须学会用序列镜头来思考，并遵循"拍摄画面第一"原则。此外，尽管电视无法传达现实世界的气味和触感，但好的文字却至少能暗示出新闻环境，进一步提高观众的现实感。

用视觉来验证报道的重点信息

一旦记者和摄像师有了报道任务，并对其进行了研究，还确定了报道的中心，他们就能继续用视觉来证实中心。也许你的任务是报道有关新校区的政策——要求教师在 24 小时之内通知警察有关虐待儿童的事件。

如果你把"学校官员对虐待儿童者采取了强硬政策"作为重点的话，你就选择了一个很特殊的角度去做报道。如果你的重点是"受虐待儿童在公立学校结交了一个新朋友"，那么这个报道的重点很可能是老师帮助保护儿童，而不是那些坚决要惩办虐待者的官员。

如果你的主题是普通的仓库失火，你可以用"这是一场大火"作为重点，这样你就可以很自然地附上视觉方面的证据。如果你的重点是"漫长的救火过程引发民众的恐惧"，那么你的视觉证据也将发生相应的变化。如果在同样的报道中，你的重点是"这起火灾考验了消防队员承受灼热和严寒的能力"，你的视觉重点也会与前面两种情况不同。

如果你的报道重点为"你的社区所售碳酸饮料含糖量高，有危害健康的可能"，那么思考一下你的画面和主要内容要怎样才能表达你的主题。如果你的报道重点变为"发展中国家碳酸饮料的受欢迎现象"，那么再思考一下你的画面和主要内容该如何改变。很明显，你的中心论证不仅影响到报道内容，还会影响到你的实地录像。

重点信息可能会改变

有时，通过事先调查研究，你可以充分确定报道中心，并可以在赶赴现场之前就能找到中心。有时，你只有到达现场才能确定报道内容。你可能会发现"火灾并不严重"，这与采访编辑设想的最佳中心完全不同。你也可以把中心定为"更严格的安全措施本可以阻止火灾发生"。你还可以一边观察事情的发展，一边寻找最有效的中心（比如说：一消防队员被困在仓库，救援行动失败）。

如果事情发生了变化，或者你在一开始确定了一个不恰当的中心，那么你肩负着随时改变中心的责任。当记者或摄像记者把自己假想的中心运用到一则报道时，这则报道肯定会失败，而观众将会是最直接的受害者。显然，任何缺失中心的报道都会失败。

在突发新闻事件中寻找报道中心

你报道的每一个事件都会有一个故事，即便你的截稿期限逼近，事态又无法掌握。这种情况常常发生在报道现场消息或硬新闻时，因为它们一般无法预测。

假设你一得到关于中央市区发生火灾的消息就跳上采访车，并在几分钟之内到达了现场。此时，你可能不知道发生了什么事情，是否有人受伤，甚至你连引起火灾的原因都不知道。接着，你开始花大量的时间拍摄冲天的烟尘、倒塌的墙壁。或许你捕捉到了受害者被救的瞬间，但不管你是摄像师还是记者，如果你回家后都忘了问一下自己："这则报道到底在说什么？"那么你就犯了很严重的专业错误。

确定大的突发新闻点

无论什么时候做现场报道——尤其是毫无预示而突然发生的硬新闻——首要原则是拍摄事件本身，在事件结束前必须将其记录下来。同时，还要尽你工作职责所能去记录下那些必须报道的部分，然后你可以回过头来看这些镜头，并问自己："到底发生了什么事情？"你也许想去采访消防官员、房客、企业老板……或者任何你可能想去采访的人。一旦确定了较大的报道点，就可以继续拍摄了。此时，事件的第二阶段可能成了你的重点。以上这些是建立在两个前提之上的：一是摄像师认为他或她自己是报道团队的一分子，二是记者会以一个摄像记者的角度去思考。

通过人物来做报道

你要尽量围绕有中心人物且吸引人的事件进行播报，这一事件可以是吸引眼球的，也可以是独一无二的。很多时候，记者在讲述报道的时候，会引用诸如市长、消防队长或社会学教授等权威人士的话，但内容却可能和普通人日常说的话相差无几。记者想通过这种方式提高可信度，但事实却并非必要。社会学家会告诉你郊区的人们过着与世隔绝的生活，人们不知道对方的姓名。而在这些人中随便找一个，他也能给出同样的信息。简单地问一位女士是否知道邻居的姓名，她可能会耸下肩，犹豫一下，然后不好意思地说："不知道。"她所带来的信息同样有效，而且更加有趣、给人留下的印象更深。同样地，如果地震灾区的人们可以把我们带到他们的家中，并向我们描述遭受的损失，为什么还必须由市长来讲述地震灾区一片狼藉的景象呢？有时，你需要在自己的报道中添上政府这一角色，但你也要尽量把普通人也包括进去。因为有了这些人，你的报道就更有"卖点"，所以你的工作是把这些人的生活搬上荧屏，"卖给"你的观众。

如果新闻主持人不是在现场而是在事件发生过后才播报给观众的话，报道的吸引力就会大大下降。[6]此外，中心人物会通过报道把观众带到他们的生活里，让观众体验他们的生活，此时，观众就会有身临其境的感觉，似乎走进了报道里。

强烈的自然声有助于报道新闻事件

电视观众每天晚上看半个小时的新闻，但他们记不住新闻讲了什么，因为他们只是被告知所发生的事情，而不是亲身经历。NuFuture 的首席执行官比尔·泰勒（Bill Taylor）说："电视记者与观众的每一次交流会持续 15～20 秒，他们必须不断地与观众交流，否则便不能吸引观众的注意力。"[7]强烈的自然声使记者能够更新与观众的交流，而且最能增加一则报道的真实感。尖锐、清脆的新闻声音带给我们一种身临其境的感觉，新闻中的故事就好像是我们自己的经历一样（见图 1.4）。

图 1.4　在电视新闻中，声音是交流的一个基本方式。麦克风是一个记录设备，它的使用通常能够提高报道的真实性。

 制造意外

在报道新闻的时候，你要试着在报道中增加转折点，以此牢牢地吸引住观众。转折点有很多种类型，它能让观众从报道里感受到不一样的东西，它能吊起观众的胃口，还能更直接地把观众与报道的主题和主要人物联系起来。约翰·德·塔尔西奥（John DeTarsio）是美国年度国家摄像师奖的得主，他在圣迭戈做关于火灾求援的报道时，是以救援者的语气进行的："快给我氧气瓶，我需要氧气！"约翰·戈希恩（John Goheen）曾三次被评为美国年度国家摄像师，他曾在丹佛记录了如下场景，一个农场主抱着一个小桶，并说："我把它称作雨量测量器，据观察，降水量大约是 1.25 英寸（1 英寸约等于 2.5 厘米。——译者注）。"约翰·戈希恩让观众观察了小桶的底部，在看到所谓的降雨量后，观众都情不自禁地笑了。转折点可以是吸引人的视觉画面，可以是非同寻常或意料之外的声音，比如说简短的插播或富有诗意的脚本。布鲁斯·莫顿（Bruce Morton）曾写过一篇关于原子辐射的文章，"在很久很久以前的一个太平洋的岛上，太阳爆炸了"[8]。很多情况下，转折点即戏剧中的小片段，无论它们以什么形式出现，它们都可以帮助主持人建立与观众的联系，并把观众重新拉回到电视机前。

使插播保持简短

插播，或一段简短的采访、公开声明或评论中的片段，可以使新闻报道更加完美。然而，如果你用它来代替新闻报道的话，效果会大打折扣。有效的方法是把插播当作感叹号，因为它和感叹号一样有增强视觉效果、强调内容的作用。特别是在电视上，简短的插播（5～15 秒）不作为主体新闻的重要部分时，其效果是最好的。插播应强调主题，但通常不能当作新闻的重要内容。

突出亮点

大多数人都会看关于"假期很有意思"的报道，但是如果你告诉他们的只有那些，他们就可能下意识地想："那又怎么样？"然而，如果你突出了亮点，如"典型的家庭休假使人更紧张而不是放松"，观众则会过目不忘。即使是乏味的交通事故的报道，如果你放远目光进行调查，而不是局限于事故本身，也可以突出其亮点。一个检查自己是否已突出亮点的简单方法是问一句"那又怎么样？"在自己陈述完报道中心后，立即反问自己："那又怎么样？"如果你觉得自己的新闻播放完毕后观众还会问"那又怎么样"，那么就在开始报道之前寻找一个新的中心。通常，这就像质疑最初的中心陈述一样简单。为了确保能够抓住中心，一些记者坚持一遍遍地问"最有趣、最重要的是什么"，直到中心变得清晰，这时对最有力的故事情节便可胸有成竹。

让报道令人难忘

最成功的报道是令人难忘的。观众最认同让他们深受感动的报道，因此，报道最重要的是让你的观众能够对报道及其主题有所感触。如果这个感触在看过报道后便能立刻呈现，那么这则报道就更容易吸引观众。

全套新闻节目就是真实的微型电影

电视新闻报道可以看作具有开头、中间、结尾的微型电影。和其他可视报道一样，它告诉观众情节的发展方向，表现要点，用图像证实，最后有一个强烈的画面结尾。电视新闻在某些方面和电视商业广告相似，因为后者也有开始（提出问题或需要）、中间（介绍产品和使用方法）和结尾（解决问题）。通常来说，电视商业广告在第三秒就开始输出有效且让人难忘的视觉信息。高效的商业广告结合了强烈的音效、易记的文字和富有创造性的剪辑，从而突出了信息。同样的原则适用于最好的电视和好莱坞电影，以及最好的电视新闻报道。

导入

任何新闻报道都以导入开始。就像所有报道的第一镜头都会显示将要播出的内容。从理论上来看，导入是可视的。如果报道主题是一位被困住的攀岩者，那么要使报道达到更好的效果，就应该从这个攀岩者开始，而不是一个在附近公路上骑自行车的人。如果主题是贫困，就应该展示一些有意义的镜头，而不是设有福利办事处的县法院。

为要点提供视觉证据

从全套新闻节目来看，电视记者最大的义务之一是展示可视新闻报道，用画面证实新闻要点。创建报道的主体（即中间部分）之前，记者要先确定报道的要点。

"记者经常发现虽然笔记本上记满了各种事实和半个小时的采访内容，但脑子里仍然空空如也，"美国全国广播公司新闻台（NBC News）高级执行记者鲍勃·多特森说道，"其中技巧便是要意识到所有的事实都是你的调查，而不是新闻报道。坐下来问自己：'好吧，关于这个报道，我今天学到了哪几个要点呢？'在确定这些要点后，才能找到用画面证明它们的办法"[9]。

或许在你关于虐待儿童的报道中的一个要点是：你所在社区中每年有 300 个小学生遭到虐待。你可以通过画外音告诉观众这个数字，但是观众很快就会忘记。但是，如果你可以把数字变成画面，相信没有多少观众会轻易遗忘。

一个简单的出镜报道即可达到目的：一名记者站在空旷的学校体育场里，指出每年受到虐待的学生能占多少排座位，随后切入一个长镜头，用以表现每五年这一个社区遭到虐待的儿童就能坐满整个体育场。

经过充分思考和努力工作之后，报道中几乎所有的要点都可以转化为图像。如果只选择用文字描述或录像的方式表现新闻要点，是绝对做不出好的电视报道的。

即使是抽象的概念，如通货膨胀，也能通过图像变得生动，让观众印象深刻。比如说给你半个小时用于拍摄通货膨胀的报道。"典型的方法是启动图解机，标出一些向上或向下的箭头，"多特森说道，"但是如果你能想出一个方法，利用画面展现新闻，那么对观众来说更有意义"[10]。

在表现通货膨胀所造成的影响的新闻中，多特森打开摄像机进入了沃思堡的一个肉类市场，给了一个肉贩一张十美元的钞票，并问十年前这些钱能买多少牛肉。肉贩亮出了相当大的一块牛肉。"现在，"多特森说，"给我看看同样的十美元五年前能买多少"。肉贩握住切肉刀切去了大约一半的肉。"再给我看看现在这十美元又能买多少牛肉。"多特森说道。[11]肉贩又切去了一半，然后把剩下的一小块肉递给了多特森。几年之后，一名记者去采访这条新闻的作者时，该记者依然记得自己曾看过这则新闻报道。

在另一个例子中，报道的要点或许是，新酒店的开业典礼声称"出去吃"逐渐成为忙人的一种生活方式。而另一则报道的要点则是，承载超过规定载重量限制的卡车损坏了本地区的州际公路。不管是哪个例子，创造力和想象力都会提供画面来证实这些要点。第一个例子中，你可能仅会展示最近到电话公司注册的酒店数字。而在关于道路损坏的报道中，如果仅仅采访一个专家，告诉你卡车超载带给道路何种影响，将不会对你的要点有所帮助。无论是画外音还是播放在州际公路上行驶的卡车，都毫无效果。要想使信息难忘，可以采用一些夏天晒热的道路在卡车辗过之后，坑洼不平的路面蜿蜒盘曲的特写。

结尾

报道的结尾，即尾声，应该比其他要素所产生的效果更加强烈。从理论上讲，刚一到场，你就会开始琢磨结尾了。记录报道时，你会一边构建剩下的部分直到结尾，因为你已经知道该怎样结束这段报道了。[12]

以贫困为主题的报道的结束镜头可能是一天晚上，一位领取社会保障金的妇女坐在厨房桌子边，前面是一堆她必须用微薄的收入支付的月缴费单。关于一位刚刚去世的全国知名人物的报道，录像的结束镜头可以是此人正在向他的崇拜者挥手永别。

综观所有，以插播或出镜等方式作为结束的做法不可取。新闻报道需要有令人满意的结尾。结尾突然的插播是不会令人满意的。报道在真正结束前，记者们面对摄像机镜头说出自己的名字这一处理方法无一例外都是失败的。

以作者的标准严格要求自己

最受欢迎的报纸和杂志都会"留白"，大多数受欢迎的电视稿脚本在描述中都注有停顿（声音空白）以播放短暂的自然声或让录像自己阐明观点。不必要的文字会破坏这些瞬间效果。然而现在几乎没有电视记者会标出声音空白。大量的描述并不能引起观众观看报道的兴趣，而有时候几秒钟的强烈的声音和图像便足以达到效果。"留白只有在作者偶尔想起停顿时才会产生，"作者保罗·波利切利（Paul Paolicelli）如是说。[13]

戏剧中沉默的片刻，类似于录像中五秒钟的空白或自然声（外界环境中的自然声），比如一架喷气式客机使用毁坏的起落架着陆。在描述职业高尔夫比赛的戏剧中，优胜者漂亮地打出了高难度的一杆——没有语言，只有高尔夫球穿过草地最终掉进洞里那一个意义深远的瞬间。

"在用图像阐释报道时，我们就应该能明白新闻的内容，甚至（不用口播），"丹佛 KUSA-TV 的前新闻部主任布奇·蒙托亚（Butch Montoya）说道。[14]世界艺术活动基金会（WFAA）的摄像师汤姆·劳伍勒斯（Tom Loveless）和记者斯科特·佩里（Scott Pelley）（现供职于 CBS 新闻）在一段名为水上营救的新闻报道里生动地证明了这一观点。这个赢得美国国家新闻摄像师协会突发新闻报道一等奖的报道，展示了在风暴肆虐的湖上，对两名从敞舱的船上不慎落水的人的营救。救生船不停地摇晃，救援者一次又一次地跳进水中寻找幸存者——一个 20 岁的男子和一个 9 岁的男孩。最终，经过八小时的水上救援，两名幸存者被拉上救生船，带上岸，施以人工呼吸。报道时长 2 分 27 秒，共有 47 秒的口播，9 秒的目击者插播。而剩下的 89 秒仅仅由救援及其自然声组成，没有画外音。最吸引人的两个片段每段至少有 30 秒，仅由图片和声音构成。

摄像记者费勒姆（Ed Fillmer）也认为，就算没有声音，图像也要起到讲述新闻的作用。在常规记者招待会的报道中，费勒姆证明了自己的观点。例如，当地教会负责人宣布建立一所新的教会学校，并解释需要建立学校的原因。这时，由于连续展示建筑平面图、教室里的神父和修女的画面、当地公共学校负责人的镜头，以及拥挤的学校等其他画面证据，这个报道显然是没有声音的。

在电视上，记者更大的义务是必须清楚明了，吸引并抓住观众的注意力。新鲜的谈话式的文章、交流性质的和有力的新闻图像会有助于实现目标。同样地，删除每段报道中不必要的部分也是必不可少的。过去，观众往往把电视新闻节目和电视主持人混为一谈，但现在他们会欣赏你的独创性和令人难忘的报道。

根据画面写作

一些记者可能认为，观众忘记或不理解前一晚的电视新闻报道是观众的不对，但是把责任归咎于那些记者似乎更合理。他们把新闻传输给观众，但后者很快便遗忘了，因为报道里没有戏剧性事件，没有有意思的情节，也没有吸引力。

虽然文字是表达报道的基本方式，作者却通常过于懒惰并且缺乏批判精神。对自己严厉确实很难，但是电视编剧都能剔除观众已知的信息，或使用更富于表现力的画面。更切实可行的方法是"根据画面写作"。例如，在一段有关无家可归的美国人的报道中，图像可以是一位衣衫褴褛的男人拿着装着酒瓶的牛皮纸袋走在人行道上。如果你根据画面写作，所得信息即为"威士忌使孤独变得麻木"，你所表现出的意思可能类似于"乔（Joe）拿着一个牛皮纸袋，里面是他最好的朋友"。相反的方法是先写脚本，大致提一下酒，然后查找对应的图像。但是这种方法往往会破坏画面和报道的效果。根据画面写文字要比根据文字剪辑图像更容易。

剪辑控制台是一部重写机器

视频剪辑控制台是写作工具，就像文字处理器或新闻编辑部的计算机操作台一样。操作那些机器的是作者，就像坐在计算机前的人一样（见图1.5）。

在把文字当成写作唯一形式的世界里，这些想法一开始或许会被认为是异端邪说。但是剪辑控制台就像文字处理器一样，电视记者在这里可以把想法一个个联系起来，新闻中的引文也可在这里成形，转化成插播并使新闻报道清晰明朗。剪辑控制台也是记者设定和突出报道中的自然声的地方。在剪辑控制台上，画外音可紧扣画面被重写，从纸质文字转换成口头文字再成为录像中的文字。剪辑最传统的作用是作为新闻报道的基本部分，通过剪辑来对已选定、整理并编好的画面和声音进行处理，以便在终稿上添加某些节奏、意义和情绪。[15]

剪辑，用俄罗斯电影制片人普多夫金的话说，就是"对观众思维和联想的自觉且经过深思熟虑的指引"。如果我们接受这一观点，剪辑将成为视觉交流处理的生命力，而不再被误解成简单地连接画面或剔除"不好的部分"以保留有用的资料。

图 1.5　视频剪辑控制台可看作一台"重写"机器，编辑人员组织观点，然后让它们之间具有逻辑关系。

 # 报道式剪辑

报道式剪辑是提前使报道可视化的过程，包括图像、声音、文字，甚至是画面和声音的转换，为使最终的报道更富于逻辑性和连续性，这些都是必需的。实际上，报道式剪辑是寻求视觉交流的基石，是在你到达外景地前，在脑海中形成的故事版。

在记者、摄像师和编辑的合作关系中，报道式剪辑是联系一切的共同主线。直到所有工作人员都开始在共同主线上思索他们脑海中的报道，才有"合作关系"，才有"集体努力"。

一般来说，这种想象的和谐是不可能实现的，除非报道组的所有成员，包括编辑，都分享他们关于报道的想法、设想和看法。这种交流非常少见，而且除非每个人都做出努力，否则不可能成功。

也许最好的办法是这样的：说出你的想法，与其他人互相讨论，并与调度编辑商讨。即使在你和摄像师或记者上车之后，也不要忘了讨论。问你自己和其他人："我们要报道什么？我们想从中得到什么？"

资料框 1.1

创作有效的新闻报道

观众都喜欢有思想、制作精良且具有强烈视觉元素的新闻报道。有时候这个标准似乎不可能达到，因为记者和新闻制片人的新闻制作周期不足四小时。

做好新闻报道的窍门就是记住电视的力量并充分发挥它。"如果记者花时间来报道事件中的人，那么主持人就能为我们播报事件的最新消息并展示一些视频，"KLAS 新闻部主任罗恩·科明斯（Ron Comings）说道，"他们可以为信息添加图表，例如新闻中有关预算削减的数字。"

"现在，在你的新闻中，主持人会作为最受认可的记者，向观众传达重要的信息，并担当更有意义的角色。他们不用一条一条地处理新闻，却可以在每篇报道中享有一份功劳。因为观众确实耳闻目睹了他们的工作，"科明斯又说道。

"别忘了在每个报道中追求小胜也很重要，"NBC 记者鲍勃·多特森建议道。找到合适的词语，记录新闻采访的音频，写下行之有效的短语，拍摄能给观众带来现场感的序列镜头，或者拍摄能讲述故事的场景。只要能抓住观众的间接感受，使之了解新闻，就能提升电视的效果。

一些新闻报道的思想性是记者最应重视的。报道不能偏离事实，也不能主观地虚构情节。

另一些新闻报道，如校园枪击事件和飓风灾难，可以要求新闻编辑部连续几天甚至几周进行报道。

资料框 1.2

摄像记者约翰·德·塔尔西奥

约翰·德·塔尔西奥（见图 1.6）是一名摄像记者、编辑和实况转播记者，现效力于五家新闻机构。他曾任圣迭戈的 NBC 7/39 分部创意部执行制片，后来成为自由网络摄像师和顾问。现在他为美国所有电视网及其杂志节目工作，其中包括 CBS 新闻台的《48 小时》、《60 分钟》，ABC 新闻台的《20/20》，NBC 的《日线》，以及网络真人秀等。塔尔西奥制作公司（www. DeTarsioProductionsInc.com）的客户也包括《彻底改变之家庭再造》、《走进好莱坞》、《号外》、《今日秀》、CBS 体育频道。作为一名顾问，他经常和本国以及国际的摄像师、编辑、记者和经纪人等合作，分享自己对视觉报道的热情。

他所获奖项有美国国家新闻摄像师协会年度国家摄像师奖、美国彩虹奖、6 项美国国家摄像师协会国家奖、46 项地方艾美奖、28 项圣迭戈出版社俱乐部的奖项和 9 项金话筒奖。他还获得了至少 50 项 NPPA 颁发的地方奖。

图 1.6 摄像记者约翰·德·塔尔西奥，圣迭戈。

拍摄突发新闻的计划

约翰·德·塔尔西奥

通常情况下，突发新闻报道并没有多少时间去摄像、报道和剪辑故事。在巨大的压力下，有时候，我们必须在几小时内把三个两分钟的节目播送出去，而且现场画面不少于三个。我们可以做到，只是必须紧扣中心展开，除了故事本身不讲任何事情。

突发新闻报道的优点就是很容易找到故事主题的"诉求"，但是你必须去寻找并且思考。随着真实的生活呈现在你面前，各种事件总是一直在发生的。在很多我们报道的故事中，寻找的过程是任务中最困难的部分，但是报道突发新闻，寻找过程就在报道当中。只要你努力思考，就能发现它。

● 突发新闻中最引人注目的元素

我承诺，在拍摄和报道突发新闻时传送我所采访的最真实的情况。无论如何，这通常是最引人注目的事情，所以谢天谢地，在职业生涯早期我就摸索到了这种模式。

● 呈现一种身临其境的感觉

最好的突发新闻莫过于亲身经历。它几乎能让观众直接触摸和感觉到（以及听到和闻到）报道的新闻。经历的传送，这种类似现场目击的亲身体验，会贯穿于整个电视节目，直到节目结束。

它可能是火焰的劈啪声，声音里包含着愤怒，浓烟的味道，人走在碎玻璃上面的声音，或者是陷入沉寂的环境。我们的工作就是抓住这种体验，不仅仅是拍张照片、采访几个人、出个镜就草草结束。

● 拍摄序列镜头

记者和我一到现场，就能自动进入状态。无线麦克风对着记者，而我在摄像的过程中通过耳机来遥控麦克风。我的第一反应是要拍一个开场

镜头和一个结尾镜头，然后给一个广角镜头，再是中景、近景，然后一个动作镜头和一个反应镜头。这些事情自动浮现在我的脑海里。

我的直觉是记录主要情节里面六七个好的、可靠的镜头，然后是广角镜头、中景和近景。再接着是三四个填满屏幕的超近景，夹杂着自然声或空白。如果可能，再来一个与主要情节相关的出镜。如果场景在我们周围运动，记者需要拍取两个镜头，但不要多于这个数目。

● 拍摄行动的反应

反应镜头让故事令人难忘。突发新闻不会太长，所以在四到五分钟的时间里我首先记录动作。之后，回到场景，因为那是故事所在。不管它是火灾、车祸、骚乱，还是任何一种现场情况，比如死亡现场，或是谋杀现场。它们仅仅是场景而已。反应是故事和情感的所在。所以我花费最少的时间拍摄真实的火灾、真实的谋杀场景、真实的汽车碰撞，其余的时间都用在反应上，因为那是所有值得记忆的东西，一旦我报道反应，我就会感觉很得心应手。

● 记录现场声音

我用耳机和记者沟通，所以当我拍摄时我不仅能知道她在干什么，而且当她进行一个采访时，她可以走过去站在那个人旁边，而我就可以录音。如果我架着三脚架，我只需左右摆动就能从街对面进行拍摄。

● 结尾镜头和声音的拍摄

当我拍摄故事的时候，我一直在寻找最后一个镜头。我试图早点找到它，这样我就能知道需要什么样的镜头来建构这个故事直到结束。有时候我一到现场几乎就能发现，其他时候我得仔细观察直到离开。但是没有结尾镜头我是不会回去

的，即使它仅仅是某个人走路、开车、乘飞机或者是滑冰直至日落。一旦我发现了结尾镜头和强烈的、结束的声音，我就会舒一口气。

如何拍摄特写

报道和制作专题报道意味着使用一套不同的讲述元素，涉及不同的思维方式和解决方法。我想到了一个特别的故事，我把它叫作"俱乐部"，那是关于一个冰球俱乐部的故事。俱乐部里的人都超过30岁，每周一的晚上他们会聚在一起。我之所以想做这个故事，是因为我听说一个72岁的老人仍然和一群30多岁的人一起玩冰球。

● 寻找开始和结束

在每一个故事里，我都一直在寻找开始和结束。这个故事在一个单独的地点拍摄，我们叫作"定点拍摄"。最初我想以人们正在穿衣服或者是往冰上走作为开始。

我也需要一个结束场景和声音，这总是故事中最难寻找的部分。大多数故事都可以以传统的方式来结束，比如消失于落日中。我总是尽可能快地拍下那个场景，但之后会希望能有一些更新颖和发人深省的结尾方式。

● 声音是结尾部分的另一半

试图把一个新闻特写总结成一个单句往往很不现实。为了避免这一点，在我的专题报道里我喜欢以声音结尾，不管是自然的声音还是人物原声片段。例如，关于一个木工的片段，你会听到他说："我一生都在做这个，我觉得我会一直做到终老。"而冰球故事的结尾可以是这样的：其中一个队员已经在冰上滑了一小时，他一边准备走一边说："我不知道什么时候停止，可能在它不再有趣的时候吧。"这就是故事结束的方式。

场景和声音结合成了结局。我需要有说服力的声音搭配场景。我还需要一个强有力的故事中心或者是见解。在这种情况下，我故事的中心是莱斯·克伦金（Les Krengin），72岁的冰球队员，他仍然喜欢与年轻人一起玩冰球。我现在有了我的故事、我的人物、我的中心点，而且我有了开始和结束的场景。

● 中间的血肉部分

故事的中间，仍然以冰球故事为例，我总是先从开始和结尾做起。但是我总是寻找层次。中间部分是故事的血肉，由各种你想写的层次组成。找到正在发生的事情，注意某种事实，与你的观众一同分享。在这种情况下，当这个72岁的老人参加比赛时，他在做什么呢？他正在和40岁的晚辈对打。当他的对手出生时，他已经有了两个孩子和自己的事业。

通过发现主人公对什么感兴趣，或者什么对其形成挑战，你就可以构建你的故事了。现实生活的戏剧性可以从任何事说起——他能在冰上待满五分钟而不休息吗？他打出过一记好球吗？如果是，你能构建那一刻吗？他通过审核了吗？如果是，你也能抓住那一刻吗？找寻真实生活的片段，然后考虑如何构建你的故事。所有这些都是过程，这就是视觉报道者构建意外和制造紧张的方式。为了故事的中间部分，总是得去寻找层次和个性，方法与如何寻找开始和结尾一样。

在这种情况下，我知道我的中间部分将会是莱斯打冰球和他的声音。但是当你只拥有一个中心、一个开头和一个结尾时，相当于你花费大量的时间讨论只有一个音符的歌。你最终会马上结束一切，而故事没有什么发展。所以我总是在寻找我能找到的任何能吸引眼球或者是能显示该故事其他层面的东西。当你深入故事的不同层面时，就像剥洋葱，观众就能了解和发现新的东西。

● 在脑海中构建故事

周一晚上十点我在去故事现场的路上想到一个主意，于是改变了故事的开头。是这样，深夜这些傻瓜们出去玩冰球。一个想法出现在脑海中，"天哪，大多数人习惯了在夜晚忘记白天的压力或是准备去睡觉，就这样开始了一周，然而'呼'、'呼'、'呼'，有些人的比赛时间到了。"有了那样的想法，我把车开到路边，在门廊和门前拍摄，在几乎没有车辆的街上拍红绿灯由绿到红的变化，那就是我构建故事的方式。所以有了故事的第一个层次。

当我到达冰球俱乐部时，我发现那里不仅有72 岁的莱斯，还有另一个 67 岁的叫作查克（Chuck Cross）的人。所以，我想，"哇，这是故事的另一个层面"。查克就是另一个层面。"呼"、"呼"、"呼"，有些人的比赛时间到了。然后我们看到人们滑到冰面上开始比赛，当然，他们戴着头盔；你看不到他们的脸，也不知道谁是谁。我说："查克带领这个团体好多年了。"——自然声——然后你看到查克摘了他的头盔。在那一刻，我说道："查克，你摘掉头盔后，请告诉我你的年龄和姓名，或别的什么。"他摘下头盔转向我说："查克，67 岁。"所以我又有了另一个层面。

我们跟拍查克 15～20 秒，然后你看到他从冰面上离开。一些自然声之后接着是他说："最好不要找一个摇椅躺着。"我的另一条线奏效了，"毕竟，较之后者，他仅仅是一个小辈——"然后是莱斯看着镜头说，"莱斯，72 岁。"所以有了故事的下一层。到这个时候我们已经有了 50 秒的故事，我们才刚刚见到莱斯，但是已经开始一段时间了。故事在展开。然后，一个大约 40 岁的人告诉我，他小时候玩冰球，莱斯是他的教练。现在，他正在跟莱斯打比赛，所以我又找到了故事的另一个层面。你可以看出为什么这些层面很重要，为什么我总是在那之外寻找带给我惊喜的东西。

● **专题访问**

在特写文章中，我从收集整合的主要类型里分出了三种采访类型。

1. 在活动过程中采访：这是指在你的采访对象正打算去往某地或者正在做某事的时候采访。对他们的采访在活动之前或中途进行，或者贯穿整个活动过程。在活动进展过程中，可以为你的采访主题收集一些具有代表性的问题，包括"你正在做什么"或者是"我们要去哪里"。

2. 促膝交谈式采访：我在拍摄完大量的采访录像之后，最想做的一件事就是与主要人物坐下来，一起聊聊一些非常有启发性和富有哲理的事情：这究竟是怎么回事？这究竟意味着什么？我们了解了哪些典型问题？这为我们捕捉某些情感和尝试揭露采访报道中最关键的部分提供了绝佳的机会。

3. 非采访式的采访：非采访式的采访发生于整个采访活动之外，让采访对象戴着麦克风做自己的事。我时刻注意摄像机的位置并且直接与对象进行对话，"哇，真了不起。"这一举措差不多能使我的采访对象从摄像机的重负中解脱出来，因为我们能自然地交谈，他们对我的反应能引出一场计划好的访问。我在计划着收集他们的声音，但我同时也在试图用我的一瞬间的面部表情与他们进行交流，并给他们斥责和评论的契机。非采访式的采访对于获得一些重要的声音片段而言，是一项重要的技巧。

● **手持拍摄 VS 三脚架拍摄**

恰当而合适地捕捉到你周围发生的活动是非常重要的。如果这个故事很感人，那么你也应该被感动。如果我需要离开现场，我必须让摄像机架在三脚架上。

当活动正在发生或者是人物正处于现实生活场景，这时就需要手持拍摄，以便于进行进一步和个人的采访。我会让摄像机灵活移动以保证我能随着人物的移动而移动。

使用三脚架的目的在于能有稳如磐石的画面。三脚架的位置通常都是场景的设置点——"这就是我们现在所在的地方。"三脚架对远距离摄像也是很有用的，它能构成场景的设置点，或者是根据活动的变化建立镜头设置点。

● **镜头长度**

理想情况下，一次拍摄至少在十秒钟以上，所以中间就有许多有用的序列镜头。如果在拍摄开始或结束时摄像机有震动，它需要时间恢复稳定，不过仍然可以得到有效的录像。你可以放心地拍出具有实质内容的作品，尤其是在万事俱备而截稿时间又临近，你能做的只有长时间连续拍摄的时候。

● **近距离手持拍摄**

当你正处在被拍摄主体旁边时，带有一个角度较广的镜头的手持摄像机是非常有用的。就像你与对方共舞，活动全系于脚。这是全方位的追踪，从一边到另一边，从前向后，变焦以脚而不是手指实现推位移动，以肩膀为轴心始终用广角镜头紧密追踪。

再一次的似曾相识

新年伊始的一月份，早晨我躺在被窝里，觉得床在嘎吱作响。那时我意识到发生地震了，只是感到晕眩，而且觉得地震非常遥远，等那过去之后我又继续睡觉。一小时后惊慌的亲戚从俄亥俄州打来电话说："我们只是想知道你是否还活着，你的房子在地震中是否安然无恙。我们曾给你打电话，但所有的电话都占线，谢天谢地，一切都还好！"我打开电视，只能收看到来自北方100英里外洛杉矶的实况报道。我又想躲到床底下去了。但是，我再一次拿出了洛杉矶发生骚乱时带去的行李袋开始装衣服。我给电视台打电话，新闻部主任俄弗·凯斯（Irv Kass）告诉我，"赶紧到洛杉矶来吧。"那时唯一的区别就是不会和其他记者一起工作。我必须自己完成报道，独立进行现场拍摄，简直就像在唱独角戏。和你一样，大事件来临时我已经忙乱至极，我开始思考主题、报道、中心、开头、中间和结尾，作用和反作用，序列镜头，强烈的特征，无声，事件报道的语速等。是时候进行另一个报道了，我已经开始了。

小结

电视新闻只有两种报道方式：一是用画面，二是用声音。摄像记者或许会兼作摄像师和记者。他们把外景摄像机和麦克风作为记录和报道的工具，拍摄令人信服的可视新闻。在电视新闻中，书面文字虽然对报道过程至关重要，却很少独立存在，它和图像、色彩、动作、声音、静音相辅相成，共同组成整套信息。

最有效的可视新闻通常通过结合相应的情节顺序和自然声来与观众交流体验感受。一些正在发生的事情能被观察到。当摄像机深入情境中时，报道过程多少会反映出新闻目击者的目击过程和新闻当事人的感受。

对视觉新闻来说至关重要的是记者的报道中心，它相当于撰稿人的故事纲要和提论。在新闻中，中心陈述是一句能概括整篇报道的陈述句，并能够对引起读者关注有所帮助。每篇报道都有开头、中间和结尾。通常最成功的报道是通过新闻当事人之口传达信息。绝大多数报道中，为了突出与观众感官直接作用的图像和声音，可以在画外音中留下空白或停顿。

除摄像机、麦克风和计算机操作控制台外，摄像记者的另一个基本工具就是剪辑控制台。这里，新闻观念会融入报道中，报道节奏也会得到调整和改进，报道的情感概要会得到强调。

关键术语

结尾	导入	节目	原声摘要
特写	远景	摄像记者	突发新闻
见解	中景	报道式剪辑	故事版
剪辑	自然声	序列镜头	留白
中心			

 讨论

1. 摄像师和摄像记者有什么区别？

2. 在记录和报道工具上，摄像机和麦克风分别对哪种感官起作用？

3. 为什么剪辑控制台被称为"重写"工具？

4. 电视新闻报道和报纸新闻本质上有什么区别？

5. 书面文字在电视新闻中充当什么角色？

6. 电视新闻应侧重文字还是图像？

7. 图像在电视传播中扮演什么重要角色？

8. 为什么连续的录像通常比说明性录像更引人注目？

9. 什么是见解或者中心？决定它的过程是怎样的？

10. 为什么中心陈述有利于大多数电视报道？

11. 请解释学习通过图像进行写作的价值。

12. 电视新闻报道中自然声扮演着什么角色？

13. 为什么简短的插播比冗长的插播更可取？

14. 摄像记者可以使用什么技术使新闻报道更令人难忘？

15. 新闻报道中"确定较大的新闻点"的目的是什么？

16. 电视新闻报道中，"视觉证据"是什么意思？

 练习

1. 只运用自然声和视觉图像，拍摄或记录对一个主题的一组反应的瞬间，并传达出感受。你可以选择滑雪场刚开放时的心情、试驾二手车时的感受，或者浇种一棵树或花时的感觉。始终保持摄像机深入情境。注意重点是要带给观众身临其境的感受。

2. 认真学习电视新闻节目中现场报道的序列镜头和相应情节。注意有多少报道中包含序列镜头，多少报道主要依靠说明文本来阐释信息。

3. 学习电视新闻报道和商业广告中主要观点的视觉证据。新闻中，本该使用效果更好的图像来报道，结果却使用了文字说明的情况有多频繁？

4. 观看几段电视新闻报道，解释每一段的新闻中心。如果新闻中心模糊不定，为它补充一个确定的中心。

5. 当电视里播放新闻时，请留意并收听新闻报道和商业广告中自然声和插播的运用。注意声音或画外音吸引你看屏幕的频率。

阶段，一个给定的拍摄作品带给人的想象空间，应当比拍摄前和拍摄后都要多。

序列镜头

镜头是重新构建事件的有机组成部分，或者是特定事件中有代表性的复合物。一些相互关联的影像片段所传递的简单信息，加起来就组成了序列镜头（见图 2.1）。经过编辑处理之后，动作在镜头间连贯切换，这样观众会产生一种错觉，感觉看到的是连续不断的事件。一段连续的镜头能再现事件，从而给观众们带来现场目击者一样的感受。

令人惊讶的是，一些摄像师从来没拍过序列镜头，还有一些摄像师不能确定是否拍过序列镜头——这是因为当初剧本写出来后，是被分开来一点点进行展示的，因而没有连贯的视频。

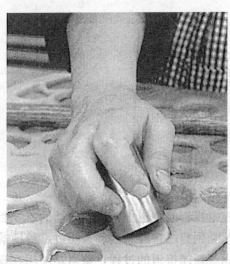

图 2.1　这一组连续的镜头是由一组相互关联的影像按照事件发生的顺序展开的。这个过程重复了一个现实生活中的观察者将采取何种行动。在一个剪辑好的序列镜头中，故事情节流畅地从一个镜头过渡到另一个镜头。

基本镜头

　　从本质上来说，摄像师构建一连串镜头只需要三种类型的镜头：远景（LS）、中景（MS）和特写（CU）（见图2.2）。其他的镜头，包括近景（MCU）、大特写（ECU）和超远景（ELS），都在以上三种类型的范畴之内。

图 2.2　电影拍摄中的三种基本镜头是远景（左上图）、中景（右上图）和特写（左下图）。其他所有镜头组合都属于这三种类型中的一种。

混合拍摄

在混合拍摄中可以发现多种摇摄和移摄镜头。摄像机一直跟随着某种行为直到一个新的移动目标进入视野，接着选择新的目标并且跟着它。例如，摄像机可能先拍一架即将离开的喷气式飞机，当另一架反方向准备起飞的飞机出现在视野中的时候，摄像机接着拍第二架飞机。混合拍摄产生出一种相对来说较长的"拍摄"，这样当编辑要求的时间很紧张的时候，就可以用来替代两三个较短的片段，而不用分开进行多次剪辑。

仰拍和俯拍

仰拍和俯拍就等于垂直的摇摄：摄像机向上拍或和向下拍。仰拍和俯拍使用的情况有：一是由于太高而不能一次拍摄出全貌，二是展示目标的一些新的方面。例如全面展示某个艺术家画在一个旅馆墙上的三层楼高的壁画，或者从一阵热烈的掌声过渡到舞者的脸上。仰拍和俯拍也要保持目标在一定的框架内，例如拍摄橄榄球迷站起来为一个触地得分喝彩，或者跟随拍摄一个消防员攀爬长梯子。

跟踪拍摄

在跟踪拍摄时，摄像机实际上是在空间里穿行，使移动的目标一直出现在取景框里。跟踪拍摄自行车赛手时，摄像机不再仅仅是通过转动来跟随他们，这点和摇摄不同。在跟踪拍摄时，摄像机被架在运输工具上，并且通过在空间中穿行使自行车赛手保持在取景框里面。若要跟踪拍摄一个走在人行道上的步行者，则应当把摄像机安置在一辆小汽车或者其他的运输工具上，以确保拍摄能够跟得上目标的步伐。

动拍

拍摄动拍镜头时，摄像机本身会移动并经过固定的目标。比如，如下情况会产生动拍镜头效果：一个摄像机被安置在一辆货车的顶上，而这辆车开到了临近的街道上经过了维多利亚风格的民宅；一台摄像机被安放在轮椅上，并且从教室里一排学生的旁边经过。

推轨拍摄

在使用摄像机移动车进行拍摄时，摄像机会靠近或者远离拍摄目标：摄像机近摄（靠近目标）或者远摄（远离目标）。为了能够顺畅地移动，摄像机三脚架被连接到移动式摄像车上，一个简单的框架或者平台被安放在车轮上。从专业的移动式摄像车到一台轮椅或者雪橇等，一切东西都能被当作移动车，只要这些设备能够顺畅地滑行，且不会撞击或者摇晃摄像机。有的地方也可能把推轨拍摄叫作跟踪拍摄。

稳住抖动的镜头

摄像机的移动可能会导致屏幕出现不必要的抖动，特别是在汽车或者飞机上拍摄的时候。越来越多的摄像师，不论是专业的还是业余的，都运用镜头陀螺仪或者其他稳定图像的方法，通过电子方式稳定可能会抖动的画面。特殊的电路系统持续不断地监控被拍摄的图像，可以消除画面中时常出现的不必要的转换和震动。这样即使是手持摄像机拍摄，在行走时拍摄的画面也可以看起来很优美流畅。如果摄像机被剧烈地移动或者晃动的话，图像画面要稳定下来就需要一点时间。陀螺仪摄像法的命名，来源于能够使飞机和轮船在反向风、水和重力影响下保持稳定的陀螺仪。

摄像视角的变化

视角反映的是拍摄目标在某个特定距离出现时，其明显的尺寸大小关系，而这种关系类似于在相同距离人眼观察同一风景的效果。除非摄像机在空间自己移动，否则视角是不可能变化的。有的情况下，变焦拍摄和拍摄对象的移动碰巧一起发生，这时变焦拍摄可以替代推轨拍摄。变焦拍摄，是指在一个固定位置持续不断地用不同的焦距进行拍摄。例如，如果一个骑自行车的孩子在乡村小路上行进，并且正对着摄像机骑过去，摄像机可以迅速变焦，以使那个孩子保持在摄像机的取景框内，而这种拍摄和推轨拍摄的效果是相似的。

因为在变焦拍摄中摄像机一直在同一个位置，所以拍摄的角度并没有发生变化。因此，如果你希望拍摄一个目标的近景，那么就应当把摄像机向拍摄目标移近一些。尽管你可以通过从远处拉近摄像机来拍摄特写镜头，但是这种并非真实的近景拍摄马上就会被看出来（见图 2.3）。

航拍就是把摄像机放到飞机包括直升机上来拍摄。航拍在提供交通、洪水、火势、地形等的整体俯视方面有着不可比拟的优势。因为摄像机在空间移动，所以航拍亦可以被用来完成跟踪拍摄和动拍镜头。

图 2.3 找出左右两边的特写镜头之间的不同之处，左边的图像是摄像机靠设置一个长焦距拍摄的，右边的图像是摄像机靠近被摄主体拍摄的。和左边的图像比起来，右边的图像看起来更立体。

资料框 2.2

在每一个场景中加入动作

电影和电视的巨大力量在于动态效果。孩子们微笑，旗帜随风飘扬，兔子们在草地上随意跑过。尽管动态效果仍然是关于生命和静态的东西，但每个电影片段都会选择这样的材料。因此，墙和各种标志的固定拍摄，在电视中的效果并不好。

电视新闻的目标必定是在每一个场景当中都插入动态效果。如果你决定去拍摄一个法院的远景，那么你应该在远景镜头中拍摄人们走向法院的画面，而不是拍摄静态的法院建筑。如果拍摄对象仅仅是岩石峭壁，那么你就应该用峭壁作为背景，跟随鹰的飞行视角进行拍摄。如果你的任务是拍摄毫无生气的篱笆，那么你应该展示篱笆在风中轻轻摇晃，或者是一只小鸟从篱笆角落的电线杆上飞起来。

有助于讲述故事情节的镜头

远景镜头经常被用于固定拍摄，因为它很容易使观众了解到故事的发生地点或者故事本身。实际上，许多专业摄像师和编辑们会避免拍摄墙的远景，因为其无助于观众了解即将发生的故事，而他们会拍摄能帮助观众立刻走进即将发生的故事的镜头，无论它们由什么组成。

固定拍摄可以用远景镜头，也可以近景拍摄，例如，在蓝草音乐节上的近景拍摄——一只脚合着音乐轻轻打拍子。固定地拍摄陪审团主席宣读一份裁决书，可能比远景拍摄前方带有标志的联邦法院效果更好。

在一个场景当中，重建镜头有助于引入新的行动、主题事件，或者重新营造一种特定行为发生的感觉。在一个典型的例子中，我们首先看到一个驾车者在看汽车引擎盖下的发动机，接着在一个新镜头中看到这个全景，一个巡警停下车来提供帮助。在另一个例子中，我们可能看到一个小女孩吹号角的近景，接着在一个新镜头中会展示她的妈妈拿着生日蛋糕向小女孩走过去。

插入镜头为观众提供能够展示与主要事件相关内容的重要特写。如果我们在一个镜头中，看到一个女人往她的钱包中塞入了什么东西，那么插入镜头会向我们展现那个东西的特写细节。

视角拍摄所展现的是通过当事者的眼睛所看到的东西（见图 2.4）。如果在某个镜头中一个船长向大海远处张望，视角拍摄所展示给我们的正是通过他的眼睛看到的风景。摄像机事实上替代了船长自己的眼睛。

在这种情况下，摄像机既可以从当事者的角度去拍摄，也可以从非当事者的角度去拍摄。无论何时只要摄像内容代表的是特定参与者的视野，这类镜头就称为主观镜头，拍摄的内容正是当事人所看到的。如果拍摄角度是身处局外的观察者，那么这种类型就被称为客观镜头。

行为和反应是讲述视觉故事过程中的关键部分。行为一旦发生，就伴随着反应。一个女人向下看并对着镜头外的某个事物微笑，在下一个镜头中，即反应镜头中，一个婴儿在牙牙学语并且也在对着那个女人微笑。一个餐馆的服务员返回厨房时不小心把一堆盘子掉到了地上，在反应镜头中，食客们听到了盘子摔碎的声音后，停下了他们的交谈，并且在那位服务员向他们鞠躬之后为她鼓起掌来。还是这样的例子，一个棒球运动员打出了一记本垒打，在相应的反应镜头中，该队的教练欢呼雀跃。反应镜头告诉我们人们对于发生的事情有着怎样的感受（见图 2.5）。脸部表情和眼睛可以反映出人的灵魂和感受的深度。因此，如果你在你的镜头中展示某种行为，也应该找出反应。"有反应的地方是大多数事情发生的地方，"电影制片人和作家爱德华·迪麦特雷克（Edward Dmytryk）说道，"反应就是过渡、改变、运动——运动就是生命。"[1]

反拍镜头（见图 2.6）经常用于引入新的动作或者在一个场景中推进动作。假定在一个场景中，理发师刚给一个老顾客剪完头发。那个老顾客付完钱之后走出了镜头。理发师喊道"下一位！"接着另一个顾客背对着镜头走进了取景框中。当顾客走近摄像机的时候，反方向的拍摄可以用来给观众提供一个正面的镜头。为了能够完成反方向拍摄，摄像机应沿着第一次拍摄时所建立的轴线的相反方向进行拍摄。

图 2.4　视角拍摄所描绘的就是个体观察者将要看到的景物。

图 2.5　在故事中"行为—反应"模式是一种提高观众兴趣的有用模式。左边的图像显示的是敲鼓声在空中回响（行为），观众非常高兴（反应）。对观众的拍摄也可以用作切换镜头。

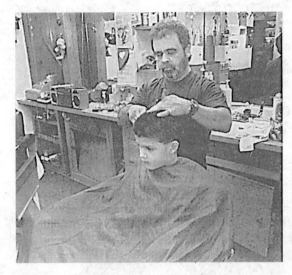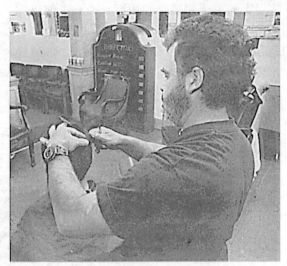

图 2.6　反拍镜头先要给主体一个远景镜头（左图），接着在相同的轴线上，在拍摄主体后面从相反的方向进行第二次拍摄。

从单人镜头到群体镜头

还可以根据镜头中出现的人数多少来定义镜头，如单人镜头、双人镜头、三人镜头、小组镜头。在小组镜头中，人数为 5～12 人或者更多，但观众仍可分辨出其中单个人的长相。而在群体镜头中则很难在众多人当中区分出不同的人。

带切入的主镜头

近几年在传统的电影摄制中，导演们普遍依靠主镜头。这种拍摄要在同一焦距下，在同一地点由一台摄像机连续拍摄全部场景（见图 2.7）。当主要行为在一次拍摄中记录完毕后，行为接着被重复（或者工作人员等着它再次发生）以便补拍镜头或者插入镜头。典型的插入镜头包括特写镜头、嵌入镜头、反应镜头和观点镜头，同时也包括摄像机从新的角度来强调目标行为的特殊元素。

运用插入法的各种主镜头，经常用于电视演播室或者户外体育赛事中，这些情况需要用多个摄像机从不同侧面来记录某一行为。从各个摄像机传来的视频信号，会同步供应给控制室或现场制片车的一个中心转换器，并且在一排视频监控器中显示出来。一个导演在中心转换器处观看监控器，并且决定什么时候播出一个特别的镜头，或者记录下来留作以后的播出之用。由于许多个摄像机同时从多个角度拍摄同一个行为，所以随着情节的发展，由一个摄像机镜头切到另一个摄像机镜头则相对比较简单。

即使是只用一台摄像机，摄像师仍然可以拍摄多个镜头，剪辑后用以配合任务（见图 2.8），只要那位摄像师拍摄出重叠动作即可。使用一台摄像机时，摄像师必须从一个地方挪到下一个地方，所涉及的位置应该与多机布局时每台摄像机所在的地点相同。在动作被动或主动重复时，摄影师要从不同角度记录下动作的发展。只要操作　　　正确，其效果不次于多角度拍摄。

图 2.7　主镜头（左）用于记录完整场景中的一个无间断片段。随后，摄像师会让场景再次重复，或是等待再次重复，同时插入画面或补拍镜头以强调细节并推动故事发展。

图 2.8　剪辑一个动作时，要流畅地进行，不要因镜头转换而打断它，这样才能使结果与动作相对应。

重叠动作

重叠动作即在一个镜头中发生，至少在一个另外的镜头中存在的动作（见图 2.9）。换句话说，同一动作必须出现在至少两个镜头中。在一个田园诗般的背光镜头里，如果一个钓鱼者向河中丢了一根鱼线，所采近景可能会表现鱼线接触水面的瞬间。因为不管是远景还是近景，鱼线都可在水面上看到，在两种取景中这个动作都被称作重叠动作。通过截取远景中动作的某一点作为近景中某一动作的继续，编辑可以在两个镜头间让动作匹配。

图 2.9　生活中的许多活动，包括大多数新闻事件，都是重复的。对重复动作
敏感的摄像师能够现场记录重叠动作，并在剪辑控制台将动作匹配起来。

突发新闻也能拍到匹配的动作系列

即使在突发新闻中，不管是在公寓楼中奋力救火的消防员，还是在车水马龙的十字路口指挥车辆的警察，其动作也常常会重复。有些新闻只有亲临现场的摄像师才能拍摄到。摄像师可能会决定连续拍摄被告人进入法院大楼这一情节，快速变焦拍摄到被告的脚或陪审员严肃的面容，再或是多次拍摄被告将要进入或离开的画面。快速变焦是摄像师按下变焦按钮，迅速拉近或调远焦距以拍摄新图像的技术。在剪辑控制台上，编辑会删除录像中由快速变焦拍摄下的一些画面，并把动作剪辑到一起，仿佛这些画面是由两台摄像机同时拍下的：一台拍中远景，另一台拍近景。

现场拍摄要选择重叠动作，用这样的原始素材才能使编辑把匹配动作剪辑到一起。

跳切（跳跃剪辑）

在已完成剪辑的录像中，如下两种情况会出现跳切：一是屏幕上情节前后跳跃不自然；二是屏幕中物体变换位置时不够自然。如果处于户外集会中的演说者在前一个镜头中还戴着帽子，而后一个镜头中帽子却不见了，这就是跳切。技术上讲，跳切不会在现实生活中出现。下面的例子可以说明动作的"跳跃"：海滩上的一个女人在第一个镜头中戴着墨镜，在紧接着的第二个镜头中墨镜却消失了；或者在远景中电脑屏幕上有一个文本，而其后中景的屏幕上却什么都没有（见图2.10）。当动作不能天衣无缝地剪辑到一起，或者必须删除时，编辑就会希望摄像师拍摄剪切、插入、反向、重建等镜头。

图 2.10　跳切发生于屏幕上被摄目标在两个连续的镜头中不自然地改变位置或外形。

资料框 2.3

拍摄序列镜头的秘诀

即使是实时报道也有获得序列镜头的方法。最佳途径就是参与到情节中去，拿着摄像机记录事件的每一个进展。如果一名女性去自动取款机取钱，你或许可以从她走向机器时开始拍摄。你要知道她将拿出她的提款卡，也许你该跳过这段直接拍摄提款卡。参与可以对这一情节有所准备。你也预料到她将输入账户密码，这时你就需要选择更宽的角度进行拍摄，接着移到这位女士的脸上，参与其中并多想一下，你就可以拍到序列镜头。

你和你的角色一起拍摄时，最重要的原则就是不要妨碍到真实生活。千万不要为了捕捉某个动作而在拍摄时突然说句"嘿，等一下"而打断他，因为一旦我们妨碍到真实生活，真实感便荡然无存。

实时报道中拍摄序列镜头的另一个方法是通过动作和反应。不管正在发生的是什么，你都可以拍摄动作及其之后的反应。例如，某人对全班讲话，班上学生在听；孩子看看饼干从烤箱里拿出来；高中篮球球员投中决定胜负的一球，观众欣喜若狂。

切出

切出是删除跳切和缩短时间所采用的最普遍的手段，即在主体中突然加入一个与内容相关但不是主要动作的镜头，这样可以使观众注意力回到主要场景时，这个"跳跃"不会那么明显。就第一个镜头中海滩上戴着墨镜的女人这个例子来说，第二个镜头可以是落日和海滩上跳跃着前行的矶鹬，也就是在没戴墨镜的女人出现之前插入这个镜头，观众就会在看落日和矶鹬的时候认为那个女人有摘掉眼镜的时间。在国际象棋比赛的报道中，可以切出计量选手思考时间的钟的画面。在新闻会议中，最老

套的切出镜头是一堆拍摄新闻的摄像机，或一位记者在做笔记的中景镜头。除使用切出外，其他视觉手段如渐隐或擦除也可以避免跳切。渐隐发生在一个场景逐渐淡入黑色直到另一场景完全展现出来（一个场景切换到另一场景）。擦除会制造出一个镜头为下一个镜头让步的假象。

积极切出

典型的切出只是摄像师帮助编辑消除跳切和压缩情节的一种手段（把一段冗长讲话中的两小段剪辑合为一段）。更为理想的是积极切出，积极切出往往能为镜头带来令人满意或者必不可少的新信息。积极切出可以表现说话者宣布她当选为

政府候选人时，其亲属那满脸的自豪，而不是记者招待会上电视摄像机等一些毫无价值的镜头。不论设置为何种情况，积极切出的基本贡献是通过提供新信息来促进报道的进行，以及推动情节的发展。

转场或揭示镜头

连接镜头的另一种方法是转场镜头，也叫揭示镜头。转场为编辑提供了从一个场景转至另一场景时，连接独立场景的途径。转场可使观众暂时失去判断力。以电影导演迈克尔·卡恩（Michael Kahn）为例，他记录了一群人围坐在桌子旁的镜头，而下一镜头却是同一组人排队去看电影。

你已经切入了相关字幕，在这种情形下，你又切入了柜台和顾客正在买票的手部甚至某人的脸部特写。你（观众）不知道自己到底身处何处，但是你清楚自己在一个陌生的地方。然后你转回主镜头，所有人都在排队进入放映厅。你顺利切入特写，然后转到新场景上。[2]

再举一例，轮船汽笛声的特写镜头可以把情节从码头的鱼市转向渔船上的罐头加工。

类似的还有，在一段关于北美黄松和榆树疾病的录像中，转场可能表现为从高山到城市。在这个例子中，我们首先看到森林里一个带着链锯的伐木工正在砍伐一棵黄松，接着是转场，前一镜头中伐木工拿着的那个链锯被做了特写，接着在城市的镜头中出现榆树倒下的远景。

你可以在编辑部为现场跟踪拍摄拍一个与光学擦除类似的效果；例如，摄像机可能会移过白色柱子，进而把镜头挡住。柱子会使观众产生擦拭布擦过屏幕的幻觉。在这块布的中间，柱子仍占据着整个屏幕，但你可以切入你的主角踏入编辑室的跟踪镜头。最后无需后期制作也可实现自然的擦除。

要现场拍摄这种转换，摄像师必须像编辑一样提前预想到各种镜头。"脑子里要有你已经拍摄以及将要拍摄的画面，"电视纪录片制片人玛丽·M·巴斯（Mary McCormick Busse）说道。[3]

 ## 屏幕方向

现实生活中，物体是向可预知的方向移动的。

但在许多版本的晚间新闻中，电视屏幕上的物体

就像乒乓球一样，是可以改变方向的。有关屏幕方向的经验法则就是让物体保持一种运动方向不变——不管是向屏幕的左边还是右边。否则，观众会感到混乱和有意无意的沮丧。

屏幕方向的不合理改变源自摄像师在现场先拍摄某个物体最初朝向屏幕方向的镜头，然后无意地"越过中心轴"在下一镜头中却朝向相反方向。想象一下，让两个人面对面站着，然后你去拍摄他们。在摄像机的取景器中，在你左边的人（主体 A）面朝屏幕右方，右边那人（主体 B）面朝屏幕左方。现在，换到与两人相反的一侧，再从取景器中观察他们。这次，主体 A 会面朝屏幕左边，而主体 B 面朝右方。结果就会造成一个错误的反转。

如何避免错误的反转

避免错误的反转镜头的唯一方法就是避免越过中心轴（见图 2.11）。初次实地拍摄某个物体第一个或最初的镜头时，中心轴就建立了。中心轴的形式之一是一条虚构的直线，它从摄像机镜头的顶端穿过物体的中心。有些摄像师使用矢量线这个类似用来描述飞机和轮船所沿着移动的罗盘方向的概念，还有些摄像师仅仅称中心轴为"线"。第一个或最初的镜头拍好后，摄像师必须把镜头对准中心轴的一侧，而不是两侧。如果在两侧都拍摄，那么错误的反转镜头是不可避免的。

中心轴的另一种形式发生在当动作与镜头平行结束时，例如，在足球比赛中。摄像师可以在中心轴任意一侧拍摄，但绝不会两侧都拍（见图 2.12）。如果摄像师记得保持取景器中物体始终面向同一方向，则屏幕方向的冲突可在现场消除。

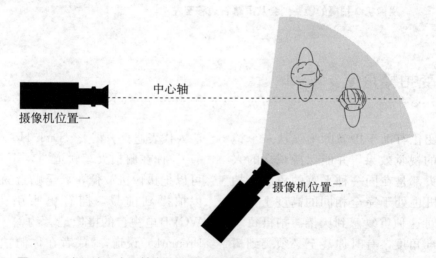

中心轴

摄像机位置一

摄像机位置二

图 2.11　牢记建立中心轴来消除某一物体在屏幕中某一方向的错误的反转，
然后自觉地在线的一侧拍摄，而不是两侧。

如何在剪辑控制台消除错误的反转

消除错误的反转最简单的解决方法是切出。可在屏幕中正在向右奔跑的足球运动员的镜头后接观众或裁判的镜头，最好是稍微朝着摄像机而不是明显地向左或向右，接着是运动员向左奔跑的镜头切入。另一种消除错误的反转的方法就是采用动作向摄像机径直移动的正向镜头，或者主体远离摄像机的反向动作镜头。而另一种解决方法则是摄像机越过中心轴继续拍摄，使观众随之感受视觉效果。如果这种拍摄无效，可以使用光学技巧如溶解或切换。

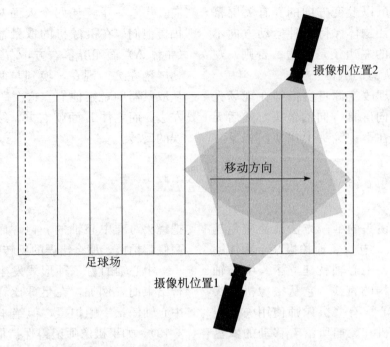

图 2.12 如果位于中心轴两侧的摄像机所拍的镜头紧挨着出现，就会出现错误的反转镜头。摄像机 1 拍摄的镜头会从屏幕左边移至右边。摄像机 2 拍摄的镜头则会从屏幕右边移至左边。

 改变拍摄角度

拍摄角度的变化有助于摄像师增强从一个镜头到另一个镜头的视觉效果，并能保持观众的兴趣。如果每个镜头都是在同一种平直的角度下拍摄的，而且摄像机也处于完全相同的高度上，那么观众很快便会对这种重复感到厌倦。拍摄每一个镜头时都要找准角度，有时你甚至必须爬到树上或者趴在地上。"但是，如果你发现观众歪着脑袋来看你的图像，这说明你选择的拍摄角度并不理想，"伊斯曼·柯达（Eastman Kodok）公司的

法人代表迪克·霍夫（Dick Hoff）[4]说道。

"你在俯拍火车轨道时，不要只是站着拍摄。可以把摄像机放低，低至贴近轨道。这样你就可以拍摄到前景，拥有更吸引人的拍摄角度，"WCVB 电视台的摄像记者约翰·普雷马克（John Premark）说道，"或者在你俯拍一条超市里的购物通道时，移到通道一侧，靠近货架，注意加强视觉冲击力。"[5]

在视平线高度拍摄人物

常规做法是在视平线高度拍摄人物，这样可以展现双眼。拍摄孩子时，要放低摄像机，这样才能直接拍到他们的眼睛。类似地，拍成人要与

其视平线齐平，不要仰拍或俯拍，除非你想达到一种特别的心理冲击效果（见图 2.13）。

图 2.13 摄像机的角度无论是低是高，都会影响到观众对物体的接受。在左图中，重点在于主体的头顶处，因为摄像机在高处俯拍主体。更理想的构图（右）则是与主体视平线齐平进行拍摄。

 ## 角度产生心理冲击

摄像机角度为影响观众对被摄主体的心理反应提供了方法。高角度拍摄，即把摄像机放在高处去俯拍主体，以使主体变小。它的效果与一个站着的人对一个坐着的人说话相似。站立者拥有心理上的优越感。最好的例子就是当上司站着而雇员被命令坐着，或者在成人与孩子的关系中，成人仅仅因他/她拥有稍高的身高就会显出优势。

低角度拍摄，即把摄像机放低去仰拍物体，以使主体显得更为重要，或破坏观众的支配感或优越感。低角度拍摄道路工程中的一台挖土机可以使机器看起来更强大、更具毁灭性；而从附近一个山顶上的俯拍则会使同一台挖土机在周围恶劣的地形中显得苍白无力而又无足轻重。

 ## 对比和比较

视觉上的相同等同于单调。在生活中的大多数领域，包括可视通信，我们都在寻找其中的不同点。就像一顿晚饭四道菜都是土豆焖肉一样缺少乐趣，四个连续拍摄疗养院里上了年纪的住客的镜头也是如此。这些镜头确实展现出了老人的正脸，却没有为我们展示那些来访的脸上没有皱纹的年轻人和孩子的青春活力或是老人们年轻时的镜头。如果你的新闻是关于沙漠的，试着给读者展示一些冰凉、翠绿的事物，也可以是一滴刚从啤酒瓶上滴下来就在热气中蒸发了的水。所有新闻中，对比和比较有助于使所拍事物的效果更为显著。

 ## 合成

摄像是看的另一种形式。在电视新闻中，它是代表看见他人的一种形式。合成，或者屏幕中可视元素的安插和强调，让摄像师知道观众要看什么并帮助其阐明将要交流的信息。在影像拍摄中，合成或许更少被人注意，因为没有一个画面是独立存在的，或像在摄影中那样可以传达一个完整的故事。在电影拍摄中，只有所有镜头播放出来，整部电影才算完成。

构图法则

平衡、和谐、深度、规模和视角是所有拍摄所要具备的优点。艺术家沿用了数百年的构图法则对摄像师也是相当有用的。这部分初步表明在电视新闻报道中，结构可以最大限度地增强摄像效果。

● 电视是横向格式

电视上的所有物体要么是在 4×3 的横向格式上，要么是在数字高清电视（HDTV）上的 16×9 的横向格式上（见图 2.14）。伴随我们大多数人长大的电视屏幕宽高比是 4：3，而数字高清电视的屏幕宽高比是 5.33：3。在电视摄像中，不可能把摄像机转过来拍摄纵向的镜头。尽管仅有的横向格式可能需要更多的调整，但对大多数摄像师来说，由于并非一直使用整个水平视野，所以它的限制并不大。

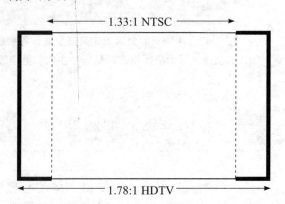

图 2.14　高清电视的宽高比为 1.78：1，拓展了普通的 NTSC 制式，后者的宽高比为 1.33：1。

三分定律

三分定律提供了改善单镜头（见图 2.15）构图的方法，尤其是在构成 4×3 横向格式时。可在心理上把取景器分为三种类型，包括横向的和纵向的。把物体或镜头中你想要拍摄的形象设置在其中一个相交点上。

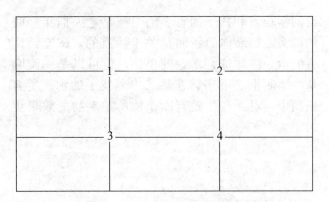

图 2.15　摄像机的取景器以虚拟线划分，按照三分之一的比例进行构图。

例如，从屏幕左方至右方移动的滑水者可能被设置在虚拟线的数字 1 或 2 上。这种构图给了滑水者进入框架的空间。正在轻拍一只狗的男人或许被安排在交点 2 上，而狗在交点 3 上。面对一大批人发表演说的人或许会被安排到交点 1 上，而听众则放在屏幕的剩余空间里。

你可以使用相同的方法把水平线放在 1 或 2 上，从而突出它的前景，或者放在 3 和 4 上，从而突出天空或背景。在所有例子中，与物体始终停在镜头正中心相比，构图会变得不那么死板，更有意思。

● 向观众展示你想让他们看的

构图中最自由的法则是只向观众展示你想让他们看的。尽管思想要集中于什么是想看的以及什么是要过滤掉的，但摄像机在这之前会记录下一切，所以只向观众展示你想让他们看的。"像在家观看电视机里的场景一样，学着使用取景器，"KCNC 的摄像记者格雷·克罗肖（Gray Croshaw）

建议道，"永远不要让屏幕上的任何事情使你措手不及。"[6]

● **拍摄每一个镜头前都要三思**

从取景器里仔细观察，问问你自己，"这重要吗？""这切题吗？"如果答案是"是"，那就摁按钮吧！

● **拒绝平淡**

"除非你在取景器里看到能令你发出'哇'声或其他使你印象深刻的情景，否则就不要打开摄像机。"记者约翰·普雷马克（John Premack）建议道。[7]普雷马克的建议能够解释为什么一些摄像师能化平淡为神奇。在技术好的摄像师手中，一只普通的鸡蛋或者圆珠笔都能变得精美绝伦。

● **屏幕空间**

镜头画面中，屏幕空间和视角平衡随着被摄主体在框架里的运动而不断地变化。对在家里的观众来说，要掌握相对不引人注目的视觉处理，一些注意事项是必需的。

■ 制作画面时要充分利用整个屏幕。用重要信息填充屏幕。

■ 避免水平线倾斜。在三脚架上使用气泡水平仪，或使摄像机取景器与水平线齐平，以确保摄像机是保持水平的。

■ 避免把屏幕用水平线分成两部分。

■ 记住背景中如果有动作或亮光，观众的眼睛会从主体上转移。只要有可能，消除这些令人分心的事物。

■ 如果背景杂乱，尽量移动被摄主体或摄像机。否则，调整镜头的焦距、焦点或者减少光线以使背景不那么引人注意，这样你就可以在较大的光圈内拍摄从而减小景深。

■ 拍摄插播时，避免把讲话人的脸放在取景框的中心。把讲话人的眼睛放在中心靠上处，在画面上留出视线空间。从镜头的下方留出空间，以显示讲话人的名字。

■ 越过肩膀拍摄时，要避免满屏幕都是人的后脑勺。

■ 如果物体移动或者看向画面外面而不是里面时，构图会在无意识中被破坏。作为一条经验法则，向画面右边移动的物体需被安置在左起第三个框架中，或者至少稍微挪向中心左边，反过来也是一样。这是为进入的物体留下空间。

■ 避免人与人之间的间隙过大。在采访中，如果存在大片空白，移动摄像机重拍，或是在伦理允许的情况下，重置拍摄对象。一般来说，人们可以自己调整位置使他们在屏幕上表现得比现实生活中更亲密。

■ 拍摄人物两只眼睛的面部特写要比只露一只眼睛、一只耳朵的侧面照好。现实生活中，除了下意识地注意一下耳朵，我们一般是看人的双眼。侧面照不能过于突出耳朵。

■ 通过在镜头中包含前景、趣味点和拍摄含有某一物体要从前面或者后面经过的两个或两个以上的焦平面的镜头，在拍摄中创造立体感效果。

■ 保持被摄主体清晰聚焦。

数字高清电视的构图

任何版式的构图都是主观的。数字高清电视的构图也一样。然而，它也需要考虑一些美学以及实用方面的要点：

■ 用颜料涂满你的画布。这是最有问题的。电视屏幕的左边和右边留出了那么多空间，你就会想把人和有趣的背景边对边地放进框架里。观看普通电视（屏幕1.33∶1）的观众就会因此而失去屏幕边缘的信息。

■ 请注意，如果说一个30毫米的镜头接近普通美国电视机的一般视野，那么55毫米的镜头就会更接近数字高清电视的一般视野。如果你看到边缘有很多背景时，删掉它！

■ 当采访者在电视画面以外时要特别谨慎。在这个宽屏幕里，如果目光离框架中心太远——不管是在左边还是右边，受访者的眼神可能会显得游离。尽量让采访者位于摄像机正后方，这样就可以避免这种令人不安的画面。

■ 允许电视画面截留。不管你什么时候在取景器中进行构图，都要允许电视画面截留。通常，家用电视屏幕会截去传输画面的边缘部分。在近景中，如果构图过于紧凑，在家用电视屏幕上，人物头部上方的部分甚至会被截掉。为了避免出现电视画面截留问题，一些摄像机取景器会标明一个"安全区域"或者显示比实际拍到的画面小一些的画面。如果取景器显示的是整个拍到的画面，那么合成镜头就会稍有损失。[8]

● 相信你的直觉

对于正处于发展阶段的艺术家和摄像师来说，图书馆可提供很多建议，告诉他们如何使自己的艺术感觉变得更敏感更精准。当然，没人等着被传授这些知识。一般来说，最好的途径就是向前迈进，对新方法加以实践，取其精华去其糟粕。与其在这个过程中经常怀疑自己，不如试着相信你的直觉。学会在听别人批评意见前先倾听自己的想法。没有人比你更了解自己的能力。

资料框 2.4

数字高清电视

美国国家电视标准委员会（NTSC）VS 数字高清电视（HDTV）

好的新闻报道要求真实。屏幕上的描述越与生活接近，观众对报道就越有身临其境的感觉。他们可以一会儿在另一个地方居住，过一会儿又有一种新的体验，甚至感觉像在过另一个人的生活。

接着是形象，形象非常真实，你几乎可以透过电视屏触摸到它，从泻湖里打水，或者感觉到在河边晒太阳的鳄鱼那粗糙的皮肤，抑或临近一场龙卷风灾难，领略大自然最直接的狂暴。

NTSC 为 HDTV 让步

数字高清电视（HDTV）使真实成为可能。自美国第一期定时电视节目出现以来，观众只能观看由 525 条扫描线组成的只有中等分辨率的图像，美国国家电视标准委员会（NTSC）把此类电视的高宽比定为 4×3（1.33：1）。

如今，全球开始摒弃这种老式的模拟技术，转而支持数字录像，向更贴近生活的图像又迈进了一步。这种录像由 740～1 080 条水平线构成，以网络、当地电台、有线电视公司传输图像为基础，也取决于观众对转换器、调谐器、计算机、图像投影机和电视机屏幕的选择。此外，HDTV 摒弃了旧式的 4×3 的版式，转而推崇宽屏图像，使用类似于电影院屏幕 16×9（1.78：1）的高宽比。HDTV 能最大限度地提高图像的分辨率，使之比 NTSC 录像大三倍，并拥有六条音频通道。

变化的动力

NTSC 的模拟波段不停地发出大量的电磁波谱。而 HDTV，一个更有效率的数字技术，使得模拟波谱在通信业成为可能，同时，通信业也欲把模拟波谱运用到高科技、更高带宽的移动视频手机和相关技术上。在 NTSC 的传输逐渐淡出市场时，它们曾经拥有的电磁波谱可被重新分配并再次出售。

过渡

美国国会最初确定 2006 年为电视台从 NTSC 老式模拟技术转向数字高清电视的最后期限。商业数字高清电视于 1998 年 11 月在美国高端市场开始运营（纽约、洛杉矶、芝加哥、费城、亚特兰大、波士顿、底特律、达拉斯·沃斯堡、旧金山和华盛顿哥伦比亚特区）。

从一开始，以上地区希望能有更多时间去执行新标准。他们认为，这次转换会对制造商及电视台、消费者、电子元件制造商、零售商和视频生产者造成财政上的压力。此后，美国联邦通信委员会（FCC）在 2006 年规定过渡期限可以根据具体情况适当延长。最重要的例外是在某一地区只有不到 85％ 的观众能接收并播放数字电视。条例规定，必须有可以接收到数字信号的数字高清电视调谐器，或者用于在模拟电视机上转换能观看的数字电视的视讯转换器。任何市场都有 85％ 的需求量，这很明显说明了过渡即将进行。[9]

言外之意

人类一旦面临更好的事物，就很少能接受次要标准了，不论那些有利条件是关于艺术、科技还是设计。有立体声效的宽屏新闻都具有这些优势。更逼真的画面会得到最明显的回报。"与传统电视相比，看到政府管辖地区都有 HDTV 覆盖是一种完全不同的感受，"高清电视网总裁马克·库班（Mark Cuban）说道，"传统电视主要通过语言描述为之添彩。而对于高清电视，摄像机就可完全胜过传统电视。地上的一辆烧毁了的拖拉机，或者一枚迫击炮弹，你可以看到。某些忍受痛苦的人，你也能看到。把更多的图像和新闻传送给观众，把真实可信的冲突经历反映出来，HDTV 的覆盖水平达到了一个新的高度。"[10]体验传播，好像本来就存在，并可以带来另一种收益。通过数字高清电视，观众可以更积极地参与到有意义的新闻中去，这是电视历史上前所未有的。

 ## 小结

视觉语法构成了主导视觉重建事件的规则，包括原始镜头和现场记录，还有剪辑素材的过程。在电视上，表达的最基本单位是镜头。一系列与动作匹配的长镜头、中镜头和特写镜头连接在一起传达信息。

基于摄像机的动作和功能，镜头可以更加清晰。镜头可以合并摄像机的动作，例如摇摄镜头、斜摄镜头、推轨镜头、跟踪镜头、动拍镜头和航拍镜头。根据功能，镜头可分为定场镜头、插入镜头、主观镜头、反应镜头、反拍镜头和主镜头。

只有摄像师现场拍摄了重叠动作，剪辑控制台上才能剪辑出与动作匹配的序列。换句话说，同一动作必须在至少两个镜头中体现出来。如果重叠动作不能被拍到，或者此动作必须压缩，那么动作中不自然的跳跃——跳切——可通过切出或视觉效果来避免。

转场镜头允许编辑从新闻中某一时间、某一地点或某一物体制作进入下一阶段的过渡。角度和构图可更深远地影响对物体的处理和观众对物体的反应。

无一例外地，我们的目标就是事件的视觉重建，并使之令人信服，让观众接触到不为人知的技术。

 ## 关键术语

航拍	屏幕高宽比	特写	切出
模拟	轴线	合成	插入镜头

渐隐	远景	透视	镜头
移摄	仰拍	补拍镜头	快速变焦
定场镜头	主镜头	视角拍摄	主观镜头
错误的反转	匹配动作	反应镜头	斜摄
羽化	中景	重建镜头	跟踪拍摄
镜头陀螺仪	积极切出	揭示镜头	转场镜头
正向镜头	反向动作镜头	反拍镜头	电视画面截留
俯拍	客观镜头	三分定律	视觉语法
高清电视	重叠动作	屏幕空间	擦除
跳切	摇摄	序列镜头	变焦拍摄

讨论

1. 解释视觉语法一词的含义。

2. 列出电影拍摄中的三种基本镜头，并描述它们的作用。

3. 解释如何把三种基本镜头结合起来以保证一种情景的连贯性。

4. 当可视新闻里物体的镜头或图像大小需要调整时，需要考虑的因素是什么？

5. 解释为什么在电影和电视里语言动作在每个情景中都很重要。

6. 列出并定义不同的镜头种类，描述每种镜头的功能。辨析摇摄和移动拍摄的不同。

7. 描述什么时候插入镜头可以和反应镜头起到相同作用。

8. 反应镜头可以同时发挥视角拍摄的作用吗？如果答案肯定，请举出一个例子。如果答案否定，请说明理由。

9. 举出一个主镜头的例子，列出六个可能的相关补拍镜头或插入镜头。

10. 解释匹配动作和重叠动作的基本区别。

11. 解释如何在拍摄景物和剪辑景物视频时消除跳切。

12. 描述转场或揭示镜头的作用，在讨论中给出一个例子。

13. 拍摄动作时和在剪辑控制台操作时，摄像师如何避免反切镜头？

14. 结合摄像机与主体之间的高度关系的作用，描述不同的摄像机角度对观众心理产生的影响。

15. 结构影响电视画面的唯一因素是什么？

练习

1. 独立拍摄一组关于一个主体的序列镜头，运用长镜头、中镜头和特写。

2. 拍摄相同的序列镜头，但注意要越过中心轴以在画面中产生反切镜头。

3. 故意拍摄两个镜头，保证其如果剪辑在一起时会产生跳切和相关的切出。首先，把两镜头剪辑在一起，得到跳切，然后删除它们，用切出分开。观察并分析结果。

4. 为一个动作的两个镜头添加共有的切出，确保能把观众注意力吸引到切出上来。现在，拍摄一个积极切出，确保其能吸引观众，但它要为你的画面提供有用的新信息。

5. 摇摄一个静止的主体，然后推出一个移动的主体，例如，一个从你主体前面走过的人，跟着移动的物体拍摄，以引出摇摄。比较结果。

6. 用至少六个相关补拍镜头或插入镜头来完成一个主镜头。

7. 拍摄一组物体在某一空间前进时的序列镜头，其中有镜头内切换动作和镜头外切换动作。

8. 拍摄一组匹配动作的序列镜头，其中包括插入镜头。确保每个镜头都有重叠动作，以使动作在剪辑控制台进行加工时可以匹配。

9. 拍摄一组包括匹配的行为—反应的序列镜头。

10. 用视角拍摄的方法拍摄一组匹配的序列镜头。

11. 确定一个不受你控制的物体，拍摄一组匹配镜头的序列镜头。记住，参与到情景中去，但不是去影响它。

12. 拍摄一段画面，你可以从某个时间、地点或物体移动到下一个阶段。拍摄至少三个转场或揭示镜头，以使情节进入到新的时间或地点。

13. 尝试以不同的角度拍摄某一物体，注意不同角度产生的心理影响。

14. 根据三分定律练习构图方法。在脑海中构建水平和垂直取景器三分线，并将拍摄物体置于线条的相交处。

15. 学会严格检查取景器中的所有元素。有意识地练习构图，这样才能为观众展示你想要呈现给他们的东西。

16. 练习为镜头中两个正在访谈的人构图，直到镜头令个子矮的人满意，且画面平衡，达到可以在电视上播出的效果。

17. 找一个普通的物体，使用一种新的方式去拍摄它。例如，你可以从万圣节南瓜的角度去观察一把刀子，或从一位顾客的角度来拍摄快餐店。

注释

1. Edward Dmytryk, *On Film Editing* (Stoneham, MA: Focal Press, 1984), 65.
2. "Michael Kahn: Film Editor at the Top," *Moving Image* 1 (September/October 1981): 46–47.
3. Mary McCormick Busse, "The Beginning, Middle and End: Continuity," in *The TV Storyteller* (Durham, NC: National Press Photographers Association, 1985), 4.
4. Dick Hoff, "Composition," a presentation at the NPPA TV News-Video Workshop, Norman, OK, March 17, 1986.
5. John Premack, comments to critique group, NPPA TV News-Video Workshop, Norman, OK, April 11, 1984.
6. Comments to journalism class, Colorado State University, Fort Collins, April 11, 1995.
7. John Premack, "Avoiding Mistakes," a presentation at the NPPA TV News-Video Workshop, Norman, OK, March 14, 1994.
8. Written by Kirk Bloom, Los Angeles, CA, September 1998.
9. A. Stillwell, FCC, from a private interview, March 26, 2002, cited in *HDTV Implementation: Why 2006 Is Unrealistic*, by Natalie Chin, Jennifer Lee, Chris Pietila, William Shappell. A Capstone paper submitted as partial fulfillment of the requirements for the degree of Masters in Interdisciplinary Telecommunications at the University of Colorado, Boulder, May 9, 2002.
10. Debra Kaufman, "HDNet Turns To Hard News," www.digitaltelevision.com/2002/June/feature2 .shtml (accessed May 27, 2003).

第3章

视频剪辑

看不见的艺术

　　没有多少人会因为剪辑的原因才去看电视新闻，同样，电影院也显然不太可能靠剪辑者的名字去吸引人买票。因为真正的艺术遮盖了其本身的表象，也就是说，最好的剪辑是看不见的。人们观赏影片，但却不会去在意诸多片段是多么完美地结合在一起。[1]没有亲自做过剪辑的人，可能会认为这项工作仅仅是将不同的场景糅合在一起，或是简单地"删除不要的部分"。但是，只有当你真正地懂得了剪辑，你才能用视觉媒介进行交流，才能在脑海中预先构建整个故事，才能拍摄出讲述一个故事的原始电影胶卷。"通过剪辑，激发出人们的兴趣。故事也就展现出来了。"约翰·普利马克（John Premack）如是说，他是波士顿 WCVB - TV 的首席摄像师。[2]而格伦·法尔（Glenn Farr）——曾因为电影《太空先锋》（*The Right Stuff*）的剪辑而荣获学院奖——也曾说过在电视故事讲述过程中，剪辑起着十分关键的作用。他说："对任何故事的剪辑都是这个重要过程中的最终因素。摄像师和记者都需要知道剪辑的重要性，就像剪辑也要知道摄像和文字对观点阐述有着十分重要的影响。"[3]

形成剪辑理念

　　剪辑对故事的阐述具有举足轻重的作用，因为它可以将事情再现，然后影响大脑的认知。我们所有人都在用自己的眼睛和思维"剪辑"事实。我们会对头脑中已经存储的画面有一个综合的理解，然后这种理解又会在我们遇到新的事情时，影响我们的认知。所以，剪辑艺术不仅仅在于产生新的视觉印象、新的事实和新的关系，还在于激发情感反应，或在某些时候实现对情感反应的控制（见图3.1）。

图 3.1　通过图像和声音剪辑程序，记者可以强调、彰显、建构、调整组成电视新闻的各种元素。

每个人都是电视新闻的编辑

如果电视新闻的目标是为了讲述一个故事，重现一个时刻或是交流一种经历，那么涉及的每一个人，包括记者、摄像师、文稿写作者和画外音，都是编辑。而之所以这样，是因为只有通过剪辑，一个人才能强调、彰显、调整、建构、指导、调侃、并置、挑选、忽略以及提升整个故事和故事的讲述过程。

剪辑并非在讲述故事的最后阶段出现，而是在一开始就已经起作用了。对剪辑最为简单的定义就是挑选材料、排列组合、掌控节奏以及最终展现。[4] 在阐述故事的时候，镜头和声音，以及两者的节奏和安排、框架和组合，应该是每个人都需要思考的。

摄像师对镜头的选择和安排是剪辑的一种。只有通过选择，才能实现强调效果的目的。而镜头画面出现的顺序，又是剪辑的一种。拍摄场景的长度作为剪辑节奏的形式，既可以通过快速的转换营造戏剧性的紧张气氛，也可以通过让观众的目光在屏幕上游走，使之缓和情绪。甚至连摄像师和记者预设的匹配动作以及主题和时间、空间的过渡，都可以决定最终展现出的视觉效果是鲜明强烈的，还是天衣无缝的。

总而言之，只有当观众感觉不到报道、文字、摄像和剪辑时，故事才可以传达出一种经历并具有真实感。而要做到这些，每个环节中的人都必须是一个编辑。

画面切换

在电视节目中，每个场景都至少与其他两个　场景相联系，也就是前一个场景和后一个场景。

在大多数情况下，这些场景都是通过画面切换来与其他的场景相联系的，切换也是将两个场景连接起来的简便方式。制作精良的画面切换会让人察觉不到，因为它其实是看不到的。

画面切换是一种转移，也就是将观众的注意力从一个画面转移到另一个画面中。与之类似，当我们在任何时候看到现实世界中发生的事情时，大脑都会将眼睛的注意力从一个画面转移到另一个画面上，让我们一会儿看看这儿，一会儿看看那儿。而摄像机就像是观众的眼睛，可以跨越时间和空间，在不同的视角间自由移动。

将这种原理应用于电视屏幕上，编辑就可以创造令人惊讶的观众参与度。因为编辑可以将任一画面切换到其他的画面上，也可以将观众的注意力引导到任何细节和事件上，所以观众们可以体会到绝对的视觉自由，也可以享受到无数不同视角带来的感受。从鸟瞰到近景特写，观众仿佛进入到了一个真实感得以极大提升且情感得以扩展的世界中。

因为画面切换会引导眼睛的注意力从一个画面转移到另外的画面中，所以必须有目的地加以使用。如果你想要转换镜头，一定要有理由，而且要充分。

 ## 选择剪辑点

剪辑点指的是一个镜头退出而另一个新镜头开始的衔接点。每一个有人物动作的镜头都有一个最佳的开始时间，同时也有一个最佳的结束时刻。如果你能仔细去"聆听"这些动作，并且用心地去观察，那么这些动作实际上自己就可以显示出什么时候是镜头转换的合适时机。假设我们有两组镜头：（1）一个大学生走到一个邮筒旁，并投进一封信；（2）在大学生的手伸进邮筒的时候给邮筒一个特写，我们可以看到寄出去的那封信上写的地址是"海军征兵总部"。

这个场景可以采取不同的剪辑形式，可以说，有多少个编辑，就有多少种剪辑方式。但是，至于最佳的剪辑点，则只有一个。对于第一个镜头，你可以在那个大学生走到邮筒前，然后其身体语言显示出她要寄出那封信时开始转换（以她手臂的动作作为剪辑点），然后切换到特写镜头，描述在第一个镜头中已经开始的动作的继续，直到其在第二个镜头中结束。

还有一种对动作的切换方式就是镜头内切换和镜头外切换。使用这种方式的时候，在第一个镜头中可以看到学生离开，然后直接切入第二个镜头，也就是给邮筒的近景镜头。这个镜头会一直持续，直到那个学生的手进入画面。这种方式可能不会为大多数人所接受，因为将镜头从一个学生在人行道上行走直接切到一个静止的邮筒，总归没有太大的吸引力。实际上，这时编辑就会说："这个镜头要反映的是这个学生将要寄信。现在就让我们把镜头切给邮筒，然后等着那个学生赶过来吧。"

 ## 重叠动作是匹配动作的必需条件

正如我们在第2章已经谈到的，在剪辑由单机拍摄的镜头时，除非摄像师在当时拍摄到了重叠动作，否则编辑是无法在屏幕上剪辑出匹配动作的。简单来讲，重叠动作指的就是同样的动作至少会出现在两组镜头中。举个例子，假如一个远景镜头拍摄到了游泳者潜入泳池，然后在泳池的边缘处浮出水面，那么，近景镜头就应该拍摄到这个游泳者在潜水后浮出水面的镜头。这样这个游泳者浮出水面的画面既在远景镜头中，也出现在近景镜头中，因此这个动作就被称为是重叠的。这种情况下，编辑可以在远景镜头的动作上选取一点，并使剪切后的近景镜头中也有这一点动作。这样，剪辑就实现了动作匹配。

动点剪辑和顿点剪辑

不管动作场面是拳击还是赛马，如果剪辑或剪切（或是镜头转换）是在动作进行过程中发生的，那么这种剪辑方式就叫作动点剪辑。如果剪辑是在屏幕上的动作结束后才开始的，那么这种剪辑方式叫作顿点剪辑。剪辑应该是在一个动作结束后进行的。比如说，在一个有三个镜头的序列镜头中，一位女士在饭店里点了杯咖啡。那么，在第一个镜头中，应该是服务生进入画面，然后将一杯咖啡放在女士的面前。咖啡杯是静止的。接下来，下一个镜头就应该转到对咖啡杯（此时当然还是静止的）的特写上，之后当女士看咖啡的时候，再将镜头转移到她的脸部。

即便是拳击场面，也可以实现顿点剪辑。这时只要选准剪辑的时机就可以了，比如说当拳击手挥出一拳，胳膊完全伸直时，或者是一个拳击手脸部受了重重一击而倒地，接下来应转到他躺在地上，不省人事。

选择动点剪辑还是顿点剪辑则由编辑决定。一般来说，如果编辑想要保持节奏以及保持故事叙述的流畅性和连贯性，那么动作场面一般应该采用动点剪辑。如果主题事件需要更加精心设计，或是需要保持较为缓慢的节奏，那么顿点剪辑就更为适合。在这里，"先内容，后表演"的定理同样适用，所以我们应该让内容来决定适当的剪辑方式。

不管你最终选择了什么样的方式，动作总归是需要剪辑的，以便看起来流畅自然，而不会让观众注意到剪辑的痕迹。如果剪辑之后的结果可以毫无瑕疵、不易显现，就好像是我们在用自己的眼睛观看整个事件一样，甚至察觉不到观察的过程，那么可以说剪辑达到了最佳的效果。正因如此，尽量不要在镜头摇动、倾斜或是调整焦距的时候剪辑到另一个类似状态的镜头中，以避免在镜头中留下明显的人为痕迹。如果你不得不将这些镜头剪辑到一起，可以采用渐隐、淡入、淡出等方式进行衔接，或是用类似的光效和柔化方式来剪辑。

镜头内动作和镜头外动作

在剪辑匹配动作时，大多数的编辑都尽量不让一个连续的动作在镜头转换中"掉出衔接"。换句话说，编辑们在从外景剪辑到室内的时候，会从外景的拍摄主体在镜头中可见时开始，然后直接剪辑到室内的拍摄主体已经走入镜头的时候。

如果动作在场景衔接的时候消失了，那么节奏就会减慢，而观众也会奇怪，为什么被摄主体暂时消失了。但是，也经常会有例外的情况。在拍摄难以操控的动作时，摄像师可能会为了保持连贯性而不得不使用镜头内动作和镜头外动作这样的拍摄手法。这种情况下，他们会在主体还未进入镜头时开始拍摄，然后在主体已经离开镜头后仍然继续。一旦主体离开了画面，那么编辑就可以剪辑到任何新画面中，而不会给人跳跃的感觉。

镜头内动作和镜头外动作剪辑手法，还可以用来作为从一个时空到另一个时空的过渡方式，甚至可以实现主体在时空中的移动，因为编辑可以从一个空镜头剪辑到任何其他场景中。

跳切

跳切指的是动作场面在时间上不自然的前进或是后退。比如说如果此刻一个在户外的演讲者头上有一把伞遮着，而在下一个镜头中这把伞突然不见了，那么就可以说这是跳切。从技术角度来讲，跳切出现的动作方式不可能在现实中发生。举几个"跳跃"的例子，比如说在镜头1中，一位女士的衣服是红色的，而在镜头2中突然就变成了黄色；或是一只狗在镜头1中戴着一个项圈，而在镜头2中项圈突然不见了。

最常用的消除跳切的方式就是切出。这种方式使用一小段周边动作的镜头，暂时转移观众的注意力，然后当观众再次注视到主要动作上的时候，跳跃就不那么明显了。在上文中提到的演讲者打着伞的例子中，在转到没有伞后的镜头之前，应该先用人群的镜头作为切出。而在狗戴着项圈的例子中，在转到镜头2，也就是狗不戴项圈之前，可以用消防栓或是公园中微笑的小孩等作为切出镜头。除了切出，编辑还可以使用电子光学效果，例如渐隐和擦除等来缓和剪辑的跳跃性。

镜头跳转

我们一定要注意不要把跳切和镜头跳转混淆。它们不是同一个概念。镜头跳转指的是将在同一轴线上拍摄的两个或多个镜头剪辑到一起，无论这些镜头是否能够很好地匹配。可能摄像师开始拍摄了远景，然后调焦距变为中长景，最后再转为近景。

要解决镜头跳转产生的突兀效果，在外景拍摄时，可以采取"拍摄和移动"手法。当开始拍一个新的镜头的时候，要移动摄像机，以便建立一条新的轴线。当你一边拍摄一边移动的时候，匹配动作就会得以更加自然地剪辑整合，结果就是能使匹配动作平稳，衔接得毫无痕迹。

压缩时间和推进动作的方式

任何可以暂时引开观众注意力的镜头都可以帮助编辑切换回主要动作，而切回的时间则比实际生活中发生同样事情的时间要提前一些。插入镜头就是一个很好的例子。切出镜头是用来将观众的注意力从主体上引开，而插入镜头与之不同，它为观众提供的则是针对主要动作某一部分必要的和特写的细节。例如，一个在现实中要持续一个半小时的记者招待会上，一位政客申明自己将会退出竞选政府职位。在剪辑后的报道中，我们可以看到政客声明了自己的决定，然后就是一组关于候选人的插入特写镜头。在插入镜头里，记者在镜头外说有报道称这个候选人做了对他的妻子不忠的事情，并问他是否可以对此事发表一些看法。而这个候选人则答道"无可奉告"。插入镜头之后接下来就是结束镜头，显示的是这个候选人转身离开了记者招待会。在这个插入镜头的帮助下，持续一个半小时的记者招待会被分为仅仅三个小镜头，总共不过三十几秒或是更短。

还有另外两种镜头，也就是反应镜头和主观镜头，两者适用的条件基本相同。在反应镜头中，主体要对前一个镜头中刚刚发生的事情作出反应：一个中景镜头拍摄的是医生给一个孩子注射了流感疫苗，然后反应镜头就应该是这个孩子忍住疼痛的表现。

在主观镜头中，拍摄主体会观察到屏幕外的东西，或是对其进行反应，而我们则通过主体的视角来观察事物。例如，镜头 1 中有一位女士坐在机场的候机室中，低头看自己的腕表；镜头 2 是从女士的视角拍摄的关于腕表的特写。这样，编辑还可以通过将镜头切换到几分钟后女士的一举一动，将动作进行推进，并压缩时间。在这个例子中要注意到，主观镜头还可以当作插入镜头使用。

有时，你可能想要从一个场景的第一部分开始，剪切到另一个场景上，然后再切回原来的场景。这个镜头开始可以是一个橄榄球运动员为触地得分而惊喜狂奔，然后切换到欢呼的观众，之后再切回运动员。这个场景也可以是一个热气球从一个陡峭的悬崖前飘过。不管在哪种情形下，一定要记住要推进动作，以便在切回原来的场景时，镜头不会落在切走时的那一点。如果我们最后一眼看到的那个运动员是站在 20 码线上的话，在给观众两秒钟的切出镜头后，这个运动员必须已经从 20 码线处前进了合理的距离。相应地，在我们给悬崖一个切出镜头后，再切回到热气球时，也必须使其在天空中移动了一段距离，而不要让它还待在原来悬崖前方的同一位置。

在这些案例中，最好的做法就是使动作推进的时间量和切出镜头在屏幕上的滞留时间量相等。如果切出镜头在屏幕上滞留了两秒钟，那么在回到原来的镜头前，原画面等量长度的片段就应该剪除（见图 3.2）。有时候，对动作的推进可能会比实际上的更远，只要保证出来后的画面效果符合逻辑并且表现自然即可。

平行剪辑

如果没有处理视频，没有重叠动作，也没有合适的切出或其他镜头可以利用，那么至少有时还可以通过平行剪辑（parallel cutting）来实现动作的匹配，或是通过对相互独立但不断变化的动作的镜头交切。早期的美国西部电影惯用平行剪辑，我们可以看到屏幕来来回回地切换，一会儿是失控的马车，一会儿是穷追不舍的强盗。

今天，当新闻报道中的重叠动作很难拍摄或是根本无法拍摄时，这项技术同样可以有效地发挥作用。例如，在人质遭挟持的情况下，几乎无法拍摄到匹配动作镜头。在这种情况下，镜头一般都是一系列的"抓拍镜头"（当动作发生在摄像机前时，摄像师边跑边拍），但我们可以将这个画面和警察包围人质所在大楼的画面进行交切，同时还可以与大家努力遣散附近民众的画面进行交切。在动作进行过程中，镜头的来回切换可以帮助保持镜头的连贯性，否则这种连贯性是难以实现的。

图 3.2   当编辑剪切镜头来表现动作的逻辑过程时，合理的节奏和视觉逻辑就形成了。在这个例子中，编辑先使用第一部分镜头（左上图），然后切入女士的镜头（右上图），最后再切回原来的镜头（下图），并且将镜头推进两秒。

镜头顺序影响连贯感

即便是近距离一个镜头接一个镜头地进行剪辑，以确保每个动作都得以完美地匹配，有时候匹配动作看起来还是错的。如果观众的视觉不接受这种匹配，那就意味着剪辑出问题了。

针对该问题的一个解决方法就是听从西雅图的摄像记者菲尔·斯特霍尔姆（Phil Sturholm）的建议，他说："如果你在匹配动作的时候遇到了困难，那么就按从特写到远景镜头的顺序来剪辑动作，而不是反过来。因为远景镜头包含的内容太多了，想要发现有不匹配的地方十分困难。"[5]

内容决定节奏

电视节目记者经常会说，在电视新闻中节奏就是一切。这是大家公认的道理，简单来说，就是如果一个故事的进展太单调、无聊或是没有新意，那么观众会很快失去兴趣。虽然关于合适的节奏如何形成的原则寥寥无几，但在看到片子的时候，大多数编辑和实际上所有观众都自然而然地能感觉到节奏。简单讲，就是故事的节奏会让人感觉到正确与否。

要保持良好的节奏，关键就在于要意识到内容对其起着决定性作用。缓慢的节奏不一定就是无聊的，而快速的节奏也不一定就意味着有趣。好的编辑会听从自己的感觉，然后让故事自己显示出应有的节奏。基于摄像师的投入和故事本身的角度，在讲述骑摩托车爬山的故事时，以下两种方式都可以达到更好的效果：第一种是采取一系列慢镜头，将整个过程在屏幕上播放很长时间；第二种是随着一阵摩托车发动的声音，所有动作、色彩和声音一股脑地涌出来。只有视觉内容和故事本身才可以决定哪种方式更加有效。

 ## 利用剪切来压缩时间

新闻节目平均会有 20~25 个故事，这就意味着如果要想使故事的数量可以接受，那么节目包装和文字内容就要尽量保持简短。视觉传播的最大好处之一就是可以压缩时间。比如这样一个简单的故事——一个警察走下了汽车，进入了一栋公寓楼，走上台阶然后进入了一间屋子——这就可以用两三个镜头完成：警察离开车，然后走出镜头；他在楼梯的顶部走入镜头，然后走出镜头；最后他走入镜头并进入公寓。比起现实时间，电视和电影中的时间可以得到极大范围的压缩和扩展。在现实生活中可能需要一分钟才能完成的动作，在电影时间（filmic time）中十秒钟就可以了。

 ## 组合影响节奏

压缩时间只是叙述节奏的一个元素。在拍摄的时候，镜头可以从远景镜头转变为中长景镜头或是近景镜头，所以各种各样故事镜头的组合在保持节奏上起着同等重要的作用。

在过去，由于屏幕尺寸较小，所以电视一直被认为是特写的媒介。今天，随着电视屏幕的增大，屏幕上的画面尺寸也得以极大地变化。而图像的尺寸使得编辑可以更加精准地强调主体事件，也能够更好地掌控观众和主体之间所产生的"距离"。

但是，当从一个镜头转移到另一个镜头时，动作的速度可能会被各种因素所改变，例如焦距、距离主体的远近，以及相关的镜头角度。如果动作在第一个镜头中是一个速度，但在另一个镜头中其速度变了，那么编辑就会遇到麻烦。正如摄像记者达雷尔·巴顿（Darrell Barton）所言："即便事实真的是这样，但只要看起来不对，那也是不对。"[6]

结构影响的不仅仅是视觉和戏剧效果，还会影响节目所能传递出的信息量。假如故事围绕着一把打死抢劫案中受害人的枪展开，那么，仅仅给这把枪一个中景镜头是不够的，因为这样无法展示出影响陪审团最终作出判决的关键点。所以，对枪的特写镜头就是十分必要的，要使其在屏幕上滞留几秒钟，便于观众可以用眼睛观察并了解所有重要的信息。

相对地，对一支玫瑰的特写镜头只需几秒钟就可以传达出所有意思，然而，对一束荷兰郁金香的远景镜头可能要花费三倍长的时间才能够传达出完整的意思。显而易见，剪辑的目的和故事的内容都会决定镜头的长度以及故事最终的节奏。毕竟，剪辑不仅要传达出故事的信息，还要营造出一定的感觉和氛围。[7]

屏幕方位

在现实生活中，物体的移动是可以预见的，所以关于屏幕方位的最重要规则就是要让主体沿着连续的方向移动，不管是一直在屏幕左侧还是一直在屏幕右侧。否则，观众就会产生困惑，并且会自觉或不自觉地感到不满意（见图 3.3）。

如果想要消除屏幕方位的不协调感，摄像师只需记住让取景器中的主体始终面对一个方向就可以了。如果主体在第一个镜头中是朝向屏幕左侧移动的，那么在接下来的镜头中，他都必须向同一方向移动，否则就会产生错误的反转镜头（见图 3.4）。

图 3.3　在真实生活中，大多数主体移动的方向都是可以预见的，所以在移动画面拍摄和剪辑中，需要保持主体移动方向的连续性。

通过剪辑消除错误的反转

在所有剪辑手法中，可以说解决错误的反转的最有效方法就是切出。比如开始的镜头是一架客机飞在屏幕的右侧，只要之后切换到一个空中交通控制塔的镜头，就可以再切回这架客机，并使其在屏幕的左侧飞行。另一种可以中和错误的反转的方法就是拍摄一个正向镜头，也就是动作向着摄像机的方向发展；或是拍摄一个倒播镜头，即主体逐渐背离摄像机。还有一种方法是让摄像机穿过轴线，并在这个过程中持续拍摄，使观众随之感受其视觉效果。如果没有办法拍摄这样的镜头，那么可以采取诸如渐隐或擦除等电子光学效果。

图 3.4　如果主体在屏幕上的方向突然出现不合逻辑的掉转，这种现象就叫作错误的反转。

转场镜头

在典型的新闻节目中，甚至是在典型的院线电影中，编辑都是采用一系列的转场镜头，来实现镜头之间的转换，并连接起不同场景。

例如，在一个关于吹制玻璃制品的工人的录像节目中，镜头应该是从这位艺术家的工作坊中转移到零售店里。在这个例子中，我们首先会看到这位艺术家将融化的玻璃制作成花瓶。接下来就是一组转场镜头，也就是正在形成的花瓶的外表特写（就像这个特写是刚才镜头的延续），最后的镜头就是一个顾客手中拿着这个花瓶，正在零售店里仔细端详。

在早期，给人印象最深的过渡镜头出现在经典电影《小大人》（*Little Big Man*）中。由达斯汀·霍夫曼（Dustin Hoffman）饰演的一个印第安人，骑着马向山下的一条小溪奔去。到达后，他下了马，跪在溪流旁，然后捧起水冲脸。屏幕用

了一个近镜头，特写了他用手遮脸的样子。当霍夫曼拿开手，露出脸的时候，我们看到的还是同一个人，但却已经是 80 岁高龄了。

有时，电视新闻记者，甚至是电影工作者学习这样一些过渡技术也是十分有用的，可以帮助其更好地应用电视新闻原理。

摄像师在拍摄外景时，即便没有转场镜头，在剪辑的时候也是有可能实现过渡的。举个例子，一只黑天鹅将头插入水中，然后拉近镜头，保持角度和主体动作不变，让一只白天鹅从水中抬起头来。

这样的机会并不总是显而易见的，但只要摄像师保持机警，它们就会经常出现，这些努力的目的是在引入或是重新引入观众参与的时候，可以让其视觉效果保持连贯。

利用声音作为过渡方式

另一种过渡方式是利用声音，当然人们对这种方式的叫法各有不同，例如声音重叠、声音桥

或是传入声音（incoming sound）。这种方式即在匹配镜头出现在屏幕上之前一两秒钟，先播放传入声音。一般情况下，虽然传入声音可能会较早被引入，但一般是在外放镜头开始之前的一两秒钟开始。

想一想如何利用这种方式将以下几个镜头连接起来：首先是一只游船停靠在码头边；然后是对船笛的特写，最后是一组乘客纷纷登船的镜头。

这时可以通过传入声音，使观众在看到船舶停靠在码头之前先听到船的鸣笛声。在船舶停靠的镜头结束时，屏幕上会再次出现船笛，而鸣笛声也同时继续。

除了可以作为过渡方式，声音桥还可以为电影的画外音提供一个空白区间或是休息时段，并使得节目看起来更加真实。

冷切

声音桥还可以帮助编辑消除一系列由冷切造成的枯燥感。冷切（cold cuts）指的是一个镜头结束，其伴随的声音也结束，二者同时被新的画面和声音所取代。为了避免冷切，应该在衔接线上使用传出声音（outgoing sound）或传入声音，或

是使用其他的语言或声音。要避免在说话声音结束时，或者暂停时、其他声音结束时剪辑。如果想象不出来，那么可以看看任意一个电视节目，注意观察新闻节目的镜头有多少次是恰好和说话声音一起结束的。

闪切

一些电视节目，包括电视新闻，均与音乐有较好的搭配。电视的屏幕相对较小，而观众也基本会按照节奏发生情绪变化，所以非常适合使用闪切（flash cutting），也可以叫作"快速蒙太奇剪辑"（rapid montage cutting）。

在这种方式中，随着音乐或声音的节拍，镜头的简单片段会严格按照节奏来剪切。不管是在25英寸的电视机或是在40英尺（1英尺约等于0.3米。——译者注）的剧院电影屏幕上，这些视觉信息都会快速涌来，但又不会快到无法留下印象。

剪切为观众反应提供空间

当新闻铺天盖地呈现于眼前的时候，大量的画外音已经成为新闻节目的一个标志。在某种程度上，这种现象之所以出现，是因为认真的记者们希望可以利用有限的时间，来提供尽可能多的信息。但是，如果没有理解，就不会有完整的交流。观众需要时间来消化得到的信息。当新闻像是从机关枪中扫射至观众的时候，这些消息不会

进入到观众的大脑中，而仅仅是在头脑中过了一遍，然后便迅速地消失。

正因为如此，所有的新闻都需要有空白区间或休息时段，也就是有一些时刻只有画面和声音而没有画外音，观众从而可以暂时休息。如果在一个镜头中，一架飞机的起落装置发生故障，就要坠落在跑道上，那么在这个降落的过程中，编

辑应该给观众一段安静的时间。即使记者仍在不停地说话，那么在新闻节目中，也应该将那些话删掉一两句。

和记者进行协商也是必要的，尤其是需要在片子中删除记者五秒钟以上的声音，以此来给观众提供喘息的空间时。不管怎样，只要观众需要喘息的空间，那么他们就应该得到。

交流是有好处的

摄像师有时会说："某某编辑昨天用了我拍的最差的那部分，这真是丢我的脸。"编辑大多数的疏忽并不是有意为之，而是因为他必须遵循严格的截稿期限。为了赶时间，编辑经常只能简单地剪辑外景视频的开头部分。

在另一方面，也有人认为摄像记者应该只拍摄那些他认为可以搬上屏幕的画面。事实上，那些避免不加区分只管拍摄的摄像师很受编辑们的欢迎，因为后者总是时间太少，而所要剪辑的东西又太多。编辑们喜欢可以预测到行动的摄像师，喜欢那些可以预计该拍些什么的人。他们会等待预期的动作发生，并且做好当预期成为现实时进行拍摄的准备。毕竟时间较短的带子更容易剪辑，而且也能更快完成。如果视频中不存在没用的、缺乏焦点的或是晃动的镜头，那么摄像师至少可以算作剪辑过程中的幕后参与者了。

如果作为一个摄像师，你想要某些镜头被播放或不被播放，可以告知记者或编辑。如果你不能和他们面谈，至少要给编辑写个纸条。如果作为记者或编辑，当你看到你的摄像师拍了太多没用的镜头时，必须告诉他你所关注的是什么。

渐隐和其他的光学效果

使用简单的直接剪切可能就足以将观众的焦点从一个场景转到另一个毫不相干的场景中。但在许多时候，编辑还是想要用诸如淡出、擦除、渐隐或更为精细的光学效果，来显示两个本质不同的场景还是有些许联系的。

大体来讲，渐隐所要表达的是时间、地点和主体事件的变化。即一个场景融化到另一个场景中。换句话说，使用光学效果，使在上面的场景逐渐变暗，直到消失，而在下面的场景则从被遮盖到完全显示出来。渐隐的时间花费越长，则两组场景的独立性就越明显。通常情况下，渐隐的时间是三分之二秒到两秒半或更多。有时候，编辑会为了更艺术地连接场景或消除实时顺序中的跳切而使用渐隐，而结果就是观众们会感到迷惑，因为他们已经先入为主地认为渐隐的出现就是意味着时间、地点或主体的改变。

擦除和跳跃擦除，不管是水平的还是垂直的，都被用来显示两组场景之间较为明显的区别。擦除帮助提示观众一个新的主体、观点或地点的出现。

淡化，包括淡入和淡出，是过渡中最为明显的方式之一。场景淡化为全黑，有时淡化为全白，或是从全黑淡出变为完全显示。淡化很少用于新闻节目，尽管这种手法经常见于公共事务和纪录片中，并且有些电视台还会用其导入插播广告。

因为关于何时和如何使用电子光效并没有规则可供参考，所以编辑们可以援引一条公理，即真正的艺术不会被看出来：最好的光学效果可能就是那些没有被注意到的，因为它们的应用太合乎逻辑了。还要记住直接剪切的好处，它可以说是最为透明的光学效果。

　　总而言之，好的剪辑关键在于让所有剪辑不显痕迹。如果你的技巧可以不着痕迹地使影片连贯，节奏流畅无瑕，那么你就使观众们享受到了无可比拟的感觉——"亲临现场"。

小结

　　剪辑对于采用视觉手段讲述故事是很重要的，因为它和人类大脑发挥着类似的作用。镜头或是现实的片段被结合到一起，然后形成对于原始经历或事件的综合理解。所有参与到报道之中的人都是编辑，用剪辑手段在强调、构建和揭示故事，并使其保持一定的节奏。

　　最为基础的剪辑手段就是剪切，也就是将两个场景结合在一起的方法。作为一种创造手法，剪切可以产生新的意义。在一个孩子在地上爬的镜头后插入一条蛇向摄像机方向爬行的镜头，可以传达出两组镜头独自都无法显露的意义。如果两个镜头反转了，那么它们的意义也会再次改变，从而产生新的意义。剪辑还能让记者扩展和压缩时间。一个事件的核心内容可能在现实生活中要持续数个小时甚至数天，但却可以在屏幕上重构为一分钟左右的片段。与之类似，如果整个事件实际上只进行了几秒钟，则可以通过多角度重复和慢镜头而使其在屏幕上停留更长的时间。

　　节奏在所有的视觉交流中都是一个重要的组成部分。它不仅取决于镜头的长短，还要受到组合、剪切点和故事内容的影响。一般情况下，在包含动作的场景中，对场景采取动点剪辑，也就是在动作进行中进行剪辑，将会使节奏更加自然。

　　各种各样的镜头可以用来强调以及展现动作，并控制节奏。这些镜头包括插入镜头、反应镜头和视角拍摄。而常见的用以消除跳切（动作场景的不自然跳跃）的剪辑手法有切出和插入镜头。和摄像师一样，编辑也有责任保持屏幕方位的稳定。一般来讲，要使图像效果保持较好的连续性，则需让主体在屏幕上沿着同一方向移动，随着镜头的改变而改变主体的屏幕位置。

　　剪辑还包括声音。声音可以用来作为镜头间转换的过渡方式，比如在匹配场景出现前一两秒钟的时候，可以先播放传入声音。声音还可以帮助提供感受场景的角度，并提升观众的真实感。诸如淡化、擦除和渐隐等光学效果使视觉标点有了更深层的意义。

　　要具备电视报道和摄像的能力，仅仅对剪辑知识有些许了解是远远不够的。剪辑不是视觉构建的最后步骤：它从开始到最后都一直指导着报道进程。

关键术语

冷切	剪辑	正向镜头	平行剪辑
剪切	剪辑点	插入镜头	主观镜头
切换镜头	淡入淡出	跳切	镜头跳转
顿点剪辑	错误的反转	匹配动作	反应镜头
动点剪辑	电影时间	反向动作镜头	转场镜头
渐隐	闪切	重叠动作	擦除

讨论

1. 为什么最好的剪辑手段通常是不会被普通观众注意到的?

2. 请描述一下,如何利用剪辑来提升故事阐述的效果。

3. 请解释为什么对图像剪辑的理解对于报道队伍中所有人都是十分重要的。

4. 请描述剪切在视频剪辑中的作用。

5. 在电视新闻中有一句话,"节奏就是一切",请问你如何理解其意义?

6. 请解释电影时间的意思,并举出一个文中没有的例子。

7. 请描述在一个剪辑过的电视新闻中影响单个镜头距离的因素。

8. 请辨别顿点剪辑和动点剪辑两个术语。

9. 请说明是何种因素决定了特定镜头开始和结束的剪辑点。

10. 请为平行剪辑下一个定义,并举出一个文中没有的例子。

11. 请解释当时间、主体或是地点发生变化时,如何用声音作为过渡手段。

12. 请阐述冷切和闪切的不同之处。

13. 请描述常见电子光效的典型用法。

练习

1. 排列以下三个视频镜头。这三个镜头之间相互独立,但在主题上又相互关联,暂且称之为镜头 A、B、C。如果你没有视频剪辑设备,那么可以使用静态图片,将三者排列出来。

这三个镜头可以是:A——一栋坐落在修剪整齐的草坪上的移动房屋,该房屋状况良好。B——一位妇女拧下一个空罐子的盖子,并将罐子朝向镜头之外的某物。C——一栋被大风掀翻的移动房屋。注意镜头 A 和 B 是如何通过相互联系产生新的意义的,而这种意义是单个镜头都不包含的。然后再注意镜头 B 和 C 之间的联系也产生了新的意义。现在,如果在视觉效果合乎逻辑的情况下,重新排列上面的三个镜头,然后比较结果:A－C－B;C－A－B;B－A－C。

2. 通过对电视新闻节目、广告和院线电影的分析,阐述何种因素催生了剪切和剪辑,将观众的注意力从一个镜头转到另一个镜头上。注意故事本身的内容在何种程度上会影响剪辑的节奏。

3. 找到一个在现实生活中要进展几分钟或是几小时的事件,然后将其拍摄下来,并通过剪辑进行重新建构,做成一分钟的展示片。然后重新剪辑这个一分钟的节目,让其长度变为 30 秒,然后再进行剪辑,使长度变为 20 秒。

4. 找到一位视频编辑,最好是自愿的熟人,针对某一动作询问他觉得远景镜头更加合适还是近景镜头更加合适。然后比较这两种镜头所需的操作时间。

5. 剪辑一个动作的片段,首先使用动点剪辑,然后使用顿点剪辑。播放两种剪辑方式的最终效果,并加以评论。

6. 将同一片段中镜头外动作和镜头内动作剪辑到一起,并做出两种版本。在第一种版本中,注意不要让动作"掉出衔接线"。换句话说,就是在主体到达镜头边缘,但仍可见的时候,结束这个室外镜头,并转到室内镜头。此时,在后一镜头中,主体已经进入了拍摄画面。

在第二个版本中,重新对动作进行剪切,使其在室外镜头结束之前便已经消失在镜头之外,并在室内镜头开始之后一段时间才进入镜头。比较并评价这两种方式。

7. 选取一组未经剪辑但包含重叠动作的镜头，对其进行剪辑，并使得动作精确匹配。然后和拍摄这组镜头的摄像师一起观看并讨论剪辑后的片子。

8. 使用两个独立事件的片段，用平行剪辑方式将二者剪辑到一起。

9. 将一个切出镜头插入到一个仍有动作继续的镜头之中，比如一位运动员在外景中跑动。在切回原镜头的时候，仍然落在切出时镜头结束的那一点。然后再对场景进行重新剪切，这次在切回原镜头时，要消除与切出镜头长度相等的片段。比较并讨论两种方式的结果。

10. 将两组动作剪辑到一起，要产生错误的反转。然后使用任何可能的镜头，减轻这种错误的反转的影响。

11. 自主选择使用声音或是视频镜头作为过渡手段，从一个故事的一组镜头过渡到另一个故事上。

12. 剪辑两组冷切镜头。然后再次剪辑两组镜头，此时要消除已经产生的冷切效果。

13. 练习闪切。自主选择视频片段，并按自主选择的音乐节奏进行剪切。

14. 学习在电视和电影中产生较好效果的电子光效实例。

15. 练习剪辑配有画外音的视频图像，在合适的时候，用自然声制造空白区间。

 注释

1. "An Interview with Cheri Hunter," in *Editing* (Eagle Eye Film Company, 4019 Tujunga Avenue, Studio City, CA 91604) (July 1986), 1, 2.

2. Telephone conversation with author, August 12, 1985.

3. Matt Williams, "Academy Winner Extols Editing," *Rangefinder* (Utah State University, Spring 1985), 40.

4. Karel Reisz and Gavin Miller, *The Technique of Film Editing* (New York: Hastings House, 1968), 46–48.

5. Phil Sturholm, "Creative Photojournalists—They Are the Future," a presentation at the NPPA TV News-Video Workshop, Norman, OK, March 20, 1986.

6. Comments to journalism students at the University of Oklahoma, November 5, 2003.

7. Reisz and Miller, 142.

第4章

拍摄电视新闻的现场技巧

摄像记者通常会发现，在摄像技巧上相对较小的改变，却可以极大地提升屏幕上的图像质量。在拍摄过程中，当一位摄像师将一个接一个的元素置于自己的掌控之下时，其独特的摄像风格就开始形成了。而这个过程也强调了专业能力的提升是永无止境的，还有就是任何细节都是十分重要的。

 ## 尽量使用三脚架

有些情况下三脚架是最为合适的，而有些时候则不然。一般来说，以下三种情况最好使用三脚架：非常紧凑的拍摄，拍摄一组不能晃动的镜头，或是拍摄需要精心组合的视频时。同时，在拍摄精心安排的、坐下来的访谈时，或是有时间来安排拍摄活动时（见图 4.1），都需要使用三脚架。大多数的摄像记者在外出采访的时候，都会随身携带一个三脚架。

如果你所在的电视台没有三脚架，或是为你指定的三脚架会摇动或不够用，并且也不可能替换和修理，那么就考虑自己购置一个。

图 4.1 当摄像机摆放在三脚架上的时候，拍摄出的镜头最为稳定。

 ## 手持摄像机

拍摄主体移动时，改用手持摄像机，以便你可以跟随其一起行动。宽角度的镜头可以帮助减少手持摄像机拍摄时产生的晃动。你离拍摄主体越近，镜头宽度越大，最终的图像效果就会越稳定和流畅。如果你不得不站在距离拍摄对象10～20 英尺之外的地方，那就要使用三脚架。

如果你身边没有三脚架，而且拍摄主体没有移动，那么就用你自己的身体充当三脚架。找一面墙、一根电线杆、一棵树或是身边的任何东西，然后将摄像机抵在这个物体上。在室内，如果有一把直背椅子，可以反过来坐到椅子上，用椅背来支撑摄像机，然后用沙袋、枕头或是坐垫给摄像机提供更多的支撑。

为了拍摄更加稳定的镜头，你还可以采用跪姿，这个姿势在多种角度的拍摄中都很有效。当你采用这个姿势时，坐在脚跟上，然后将手肘放在膝盖上，或是将摄像机放在行李箱上。你还可以将摄像机放在地板上，然后膝盖横跨其两侧，用钱包或是类似的东西作为楔子，调整摄像机的位置，使之更为合适。

你还可以把摄像机拿到齐腰的高度（用手臂夹住它）或是拿至齐臂长。大多数取景器都是可以旋转的，或是摆放至任何摄像师想要的角度，以便于安排镜头的拍摄。

平衡摄像机

采用手持摄像时，用自己的肩膀承担一部分摄像机的重量。大多数摄像机上面都可以安装一个肩垫，然后机器就可以自然平衡。通过这种方式，你只需要轻轻地平衡机器即可，而无需用手臂担负其全部重量（图 4.2 显示了正确的姿势）。

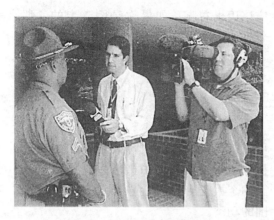 

图 4.2　如果摄像记者想要用手持摄像机拍摄出稳定的镜头，合适的站位十分重要。平衡摄像机，直到其舒适地靠在肩上，然后用左手调整焦距。注意，用来保持稳定的右手要尽量靠近胸部。

使用大开立姿势

大开立姿势可以为身体提供更大的支撑。双脚叉开，大概与肩同宽，让身体垂直。此时，骨盆前倾，手肘紧贴在身体两侧。而被摄像师称为"臀部后翘，手肘飞在空中"的姿势则是不可取的，因为这种姿势会让镜头产生晃动。

使用宽焦距拍摄

最稳定的手持摄像画面的出现，得益于摄像机镜头调整至焦距的最大角度。大多数摄像师发现，如果采用远距镜头拍摄的话，基本上不可能得到稳定的手持摄像画面。

控制呼吸

在你准备拍摄的时候，放松。先吸气，然后呼出一半，最后屏住呼吸，就像瞄准目标的射手一样。如果所要拍摄的镜头很长，那么要轻轻地呼吸。

身体预备好移动

进行全景拍摄时，身体要预备好移动。这个要求还适用于采取手持摄像方式跟踪拍摄动作——比如拍摄一架飞机的起飞，或是拍摄一个走过摄像机的人。将两脚朝向镜头将会结束的方向，然后摆动身体，捕捉逐渐逼近的主体。在拍摄的时候，身体就像是一个逐渐"打开"的弹簧。如若不然，在转动的时候，你的身体就会逐渐扭起来。

走动时要步调一致

还有一种使手持摄像的晃动减至最低的方法，那就是只拍摄移动的物体。拍摄主体的移动会让摄像机的移动看起来不太明显。为了使拍摄效果最为流畅，在跟拍行走的人物时，要让自己的步调与其保持一致。当那个人迈出了右脚时，你也应该迈出右脚。如果你是倒着走的，那么就要反着来。

避免摄像机的意外移动

当你调整焦距的时候，在按动焦距按钮或控制操作杆时，不要碰撞摄像机。此外还要格外小心，不要在焦距最大时突然开始或结束摄像，这样就会使观众注意到技术本身。拍摄正在发生的事件时，将手从摄像机的启动按钮上拿开。这样可以避免摄像师在受惊或是被吓到时意外地关闭摄像机。最后，在拍摄较多主体的时候，为了自己的个人安全，尽量睁开双眼，以便可以知道周围的动态。

如何利用变焦拍摄

最规范的变焦拍摄带有自己特定的目的性，而不是简单地将人为的摄像机移动搬上荧幕。理想状态下，变焦是为了在一个场景中挖掘新的东西、探究新的意义，或是使主体在移动的时候仍然在画面中处于合适的位置。

要认定一个摄像师是不是很业余，没有什么比不必要的变焦和摇摄更有说服力了。所以，不管什么时候你想拍摄这些镜头，都要学会自我控制。不管你将来是要做摄像师、记者、制片人还是编辑，都要掌握一个道理，那就是在任何新闻节目中，都要限定变焦镜头和摇摄镜头的数量。一些专业人士建议，每个人每年大概只能使用一次变焦拍摄——如果必须为之的话。

避免变焦引起注意

一般来说，最好的变焦镜头应该十分流畅并且缓慢，以至于观众们几乎无法察觉它们的存在。要做到这样，方法之一就是使变焦与主体的移动同时开始，就像一架喷气式飞机在跑道的末尾开始加速，准备起飞。

还有一种方法也可以让变焦镜头看起来并不明显，那就是仅仅使用变焦范围的一部分，而不要在整个范围内进行变动。对镜头组合的敏感性，有助于得出针对某一主体的最佳变焦范围。

根据故事氛围和节奏调整变焦速度和持续时间

还要记住控制变焦的速度、焦距和持续时间，使其和所在的一组镜头的整体节奏和氛围相匹配。有时候，如果故事节奏很快，那么"猛烈"的变焦就是最合适的。其他时候，可能缓慢和"慵懒"的变焦效果更佳。如果变焦镜头一直保持同样的速度、长度，毫无新意、缓慢而不自然，那么肯定就会破坏故事的整体节奏。

在调整焦距的时候，记住要在镜头开始时保持三秒钟的稳定，然后再开始变焦，在停止拍摄之前同样需要有三秒钟的稳定。这样，如果在剪辑的时候决定不要变焦镜头，那么在原始视频的开始和结尾，至少你还有三秒钟的静止片段可以利用。

另外，还要注意"羽化"变焦镜头的开始和结尾：逐渐增加至预设好的变焦速度，然后在拍摄结尾的时候，再逐渐减速。这样就可以避免产生因变焦导致的开始和结束时画面的唐突变化。

变焦时重新编排镜头

在变焦的时候，记住要向上或是向下倾斜摄像机，以保证顶部空间等元素始终处于可接受的位置。初学者通常会在主体处于镜头中间的时候开始变焦，然后直接使用较长的焦距，而不向下倾斜摄像机，这样就无法保证主体的顶部空间所占比例不变。结果就是在远景镜头中，主体位于画面的正中心，而画面上半部分大多的空间都是闲置浪费的。

同时还要记住专业摄像师的好建议："在变焦的时候，不要像在演奏长号。"意思就是，不要在一个镜头中让焦距一会儿拉长，一会儿缩短。

故事阐述和计划

所有摄像师都可以拍摄任何没有情节但处于运动状态的东西。而具有记者思维的摄像师则不仅仅可以拍摄一系列优美的图像，还可以让这些图像讲述某个故事。研究拍摄的主体，考虑想要你的观众们知道什么。了解这个故事，然后你才可以通过自己的摄像机将其告诉给别人。在拍摄的时候问自己："哪些东西可以为这个主体、为我的观点和故事的焦点提供视觉证据？"

还要记住给所有拍摄的故事加上开头、中间和结尾。没有结尾的故事就像是视觉领域内未署名的信件。[1]

资料框 4.1

约翰·德·塔尔西奥的建议

我一拿到自己的任务，就会立刻快速思考这个故事的焦点，然后设想它该如何开始，中间会发生什么样的事情，以及它该如何结束。

直到我们真正开始，故事的焦点可能会一直变化。而在开拍之后，这个焦点通常也会至少改变一次。这是因为视觉焦点取决于发生在拍摄地点的实际情况，还取决于我能够拍到什么。

在离开拍摄现场之前，我必须弄清我的节目如何开头，以及开头时要用哪个镜头或哪些镜头。我们如何开始这个故事——也是这个故事的第一层。我还必须想出至少一个好的结尾镜头（通常是反向动作）和一句好的结束语或结束音作为收束。

在田间作业时交流

一旦你在脑海中构建了故事，与报道团队中的其他成员交流你的想法。为实现故事的良好表达提供适当意见，并思考如何进行阐述和剪辑。只有当你和团队中的其他成员建立了良好的交流时，你才能知道他们的想法，然后在如何阐述故事上达成一致意见（见图4.3）。

而故事中各个主体之间的交流也同样至关重要。如果采访者相信报道团队，或是他们感觉与别人分享一些内心想法是安全的，那么这些人就可以将一个故事化平淡为神奇。

图4.3　在电视新闻中，报道需要一个新闻团队所有成员相互间的合作。每次出镜报道，记者和摄像师之间的交流都是十分必要的。

 ## 在拍摄之前考虑清楚

为了让自己的作品能够脱颖而出，在每次开拍之前要进行想象。尽量让影片不仅仅阐述摄像师在现场看到的或是体会到的东西，还要展示出其他观察者可能忽略的部分。并且要寻找让观众们感觉自己身在其中的方法。

 ## 拍摄序列镜头

一种被证实可以有效提高观众对故事参与感的方法就是连续拍摄匹配动作。通过序列镜头，摄像记者可以重新构建事件，让其与目击的效果类似。要拍摄序列镜头，要学会发现重复的动作，并要将"简单"动作拆分为多个复杂的部分。如果任务是拍摄一个孩子登上校车，那么就需要有如下部分：孩子的脸庞，对她的网球鞋的特写，手上戴的戒指，她紧抠着饭盒把儿的手指，她正看着驶来的汽车，驾驶员脸上挂着微笑，一些小汽车停在了校车的后面，她父亲向她挥手告别，校车门关闭，校车开动。在剪辑中，这些镜头可以任意选择和编排，以强调整个事件的不同侧面。

拍摄和移动

在外景地每拍一个镜头，你都要移动摄像机，将其置于一个新的位置和角度。如果一系列镜头都采用变焦手法，并且拍摄时摄像机保持在同一轴线上，就会导致剪辑时出现明显的视觉跳跃——这种效果我们有时会称之为"镜头跳转"。当用变焦镜头拍摄远景主体的时候，比如一个位于远方的人，如果后面紧跟的镜头是一个特写，而且摄像机并未移开原来的拍摄轴线，那么镜头跳转的效果就会相当明显（见图 4.4A 和 4.4B）。

为了避免出现上述问题，只需要记住在拍摄时要移动。当你第一次拍摄主体的时候，在脑海中构建一条虚拟的轴线，使其从镜头开始穿过主体的中心。在拍摄镜头改变时，要将摄像机移动到一个新的位置（见图 4.4C 和 4.4D）。

图 4.4 如果在切换镜头的时候，摄像机保持在同一轴线上，那么就会产生明显的视觉跳跃，这种现象叫作"镜头跳转"。为了避免这个问题，记住要边拍摄边移动。换句话说，每拍摄一个镜头后，将摄像机移至一个新的位置和角度。

预想动作

如果在拍摄之前你能了解一下动作的情况，并且学会预想将要发生的东西，那么你的拍摄就会具有原创性。摄像记者查克·理查德森（Chuck Richardson）曾经说过："在人们迈出步子之前，你就得预想他们会朝哪个方向走。"[2] 如果你发现自己的拍摄落后于动作进展，那么就要预设好镜头，等待着动作发生，并且当其真正发生的时候，时刻准备拍摄。自由摄像师鲍勃·布兰登（Bob Brandon）曾说："不要让你自己落后于故事的进展，否则你只能拍到事件的余波。"[3]

 ## 只拍摄你需要的镜头

大多数的摄像师都会有这样的经历：看到自己拍摄的不满意的镜头被播了出来。一般情况下人们会这样责怪编辑："那个镜头没对准焦点/晃得太厉害了/太模糊了/颜色太不正了。你为什么要播它？"反过来，编辑们则又会常常抱怨没有足够时间去仔细审核即将播放的片子。还有人认为，即使你的视频中有的镜头是偏离焦点或是不稳定的，它们也总有可能会登上屏幕。

专业人士为这个难题提供了解决之道。亚特兰大的编辑布奇·汤利（Butch Townley）说："如果你不想让某些片段被播放，那就别去拍它。"[4]这就是说，当你调整摄像机的焦点时，一定要先对准后才开始拍摄。有时候，事情发展得太快，以至于你不得不一边调整焦点，一边进行拍摄，那是没办法的。但一般情况下，都要预设好所有的镜头，包括变焦镜头和摇摄镜头，然后在真正开拍之前先进行演练。

 ## 不要不加区分地拍摄

因为有了可录制 20～60 分钟画面的外景录像带、移动硬盘、记忆卡，许多摄像师都会过多地拍摄主体。他们只是一直拍摄，直到存储设备满了，有时候为了 30 秒钟的镜头，甚至要拍上 20 分钟或是更久。这种拍摄"剪辑素材"的方式，不仅会严重地浪费电池，而且还迫使面临紧张截稿日期的编辑去处理一大堆无关紧要的片子。每个编辑都会承认，如果片子比较少的话，剪辑起来就会更快、更容易。

如果编辑只有十分钟就要交稿了，即便每个镜头都是可以获奖的素材，他也只会截取视频的前两分钟。如果你发现自己最得意的片段在视频的结尾处，那就要尽力学会有选择地拍摄，而不要随意拍摄。我们训练的目标就是在拍摄每一个场景之前，先在脑海中形象地预测故事，然后在拍摄每个镜头时，都要有一定的目的性。如果你已经对要拍摄的故事有大体的认识，那么整个拍摄过程将会容易很多。

在摄像机上剪辑

许多一流的摄像师同时也是经验丰富的编辑。剪辑经验使他们在开拍之前就能够在脑海中构想并剪辑好场景。这种能力让摄像师可以在摄像机上剪辑，也就是拍摄的镜头顺序和重叠动作与后期剪辑后播放时的效果大体相同（见图 4.5）。对于那些即将播放的节目，这种技术可以节省宝贵的剪辑时间。这种技术甚至可以确保摄像师想要播出的内容不被剪掉。

当你在摄像机上剪辑时，在同一时间要关注三个镜头：正在拍摄的镜头，刚刚拍过的镜头和下一个将要拍摄的镜头。这样，你可以拍摄更多不同的镜头组合，也能够使前后动作之间的连贯更为自然。

如果你没有改变组合，而直接重拍了一个镜头，这时就要用手挡住摄像机或是在重复拍摄之间插入几个彩条画面，以尽量避免在播放时有两组同样的镜头。这样，当剪辑时间紧迫，或是其他人来剪辑你的片子时，这些视觉分隔画面就可以防止出现跳切。

同样重要的是，当你希望某一片段能播出，尤其是剪辑剩余时间不多时，那就在把拍摄内容交给编辑或数字化之前，让视频恰好处在最佳位置。

图 4.5　在使用光盘进行录制的摄像机上剪辑，比在以往的机器上剪辑更快更方便。因为编辑们不用将视频数字化后转移到硬盘上，就可以直接对视频和音频进行剪辑了。有时候在摄像机界面上就可以进行剪辑。

在拍摄时消除错误的反转

在用摄像机剪辑的时候，为消除主体屏幕方位上的错误的反转，你可以建立一条轴线，然后只拍摄轴线的一侧。如果轴线这个概念不容易理解，只需要记住在拍摄的时候，让主体在取景器的同一方位移动。如果火车开始是在屏幕右侧移动，那么在之后的每个镜头中，都要让其在屏幕的右侧移动。

为了缓和动作上的突然反转，先拍摄一个主体逐渐移到画面上部的镜头，以作为缓冲，同时用一个切出镜头，转移观众对于突然反转的注意力。摄像师在跨过轴线的时候，可以通过移动摄像机"带着观众一起走"，或是使用渐隐或其他光学技术来缓和反转效果。

将摄像机融入动作中

观众们看电视，为的就是体会到融入其中、作为目击者的感觉，所以摄像师要尽量贴近拍摄主体，并且将摄像机尽可能多地融入动作之中。要挖掘细节，并且尽量给新闻人物以完整的面部特写，使拍摄效果大致与我们每天在现实生活中面对面见到的人物形象相当。否则，观众们会感觉自己受骗了。

完整的脸部镜头会因强调眼睛而使人印象深刻，因为近镜头对眼睛的细节描述，可以反映出主体当时的想法和感受。所以尽量拍主体的双眼，而不要只拍一只耳朵或是一只眼睛（见图4.6）。

在这种情况下，长焦距作用不大，而要真正地将摄像机移到主体旁。使用长焦距的镜头虽然会放大主体，但是同时也会使拍摄角度变得不自然且失去吸引力。比起把摄像机真正放到主体旁边，长焦镜头很少能打动观众。

图4.6　全脸图像可以使观众看到人物的双眼，这种效果要优于常见的仅展现人物的一只眼睛和一只耳朵。

与他人合作

因为新闻事件要么是发生在人身上，要么是对他们的生活有影响，所以对于人的关注会使大多数电视新闻更有意义。如果你的故事中没有人，那么你的报道就不过是死板的处理而已，这样就会使很多观众感到无聊且没有新意。通常，当你通过人物来讲述自己的故事时，这些人的出现会在更大程度上拓展故事的意义。

在拍摄外景时和陌生人一起工作并没有想象中的那么令人望而生畏。如果你以礼貌和尊重的态度接近他们，大多数的陌生人都是愿意合作的。

和他人一起工作对摄像师来说是十分必要的，因为大多数报道中的紧密联系经常发生在摄像师和拍摄主体之间。若要了解这种关系，可以假想有个人拿着一部摄像机对着你，他站在两尺之外，跟踪你的一举一动。现在，尽量在那个假想摄像机前面表现得自然。然后你就会明白，为什么摄像师和主体之间的友好关系特别重要了。

为了让人们感觉自然，你就要换位思考。寻找和主体之间的共同基础，也就是双方的共同点以及相互之间可以分享的东西。除非你和拍摄主体之间建立了良好的关系，并且使他放松了自己，否则片子就会显得矫揉造作。

对自己和自身能力的自信会帮助你不至于担心或害怕自己的设备、旁观者甚至故事的主体。如果你确实感觉不自然或是胆怯，就要记住自信源于自身的经历。经过一段时间的锻炼，在讲述别人故事的时候，你就会感觉到完全放松了。

资料框 4.2

与事件主体合作

当我了解了事件的主要人物并尽力让他们安心后，我总是和他们谈论整个事件的始末。或是问他们一些与事件有关的问题，或是跟他们解释我们在做什么。当我在拍摄片段，而他们因为被拍摄而感觉很紧张的时候，我有时就会把头从目镜上移开，然后告诉他们暂时不要讲话，因为画面中的他们似乎在自言自语。然后，他们会开始了解到视频片段是如何剪辑的，并开始感觉自己参与其中。跟他们解释令他们不解或是着迷的东西，而不是简单地说句"不要讲话"，这样可以帮助他们建立自信，更好地配合你的工作。在搜集整合事件并要将人物作为焦点时，我总是会跟人们解释我在做什么，并通过让他们知道"我知道这样很不自在，但你在做一件很有意义的事"，以尽力拉近和他们的距离，并让其表现自然。

不要分散主体的注意力

因为摄像机和其他的节目制作硬件设备会阻碍对现实的充分表达，所以无论何时，只要是和他人一起工作，就要尽量避免自己或是自己的设备引起对方的注意。在布置声音和光线背景的时候，尽量将干扰降至最低，最好是在主体来之前就布置好。然后，尽量让自己"融入墙纸中"。

如果人们对于自己在屏幕上的样子感到担心，或是不知道如何在摄像机前表现，那么他们就无法将自己最好的热度（heat）和白光（white light）表现出来。当同期声自然可信，以及他们表现得动情或是富于理性时，热度就体现出来了。白光则是指主体在摄像机前十分自然、未受干扰并且流露出真情实感。在出现白光的情况下，观众就会知道自己所看到的是真人真事。

还有一种方法可以进一步增加片子的自然性，那就是不要让麦克风进入画面。麦克风会让很多人感到不自在，并且还会成为你和主体之间进行交流的另一重障碍。而且，麦克风台标（手持麦克风上面的电视台标识）容易将观众的眼神从人物及人物情感上引开。麦克风是记者们惯常所拍的唯一一种报道工具。除非是电视台另有指示，否则应尽量使用项链式麦克风或者无线麦克风（见图 4.7）。

图 4.7　手持麦克风或称为棒式麦克风（左图）本身会引人注意，而且还会成为记者与观众之间的一个阻碍。而微型领夹麦克风相对而言则不那么明显（右图）。

摆拍 VS 激发

在人们的配合下拍摄他们的行为时，摄像师至少有三种方案可以选择。第一种方案是在人们着手做事的时候进行拍摄。这种方式的结果可能是对主体行为最为自然的表达。第二种方案是告诉主体在镜头前该如何表现。如果木雕工在你去拍摄的那天正好休息，那么你或许就要说服他进行工作，然后拍摄所需的视频，以便于进入到下一个任务之中。如果主体的行为和摄像师不在的时候相比并无异常，那么大多数的摄像师认为这种方式还是无可厚非的。第三种方案是编排好动作，然后让人们去做一些他们平时不会做的事，或是指示他们做一些明显不合理的行为。最后一种方案在任何新闻操作中都是不合适的。

与摆拍相比，有一种更佳的方式是激发人们去做他们平时会做的事。这个过程可以简略成一句话："我打赌你还能跑得比你孙子快。"如果摄像记者运气够好的话，那位爷爷可能回答："这是事实。来，我跑给你看。"

 ## 单人乐队

如果你能看到一个独臂人一边糊墙纸一边吹短笛，那么你就能想到对一个像单人乐队一样工作的记者的要求是什么。"单人乐队"中的记者探究和展现故事；为事件提供照明，并进行拍摄和报道；指导全局并进行采访；拍摄自己的播报镜头；写文章；剪辑录影带；有时候还要把节目介绍和播放出去。

要注意，孤军奋战的记者不仅仅要同时引导和拍摄对事件的采访，甚至还必须拍摄自己的播报镜头。只需要一点点的实际锻炼，这两个技巧很容易掌握。

如何同时拍摄和采访

如果受访者一直忙于处理颇为熟悉的事情，那么这样的采访是最容易的。因为这会帮助记者与受访者之间展开对话，有时候甚至不需要问一些正式的问题，也不需要"打破真实"而将一个人安排到设定好的采访场景下。在上述的情形下，人们经常不太注意自己，所以采访也就更加自然。

在采访的过程中要手持摄像机，而不要把摄像机放在三脚架上，使得受访者一直盯着镜头，这样产生的效果会更加自然。更好的做法是，摄像记者可以手提机器，然后从机器后面发问或是进行观察。大多数外景摄像机都配有短麦克风，足以用来搜集采访者和受访者双方的声音。因为摄像机的麦克风与拍摄者距离很近，会收集到记者说的"明白了"和"啊哈（Uh-huh）……"这样的话，所以记者可以时不时地发出一些微弱的"嗯……"，以显示自己对受访者的话感兴趣或是理解。[5]

如果记者和受访者的关系很好，他可以将摄像机放在离受访者十分近的地方。在拍摄过程中，为了防止采访对象直视摄像机镜头，一些记者会用左手食指抵住左耳。这样，大多数的受访者都会顺从地被这个视觉形象所吸引，而不会一直盯住镜头，尤其是在之前他们就已经得知要如何采访的情况下。而记者的另一只手，当然就是用来平衡肩上的摄像机，并拨动开关。

如何拍摄自己的出镜报道

如果你要拍摄的自己的出镜报道是静止的、不移动的，那么只需在摄像机前放一个灯架，位置就在你将要站的地方。灯架的顶部可以拉伸到大概与人等高。然后在灯架上人眼所在高度，用胶布贴上卡片或是其他的小物件。用卡片或小物件来帮助镜头瞄准，同时制造正确的画面效果和上部空间。在衣服上夹一个衣襟麦克风，设置好音量，打开摄像机，然后站在镜头前开始自己的报道。你的身体恰好挡住在预设位置时使用的灯架。如果你必须使用手持麦克风，在打开摄像机之前，要把它放在麦克风架上。这样，当你站到镜头前，只需拿下麦克风，然后转身，这样你的身体仍然是在灯架的正前方。这时，你就可以进行报道了。

如果你做的是走动报道，要限定镜头的大小，以便有明确的入镜和出镜范围。这里，你同样可以使用灯架辅助自己调整出合适的镜头范围和画面上部空间。在所要拍摄场景的右侧放好灯架，然后移动灯架，并找出取景器的左侧范围极限。然后，你可以用几块石头标识出镜头左右的范围，或是用一些胶带，或任何合适的物体来做好标记。

现在，调整好镜头的位置后，打开摄像机，然后进入摄像画面，让自己"扎根"，也就是说在说话的时候要站好，而不要晃动。在说话结束后，走出画面之前，为自己做一个剪辑点。或是选择在结束的时候，自然地走出画面。

寒冷天气下的拍摄

在寒冷的天气下拍摄时，最重要的原则就是要保持电池、摄像机和录像设备干燥，并要用东西把这些盖住，以尽可能保温。尤其要注意的是，不要在冷天把录像带和电池存放在车里。当你从寒冷的室外将摄像机拿到室内时，要用充足的时间，让机器的温度慢慢地上升到室温（见图 4.8）。

当摄像机从很冷的环境进入室内时，温度突然变暖，空气也相对潮湿，这时，湿气和冷凝现象不仅仅会影响摄像机的镜头，还会影响机器的内部零件。大多数摄像机都有一个特殊的感应器，当湿度太高的时候，就会强制关闭机器。之后摄像机将无法使用，直到湿气蒸发或是磁头被擦干。

在寒冷天气使用录像带的时候，可能会有损坏。而且，如果将它们突然放到温暖的环境中，湿气可能会在其内部冷凝，然后堵塞磁头。

当你必须在冷天工作的时候，要到最后一刻才把摄像机或录音机的电池装上。在拍摄的时候，要尽量节省时间。尽量让电池和录像带保持一定温度，最好是把它们放在你的大衣里面，贴着身体。在镜头拍好后，将电池从设备中取出，如果可能的话，回到车里，把电池放到车的暖气或除霜器可以吹到的地方。如果你必须在极冷的天气中在户外拍摄很久，可以考虑用厚布把摄像机包起来。有一些摄像机的包裹物是经过特殊设计的，可以搭配安装暖手炉。

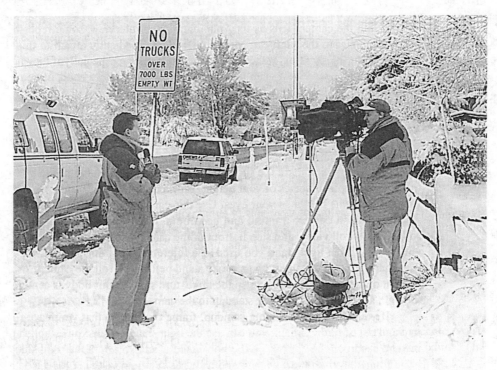

图 4.8 骤降的气温会损害外景设备、电池，并对报道新手产生不利影响。

资料框 4.3

恶劣天气情况下的拍摄

外景拍摄经验表明，在大雨或是大雪天气下，最好的方法就是给摄像机穿上适当宽松的"雨衣"。这样，湿气在损坏摄像机镜头或是在其内部冷凝之前就可以再次蒸发出去。而这种所谓的雨衣，其实就是一块宽松的遮雨布，可以单独购买，也可以用一些身边的防水材料制作，只要能适合摄像机就可以。

要注意一点，不要把摄像机密封在防水箱中。如果机器的袋子有水汽，那么多余的湿气就会在摄像机内部堆积。这样，特殊感应器就可能阻止机器继续工作，直到湿气蒸干。

安全第一

当你在拍摄突发新闻的时候，必须学会辨别什么时候是不能越界的。除非事件有特别重大的意义，否则不要为了报道新闻，而将自己置身险境。可能没有什么事情是值得冒生命危险的。要训练自己的警惕性，并会辨认面前的砖墙随时可能倒塌，或是你正处在反恐特警组的交火线中，或是毒气和毒烟正在向你蔓延。

为了报道，你可能会遭受身体上的伤害。同时，感情上也可能遭受创伤。或许一个男人刚刚失去了妻子，或是一个家庭的房屋刚被大火烧毁，或是你所报道的一个三岁女孩已到了癌症晚期。没有法律规定记者必须坚强、隐忍。重要的是坦诚面对自己的感受，如果有什么事情困扰你，找一个可以相信的人去倾诉。

距离感

当你报道新闻的时候，还有一个需要注意的事项，那就是距离感。在你看着事件在取景器前发生的时候，你会有种在看电视的感觉。事件可能会看起来很遥远，甚至不真实。在这时，你可能觉得没有什么东西会伤害到自己。许多摄像师

在抬起头来寻找游行花车或是足球运动员时，不知道自己实际上就要被撞到了。这都是因为受到摄像机宽角度和远焦距镜头的影响，导致他们的距离感发生了偏差。

在人群中保证安全

在上述情况下，记者的眼睛可以帮助摄像师获得更大的安全空间。当摄像师的注意力都集中在取景器上的时候，记者要对镜头所拍摄的事件保持警惕。而且，当摄像师在危险的人群中时，

记者也可以发挥重要的作用，保护其安全，并帮助其找到前进的路，以便于摄像师拍摄整个事件。或者，当摄像师在移动中拍摄的时候，记者还可以担任司机一职。

做好犯错的准备

在开始几次出外景的时候，摄像师们所遇到的许多问题实际上属于普遍现象。事实上，虽然有点夸张，但一些摄像师认为一个人不可能成为专业人士，除非已经或至少两次犯了所有该犯的错误。毕竟，错误就是我们学习的过程。下文所列举的方面，就是最常见的错误最容易出现的地方，也是这项工作的起点。你可能会希望在自己的外景经历中，不要再有新的问题出现。

摇晃： 在你学会可以稳定地控制摄像机之前，拍摄任何镜头时，都要使用三脚架。如果你不能

使用三脚架，那么就用宽角度拍摄，并且倾斜身体或是靠在稳定的物体上以支撑摄像机和自己的身体。记住，在拍摄远距镜头的时候，不要手持摄像机。

颜色平衡： 每当光源发生变化的时候，要重新设置白平衡。一些摄像机配有记忆卡，可以预设好室内和室外的白平衡值。因此，如果你跟踪拍摄的是一个犯罪嫌疑人，开始是在法庭内的荧光灯下，然后突然走到庭外的日光下，拨动白平衡的开关，就可以得到合适的白平衡。

用错滤光片：要保证为每种光源——日光、荧光、人造光等——配备好合适的滤光片。

录彩条：记住每次在使用新的录像带和硬盘的时候，要留出10～15秒的彩条时间。彩条可以显示出外景摄像机的颜色输出量、对比度和视频信号强度。彩条还在录像带的前面留出空间，以便于编辑剪辑。如果没有这一块空白，就没有办法剪辑第一个场景的开头。

曝光问题：注意不要让镜头曝光不足或是过度曝光，也不要出现强光点。使用摄像机的自动调光仪来调整曝光度，但是之后要使用手动光圈，以免随着物体的移动，镜头的自动调光装置会使曝光度跟着变化。

焦距问题：调整出清晰的焦距，不要无故拉近或拉远制造软焦点镜头。

对比度问题：当主光源在你所要拍摄的主体后方时，场景中就不要使用高对比度的背光。如果有必要的话，可以在前方使用附加光。举一些场景使用背光的例子：以明亮的天空为背景，拍摄一个人的脸部；以亮色为背景，拍摄一个主体；拍摄一个站在窗子前的主体（这个时候可以通过拉上窗帘以调整好对比度）。

组合问题：仔细地组合每个镜头。不要分散背景。坚持一个规则，不要把主体放在画面的正中心。在镜头的底部留出一定的空间，以打出讲话者的名字。不要使用倾斜的地平线。

过多的移动镜头和变焦镜头：当你想要移动镜头或是变焦的时候，练习自我控制。先让你的镜头稳定大概三秒钟，然后再开始变焦或是移动，拍摄结束前再让镜头稳定三秒钟。

声音问题：使用耳机来监控出外景时的声音。如果你在拍摄的时候听到的声音质量很高，那么你自己就知道，这段是可以用来播放的。

风噪音：在拍摄外景的时候，要防止风声的干扰。使用麦克风自带的泡沫防风器，或是在麦克风上整齐地包裹一块黑布。在自己制作防风器的时候，尽量不要使用白色物体，因为在电视屏幕上，白色可能会出现曝光过度的现象。

抽查外景的录像带和数码照片：在你返回之前，先浏览一下在外景地拍摄的录像带。大多数摄像机的取景器都有快速回放功能。通过回放，你可以抽查发现拍摄过程中出现的瑕疵，如果还有可能重新拍摄的话，再拍一次，然后再返回电视台。

把所有的视频贴上标签：拍摄完毕后，立刻将所有的录像带、移动硬盘或是记忆卡贴上标签，注明主体事件和时间。没有标签的视频会让你自己和编辑抓狂的。

没电的电池：把外景电池编上号码，然后按顺序来使用，这样你就会知道哪些是充满电的。当你需要离开新闻车或是直升机，去比较远的地方拍摄时，要带上备用的录像设备和一块备用的、充满电的电池。

保护外景设备：外景设备都十分敏感，而图像和声音的质量也取决于仔细的操作。定时地清洁和检查所有设备，包括前镜头。注意不要让任何人敲击、震动或是摔落设备。使用绳索和电线时，动作要轻。脆弱的电路接连装置可能会短路或是变松，从而导致供电不足，图像和声音不清等。每次用完绳索和电线后，要整齐地盘起来，然后放回原位。定期更换摄像机的镜头盖。不要粗心地把镜头盖落在外景场地。

回到电视台的当务之急

1. 为电池充电。立刻给所有在外景场地用光电量的电池充电。

2. 为下个报道组着想。在每个摄像机里面放上空白的存储设备，这样下一个报道组在出外景的时候就不会毫无准备。

3. 放好设备。在从外景场地回来后，把所使用的设备都放归原位。

　　4. 报告器材毁损。一旦有任何的器材毁损或

失灵要立刻报告。

小结

　　是否注意摄像技巧上的细节，可以使不同摄像师的工作成果显著不同。通常情况下，最专业的摄像技巧就是让普通观众难以发觉。一种判断摄像师是否专业的标志就是看他们能否拿稳摄像机。使用三脚架或其他合适的支撑物，以及呼吸技巧对于画面的稳定性都十分重要。专业摄像师使用摇摄或是变焦总是有原因的，而业余摄像师则会过多地使用这两种镜头。

　　除了拍摄技巧，叙述故事和计划的能力也是一个专业摄像记者应具备的素质。对于外景镜头的选择和编排，有助于凸显故事的焦点，减少外景拍摄时记录无关紧要的片段，节省时间，以及加快剪辑进度。

　　电视是一种可以反映特写、纹理和细节的媒体，所以当摄像机融入所拍摄的情节之中时，观众们就会自然而然地感受到最大限度的参与度和亲历感。同样重要的是，在拍摄的时候，要多注重人物而不是背景。摄像师还要学会和他人友好相处，以使拍摄对象保持自然。同时，在任何情况下，摄像师都要学会小心谨慎地工作，学会保护自身安全。最后，成功取决于对灵感和技法原则的掌握，取决于对细节的不懈追求。

关键术语

距离感	热度	摆拍	白光
在摄像机上剪辑	单人乐队		

讨论

　　1. 列出当拍摄电视新闻时，使用三脚架的好处和坏处。

　　2. 稳定手持摄像机最重要的方法是什么？

　　3. 请阐释指导使用摇摄和变焦的最基本的考虑因素是什么。

　　4. 拍外景时，为什么在摄像师和记者之间建立互动交流很重要？

　　5. 为了避免镜头跳转，可以采取什么方法？

　　6. 解释术语"在摄像机上剪辑"，然后讨论这种技法在什么情况下有用。

　　7. 为什么让摄像机融入动作中很重要？

　　8. 在和当事人合作时，你可以采取什么方式让自己的片子看起来自然且有趣？

　　9. 摆拍行为和激发行为的区别是什么？

　　10. 请阐释在出外景时，拍摄自己的出镜报道的步骤。

　　11. 请说明在出外景时，如何一边拍摄一边引导采访。

　　12. 在寒冷的环境中拍摄时，摄像师必须注意哪些事项？

13. 请讨论：不管何时，在报道新闻的时候，　　你需要遵守哪些安全事项。

 练习

1. 继续练习控制摄像机，直到你可以稳定地使用它。调整摄像机的位置，直到它在你肩膀上是平衡的。采用合适的呼吸技法和站姿。用站立的姿势拍一个镜头，然后再倚靠在支撑物上，拍摄同一个镜头。在拍摄时，将摄像机放在椅背或是其他支撑物上。对比手持拍摄使用宽角度镜头和远焦镜头的效果有何不同。

2. 练习用不同速度摇摄和变焦。然后不用这两种镜头，拍摄同一物体。对比拍摄的结果。

3. 制造一个镜头跳转以供分析：拍摄一个远景镜头，然后沿着同一轴线朝主体方向移动摄像机，拍摄中长景镜头和近景镜头。现在，将摄像机移回原来位置。再次拍摄主体的远景镜头，但是这次在拍摄中长景镜头和近景镜头的时候，将摄像机移开原始轴线。将拍摄到的两组镜头进行剪辑整合，然后对比结果。

4. 使用在摄像机上剪辑的方法拍摄一组简单的镜头。只拍摄那些你想要播放的镜头，并且在拍摄时，按照你所预设的先后顺序进行。动作要尽量匹配。然后不要剪辑，直接观看拍摄效果。

5. 使用远焦镜头拍摄一个位于远处的物体的近景。然后，将摄像机融入动作中，真正移动到物体所在位置。对比两种方式拍摄的屏幕效果。

6. 找一个朋友或是自愿的陌生人合作，在他不知道的前提下，尝试去激发他做一个自己熟悉的动作，比如跟一位拼字游戏冠军说："我打赌你可以拼出'chrysanthemum'。"然后，编排好动作，例如可以告诉你的主体，"好的，你坐在这里吧，我说一个词，然后你来拼。准备好了吗？"对比两种场合的自然程度。

7. 练习在外景中拍摄自己的出镜报道。使用本章所提供的建议。

8. 找一个朋友帮忙，让他扮演你的采访对象。练习一边采访一边稳住摄像机。

9. 问几个朋友是否允许你拿着摄像机跟拍他们。练习拍摄热度和白光。

 注释

1. Comments to journalism students at the University of Oklahoma, Norman, OK, November 5, 2002.
2. Nelson Wadsworth, "Richardson Talks about 'Distancing,'" *Rangefinder* (Utah State University), (Summer 1985), 54.
3. Comments in a critique session at the NPPA TV News-Video Workshop, Norman, OK, May 20, 2003.
4. Butch Townley, "Videotape Editing: The Basics," a presentation at the NPPA TV News-Video Workshop, Norman, OK, March 14, 1994.
5. Larry Hatteberg, "Working with People," a presentation at the NPPA Television News-Video Workshop, Norman, OK, March 16, 1992.

第5章

光线和照明的魔力

在摄像出现之前，人们既不能听到过去，也不能看到过去。从物体或是事件上发射过来的光子束不会在我们面前停留，而是转瞬即逝。[1]而今天，数字技术让观众们可以直接看到过去和现在。自从摄像机发明以来，过去的东西不仅可以从回忆或是话语中找到，更是存在于可触摸的光子记录载体上。这些光子从真实的主体上发射出来，然后就被捕捉到摄像机中。通过录像带和数字记录载体，过去可以被抓住、被浓缩，并可以随时观看。这就是摄像的魔力，摄像这个词来源于古希腊语，原意是"用光书写"。

在电子媒介盛行的今天，光线已经成为艺术家的调色板。因此，对于电视记者来说，光线远比单纯照明重要得多。光线的确可以用于照明，但是经过适当操控，它还可以反映出纹理、重点和情感。在电视新闻中，光线就是形式，就是情绪，就是意义。"自然的"光线就是自然光。最好的照明是觉察不到的。事实上，最震撼和最真实的电视节目通常没有使用或很少使用人工照明。网络独立制片人和摄像记者雷·法卡斯（Ray Farkas）曾说："相比较更加真实的自然光，摄像师们似乎更乐于使用满屋子的灯。我总是不明白这一点。作为记者，我比你更加真实，这通常是由于我少用了一盏、两盏或三盏灯。"[2]

 摄像是操控光线的艺术

诸多方面表明，摄像就是抓取和操控光线的艺术。在电子摄像机发明之前，摄像师不得不靠人工控制光线，调整其强度和颜色，以使其适合胶片所需的效果。有了电子摄像机，摄像师可以通过调整电子线圈，来适应已有的光线和颜色条件。

色温

光源的色温是用开尔文度数（°K）来标识的，其表示的是光源发出的光线中红色光和蓝色光之间的比例。在光线谱上，我们可以看出日光是由各种颜色的光线组合而成的。但是，日光中所含的蓝色光比例，要比任何其他光源都多。通常用于电视节目照明的钨卤灯，其光线也是由各种颜色的光组合而成的，但是其中红色光波比例却高于其他任何光源。

电视外景摄像机只有在光源的色温为3 200°K的时候，才能够准确地生成颜色。如果进入到镜头中的光线色温不足3 200°K，那么画面看起来要么就是太蓝、太绿（当色温超过3 200°K时），要么就是太红、太黄（当色温低于3 200°K时）。这就意味着，在户外拍摄时，如果不使用滤光片，摄像机"看到"的日光会偏蓝。

关于色温的理解对于摄像记者来说十分重要，因为在各种不同的光源下，摄像机必须调整到合适的白平衡（white balance），才能重新生成纯正的白色和其他准确的色彩。白平衡指的是没有其他颜色的纯白。

影响色温的物理学定律和我们对于颜色和温度的生理或心理反应是不同的。人类经验让我们会将蓝色与凉或冷的物体联系起来，而把红色与暖或热的物体联系起来。而关于色温，与上述经验相反的才是正确的（见表5.1）。当色温上升时，光线会变得更蓝。而当色温下降时，光线会变得更红。所以，在色温概念下，蓝色是"热的"，而红色是"冷的"。

表5.1　各种光源的色温的计量单位是开尔文（°K），表示的是光源发出光线的红色光和蓝色光之间的比例。一旦光源发生变化，摄像机必须重新调整白平衡，以在各种颜色混杂的条件下，调整为没有其他色彩的纯白。

色温数值范围		
	开尔文度数	光源种类
红色色调	2 000～3 000°K	日出或日落时的太阳
	2 500～2 900°K	家用钨卤灯灯泡
	3 200～3 500°K	石英灯
	3 200～7 500°K	荧光灯
	3 275°K	钨卤灯 2k
	3 380°K	钨卤灯 5k, 10k
蓝色色调	5 000～5 400°K	太阳：正午直射
	5 500～6 500°K	太阳（太阳＋天空）
	5 500～6 500°K	太阳：透过云层/薄雾
	6 000～7 500°K	天空：阴天
	7 000～8 000°K	户外阴凉处
	8 000～10 000°K	天空：有些许云朵

钨卤灯光源

电视新闻中最常用的人工光源就是钨卤灯。这种灯泡外形小巧、重量轻，而且便于携带。在色温相对持续地保持在3 000～3 200°K时，可以发出耀眼的光（见表5.1）。钨卤灯灯泡的色温之所以能够较为稳定，是因为其内部充满了惰性气体，比如碘、氟、溴、砹、氯或是其他的物质。这些气体可以在钨丝发光的时候，防止其让灯泡内部变色。因为有了惰性气体，钨卤灯可以自行"更新"。在一个无法燃烧的气体环境中，从钨丝上散发出来的粒子，最终会再次落回到钨丝上。

滤光片

电视摄像记者依靠三种基本的滤光片用法来控制光线和色温。这些用法包括将滤光片安装在摄像机上、人工照明物上或是窗户上。

安装在摄像机上的滤光片：指的是将滤光片安装在摄像机镜头前或是置于摄像机内部、镜头正后方。

安装在灯泡上的滤光片：指的是将凝胶或是光学玻璃制的滤光片直接安在灯泡上，或是使用一个支撑器，将其放在灯泡前。

安装在窗户上的滤光片：指的是直接用在窗户上的滤光片，一般是用来改变射入的阳光的色温，使其变为 3 200℃。

不论使用哪种方式，目的都是为了获得正确的色温，或是改变进入到摄像机里的光线量。如果光源本身的色温就是 3 200℃，则无需在摄像机上使用滤光片。而当光源是其他色温时，就会需要使用某一种滤光片。

安装在摄像机上的滤光片

安装在摄像机上的滤光片中最常见的就是琥珀色滤光片（♯85）、荧光滤光片（FLB 或 FLD）和中性滤光片（ND）。在一些摄像机中，这些滤光片是置于滤光片轮上的。通过查看摄像机旁贴着的参考量表，可以将其拨动到合适的位置。而对于其他摄像机，滤光片必须直接放在镜头前。

♯85B 滤光片：琥珀色的♯85 滤光片可以将阳光的色温从 5 400℃变为 3 200℃。一般情况下，白天的阳光射入摄像机中后，会显示为偏蓝。而通过滤光片，其色温将会降低到与钨卤灯发出的人工光线相当，从而生成正常的颜色。当光源的色温为 5 400℃或是接近这个数值时，不论是自然光还是人工光，都需要使用琥珀色滤光片。

事实上，在一般的日光条件下，♯85 滤光片从日出后数小时，可以一直使用到日落后数小时。但是，在日出后一小时内和日落后一小时内不使用滤光片或使用透亮的滤光片效果最好。因为在一天中的这两个时段内，色温已经处于 3 200℃和 3 500℃之间，与摄像机预设好的可接受色温相当。

荧光滤光片：为了调整荧光色温，使其不至于产生偏绿色的光线效果，可以考虑使用两种安装在摄像机上的滤光片。第一种叫作 FLB 滤光片，其直接用在荧光灯泡前，使灯泡本身发出的4 500℃色温降至 3 200℃。还有一种叫作 FLD 滤光片，用于与日光相当的荧光灯泡前，这种灯泡发出的光线，色温与阴天时的日光大体相同，可达 6 500℃。使用滤光片后，色温会再次降低到约3 200℃。

中性滤光片：第三种安于摄像机上的滤光片叫作中性滤光片，它可以降低进入到摄像机中的光线量，而不会对色温产生影响，也不会改变场景中物体的颜色。这种呈黑色烟熏状的滤光片，最基本的作用就是通过两种方式减少曝光：一是通过使用宽镜头口径，降低外景深度（这样就会导致减少对背景的强调，而增加对主体的强调）；二是将在十分明亮的光源下的曝光降低至可以接受的限度。

安装在灯泡上的滤光片

灯泡上最常使用的滤光片就是二向色滤光片。这样的滤光片是由凝胶或是光学玻璃制成，呈浓重的蓝色。它可以将石英灯发出的 3 200℃色温直接上升到与日光的色温（5 400℃）相当。所以，当日光和人工光线混合的时候，这种滤光片可以用来平衡色温。配备有二向色滤光片的人工辅助光源，经常在户外拍摄时使用，这时日光是主光源。而在室内时，无论从窗口射进来的日光是主光源还是辅助光，都需要使用滤光片。

安装在窗户上的滤光片

通常会在窗户外面安装半调节的隔板门和用♯85琥珀色滤光片做成的全调节的薄板，将日光的色温调整为3 200°K。滤光片薄板还可以装在汽车上，这样在车内拍摄时就可以使用3 200°K的辅助光。举个例子，要拍摄对一位警察的采访，而此时她正在附近巡逻，因此需要在车内采访。这些滤光片还可以安在房子或是办公室的外面，将射入屋子里的光线色温降低到3 200°K。然后，就可以用色温同为3 200°K的人工光作为日光的辅助光了。如果色温为5 400°K的日光进入了汽车或是屋子的内部，那么必须通过使用灯泡上的滤光片，将人工辅助光的色温调整至5 400°K。但是这种做法通常使用得极少，为了中和此时滤光片产生的降低曝光效果，我们必须使用更多的灯光，耗费更多电量。

滤光因数

所有的滤光片，即便是透明的玻璃，也会过滤掉一些光线。使用透明滤光片的时候，被过滤掉的光线基本上是分辨不出来的。但是，使用其他滤光片时，大量光线被过滤，可能会导致曝光不足。对于某种特定的滤光片，其过滤掉的光线量就用滤光因数来表示。

因数为2的时候，就是将原始光线量减少为一半，这个数量相当于进入到镜头内的光线减少了一个F指数。因此，如果所拍摄场景的F值为16的话，那么使用滤光因数为2的滤光片后，就必须将曝光F值重新设为11。配有自动曝光调节线圈的摄像机，可以自动适应这种光线减少的情形。但是，对于滤光因数的理解，对于专业摄像师仍然是十分重要的。

例如，中性滤光片可以让摄像师在强光的情况下，仍然实现正常的曝光。中性滤光片还可以让摄像师在任何给定的光照环境中，使用宽镜头口径进行拍摄。反过来，宽口径又会减少或平抑外景的浓度或纵深感。

资料框5.1

尝试使用滤光片和照明工具

以下是几种设定的情景，用来测试你是否理解各种各样的光源和摄像机的滤光片如何结合使用。

情景1：在户外，日光强度正常。设置一个人工辅助光源，然后将其色温与日光平衡。

情景2：你在一个窗户前拍摄室内景。穿过街道，在日光下，通过窗户可以看到另外的重要活动。这种情况下，要使用什么样的光线和滤光片组合，才能实现色温的平衡？

情景3：你在一辆行驶的汽车中拍摄内景。你已经在车子窗上使用了♯85滤光片，将日光色温降低为3 200°K，同时还打算使用色温同为3 200°K的石英辅助灯。这时，你的摄像机上应使用何种滤光片？

> **讨论**
>
> 　　在第一种情景中，使用色温为 5 400°K 的光源作为主光源，然后使用色温为 3 200°K 的辅助光源。这时必须在灯泡前使用二向色滤光片，将人工灯光的色温上升至与日光相当。另外，在摄像机的镜头上还必须使用♯85 琥珀色滤光片。
>
> 　　针对情景二，有两种方式可供选择。如果日光在室内是作为主光源的话，那么摄像机就要配备使用♯85 琥珀色滤光片。同时，为了与日光的色温相匹配，所有的石英辅助灯都要配备使用二向色滤光片。
>
> 　　如果在第二种情景下，人工石英灯提供了主光源（色温为 3 200°K），那么摄像机上就无需使用任何滤光片。而窗户上也需要使用♯85 琥珀色滤光片，将日光的色温调整为 3 200°K。
>
> 　　在第三种情景下，不要在摄像机上使用任何滤光片，直接拍摄即可。

组合使用的滤光片

　　注意每两个滤光因数会导致光线量减少 1 个 F 指数。所以为了计算在使用多个滤光片的时候，光线量减少了多少，必须将滤光因数相乘。因为同时使用两个滤光片时，会造成一些图像特征消失，所以制造商一般会把两种滤光片的颜色特征结合起来，然后置于一个滤光片之上。

　　这种类型的滤光片中最为常见的一种就是 85N6 滤光片。这种滤光片的颜色特征来源于♯85 琥珀色滤光片（滤光因数为 1.5）以及具有减弱光线特性的 ND 0.6 滤光片（滤光因数为 4）。因此，结合后的滤光片 85N6 的滤光因数为 6：

$$1.5＝♯85\ 滤光片的滤光因数$$
$$×\ \underline{4}＝ND\ 0.6\ 滤光片的滤光因数$$
$$6＝结合后的滤光片的滤光因数$$

混合光源

　　当光源混合时，可能会影响生成的颜色质量。在室内，摄像师应该避免荧光灯（偏绿色）与日光（偏蓝色）或是与钨卤灯（偏红色）相互之间的混合。在室外，不小心让日光和钨卤灯相互混杂，其效果也不好。单独使用任何一种光源都是可以接受的，比如荧光灯、日光或是钨卤灯等。但是，要将它们混合使用时，一定要使用滤光片进行光线平衡。

　　在到达拍摄场地的时候，第一件事就是要检查现场存在的各种光源。如果室内的日光充足，你可以让其作为唯一的光源。如果存在不同光源，或许你可以关闭掉屋内所有的荧光灯，拉上窗帘，遮蔽掉不需要的日光，然后仅使用钨卤灯来为场景提供照明。如果不能关闭荧光灯，同时也可以提供充足的照明，那么可以使用荧光灯。否则，你就要使用人工照明，加大其亮度，或是将人工光线的色温调整为与日光一致，然后混合使用二者进行照明。

基本照明模式

　　在新闻摄像中，大多数的照明模式都是仿照自然光效的。最常用的照明模式就是使用一个主导光源（不论是日光还是人工光线），再配上一个辅助光源。主光源发出直射光线，产生光影之间的强烈对比，这种效果称为镜面反射（specular light）。这样做的目的就是让光线看起来是从一个光源发出的，即使可能同时使用了三个灯。同时，这样照明还可以凸显物体的维度，避免平面化。

辅助光源可以是人工的，也可以是从物体上反射到环境中的阳光。这种光较弱且分散。辅助光源不会产生光与影的强烈反差，因为当其从大量物体或表面反射到环境中的时候，光束已经被打破并随机分散了。

人工光线的作用

对于大多数的摄像师来说，日光始终是最佳的光源。虽然有诸多优点，但是日光容易变化而且不易掌控。而且，在室内拍摄的时候，日光经常会无法提供充足的照明。在这些情况下，人工光线为摄像师提供了可以操控的照明。并且，如果操作适当，人工光也可以产生与日光相同的自然效果。对光线适当的操控，还可以增加场景的立体感，生成纹理和有趣的光影对照。

主光源

为了营造自然的新闻画面，几乎所有的灯光布置都有一个主导光源，称为主光源。这个灯光的作用与日光类似，并在场景中制造光影反差。

在使用比较陈旧、更为传统的钨卤灯时，主光源的放置位置一般都要高于所要拍摄的主体，并要放在摄像机的一边，与摄像机轴线夹角大概在30°到45°。同时，其高度要够，以便于能够以45°或是更陡的角度照射主体，这种模式叫作高侧照明（high side lighting）。

例如，在使用 Chimera 软盒（将在本章介绍）或是 Lowel Rifa 软盒的时候，主光源的位置会比较低（见图 5.1）。暂不考虑光源位置，当主光源能够在主体脸部阴影侧投射三角光的话，就说明其位置已经安放合适。

在室外时，摄像师可以用日光达到相同的效果。在这种情况下，主体要不断移动，直到日光可以在其脸部阴影面投射出三角光。

高侧照明还有许多变体，其中之一就是侧光照明（side light），也可以称之为削光（hatchet light），因为它会将主体分为两半。还有一种叫作侧后照明（side-rear lighting），这种照明模式是将主光源放在主体侧面偏后方的位置。

第三种变体是顶部照明（top lighting），让主光源大概从主体的正上方直接投射下来。这种方式会在眼睛下方、鼻子下方和下巴下方产生浓重的阴影。而顶部照明的一种变体叫作蝶状照明（butterfly light）（见图 5.2）。主光源仍然位于上方，但会稍稍移向物体前方，这样在眼睛和嘴巴的下方就不会产生过浓的阴影。这种照明模式的名字来源于其在主体鼻子下方产生的蝴蝶状的阴影。当只有一个照明灯的时候，这种模式是很好的选择。蝶状照明还被称为迷人照明（glamour lighting），因为这种照明的场景经常在拍摄模特或演员时使用。

图 5.1 当主光源位于拍摄主体前、摄像机的上方偏向一侧时，就会产生高强度的侧光效果。注意主体脸部阴影面的光照三角。

图 5.2 当灯光位于主体上方并稍微倾向主体前方，就会产生所谓的蝶状照明或迷人照明效果。注意主体脸部的眉毛、鼻子、嘴唇和下巴下方由阴影产生的雕塑感。

 ## 对比度控制

模拟摄像机对于细节的感应没有肉眼那么敏感，在拍摄阴影区域时，可能无法显示所有细节。高清晰的摄像机对于细节会更加敏感。但是，无论摄像机是哪种类型的，大多数摄像师都会使用辅助光（次要光源）以让主体的脸部产生更多的立体感和维度。一般情况下，辅助光的强度只是基本光的一半（见图 5.3）。在户外拍摄时，还可以用反射器来提供辅助光，或是使用依靠电池运作的灯。在后一种情况下，需要使用二向色滤光片，让钨卤灯的色温提升到与日光相当。

若要为室外拍摄提供柔性辅助光，可以使用白色不平滑反射器；而若要提供强辅助光的时候，可以使用铝箔反射器。白色墙壁和其他物体也可以在室外拍摄时作为反射器使用，只要它们的反射光线与基本光色温一致即可。

 ## 光照度平方反比定律

辅助灯放在与基本灯正相对的位置，而且要将其光线调整到只有基本灯的一半。为了实现这样的光线强度调整，摄像机可以适用光照度平方反比定律。根据这个定律，人工灯如果与主体的距离拉大一倍，那么其照明强度将降低至四分之一（见图 5.4）。

图 5.3　主光源用来照亮主体的右侧脸（如左图所示）。在右图中，已经使用了辅助光来显示更多主体脸部阴影区域的细节。

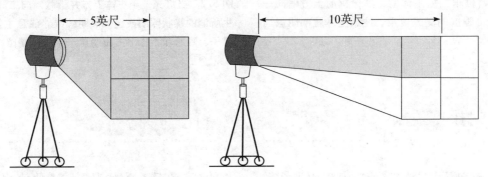

图 5.4　光照度平方反比定律是可以通过图像展现出来的。当距离增加一倍，光线强度就只剩下原有的四分之一。

换句话说，如果你有两盏同样的灯，如果其中一盏与主体的距离是另一盏的两倍，那么其所提供的光线强度，将会只有后一盏灯的四分之一。

这个定律说明主光源和辅助光的照明比率为4：1，主光源要比辅助光亮四倍。而对于一般的模拟电视照明而言，一般的对比度应该约为3：1，这样才能够出现最佳的颜色和对比度效果。为了达到这样的比率，辅助灯与主体之距应该是主灯与主体之距的 1.5 倍。

例如，假设基本灯距离要拍摄的主体六英尺，那么为了保证良好的视频对比度效果，辅助灯应该放在距离主体九英尺的地方。

 ## 背光灯

除了主光源和辅助灯，摄像师还可以使用背光灯，这种灯也被称为强光灯（accent light）或是区分灯（separation light）。背光灯与主光源位置相对，置于主体背后上方，从而为主体的头发提供更多纹理，并且将主体与背景截然分开。第四盏灯，即背景灯，可以用来为背景提供照明，这样可以将主体进一步与其背景分离。

资料框 5.2

照明比率

　　照明比率指的是一个主体上，接受光线最多的区域与接受光线最少的区域之间的亮度差。其计算结果是基于主光源和辅助光之间光线强度的区别。也就是说，如果照明比率为 1：1，说明主光源和辅助光的亮度是一样的：脸部两侧所接受的光线没有不同。如果比率为 4：1，说明主光源所照的一侧脸，亮度是辅助光所照射的那侧脸的四倍。在照明比率为 4：1 的情况下，曝光度取决于主光源。如果主光源被关闭，而辅助光仍在工作，那么主体的曝光度将会比正常情况低两个 F 值。

资料框 5.3

使用背光灯

　　背光灯将主体与其背景相分离。在拍摄当地新闻时，你可以用窗户作为自己的主光源（从窗子投射进来的光一般都是柔和的），然后用一盏灯作为背光灯或是侧光灯。如果房间里有电灯，你可以用它来提供侧光或是背光。

 ## 宽位照明和侧逆照明

　　当基本光投射在离摄像机最近的一侧脸时，出现的效果就被称为宽位照明（broadlighting）。一般来说，宽位照明方式更适合于访谈或是新闻会议类节目。而侧逆照明（short lighting）则是辅助光投射到朝向摄像机的一侧脸。这种照明方式经常用于肖像摄影，而非新闻摄像。但是，如果要在新闻中营造不同的气氛和感觉，也是可以使用这种照明方式的。

 ## 高清晰度效果下的照明

　　高清电视会让观众近距离地观看到电视中人们的各种生理缺陷。高清摄像机的清晰度大概是模拟电视的六倍[3]，会放大脸部所有的缺点，例如痤疮、疤痕、皱纹、眼袋，以及粗糙的妆容。对于演播室里的主持人，可以通过使用灯光和化妆来掩盖诸多瑕疵。但是，在外景地则没有类似的光线调节，所以外景主持人、记者或是所有人在镜头里都会突然间显得老了十岁。[4]

HMI 灯

专业摄像师在拍摄高清画面的时候，通常会使用 HMI 灯（见图 5.5）。HMI 即 Hydrargyrum Medium Arc-length Iodide（汞弧碘化物）的缩写。除了价格很高之外，HMI 灯有诸多优点。其用电量相当于石英灯的五分之一，却可以生成柔和而自然的效果，且颜色丰富而饱和。HMI 灯的灯泡为全光谱，其偏蓝光相当于中午时的日光，色温为 5 400°K。而摄像师和被摄主体也喜欢感觉比较凉爽的工作环境。

图 5.5　HMI 灯可以产生柔和而自然的光照效果，色温与日光一样。但其所消耗的电量只有石英灯的五分之一。

平光照明

当摄像机必须拍摄快速进展的事件时，通常是没有足够的时间来调整场景光线的。正因如此，大多数的电子新闻采集摄像机上都配有一盏石英灯，依靠电池进行工作。这种设计解放了摄像师的双手，让其去调节摄像机和镜头角度，但是这样也会导致出现平光照明的结果，导致最后出现的画面缺乏立体感。

对于这个问题的一个解决方法是，不论什么时候，只要有可能，就把这盏灯置于高处，并使其位于摄像机的一侧。使用这种位置，光线可以通过加深主体脸部的光影纵深，从而生成令人满意的立体感。使用单一灯光时，最常见的错误就是有时主体后方的背景中会出现浓重的阴影。针对这个问题，至少有三种修改方法可供使用：移动灯，将阴影移出取景器画面范围；将主体移置距背景更远的地方；或是采用近景拍摄，使得取景器不会拍摄到阴影部分的画面。

光线漫射

在所有的照明模式中，在灯泡上使用一些漫射材料，可以将光线变得更加柔和，并且更为自然。漫射材料包括玻璃纤维、抗热塑料、金属纱窗以及金属网。这些材料可以将直射的光线打破，并使其随机发散到各个方向，从而减少场景中的鲜亮光点和强烈反差。而且，漫射光还让人难以察觉，不会让人们感受到强光照射下的不舒服和不自在。

反射光

反射光（bounce light）是另一种生成柔和自然的照明效果的方式。反射光可以反射（反弹）自天花板、墙壁或是其他可反射面。比起直射光线，反射光线更加分散，且不太强烈。但是，要注意从有色表面反射回的光线，其色温可能会发生变化。

资料框 5.4

用于高清电视的照明

主光源大多时候都是柔和的光线，这样可以产生更加柔和且令人喜欢的视觉效果。有几种方式可以柔化光线。

伞状照明是一种快捷、廉价的方式，可以将单一光线变为柔和光源。通过使用伞状反射器，灯头并不直接照向主体。通过反射器的反射，光线会折回到主体上。伞状反射器是金属色的，并且耐热，安装在灯架或是灯头上（见图 5.6）。在坐下来进行的访谈节目中，可以把灯置于记者的头顶上方，或是架在记者出现时的位置。

图 5.6　伞状反射器可以极大地改善光照效果。

从这个单一光源发出的光线会自然地环绕在主体周围。阴影显得自然而柔和，而且在特写镜头中，只有眼神光（catchlight）会显现于主体的眼睛中。因为从伞状反射器发出的光线十分自然，所以基本上不会为普通观众所察觉。而采访对象也会表现得更为放松，因为光线散射，气温会相对较低，从而使他们感觉更加舒适。大多数的摄像机或是照相机专卖店都有伞状反射器出售，价格一般在50美元以下。相比照反射器改善光照效果的程度，这些花费就相对很少了。

Chimera、Lowel和其他的公司研制出了可折叠的灯箱，箱子内部是可反光的银色材料，箱子前面是一块散光屏。这样的灯箱适用于多种灯头，并且可以产生柔和而自然的光线（见图5.7）。

图5.7　图中所示的便是为高清电视采访节目所设置的典型的柔光布置。主光源位于摄像机的左侧，辅助光位于摄像机的右侧，背光灯位于主体的后方。

为坐着的访谈设置主光源

日光角度较低的时候，人感觉最为舒适。若要使用Chimera排灯制造出类似于日光的效果，那么需要将基本灯位置调低，大约是主体眼睛上方一英尺。这个角度是灯摆放的最佳位置（见图5.8）。而且，

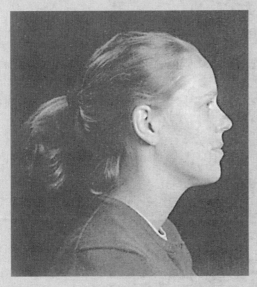 

图5.8A　主光源产生的光线饱和而丰富。　　图5.8B　由辅助光照射的侧脸在某种程度上曝光度较低，从而产生了三维效果。辅助光越暗，最后产生的光照效果就会越压抑。

光线还能投射到主体更多的部位。如果主体看着主光源的方向，那么摄像机就会捕捉到主体脸部另一侧阴影的立体感，即三维效果。尝试一下这种方式。如果你想让故事减少一些压抑的感觉，那么就往黑暗侧投射更多的光线。

图 5.8C　由柔光盒的主光源和辅助光产生的效果更加具有立体感。注意由辅助光照射一侧主体眼睛下方的光照三角。

 ## 眼神反射

在现实生活中，或是在自然的状态下，每一只眼睛一般只有一个高光点。然而，当灯的摆放位置不合适的时候，主体的眼睛里通常会有两个高光点（眼神光）。这样，就可以看出主体很明显是被"照亮"的。而如果眼镜片和镜头片产生了更多且更分散的高光点，那么问题就会变得更复杂。虽然重叠高光点和不适当的反映不可能全部消除，却可以使其不那么明显。最常用的解决办法就是移动摄像机或是改变光线的投射角度，或是使用一些非直射的照明方式。

 ## 曝光

曝光有三种基本情况：曝光适当、曝光过度以及曝光不足。适当的曝光可以使颜色自然，细节清晰。

如果摄像机带有自动调整曝光功能的话，镜头后的电子线圈就只能"看到"镜头透进来的东西。如果主要主体背景较暗，那么摄像机就会尽力去显示背景中亮度最低的区域，而这样却会使得整个场景曝光过度。同样的主体，如果只是背景变成了白色，那么就会影响摄像机的光感，从而使整个场景曝光不足。

以上两种情况的解决方法是移近摄像机或是放大主体，从而将背景从画面中移出，让镜头中只剩下基本主体。一旦曝光调整完毕，就可以将曝光调节器从自动调为手动。这样，曝光度就会保持稳定，直到再次调节，或是转换器重新拨回自动模式。因此，在这个时间内，就可以重新组合镜头并进行录制了。

必需的照明设备

在出外景的时候，要设置专业灯光效果，所需要的基本设备其实相当少。以下所列出的必备物品是由约翰·普雷马克（John Premack）推荐的，他是波士顿 WCVB-TV 电视台的首席摄像记者。[5]

1. 两只石英聚光灯，比如 Lowel 聚光灯（见 www.lowel.com），还有灯架、挡光板、二向色滤光片、650W 和 300W 的灯泡、特制小型 Chimera 柔光箱（见 www.chimeralighting.com）。如果不想使用 Chimera 柔光箱的话，还可以使用 Lowel 品牌的 RIFA 变换系统。后者是一种小型折叠柔光箱，配有灯泡、插座和托架。

2. 一只带有灯架的微型聚光灯（比如 Lowel Pro）、双叶挡光板，还有一个散光过滤器。

3. 一个折叠式网状反射器，在室内或是户外利用基本光源提供辅助光。

所带的石英灯头必须至少有一只可以直接安装在摄像机上，以便快速拍摄突然发生的新闻事件。而尤为有用的是那些小型反射灯泡，它们可以安装在摄像机上，而且能够依靠电池工作。同时，还要准备备用的灯泡、两英寸宽的银色布胶带，用于悬挂灯泡，以及将电线等固定在地板上，使人们不会绊倒。我们还需要一包混合凝胶、一只便携的使用 12 伏特电池的灯，还有一个电池包，用于晚上报道重大的突发新闻。当然，还要准备一些纤维网以及其他的漫射材料。

在阳光下照明

明亮的阳光会产生明显的高光点以及浓重的阴影，而在阴影区域内，根本无法或很少能显示出细节。如果主体的背景是天空的话，这个问题就会更加严重。在这些情况下，我们需要使用辅助光，既可以使用人工石英灯的光线，不过要先用滤光片进行过滤；也可以使用便携式反射器或是类似设备通过反射阳光获得。

当主体并非由阳光直射的时候，最为自然的照明模式就出现了。如果太阳是在主体的后方，投射在主体头发和肩膀上的背光可以实现尤为令人欣喜的效果。在这种情况下，可以用石英灯或是反射器提供辅助光，以增强主体脸部的照明（见图 5.9）。如果阳光尤为明亮，并且从头顶垂直投下，我们可能需要使用 1 000W 的石英灯，用滤光片调整色温后，将照明程度平衡到与第一种模式相同。还有一种效果自然的非直射阳光模式，即开放式阴影（open shade），指的是在阴影下拍摄主体，避开直射的阳光，但主体上方就没有东西遮蔽由天空反射回来的次要光。

强烈的自然光还会加强室内拍摄时使用的灯光效果，让主体变为没有立体感的剪影。当被拍摄的主体站在开着的窗户旁时，这一问题就尤为明显。在这种情况下，试着拉上主体后面的窗帘。如果没有窗帘，或是拉不上，那么就让主体站在一个中性光背景前。如果这种做法也行不通，那么你可能不得不在主体脸部投射相当于阳光亮度的光了。

图 5.9　便携式的反射器用来将辅助光反射到主体脸部阴影一侧。

 ## 如何为记者招待会照明

　　大多数的记者招待会都可以用三点式照明提供良好的光照。设置一个主光源和一个辅助光，然后再用一个背光将主体和背景区分开。如果你的灯与主体相距超过七八英尺，则至少需要使用 650W 的灯泡。

　　如果时间紧张且设备紧缺的话，使用两盏灯也可以完成照明任务。撤去辅助光，然后将背光灯放在地板上，将其挡光板展得大一些。如果你身边只有一盏灯，那么使用它产生反射光来照明主体，或是使用蝶状照明模式。将唯一的灯置于摄像机上方一侧的位置，最好能使用纤维网分散并柔化光线，或是将灯移回，对准发言人的一边侧脸。

　　如果你只能使用一盏或两盏灯，那么，就用可以产生可接受面部效果的最低限度的亮度。如果你发现无法让主体和背景的照明强度同时达到

8F，那么就考虑将背景的 F 值降低为 2.8。如果主体的肤色十分清晰，并且对于主体的照明度是可以接受的，这时若将背景的曝光度和色温改变，会在一定程度上影响整体的效果。再次强调重要的一点，要关闭已有光源，或是使用滤光片将自己设置的光源色温调整为与已有光源一致。

　　在你调整光线的时候，你可以让发言人、记者或是其他自愿者试着站到镜头里。如果很明显发言人会在背景上投下不适当的阴影，试着把讲台从背景中移开，或是移动灯及摄像机，使阴影不会出现在镜头画面中。

　　在重新摆放灯的时候，在每盏灯的旁边倚上一把椅子或是其他物体，保证灯架不会晃动或被撞倒。同时建议将延伸出的电线用胶布固定在地板上，这样过往的人就不会被绊倒受伤，也不会把灯撞翻。

和其他工作人员一起设置灯光

虽然记者招待会的灯光设置不是一项艺术，但欠佳的照明却会引人注意，并不可避免地分散观众的注意力，使其无法正常关注发言人和他所讲的话。正因为如此，对于其他报道组所设置的灯光要保持警惕，以免他们破坏掉你已经设置好的照明模式和照明强度。

如果你不得不和一大批记者一起工作，且相互之间已划定区域，那么要提前到达现场，找到一块最佳的摄像地点，并坚守住。报纸和广播台记者可能会挤在你身边，并抱怨说你挡到他们，但是他们所要做的与你的职责不同，而且他们也可能不理解你的工作需要。

 ## 照明规则

无论在什么场合进行照明，都要遵守照明规则。如果主体能走进一间已经布置好照明的屋子，那当然很好。大多数人都会很快适应这些灯光，并很快地将其忘掉。如果不是这样，当你打开灯

的时候，尽量让它们向地板倾斜，然后轻轻地抬起灯头，以免突然间晃花主体的眼睛。还有一种做法，即开灯的时候先用自己的手挡住灯光，然后慢慢收回手，让光线逐渐投射到主体身上。

 ## 新闻现场的夜间照明

不论你是在拍摄晚间的户外政治集会，还是在报道晚间突发新闻，照明灯最合理的安装位置应该是摄像机之上。突发新闻事件的拍摄，需要摄像记者能够和主体一起快速移动，这也就意味着不可能使用灯架。而且，当摄像机转向切出镜头的时候，安装在摄像机上的照明灯可能是唯一可用光源。

在夜晚，尤为重要的是不要过度使用不必需的照明灯（见图5.10）。也就是说，摄像机上的照明灯是晚间拍摄的最佳选择，因为它所发出的光线不会太强。如果主体上的照明强度过高，其后面的背景将会一片漆黑。摄像记者约翰·普雷马克（John Premack）说："在夜晚，你向主体身上投射越多的光，主体和其背景之间的差异就越明显。你要尽力平衡光线，即便是在晚上，如果想让图像看起来干净且曝光合适的话，就用宽口径镜头拍摄。"[6]

图5.10　夜间应尽量使用低强度的光照。因为主体所接受的光照越强，其背景就会越不清晰。

拍摄肤色较暗的主体

不论何时，当你为肤色很暗的主体布置照明时，要找到只比主体肤色稍暗的背景。还有一种做法是尽量少向背景投射光线，以保持对比度处于一个可以接受的水平。如果背景颜色太淡或是太亮，主体脸部的必要细节就难以显现，甚至可能使主体变成没有立体感的剪影。将光照强度保持在令人感觉舒适的最低水平。

 ## 大范围照明

你有时候可能会拍摄不太寻常的大场地，比如酒店舞厅、大礼堂、展览厅或是超市。在这些情况下，最重要的规则是使用已有的灯，来为现场光源提供辅助，而不需要重新引进新的光源。例如，如果主光源是荧光，那么就考虑使用所携带的荧光灯来提供辅助光，或是重点光。如果使用的灯泡种类相同的话，色温也会相对稳定。否则，你可能要使用一个凝胶滤光片。

如果没有足够的光线，或是要照亮很暗的地方，则需要有足够的灯，为前景、中景和背景提供充足照明。如果场地面积较大，将有必要使用 1 000 W 或是更大功率的灯泡。如果在检查取景器时，发现场景中某一区域过亮，摄像师可以使用挡光板（见图 5.11），或是挡光旗（一块不透明的板，可以遮蔽某一区域的光），或是曲奇板（有规则或不规则的图样的挡光板，可以在背景上形成特定形状的光照或阴影），以及网状物来丰富或柔和场景中的某一区域。这种做法叫作用阴影作画。

图 5.11　本图为带有挡光板的便携灯，挡光板可以将光线自由地反射到主体或是背景上。

资料框 5.5

小心散热问题

假想一下你去某人的家里拍摄新闻，结果却把他们的家烧着了。其实，这种事情是有可能发生的，如果你让受访者家中的电线负荷过重。接入太多的灯，使陈旧的保险丝盒不堪重负，然后再加上过多的线路，你可能让整间屋子浓烟滚滚。所以，当你在公寓楼、马厩或是机场机库中，想要过度使用电线的时候，先想象一下你的这一举动可能会酿成的悲剧。

了解一些基本常识，就可以避免这些悲剧。20 世纪 80 年代中期之后，在大多数的美国建筑中，内部线路可以承受 20A 电流。但在此前，为内部线路设定的标准是可以承受 15A。记住，你的设备几乎不可能是线路上唯一正在使用的电器。如果你因为接入了太多灯，而使线路发生故障，那你所能做的就只能是站在一旁，打电话报火警了。

记住转换瓦特（W）和安培（A）的大致计算公式：除以 100。如果你使用的是 1 000W 的灯，那么除以 100，说明电流为 10A。你可以使用这个灯。但是，如果你要使用三个 1 000W 的灯，那就应该用 3 000 除以 100，电流为 30A。赶紧逃命去吧。

后果并不一定致命。你可能只是烧断了保险丝，或是跳闸断路。但是你也可能引起火灾，甚至用以延长的电线都可能着火。为什么要冒这个险呢？记住将瓦特数除以 100，这样操作更为明智。

 ## 注意

如果灯光极亮，那么温度会非常高，在插入墙上的插座时，会产生很强的电流。所以，在使用这些人工照明工具时，要注意以下事项：

1. 切勿触碰石英灯泡。这样会导致严重的烫伤，而手指上的油，还可能毁坏灯泡。

2. 在摘取灯泡或是将其放在其他物体上面（包括地毯、相机套以及塑料桌面）之前，先要让其冷却。

3. 如果强光与人或是动物的距离小于三英尺，那么光线就会对视网膜造成严重伤害。

4. 不要使强光直接照进较旧的摄像机镜头。否则可能会对摄像机里面的摄像管造成永久性的损害。

5. 不要在一条线路上接入三盏以上的灯。如果电压过高，可能会造成线路过热，或者线路故障。

6. 如果可能，尽量不要使用 1 000W 的灯泡。因为这很可能会烧断保险丝。

7. 延长线路够长就行。如果线路过短，则会引起电压下降，温度上升，足以引发火灾。同时，电压下降，还会导致人工灯光的色温改变。

8. 绝不要让电池耗光电量，或是过度充电。

最后要说明的是，照明营造气氛。在每个镜头中，光线都是最重要的可视元素——对于每个电视记者来说都是未经处理的素材，对于每个电视故事而言都是关键组成部分。正如纪录片史学家威廉·布鲁厄姆（William Bluem）所说："不会照明的摄像师不是摄像师。低估照明重要性的记者是笨蛋。"[7]可喜的是，在现今，照明的操控比以往任何时期都要简单。

 ## 小结

摄像记者最重要的书写工具之一就是光线。而光线最基本的特征之一就是色温，即光源发出光线中红色光和蓝色光之比。每当光源发生变换时，摄像机都必须重新设置白平衡，以拍摄到纯净的白色。不要将来自不同光源、色温相异的光线混合在一起。

在电视新闻中，最常用的人工光就是石英灯，其光线色温为 3 200℃。在引入其他色温的光线之前，必须使用滤光片。安装于摄像机上的滤光片，可以用来修正阳光的色温，或是将荧光的偏绿色过滤掉，或是减少进入到摄像机内的光线量，以此通过不同的镜头口径来控制外景的纵深度。安装在电灯上的二向色滤光片可以用来提升石英灯的色温，使之与日光的色温大体相当。半软的凝胶滤光片还可以放在窗子上，以将日光的色温降低为3 200°K。所有滤光片都能在一定程度上减弱光线，而光线的减少量可以用滤光因数来表示。每减少两个滤光因数表示原始光线量减少一半。

基本的照明模式包括使用一个主光源或称为主导光源，还有一个辅助光或是次要光。主光源通常放在摄像机上方轴线 30°或是 45°的位置，而且要放得够高，以从 45°或更陡的角度投下光线。照明模式的变体包括侧光、侧逆光，还有顶光。当然还可以做进一步的改变，例如蝶状照明或迷人照明模式。

主光源与辅助光之间的强度差，决定了场景中的对比度比率。一般说来，主光源的亮度要比辅助光高出 1.5 或是 2 个 F 值。散射光通常更加柔和，眼睛也更能接受。在阴天或是雾天或主体处于开放式阴影中时，阳光会被自然散射。而要使人工光线散射，通常可以使用反射光或伞状照明，或使用其他各种各样的散射材料。

虽然大多数的照明任务都可以通过使用基本光、辅助光和背光来实现，但在为大场地提供照明或夜间照明时还是存在挑战。最后的分析说明，光线能催生情感和意义。若仅将光线作为照明手段，无疑将破坏这些气氛。

关键术语

背光灯	色温	滤光因数	光照度平方反比定律
挡光板	电子新闻采集	挡光旗	照明比率
反射光	辅助光	平光照明	伞状照明
宽位照明	侧逆照明	削光	白平衡
蝶状照明	镜面反射	HMI 灯	主光源
开放式阴影	滤光片		

讨论

1. 请讨论在何种程度上，光线就是电视新闻的媒介。

2. 什么是色温？它是如何影响电视图像效果的？

3. 请列举出在电视新闻拍摄中常用的滤光片，然后描述它们的使用情况。

4. 请阐释滤光因数，并说明它们是如何来决定滤光片的弱光效果的。

5. 请阐释当不同色温的光源混杂时，将会发生什么效果，摄像师又将如何避免这种问题。

6. 请描述主光源和辅助光的不同作用。

7. 请描述在电视新闻摄像中，最常用的基本照明模式。

8. 主光源和辅助光之间的亮度比是由什么决定的？

9. 请阐释宽位照明和侧逆照明的不同之处。

10. 光线如何被散射？如何操纵光线以获得更加柔和、舒适的照明效果？

11. 在出外景的时候，摄像记者所要准备的最基本的照明工具是什么？

12. 在室外明亮的阳光下，使用辅助人工照明工具时，特别需要考虑的因素是什么？为什么在这种情况下，人工照明有时是必要的？

13. 请阐释如何为记者招待会提供照明。

14. 夜间为室外主体提供照明时，需要考虑什么因素？而要为大型场地比如仓库或超市等提供照明时，需要考虑哪些因素？

15. 在使用照明工具的时候，需要注意的安全事项是什么？

 练习

1. 将摄像机的色彩平衡调整为 3 200°K。然后不改变色彩平衡，用家用 60W 灯泡照明拍摄中午阳光下的场景和日落后一小时的场景。对比结果。

2. 安置好♯85 滤光片，并将摄像机调为合适的白平衡，然后分别两次拍摄日光下同一场景，一次使用滤光片，一次不用。然后移入室内，在石英灯下重复这种练习。描述每个场景的效果。

3. 不使用♯85 滤光片，直接拍摄石英光照明的室内场景。在使用二向色滤光片之后，再次拍摄同一场景。

4. 白天在车内拍摄司机，使用带电池的 3 200°K 的人工辅助光，并且摄像机上不用滤光片。然后在同样的光照和摄像机设置下，再次拍摄场景，不过这次车窗上用胶布贴上♯85 凝胶滤光片。

5. 在室内，以阳光或是其他透过窗户射进来的光为背景拍摄主体。然后再设置一个辅助光，加上二向色滤光片，将主体脸部的曝光度与其背景光相平衡，再次拍摄。

6. 为主体设定一个基本灯，并将其妥善安置，以使主体脸部阴影区域形成光三角。然后设一个辅助光，亮度与主光源相当，但是让其与主体的距离是基本灯与主体距离的两倍。在这种情况下，主光源和辅助光的大概照明比率是多少？

7. 重新放置第 6 题中的辅助灯，使主光源与辅助光之间的照明比率大约为 3∶1。

要很好地实现这个目标的方法就是先设置好主光源，然后用曝光表测一下曝光值，或是使用摄像机自动曝光调节线圈，将曝光度调节到适当程度。在只使用主光源的情况下，记录适当曝光时的 F 值。

然后将基本灯关闭。通过向前或向后移动辅助灯，调整其照明强度，直到主体脸部的曝光值比使用主光源时减少了 1.5 个 F 值。

换句话说，如果单独使用主光源时，适当曝光的 F 值为 8，那么在安放辅助灯的时候，就要让单独使用辅助光时的适当曝光值位于 4F 和 5.6F 之间，或是减少 1.5 个 F 值的强度（因此此时需要将镜头口径开大）。如果附加灯与基本灯强度一致，那么前者与主体的距离永远大于后者与主体的距离。

最后，将两盏灯都打开，然后拍摄场景。记住要缩小光圈，以便在 F 值为 8 的时候拍摄。

8. 使用单一光源，首先在平光、前光照射下拍摄主体。然后移动光源，产生高侧光。最后，再使用蝶状照明或迷人照明模式。

9. 室外强光下，为主体脸部阴影部分提供辅助照明。可以使用反射器反射阳光，也可以使用人工石英光。

10. 拍摄一个主体，分别使用宽位照明和侧逆照明，然后比较结果。

11. 为一个场景提供照明，先做低对比度效果，然后做高对比度效果。

12. 练习以下内容：使用漫射屏或其他材料漫射人工光；反射来自天花板的光线；使用抗热照明伞。

13. 练习布置灯光，使主体眼睛中只有一个高光点，然后检查拍摄出的效果。如果出现了两个高光点，那么重新布置灯光，再次拍摄。

14. 夜晚在室外为一个人提供照明，首先是使用强光照明，然后将光线调至最低。比较两种结果。

15. 参加记者招待会，或是其他的媒体活动，观察照明技巧并且练习。当天晚上，在电视上观　　　看拍摄的效果。

注释

1. Isaac Asimov, "The Third Sense," *American Way* (May 28, 1985), 15–16.
2. Notes from talks by Ray Farkas shared in a letter to the author dated September 23, 1993.
3. Diane Holloway, "That's Harsh: Hi-Def TV Is Changing Our Views of the Stars," Cox News Services, March 29, 2007.
4. Ibid.
5. John Premack, in correspondence with the author, June 8, 2003.
6. John Premack, "Lighting—Making It Work for You," a presentation at the NPPA TV News-Video Workshop, Norman, OK, March 19, 1986.
7. A. William Bluem, *Documentary in American Television* (New York: Hastings House, 1965), 274.

第6章

音轨

如今，电视观众和新闻人终于认可了电视新闻中声音的重要性。电视观众花费无数美元收看高清电视，而电视新闻机构则要求他们的员工保证声音清晰完整以提高新闻的真实度。说到声音的最终目的，它就像文字和图像一样，是记者用于传达意义，加强他们所报道的新闻的震撼力和戏剧性的又一特征。毕竟，电视新闻只有两种沟通方式：一种是通过图像，另一种则是通过声音。

不论在现实生活中还是在我们的脑海中，都存在一个坚定的事实，那就是声音能传达故事的很多意义。我们是有思想的生物，这是区分我们和动物的重要标志。科学和艺术、事实和感觉使我们能够把我们所想所看的提炼到文字中去，并把一个演讲重新塑造成一段经历。

一架喷气式客机坠毁在匹兹堡外的一座树木茂盛的山中，一些灾后图像只能拼凑出这样的文字："这架飞机在开往机场的途中，突然左侧机翼明显地偏重，仅23秒就下落了6 000多英尺，滑向地面。"[1]如果没有文字，我们只能看到树丛中的一片废墟；但是如果增加了文字，我们看到的就是一件十分悲惨的事件。当飞机的黑匣子被找到时，为了不让殉难者的家属听到自己亲人遇难时的声音，联邦航空署决定不公开黑匣子里的内容。[2]看，这就是声音的力量。

最壮观的炼油厂的爆炸照片也无法回答一些重要的问题：这个爆炸的炼油厂在哪个地方？什么时候发生爆炸的，上周末？去年？还是15分钟前？有人受伤或者遇难吗？如果有的话，具体人数是多少呢？谁现在正面临着生命危险？是否疏散了炼油厂附近的居民？消防队长到达现场后分配消防队员工作的声音、语气，远远比他脸上的表情更能说明当时的情况。

记录声音就像记录图像一样，能够最好地反映和传播故事的经过。你能用弯曲的针和绳子钓到鱼，但是机会更青睐有经验、耐心和必备的工具的垂钓者。

麦克风的工作原理

录音的魔力是从麦克风开始的。声音是震动的空气，而麦克风把这些震动的空气转变成电能。动圈式麦克风的膜片带动线圈在磁场中振动，而不是一个电动式扬声器。动圈式麦克风通常用于新闻报道、舞台和音乐制作中。动圈式麦克风物美价廉，声音保真度高，而且非常耐用。

铝带式麦克风跟动圈式麦克风的工作原理差不多，但是其磁场内的膜片是用一种更薄的铝金属片做成的。铝带式麦克风是一种"热"声音，所以一般用于电话亭或者广播台之类的地方。

电容式麦克风的膜片就像是电路中电容器的两块金属板中的一个。当膜片震动时，电路中的金属板会改变音符的长度。这类麦克风需要混频器或者前级放大器提供能量，或者一个独立的能量提供器，通过麦克风线或者麦克风里面的电池提供能量。电容式麦克风是所有麦克风中最敏感的一种，用于音乐和声音处理。

资料框6.1

录音师奈德·霍尔（Ned Hall）

已故的奈德·霍尔是世界闻名的录音师。他为美国全国广播公司（NBC）、美国广播公司（American Broadcasting Company，ABC）、哥伦比亚广播公司（Columbia Broadcasting System，CBS）、美国公共广播公司（Public Broadcasting Service，PBS）、福克斯（Fox）、迪士尼（Disney）、美国最大的电影频道"家庭影院"以及MTV音乐台制作过类似《48小时》、《60分钟》、《早间时刻》和《今日报道》等节目。奈德支持黛安·艾克曼（Diane Ackerman）的理论，即如果世界是安静的，那么这个世界就太无聊了。他给美国人带来了来自北极圈、好望角以及曼纳湾的声音。他为尼尔·扬（Neil Young）以及皇家交响乐团制作过音乐。在一些后期制作中，他的技术使PBS的《宇宙的诞生》和辛迪加系列之《摇滚的故事》变得更加完美。他用自己的后期制作设备为兰登书屋制作有声读物，为NBC的新闻创作音乐，还为"探索"频道制作纪录片。朋友和同事们认为奈德是一位艺术家，他雕琢声音、精心制作，并与我们一起分享他记录下来的生命的音乐。在他去世之前，奈德重新撰写了这一章，并为这一章中很多新的信息付出了巨大的努力。在接下来的篇幅中，你将看到他的幽默以及他的智慧。我们谨将这一章献给奈德先生，以及献给那些追随奈德先生脚步、追求对故事的记录的人，无论他们会取得何种成就。

定向模式

悬挂在空中的最简单的麦克风能"听"到任一方向的声音。你可以想象这样的麦克风是个球面。麦克风可以被假设为针对空间里的某个特定的方位，因此当你身处在一些你不想听到的声音中时，你可以将麦克风指向你最想收录的声音的方向。但是，这不像摄像机那样可以只拍摄你想拍摄的地方。摄像机能够清楚地拍摄到山间小溪，并且不会在拍摄画面上显示出这条小溪距离高速公路才 6 英寸。但是使用麦克风的话，无论你指向何方，肯定会如实地将高速公路上夹杂着大卡车的轰轰声之类嘈杂的声音记录下来。

当声音的频率上升时，麦克风方向性的特点会更为明显。低频率的声音，不管它的类型或者方向来源如何，都会被麦克风"过滤"掉，而且声音会以成千上万种不可预测的方式反射。

光线也许会被上举的手或者下垂的眼睑挡住；但是声音只会被乱糟糟的别的声音挡住，或者由于录制距离过长而产生问题。

全方向

一个全方向（omnidirectional）麦克风能够收集各个方向的声音。大部分手持和颈挂式麦克风都是全方向的。但是，如果一个全方向麦克风靠在人的胸前，那么它就变成半球方向的了，身体阻挡了声音的来往。

单方向

单方向（unidirectional）麦克风一般都会排除周边的声音。这一特点表明，单方向的麦克风用于新闻发布会有较好的效果，因为它能够减少观众发出的噪音和反馈声。单方向的麦克风可分成以下几大类（从上至下专业性递增）：

心型指向的麦克风（从麦克风的前侧和周围收录声音）。
超心型指向的麦克风。
短枪式麦克风。
长枪式麦克风。

双向（8 字形）

双向（bidirectional）麦克风从前侧和后侧收录声音，但无法从两侧收录声音。所以持麦者必须正确持麦以便收集他想收集的声音，并排除掉不需要的声音。

麦克风的选择

首先，考虑到我们生活和工作的声音环境极为嘈杂，我们也许会选择短枪式麦克风来进行工作。事实上，很多人使用短枪式麦克风。的确，如果你想在一个未知的声音环境中获取声音，那这是个好选择。但是，还需要考虑其他方面的因素。

在放置麦克风时，有一点需要铭记于心，即当你把麦克风和声音来源的距离缩小一半时，实际上已把音量提高了三个分贝。尽管颈挂式麦克风是全方向的，但是它与声音来源的距离过近会过滤掉很多无关的声音。你把麦克风放得离声音来源越近，你收录到的无关声音就越少。

阻抗

　　麦克风还根据阻抗（impedance）来设计。阻抗是与麦克风相关的一个特质，不要和电阻混淆。欧姆（ohm）是他们两者的测量单位。低阻抗的麦克风（电阻一般在 50～250Ω）通常用于现场录音，这类麦克风包括了大部分动圈式麦克风。这些麦克风可以用任何长度的麦克风线连接使用。所以，报道者能够在离视频记录者千里之外的地方进行报道，或者是在声音质量较好的情况下做现场直播。高阻抗的麦克风（1 000Ω 以上）只限于用在线长 10 英尺左右的地方进行声音记录。通常来说，现在高质量的麦克风是低阻抗的。

频率响应

　　据说，人的耳朵能听到频率范围在 20～20 000Hz的声音。但有相当多还存在争议的证据证明，我们能听到频率更高的声音。那些声称自己生产的麦克风能听到频率范围在20～20 000Hz的声音的公司说，他们的麦克风能听到任何你耳朵可以听到的声音。然而，频率响应相同的麦克风的音质可能会很不一样，所以要根据耳麦里听到的声音来选择麦克风。

适合电视记者的麦克风

　　报道组至少需要一个全方向手持麦克风、一个单方向立式麦克风（去除新闻发布会时听众发出的噪音）、一个短枪式麦克风，至少一个小型的颈挂式麦克风以及一套无线电收发系统。一些电视台给工作人员提供的设备比这些要少得多，尽管无线发射器和隐蔽的颈挂式麦克风会使采访更加自然，也更容易拍摄出具有竞争力的镜头前报道。要想取得进步往往需要比对手表现得更加出色。如果电视台拒绝你对采访中所需设备的申请，那么你应该考虑购买这些工具。

手持麦克风

　　方向性麦克风和全方向手持麦克风是新闻办公室内的重负荷机器。你可以把他们捆在树上来录过往游行队伍的声音，也可以把他们放在体育场馆地板的角落来记录篮球运动员鞋子所发出的声音，或者捆到新闻发布会上发言者站的地方。由于可移动的手持麦克风耐用性好、可靠性强，而且不是很昂贵，它对于新闻记者来说是不可缺少的工具。标准的电子新闻采集麦克风通常是单方向的，因为它看起来更像是颗手榴弹。你不用刻意关注它的位置摆放，因为无论朝着哪个方向握着它，收录的都是噪音。经常选用这种麦克风是因为它们的构造，而且麦克风上有台标，麦克风上的台标是指印有电视台标识，一个时常出镜的小盒子（见图 6.1）。

人们往往不假思索就使用手持麦克风，结果却影响了新闻内容。记者不停地把麦克风举到受访者的面前，会加深人们对台标的反感。这么做会恐吓受访者，让聪明的人缄默不语，而那些愚蠢的人则会对着镜头说些不该说的话。

从如今高科技发展到的水平来说，观看者已经不需要看到手持麦克风了。它的存在只是提醒观众这个故事是"被报道"的，因而也减少了观众融入故事的程度。有时候，电视台管理人员要求电视台的标志在手持麦克风上显示出来，并且鼓励手持麦克风出现在电视上。但是，随着管理人员找到了在现场报道中提升电视台形象的更为有效的方法，我们希望台标将成为电视新闻史上一个神秘的印记。

图 6.1　手持麦克风对报道界而言是个不可缺少的工具。但是，这类麦克风会威胁到一些新闻受访对象，而且会受到不必要的关注，尤其是当麦克风下面有一个印有电视台标志的小盒子的时候。

颈挂式麦克风

在采访、出镜报道以及相似的场合中，颈挂式麦克风的使用往往多于手持麦克风。这些贴在说话人衣服上或者是直接挂在记者胸前的小芯片，可以轻松地隐藏在摄像机的镜头中（见图 6.2）。

颈挂式麦克风只能挂在说话人的胸前，不能手持。其效果可能不那么自然，如果远离声源，声音也会显得更微弱。

短枪式麦克风

当你无法靠近说话人时，就会使用别的麦克风。以新闻发布会为例，在这一场合中，你就不

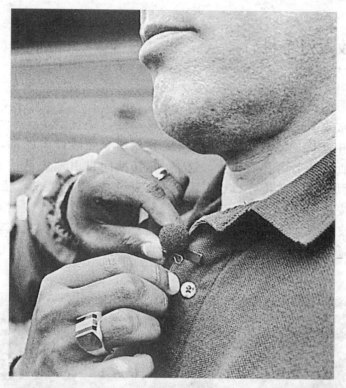

图 6.2　小型的颈挂式麦克风能挂在说话人的衣服上，或者直接放在说话人的里层衣服里，这样就不会被摄像机拍到。

得不使用短枪式麦克风。短枪式麦克风可用于收集其前方比较窄的区域内的声音。短枪式麦克风名字的由来是因为其外观类似一种短式枪筒（见图 6.3）。因为短枪式麦克风具有高度方向性，你必须精确地摆正其方向。如果方向对得不准，那么收集到的声音会像飞机的"嗡嗡"声，从而丢掉说话人在新闻发布会上所提出的最重要的建议。为了使麦克风能更加精确地指向声音的来源，你必须认真地用耳机监听效果。

图 6.3　短枪式麦克风具有高度方向性。它具有收集模式，有点像是长焦镜头的视角角度。大家所看到的麦克风装有吸音海绵防风罩。

无线电收发两用机

Full:

小型的无线电收发两用机在很多场合下都很有用，有些时候甚至非常重要。它用一条又短又轻的线与颈挂式麦克风相连接。无线电收发两用机通常放在衣服口袋里面，或者绑在腰带上，这样它就不那么容易被看到，甚至比传呼机还要隐蔽。发送机可以和手持麦克风一起使用，或者放在不显眼的地方（经常被人称为植入麦克风），或者用一种特殊的线连到播音系统或者是别的高保真的设备。

无线电收发两用机给说话人提供了很高的移动性，并且给予记者很大的移动自由。如果使用两套无线设备的话，记者和采访者可以在采访期间自由地说话或者走来走去，不用担心麦克风线的长度或者麦克风的干扰声（见图6.4）。传送的声音被相对应的接收器收集，然后直接传送到录像机或者是混音器或者是现场直播的传送设备。

图 6.4　无线电收发两用机系统使得报道者和新闻主体可以不受麦克风线的限制而自由移动。

范围

在理想状态下，无线发射器的覆盖范围是无限的。但事实上，它的工作范围经常会比你需要的距离少大约两英尺。一些原因限制了无线发射的范围。一个是发射器功率较小，它是通过瓦特来测量的，而且跟所有的发射器一样，它是受联邦通信委员会（Federal Communications Commission, FCC）规定限制的。另外一个是有可能存在干扰。

干扰

虽然无线发射器比较昂贵，但是它们却无法传送一个普通接线麦克风所能传送的声音。其中的一个原因是无线设备需要把特殊的信号接通电路放到信号路线中，以此取得清楚且有用的信号。发射器具有一个听觉集成器，叫作压缩器。它与强度的变化有关，能把信号压缩到一个很小的范围内。接收器装有一个扩充器，能够重新储存信号。尽管这些零件能按照人们预期的效果工作，但是它们却限制了频率。另一个造成声音质量差的原因是因为传送的信号很容易受可能存在的外界电子信号的干扰，无论是从劣质的车辆里传出的引擎声、农村牲畜护栏间断性发出的声音，还是带有广播和电视信号的电波发出的无线调频这一烦人的干扰，抑或是你的同事跟你使用相同的设备，一旦穿过街道，都有可能对传送信号造成影响。除此之外，无线发射器里麦克风的钢丝可作为天线，把收到的信号转换到调幅或调频接收器中。有些装置容易受到来自短波广播、无线电话或者是微波发射器的干扰。

当从主要的发射器发出的信号到达接收器时，信号丢失（dropouts）和干扰同样可能发生，就像一个二级信号从一面墙或者是附近其他物体反射回来，到达接收天线时一样。所以如果有必要监控你的声音，可移动一下接收器。有时候，荧光灯或者霓虹灯会产生干扰。如果可以，请关掉它们。或者当你怀疑这些灯光是干扰源的话，重新定位接收器，把它移动到另外一个地方。墨菲定律（Murphy's Law）假定这些干扰是间断性的，而且跟讲话者所在的位置有直接关系。通常这个问题会发生在一个频率上，而不会在另一个频率上发生，这使得空闲的无线频道成为求助对象。

干扰通常增大了发射器和接收器之间的距离。当信号变得微弱时，接收器也不能清晰地辨认出需要的信号和不需要的信号。一般来说，最好尽可能地缩短两者间的距离。记住你在播放信号时也会偶尔听见拍打声、瞌睡声、口哨声、劈啪响、嘀嗒声、钟鸣声或叮当声。请做好准备！

频率

能够为无线设备所用的频率是由 FCC 制定的。虽然这些装置只能输出很小的能量，但是 FCC 要求广播电视发射器持有使用无线频率的许可证。甚高频（VHF band）（169～216Hz）中的一些频道也一直是这些设施的基础，直到最近人们获取了部分超高频（UHF band）（470～890Hz）的频道。这一部分高段频率与相对不那么拥挤的微波联合在一起，可使无线能更好地得到应用。当无线大部分处于甚高频时，打算购买能在全美国使用的频道单元的买家会被说服购买兆赫范围在 169～172 之间的频率。这些旅行频率（travelling frequencies）不受高频电视台发出的干扰的影响。但是需要注意的是，当一些新闻工作人员在同一个地方工作时，他们中的很多人会用这些旅行频率。

安放天线的位置

不管你在什么时候使用无线发射器，放置的地点都是很重要的。如果天线（或者是用作天线的麦克风线）放置的地点不理想，那么一些无线单元会试图切断频率，使得声音听起来单薄，并且很像人工制作的。尽力把线拉直，并且把天线适当地放在人的前面，面对着摄像机，这样可使得信号就不用穿过说话人的身体而到达接收器了。为了减少信号损失，应使天线远离金属，而且如果你的发射器同时具有天线和麦克风线，尽可能把两者分开。

为了更好地减少干扰，把接收天线放得越高越好，最好放在摄像机的上面，或者是混音器的最上面，实在没办法时可以放在高出物体的杆子上。如果你所处的位置实在是糟糕透顶，你的无线设备只能在短距离内工作的话，把接收器放在杆子的最末端，尽可能地使用天线，但不要让它出现在图像画面中。

无线麦克风是很耗电的，所以要记住多带一些电池备用。耳麦里面听到的嘀嘀声也许就是电池快没电时的提醒。一些摄像记者在每次拍摄前都会装上新的电池，因为事实证明，电池的花费比失败的作品导致的损失要少得多。

资料框6.2

使用多种无线麦克风

虽然无线麦克风已经使用多年，但是自20世纪80年代中期以来，无线麦克风被运用到越来越复杂的装置中。在一体式摄像机流行之前，摄像师跟音效执行师是靠一根较粗的视频电缆联系在一起的。音效执行师要带着摄像机和录音师积攒的各种各样的装备。随着越来越复杂的产品诞生，一套声音装备逐渐也包括了4频道混合器，2个或3个无线频道以及活动式吊杆麦克风。当一体式摄像机变得普及，音效执行师在混合器上加上了两个无线发射器，在一体式摄像机上的两个接收器上加了双频道混合器。

20世纪60年代末的电影剧组通过纳格拉（Nagra）4代这样的录音机，不需要同步电缆就能把录像机和录音机结合起来。这种"割线革命"赋予了录像自由。当摄像师和音效执行师往两个相反的方向跑（最可笑的是在面对很多观众时，比如足球赛），或者在拍摄纪录片时，镜头拍到主角在电梯里，但是声音却配合不上，此时，"晾衣绳"童话便被晾到炉边了。

混合器和摄像机之间的无线连接与录音机里同步制动的"双系统"是不同的。在双系统中，音效师控制录制声音，当摄像机不工作时，也是可以录制声音的。一些非同步音迹就可以添加到录好的声音里。当拍摄一个室外建筑时，自然声（nat sound）不仅仅是街上的噪音。录音师通过双系统可以不打开摄像机而录制一段对话，你可以在随意的地点甚至简陋的地方录制一段对话，而无需录制正式的访问。有时，正当摄像机停止转动时，你的采访对象会说出最有力的话语（见墨菲定律）。

在双系统中，当录制声音时，录音师的头戴式耳机可以监控声音，在无线连接中，只有摄像执行师能在摄像机里听到出现在混合输出器和摄录机之间的干扰。必须定期检查这种危险（经常检查回放）以找出最好的方法。使用无线连接的剧组时刻准备好放弃无线而使用"音频蛇"，即除了发送双频道音频到摄像机，还要把摄像机耳机里的混合音频返回给录音师。实际上，这种情况下最好使用硬线来应对不需要移动的情况。如果你在跟着警车跑，无线连接可以防止出现"晾衣绳"情况。如果只是在拍摄教皇坐着会见谁，那就使用硬线。

 ## 混合器

作为一名摄像记者，你也许是一个人在工作，也许是和一位记者一起工作。通常在这种情况下，摄像机上头的麦克风和连着电池的无线设备就是所有你用来捕捉所讲述故事的声音的设备。但是有时候，你拍摄的东西可能需要更加复杂的设备。当采访任务是由一名记者，以及一个、两个、三个或者更多的人完成时，不同位置的多个麦克风能在很大程度上提高你所拍摄的图像的质量。这些任务也许是让你拍摄街上两个人或者更多人之间的讨论，也许是演讲过后的回答问题环节，或者是给峰会场外反对者的激烈抗议短短一个镜头。

　　当你的音频来源比声道多时，混合器就成了基本的工具，录音师对声音的需求也变得很重要，他要知道应该对哪一个正在说话的人、下一个可能说话的人予以关注，或是在哪个地方能最好地记录游行队伍。录音师的职责包括专业地选择麦克风，决定在何处放置麦克风，如何放置麦克风，并且确保高质量声音在适当程度上被记录下来。

　　麦克风混合器是用于选择合适的音频素材的工具，它能控制这些素材的质量，将其分配及混合进一个适当的声道，并且通过耳麦监听这些来源。一个好的混合器能够为电容式麦克风提供能量，能够接受麦克风方面和线方面的不同力度的信号，并且为一个以上的录音机提供信号。它能为不同的声道加入高通滤波器，并且生成用来记录磁带中的参考样本的调子。

音频要点

如何用最小的麦克风来制作新的主题

　　隐藏麦克风可以说是一门艺术。当麦克风处在看不到的位置时，整个报道过程所受到的干扰就会更小。但是事实是，如果你不仔细的话，情况则有可能会变得糟糕。一个完全隐蔽的麦克风会引起道德上的质疑，所以如果在未经同意的情况下，你用隐蔽的麦克风报道某人，最好事先想想是否会引发道德争议。

　　把麦克风放在身上的方法有很多。通常隐蔽的位置胜过看不到的位置，因为在新闻采访中看到麦克风的概率比在一个电影中的角色的身上看到的概率要大得多。当记者对着摄像机做报道时，没有必要假装他们不是在录电视节目。任何情况下，只要看到白色衬衫上冒出黑色麦克风，一边还拖着麦克风线，人们就会觉得这种行为很外行，且很难接受。把麦克风连到领带上，或者是衬衫领子上，则麦克风会比较耐用，也不会被别的衣服蹭到。不管你采用何种技术，麦克风被衣服磨损是难以避免的。尼龙防风上衣会对麦克风造成很大的损害，即使是活动式吊杆麦克风。你的耳麦会告诉你是否有无法忍受的问题。

　　每一种方式都有自己的独特之处。你会找到最中意的方式来放置麦克风，以便于收集到好的声音，并发出最清晰的声音。不管你选择何种麦克风，都有一些基本的使用方法：把它放在胸骨左右是最好的；如果把麦克风放在脖子旁边，收集到的声音是嗡嗡的；如果把麦克风放置得太低，声音听起来会很单薄，而且很遥远（如果你的目标只是通过一个麦克风收集到对话双方说的话，相对低一点的位置可能会比较好，因为双方的嘴巴离麦克风的距离可能差不多。这需要尝试一下）。

　　如有必要，把麦克风牢牢地固定在衬衫或者身体上，这样当说话人移动时，就不会产生太多的噪音；还要用分离的环进行固定，使麦克风免受压力。用照明电工式捆绑法，折两个黏性外翻三角板，把麦克风夹在中间，做成一个方形，就能够轻易地将其藏在衬衫里、女式衬衫的领子下或者是领带上。

　　如果你把麦克风夹在外衣的领子上，应选择说话人最有可能在采访中注视的地方（身体的左侧或者是右侧）。如果麦克风置于说话人外套的左侧，但是他或她习惯在说话时往右看，声音质量则会下降。

　　如果说话人穿低领衬衫或毛衣，把麦克风正扣在翻领下方，或者用安全别针扣在领围左右。把麦克风的线放在看得到的位置，通常是说话人的衣服下方。女士会被引导到一个地方，把麦克风的开关放在她们的裙子或者衬衫下面。线不需要放在主体的前面，最好是把它系在肩上，或者是领子下方，沿着说话人的背部垂下。如果说话人系领带的话，你可以使它沿着领带的背面滑到背后。

如果采访对象穿休闲装，比如说套装，可用安全别针把麦克风和线系住。如果安全别针从衣服上露出来了，把它们弄弯放进去，再用饰品把它们挡住。

把无线发射器放在最不明显的地方，比如说口袋中或者是内衣的后面。有时候无线发射器系在说话人的背部，甚至可能是大腿内侧。把所有的线塞到里面去，不要露出来（不要把麦克风的线和天线缠结到一起）。

工作时动作要迅速，但是要记住墨菲说过，如果你给一个人装无线设备时，不打算拍其腰以下部位及背部，摄像者需要用宽景，或者记者让被采访者站着别动，把焦点放在她或他后面的书架上。记住，当你用麦克风的时候你已经入侵了采访对象的个人空间。你如何处理这个过程会影响被采访者的心情，让他们更紧张或不那么紧张——这取决于你。

资料框 6.3

奈德·霍尔关于麦克风放置问题的理论

在电子新闻采集工作中，手持麦克风或者说棒式麦克风通常是单方向的，但是也不一定。在即兴采访中，如果握着麦克风的手一直摇晃，那么背景噪音会非常大。

比如说，假设你在采访一位站在自己田地边上或地中间的农民。这块田地的一边是一条繁忙的高速公路，田地的另一边，这位农民的儿子正驾驶着他那生锈了的全地形车。你的旁边是一个谷仓，里面有六头正在喝奶的新生小牛。农民的旁边是他崭新的开动着的拖拉机。那么你该怎么做？

首先，请农民把他的拖拉机熄火。然后，让制作人去跟农民的儿子商量停下他的车，或者是开得远一点。接下来就是谷仓和高速公路了。如果记者手中是一个全方向麦克风，而且她正对着高速公路的话，如果她把麦克风伸出去，那么在农民讲话时所收集到的噪音会比她发问时收集到的要多得多。如果你能重新定位让麦克风一直远离高速公路，那么在整个采访中，你会收集到更多来自农场的声音。这是很好的，因为自然声更能强调摄像机所拍到的画面。如果麦克风是单方向的，背景噪音的变化就不会这么大，但是高速公路的噪音有多大取决于你离它有多远。

改善这个情况的唯一办法是远离高速公路，并且靠近牲口棚。单方向的麦克风会收集前后一致的声音背景，但同样需要靠近说话者的嘴，以达到可明显区分人的说话声和牲畜发出的声音的效果。如果你能把单方向的麦克风放得离说话的声音源比较近的话，你可以将背景音调到最小，但是这个大家伙很容易让人分神。

打开颈挂式麦克风。这通常是全方向的（因为全方向麦克风不易受噪音影响，并且对麦克风头转换或者其他声音也不敏感），颈挂式麦克风相比于其他麦克风更能从周遭噪音中获取好声音。记住，如果农场离高速公路四公里远，那么电容式麦克风放在你的采访对象的头顶能得到最好最自然的声音：蟋蟀嚓嚓的声音、蝗虫穿过草地的声音、牛在牲口棚里的声音、风掠过小溪的声音、旧风车裂掉后摔在草地上的声音、农民的妻子挂在绳上的被单被吹起的声音、虫儿飞来飞去的声音、边上农场电话响起的声音……一个高质量、结实且安静的混合器以及你需要的声道，将是你的设备中最重要的部分之一。

取得好声音的几点提示

取得高质量的声音在于寻找声音和区分什么是可以接受以及什么是不可以接受的。"好的声音是不好的声音的对立面；不好的声音是被扭曲了的声音。"芝加哥环球唱片公司（Universal Recording Corporation）的董事长穆雷·R·艾伦（Murray R. Allen）写道："任何无意识所致的输出音频和输入音频的不一致，就是声音失真。"[3] 听一下低质量的录音。如果你听到不想要的元素，请减少这些干扰声音。

选好麦克风的位置

获取高质量声音的关键步骤是选好麦克风的位置。慢慢地把麦克风向物体靠近，然后慢慢地拉远，改变音量，让你的对象从墙边或者屋子的中央移开，以此来避免不必要的声音反射。最常见的错误之一是把麦克风放得离声音来源太远。有一个原则是把麦克风放得离说话者近一点，并且让麦克风和摄像机一起移动。麦克风离声音来源越近，记录下来的声音会越好。把麦克风移动得近一点，你可以把音量调低，这样可以降低背景中的噪音。每一个麦克风以某种特殊方式才能产生最好的声音，你需要通过试验来发现哪个位置能够产生最好的音质。

监控录音质量

声音失真通常是因为音量太大，导致录音设备超负荷运作。所有专业的视频设备都具有音频仪表来测量录音质量。不幸的是，这样的仪表不止一种，校对内部记录的方式也不止一种。同时，摄像机中音频元件的刻度和基线与视频元件的基准不一样。这意味着同样一个读数清楚、调试良好的音频仪表在另一台机器上可能会产生偏差。用你自己的器材做一下试验，看看结果是否是这样。

一般来说，如果你的记录器采用的是以绕轴旋转的指针显示音频质量的机械仪表，那它的刻度是以音量单位（volume units，VU）来标注的。在指针到达红色区域之前，语音应该校正到 0 刻度。如果你的设备有液晶显示，那么仪表要能读出最高值，也要能校正复位到 0 刻度。

在很多记录器上，当声音信号快失真时，一个红色的灯就会自动闪烁。做一个试验，你就会知道仪表在告诉你什么。在众多不同的音频仪表中，大多数仪表是用分贝来标志的。分贝是人的耳朵能听到的最小的声音变化单位。举例来说，即使是 2 个分贝水平的变化，不在听的人可能也注意不到。从 -10 到 0 分贝的差别是可以接受的。为了防止更多的失真，试着避免对测量器的无意识操作，因为它会导致音量变化以及背景噪音增大从而影响到音质。

录彩条画面时，每部分开头记录一个音色是很重要的。所有的混合器都有一个音色生成器。设置混合器，使它能读出 0 分贝的音色，然后把录音设备的仪表设置到 0 分贝。这样，编辑在重新输出音频时就可以进行校正。

用耳麦监听声音

无论何时，用耳麦监听声音都是十分重要的（见图 6.5）。许多摄像记者都不监听声音，但是这样做相当于是专业自杀。除了监听之外别无他法，不然无法判断所记录的声音是否足够好。最好的耳麦可塞进耳朵后看不见，并且能阻挡掉不需要的声音。但是，如果你一边摄像，一边记录声音，那么小型的插入式耳机也许更舒服。如果感觉体积大的头戴式耳机影响你拍摄，那么 MP3 的高质量耳塞也可以拿来一用。

图 6.5　现场记录要清楚，没有信号损失或者失真，用耳麦连续地监听声音很重要。

 ## 减少风噪音的技术

风只有与一些物体接触时，才会产生噪音。我们说的风噪音，其实真不是风的声音，而是麦克风和风接触时发出的声音。显然，有风的天气往往会阻止拍摄的连续进行，在暴风雨天气拍摄一艘船是很费劲的。即使是最小的风，如果给你来个措手不及，也有可能毁了你的拍摄。

与风抗争的第一步就是使用泡沫。这种物质叫作吸音泡棉（acoustic foam），因为它有很多开孔。小小的泡沫相互摩擦，空气就能通过它们。闭孔发泡料的外表看起来和开孔泡沫塑料差不多，但是却起不了作用。测试的办法是用你的嘴对着泡沫吹气。开孔泡沫塑料会使你吹出来的空气轻易地通过。请注意，通过去的空气到最后就失去了力度。厂商通常在他们的麦克风中填充灰色的海绵或者是别的具有相同功效的物体，用作防风罩（见图 6.6）。

在紧急情况下，如果没有防风罩，你可以用保护石英灯泡的海绵来代替它，在你包里放一块吸音泡棉很方便，而且不贵。如果你的颈式麦克风存在任何风向的问题，而且它的挡风板不起作用的话，你可以用一层布包住麦克风，用你的海绵做一个大一点的挡风物，或者背对着风重新定位。

风大的情况下，最好的办法是把吊杆麦克风放到一个网状的笼子里，这叫作"齐伯林飞艇"或隔音罩。这个设备通过控制一袋静止的空气，使之围绕在麦克风附近，从而进行工作。通常用衣服或者长的皮毛来增强这个效果。当你用这种方式放置你的麦克风时，你可以在麦克风上贴一块泡沫来挡风，或者在隔音罩里加一两层泡沫。如果还是有风噪音问题，那就请马上躲起来，飓风来了！

如果你用了很多层阻挡物，防风罩就会产生低沉的声音效果。但是，缺陷在于，如果你真的

图 6.6　给麦克风加防风罩是防风的第一步，用于分散风力、吸收震动。防风罩通常放在麦克风金属网的下面。

需要保护麦克风，使其免受风的影响，就会录下别的杂音。

第二个步骤是用过滤器。现场录制都会使用高通滤波器（或者叫低阻滤波器——指的是同一样东西），叫这个名字是因为它能把低频率变弱，允许高频率通过。这个设备通常被放置在混合器中，由麦克风供电；或者直接装入麦克风。一些高通滤波器还会装在无线发射器中——尽管不一定兼容。也有造型简单但不能调的高通滤波"筒"，放在麦克风线上实现联机（见图 6.7）。而通用电路通常会给你提供三个选择：根本没有滤波器以及两种不同程度的衰减。这些设备中效果

最好的那种适用于强风的环境；中等的在室内使用较为方便，能减少火炉和空调的干扰。在串联的电路中用多个滤波器能起到更加显著的效果。如果你坚持拍飓风，这也是很有用的。

这些滤波器会影响到声音的质量，尤其是用于录制音乐时，当然对普通的声音也是有影响的。低阻滤波器会去除掉男性声音中的洪亮部分，同样也会除掉冰箱或者一群人中最吵最容易让人分神的部分。认真的录音师会尽可能去除容易让人分神的噪音。在采访开始前，关掉空调，关掉电冰箱，但是记住在你走之前要把它们重新打开！（如果在关掉冰箱时，你把钥匙放在里面的话，你就不会忘了再启动它）

虽然你减少了风噪音对麦克风的影响，但是风还是会吹到外面包裹的布。即使你把麦克风的问题解决了，风还是可能出其不意地制造麻烦。当你选择位置时，想清楚可能出现的问题；唯一能确认的方法是用你的耳麦仔细地听。树顶的风会造成很大的噪声，即使它很美。用耳麦仔细地听，你会发现，电容式麦克风是如此地敏感，即使在静止的空气中移动它们，它们也会发出隆隆声。所以这些麦克风通常至少要用一层海绵防风罩。

图 6.7　高通或者低阻的滤波器，可以放置在麦克风里，减少风力、空调声以及其他一些低频率的噪音。

要有进取心

作为录音师，要有进取心，当然也要保持谦虚。努力鉴别录音环境中每个发出声音的物体——即便它很小。如果声音很差，不要放弃：尝试不同的方法，直到你得到清晰可用的声音。

是你让声音从不能接受到变得完美，从技术正确变为让人振奋。你的直觉能够引导你发掘故事中容易被忽略的元素。

麦克风捕捉声音有所不同

记住麦克风和耳朵是不一样的，就像摄像机和眼睛一样。麦克风记录的东西与耳朵听到的不同，就像摄像机拍摄到的和你亲眼所见的也不一样。对于来自取景框外面东西的声音，一定要谨慎。比如说，在码头前的战舰上做采访时，可能出现割草机的声音。按照常规来说，麦克风会收集到苍蝇的嗡嗡声、空调的声音、远处飞机的声音和自然声中重型机器的声音，即使在采访中你没有听到这些声音。用耳麦仔细地监听是保证你不遗漏细小噪音的唯一方式。

有时候，对于声音问题没有绝对的处理方法。例如你做一则关于反对人工流产的报道，如果在

诊所前繁忙的街道上采访人们的话，你无法避免交通嘈杂的声音。如果在诊所边上的老橡树下采访，你所采访的对象也许看起来是站在安静的环境中，但是汽车发出的噪音还是存在的，仍然会分散观众的注意力。如果摄像机拍摄到抗议游行时的喧杂交通状况，那么当时的声音可能会加剧故事的紧张性。如果你在做准备工作，把吊杆麦克风握在手中，用手指调音量，你也许会捕捉到一个司机正在谈论你所拍摄的事情。你能边留意着周围的事情，同时捕捉到愤怒的邻居在加入抗议游行前说的第一句话吗？

声音角度

声音需要与和它们一起出现的图像一起，从同一个角度去讲述故事。如果镜头是一个篮球砸到篮板，而麦克风却置于看台上，那么肯定会漏掉一些声音效果。使用无线设备的一个缺点是可能每个方面都会遗漏一些东西；听者的耳朵相当于是在说话人的胸前。如果记者站在一片空旷的、风很大的平原上，拍摄阴冷的暴风雨天气，那么记者的声音就不应该听起来像是在电话亭里说话。要么把一个露天麦克风放在另外一个声道上，要么收集一些野外声音。

同样，以拍摄一只啄木鸟在使劲地啄木头的画面为例。如果是用长镜头拍摄啄木鸟，或者是用广角镜头，那么啄木鸟看起来就离摄像机很远。在这样的情况下，啄木鸟在现实环境中啄树的声音会有所延迟，因为它必须经过一段距离才能到达观察者。在剪辑过的视频中，类似的延迟可以在声音轨道中展示出来。编辑可以轻轻地滑动同步器，造成存在一段距离的感觉，即使原来啄木鸟啄树的声音是通过藏在树中的无线麦克风记录下来的。

立体声

即使未来的某一天，天才们发明了一种摄像机，能够拍摄出三维图像，揭示现代平面图像无法想象的细节和差别，每家每户都装上三维电视接收器也要再等上很多年。但是传送三维声音的技术已经有了。大部分电视接收器以及全部的VCRs 和 DVD 播放器都有立体声这个功能；大部分传送器都能传送立体信号。大部分电视节目（包括新闻）如果不是环绕声的话，都会有立体声主题音乐。专业制作室多年前就有了制作立体声的设备。连最基本的剪辑系统都可以剪辑立体声，而且电脑剪辑系统甚至有了可以自动处理立体声的程序。然而，大部分现场录音还是单音轨的。

如果你决定制作一个立体声节目，那么大部分步骤是一样的。单声道的声音可以放到立体图像中，而且采访和出镜报道最好还是用单声道来记录。但是，请想象一下你站在华盛顿越战纪念碑前的反战集会中。摄像机拍摄到一个神色黯淡的男人正在看碑上的名字。声音设备会捕捉到一两声吸气声，但是在左声道，你可以听到一个男人唱着 30 年前广播里放的一首歌，在右声道，你会听到某人气愤地说着话。摄像机在拥挤的人群中移动着，你可以感觉到两边人群穿梭不停。你会听到摄像机外的声音，但是你知道它来自哪里，而且当摄像机摇摄呼喊声的来源时，你会听到人群穿过镜头的声音。这是立体电子新闻采编的潜能。如果你不断尝试，你制作出的声音会大幅提升图像的质量。

有很多立体麦克风可供使用，使用 M-S（mid-side）技术的麦克风非常适用于电视拍摄。这种麦克风用一个单方向的小盒指向一个方向，另外一个 8 字形小盒分别指向左边和右边。麦克风以某种特殊方式组合这些信号以产生一种准确的立体声效果。如果把这些立体信号组合成单音，就像一台电视机里只有一个说话人一样，能听到的只是一个单方向的麦克风在工作而已。

 ## 关于新闻发布会

拍好新闻发布会的一个秘诀是早点到达现场，并且占据有利地形。如果摄像师有很多，那么请拿出你的三脚架来为自己占上一片工作领地。为了防止别的工作人员在你面前晃来晃去，请给他们留出一点地方——即使是一丁点地方，在他们过来时让出来给他们。也许你不想这么乐于助人，但是"那些广播工作者和文字工作者总是想要抢到最前面的地方使他们能够拿到最好的新闻"，请参考摄像师达雷尔·巴顿（Darrell Barton）的意见。[4]

一般来说，新闻发布会的声音可用以下三种方法来记录：使用短枪式麦克风；接入会台上的麦克风提供的公共广播系统；在台上安一组麦克风，再加上手持麦克风或者立式麦克风。如果你要从说话人的麦克风或者扩音器里收集主要声音，请事先找出你需要何种适配器（见图 6.8）。

如果你是新闻发布会上唯一的录音师，或者你是最先到达现场的，可以考虑把麦克风放在主体的位置。"他们都是为了麦克风而来的，"巴顿如是说。"它就像是鱼饵。"[5]如果可以的话，事先和说话人聊几句，了解他的个人情况。这样，当主讲人讲话时，他或她会更多地朝你这边看，而不是朝别的地方看。

图 6.8 在新闻发布会录音是最考验麦克风的放置位置的。来现场前须充分准备，提前到达，以便为意外情况做好准备。

 ## 小组讨论的录音

如果你的任务是把小组讨论的内容或者是一组人的讲话内容记录下来，那么你就要采取不同的方法了。如果小组讨论中的人是围绕着桌子坐的，那么这种录音是最简单不过的了。你只要把麦克风放在桌子上，它就能收集到你想要的声音。

如果没有桌子的话，你可以从房顶上悬吊一个麦克风，将其置于整个小组的中央，或者用一个短枪式麦克风，尽量低地靠近讨论组。事先做好试验，以确保放在最佳位置。

 ## 一对一采访

两个人面对面坐着进行采访是电视新闻的主要采访方式，也最能有效控制多余的声音。通常情况下，问题的关键会在这个主采访中陈述，而采访期间录制的声音还会用作其他图像的背景音，所以减少杂音至关重要。检查空调，关上门，把电话线拔掉，关掉寻呼机。找一个僻静的角落来进行采访。通常双方最好用同一种麦克风，这样能使声音较好地融合。同样，因为双方都是坐着的，所以摄像机会置于三脚架上。在这种情况下，用硬接线没有任何坏处，所以你可以使用它，无需采用无线设备。

收集背景音

无论何时，只要你在外面录音，记着收集一些背景音回来供编辑使用。背景音是每个环境中特定的声音。它是森林中的沉寂、远处河流中的平静、机房里电脑风扇的声音、安静教室里人们的呼吸声。

在剪辑过程中，如果音轨突然没有声音，中间沉默的空白片段会引开人们的注意力。为了防止出现声音空白，编辑需要把一些背景音放进去，当然，前提是摄像记者事先录制了背景音。

自然声的魅力

自然声是讲故事的工具——除了说话声，还要有自然声，这样才最真实最自然。好的声音是引人入胜的。通常，好的声音是建立在实验基础上的。观看者需要把自己带入到整个情境中。当我们从电视里听到一些我们在生活中可以听得到的声音时，我们很容易融入到整个故事中去，并

且能更加深刻地了解这个故事，梳理整个环节。虽然经验等同于理解这句话不是很恰当，但是声音是直接观察的一个很重要的因素，并且是我们理解大部分事件的重要来源。通常，声音和图像一样重要，都具有帮助观看者体验电视新闻的重大潜质。

注意你说的话

当你在任何情况下记录声音时，最重要最谨慎的事情之一便是不要在麦克风边上说任何一句你不想播出来的话。国内的直播记者汇编了收有很多首音误置现象（如今晚在 Rabbit Ass Pierce 会下雪，而主持人真正想说的是今晚在 Rabbit Ears Pass 会下雪）和其他记者说的一些有伤风化的话的带子，并与同行交流分享。美国一些知名

人士的名字也在这些带子中，并且他们说的话都很令人尴尬。更加糟糕的是，因为要赶着在截止时间前完成工作，他们所说的有伤风化的话，或是一些针对政治、思想品德的话可能会被传播到千家万户，尽管他们在报道时说的是自己的看法，但是这完全没有职业性可言。所以有一条规则是："如果你不想把它直播出来，那么千万别讲。"

声音和视频零件

回去以后发现声音不能使用，这样的情况有时候是能够挽救的。以下列出的东西是大多数专业人士在现场时一定会用到的。它们中的很大一

部分在你出国或去偏远地区时尤为有用。如果坐飞机，很多东西需要托运。如果你担心托运行李时工具箱会丢，那么考虑准备一个备用的，放在

另外一个袋子中。背包中应该有以下东西：

用电池的笔型小电筒

任何需要的备用电池（笔型小电筒、麦克风、怀表、麦克风混合器、无线设备等）

携带式灯和笔型小电筒要用的灯泡

视频及音频连接器和调试器（墨菲说过，你要么带上所有调试器而唯独落了要用的那个，要么造一个想要的，你很可能用到所有你带的调试器）

弹簧夹

平口/十字螺丝刀

钳子

钟表用螺丝刀

各种小的螺丝钉、螺栓、螺帽、针、垫圈等

延长线调试器

其他电线适配器和电源转换器

镊子锁

小焊铁

优质电焊机

剪刀

锋利的小刀（瑞士军刀最好）

成套的扳手

胶带之类（电线胶带也可以）

尼龙捆扎带

快速黏合剂

热缩管

录像带磁头清洁剂

磁带录像机磁头擦拭布

放大镜（小型）

耳机（备用耳机一副）

附送的防水罩或者是相机和混合器的塑料袋子

在拍摄低角度镜头时，摄像机下面垫的木楔子或起稳定作用的包

记号笔

电线

备用线

视频和硬盘贴

可伸缩尼龙带子

70～300 Ω 的转换器

75 Ω 的同轴线

使用接入麦克风的串联调制器，用于调节礼堂扩音器的音量，以适于麦克风录入

与电阻匹配的联机变压器

与电阻匹配的联机高通和低阻滤波器

 ## 小结

声音给予新闻一定的现实感和生命力，所以观众在看新闻报道时，总是希望既能听到自然的声音又能听到采访的声音。麦克风有很多种录音模式。有一些能实现360°全方位拾音，有些只在麦克风前狭窄的方向拾音，或者是在麦克风前和麦克风后拾音。

手持式麦克风虽然很好用也很方便，但可能会干扰采访，因为它们像是杵在记者和受访者间的屏障。在出镜报道中，它就像是发言人和观众之间的屏障。更严重的问题是，有时麦克风上的标志很有可能将观众的注意力从记者或者受访者身上转移到别的地方。

在这样的情况下，更合适的办法是用颈挂式麦克风。这是一种最小型的不会引发干扰的麦克风。它可以别在衣服上，或者隐蔽地放在衣服里边。短枪式麦克风（名字顾名思义和它的外表有关）可以用来收集遥远的声音，比如说用在新闻发布会或运动会上。如果想要干扰最少，享有最大自由的话，那么无线麦克风是最好的选择。尽管无线麦克风比有线麦克风更容易受电子设备的干扰，但它能接收几百英尺范围内的声音。

把麦克风放在不合适的位置以及把录音质量设得过高或过低会导致音质变差。最好的办法是把麦克风放得离声音来源近一点，并小心地挪动；用耳机来设置录音级别并监听声音质量。

风噪音通常会毁掉高质量的声音。用来消除或者减弱风力的技术包括有，在麦克风里放置海绵或者是金属网状防风罩，也可以在麦克风线中装

一个高通滤波器，或者有意地使麦克风避开风。在此基础上，声音和图像需要保持相同的角度。如果图像是近景，那么声音就该选取靠近的声源，相反亦然。通常情况下，声音是成就最佳电视新闻的一个重要因素；在现实生活中声音也是我们熟知的一种素材。

关键术语

双向	背景音	欧姆	动圈式麦克风
赫兹	短枪式麦克风	信号丢失	颈挂式麦克风
台标	失真	全方向	无线调频
分贝	阻抗	单方向	防风罩
高通滤波器			

讨论

1. 在种类繁多的麦克风中，哪种是最常用于新闻采访的？比较各种麦克风的优点和缺点。

2. 比较麦克风最常见的拾音制式，以及它们各自的优点。

3. 解释动圈式麦克风的特点。

4. 讨论手持式麦克风、颈挂式麦克风和短枪式麦克风的典型用途。

5. 讨论无线电收发两用机的优点和缺点。

6. 当你把微型麦克风藏于衣服里边用于采访时，你觉得最需要记住哪些事宜？

7. 如果你要进行露天采访，哪些事情是需要注意的？

8. 解释为什么摄像记者或者记者需要随时使用耳机监听声音的质量？

9. 讨论可以用来降低风噪音的技术。

10. 解释视角配合声音与图像的含义。

11. 请列举录制新闻发布会需要注意的事宜。

12. 讨论电子新闻采访的潜力，以及它在当今社会中面临的挑战。

13. 解释自然声在帮助报道实现真实性方面所发挥的作用。

练习

1. 参加一个新闻发布会，观察专业人士在收集声音时所采取的步骤。检查麦克风的摆放位置。检查线是不是牢固地贴在地上，不容易绊倒别人。观察专业人士用何种方法吸引主讲人朝向他所在的位置。

2. 和电视台的首席摄像师或者录音师一起采访，观察新闻报道和体育报道所使用的各种麦克风。与摄像师和录音师讨论各种麦克风的用途和优点，然后写一份报告。

3. 用动圈式麦克风采访一个人，并且距离他两英尺以上。再用同一个麦克风置于他嘴边 10 英寸处录音。比较哪种方法能取得最佳质量的声音。

4. 练习将微型颈挂式麦克风放在衣服里面、高领毛衣中或者领带下面。

5. 在隔音效果差的房间中试验不同的麦克风摆放位置。当你用耳机进行监听时，请与一位朋友配合，以便找到最好的位置。

6. 刻意用低音量来记录声音，然后在回放时将音量调至可接受的水平。注意声音质量的不同。重复这个试验，这次从高音量开始，在回放时将音量调低至可接受水平。

7. 在风大的露天场合记录声音。分别用带防风罩和不带防风罩的麦克风进行记录。用你的身体挡住风，再分别用带防风罩和不带防风罩的麦克风进行记录。如果可以的话，用带有高通滤波器的麦克风进行试验。

8. 分别用带高通滤波器和不带高通滤波器的麦克风记录开动着的汽车或者摩托车排气管发出的声音。

9. 在自愿者身上装上无线发射器。用此套设备进行试验，从前到后，从上到下，进行不同距离的测试。

10. 当麦克风包含在动作中时，请注意声音空间感的变化。

11. 记录不同环境中的一系列背景音，并且研究“寂静之音”的意义。

12. 尽量多地观察编辑工作。亲眼见证低质量录音技术所引起的问题。

 注释

1. National Public Radio, November 11, 1994.
2. Ibid.
3. Murray R. Allen, "Is There a Place for Good Audio in Video?" *Follow Focus* (official journal of the Professional Motion Picture Equipment Association, Toluca Lake, CA) 3, no. 2 (Fall 1983), 24.
4. Darrell Barton, "Anticipation: The Key to Success," a presentation at the NPPA TV News-Video Workshop, Norman, OK, March 16, 1994.
5. Ibid.

第7章
电视采访
摄录人物引语

视觉影像通过电视新闻来讲述故事，而现场采访则能够重点突出故事。采访提供了必要的细节，营造了故事情景和氛围，并赋予了一种在其他形式中所没有的自发性。采访者的一部分作用是搜集信息，与其对等的义务就是揭示受访者的个性。优秀的采访者通常具有这种能力，即过了很久受访者再次接受采访，观众依旧能够认出他。

有些采访必须和市长、大使或者其他权威人士相关。但是，最让人心酸和值得纪念的采访常常都是那些从来没有上过电视，而且可能再也不会上电视的普通人。KAKE 的拉里-哈特伯格（Larry Hatteberg）发现，人们在听到跟他们有着相似遭遇的人的故事时会更加认真。

在电视新闻制作中，无论你的工作是什么，采访都是生活中一个重要的组成部分。以下讨论适用于个人，也适用于在电视台工作的雇员，同样适用于传统的采访—摄像队伍。

建立信任

作为一个记者或者摄像师，通常意味着需要出外景，作为一个采访者，你必须拥有与陌生人快速建立起信任并获得他们认可的能力。对纸媒采访者而言，这相对简单一些，他们可以不用摄像机而直接建立联系。而对摄像记者来说，则需要用到摄像机、灯光、麦克风以及微波车等。

由于你太引人注目，所以有的人会对你感到好奇；其他人可能会对你有敌意，感到害怕，或者漠然。为了让他们合作，你必须足够坦率，让人们了解你，继而信任你。摄像记者阿特·多纳休（Art Donahue）说："人们更愿意跟朋友聊天，而不去理会陌生人。"[1]

熟悉的过程可能只需要五分钟，一起喝杯咖啡，来场简单的对话。但是，如果你不是真的对受访者感兴趣，而且也没有足够的自信去表现自己，事情就不是那么简单了。刚进入采访行业时，

如果你害怕跟人接近，要记住，即使有的人一开始表现出不屑，但大多数人对上电视会感到受宠若惊。

练习待人接物

在一定意义上，观众在整个采访过程中会仔细观察。你的行为将决定受访者如何反应。因此，即使你着急赶在截止时间前完成，也要举止得体，礼貌对待受访者。准时到达现场，在受访者感到不耐烦之前离开。不要带口香糖，在别人没请你

就座前，不要坐下。态度要友好，但不要过分亲热。记者总是受邀的客人。观众对受访者更能产生认同感，因此你对受访者的态度可能会让观众潜意识里认为这是你对他们的态度。

最重要的采访问题

通常，你采访的对象从来没有上过电视，因此第一个任务就是尽一切可能让受访者忘记你来这里的原因。西方某位最杰出的诗人在接受电视采访前因焦虑不安导致腹泻，甚至有一次在第一个问题提出之前就晕倒了。

电视新闻的目标是通过电视画面交流思想，而且最吸引人的故事是那些揭示人性的，因此要记住采访本身不是重点。它是用来支持受访故事的。所以，有时候你能问受访者的最重要的一个问题是，"向我们展示你做什么"。

通常情况下，受访者在谈到自己熟悉的工作或者环境时，会比被迫关注自己的外表以及在采访中的表现要轻松得多。所以，你可以选择受访者在做自己熟悉的事情时进行采访，而不是让他们站在一堵墙前，前面放个立式麦克风。人们做事情时比看着你用摄像机拍摄他们要轻松得多。为了避免看起来是摆拍，记住不要要求或者建议受访者去做什么，除非他们做的事情就是你不在的时候同样的例行事项。

把问题留到采访中

优秀的采访至少有一定的自发性。但是，通常情况下，记者组织采访，事前要决定讨论的话题、采访日期，甚至采访的地点。为了保证自发性，尽量不要在事前交流采访问题。因为受访者在第一次反应时总是会尽最大的努力。一旦摄像机运作起来，他们可能会遗漏细节，因为他们已

经告诉过你一次，他们假定你们已经知道他们要说些什么。虽然受访者会自然地想要提前准备他们的答案，但优秀的采访所反映的正是那一瞬间以及那一瞬间的感受，且其是自然而然地来自双方真诚的交流。

使用无线麦克风

当进行一对一近距离采访时，如果受访者不习惯灯光以及电视的硬件设备，应尽量避免使用手持麦克风甚至短枪式麦克风，因为这些设备会提醒受访者他们正在被拍摄（见图7.1）。如果使用无线麦克风，受访者会更容易忘记麦克风的存在。当他们忘记了麦克风的存在时，他们就会表现得更自然，可能会说一些他们平常不会说的内容。

为了尽量保持硬件不引人注意，应提前到达采访地点安装设备。采用低强度灯光，提早布光，以给受访者充分的适应时间。有着多年采访经验的记者比尔·莫耶斯（Bill Moyers）建议道，不管摄像机、灯光以及其他设备怎么样，尽一切可能让受访者忘记这是一个电视采访，而是把它当作一次对话交流。

图 7.1　低调使用电视采访的硬件设备，因为它们的出现会立即吓到受访者，除非现场工作人员对设备问题很敏感。

资料框 7.1

帮助受访对象忽视设备

大多数接受采访的人，平时都很少接触记者、麦克风、灯光以及摄像机。可想而知，他们一开始肯定会觉得很紧张，因而不能集中注意力。为了帮助受访对象放松，把注意力集中到讨论问题上，以下几点或许能够有所帮助：

■ 时间允许的话，把设备藏起来，直到你有机会与计划采访对象对话。

■ 即使只有几分钟或半个小时，花尽可能多的时间了解受访对象。通常，这段交流是相互建立信任的最重要的一段时间。

■ 谈一些能够引起对方兴趣的话题；尽量不要谈论自己，除非对方先表达了对你的兴趣。

- 最好使用微型颈挂式麦克风和无线接收器。
- 不要谈论你的设备以及它们的价钱。
- 给受访对象时间来适应摄像机、录音器、三脚架、灯箱以及线路。
- 受访对象应该是主要发言者。
- 录音时关掉其指示灯，这样受访对象就不知道摄像机在工作。

做好准备工作

对资源了解得越多，受访对象也就越有信心，你也就能够更专心地倾听对方而不用担心下一个问题。每个人都能问问题，但是记者想要成功，只能建立在充分了解对方的基础上来提问。作家科尼利厄斯·瑞恩（Cornelius Ryan）认为，记者只有在了解受访对象至少 60% 信息的情况下，才能够进行采访。因此，采访之前要做好充分的准备工作。

对大多数记者来说，可使用的资源有百科全书、年鉴、政府工作手册、工商名录、杂志、报纸、图书馆、网络，当然还有电话以及受访对象认识的人、朋友、亲戚等。要是不知道对方较全面的或某项信息的话，记者是不能够充分挖掘出这次采访的潜力的。

怎么撰写问题提纲

通常情况下，记者都在赶去采访的路上思考采访时要提的问题，而这样会导致采访没有重点。"当你开始问问题的时候，对方可能马上就感到奇怪，'为什么他要问这个问题？'"如果你的目的不明确，对方可能就不愿意多聊。先问几个问题预热一下，要把最重要、最有争议的问题留到采访的后半部分，从而将采访推向高潮。采访必须有一个既定的结论，就像是一个有开头、发展和结尾的故事。不要把采访做成只有一连串不相关的问题。

倾听的艺术

最有效果的采访就是由双方自由交谈。然而，没有倾听就没有交谈。很明显，倾听是记者的任务。事实上，倾听是一种艺术。如果你是一个优秀的倾听者，而且确实对人们要说的东西感兴趣，你就很可能完成一个成功的采访。拉里·哈特伯格指出，如果你真诚待人，别人也会对你真诚相待。

倾听也能帮助你想出更合适的问题。而且要是你的问题能够建立在对方回答的基础上，采访就会变得更有自发性。仔细聆听也不会让你因为忙于思考下一个问题而错过了对方说的内容。

倾听还有更多的好处。即使你在现场，优秀的倾听也能帮助你识别潜在的"剪辑点"。举个例子，如果你对对方说的有点感觉，那可能就是一个很重要的点。"无论何时，当我采访时，我试着去想想我自己的感觉，还有我在什么时候会有那些感觉，"NBC 的高级记者鲍勃·多特森（Bob Dotson）曾说，"自然而然，当我在剪辑时，重新找到的那些点就是我发现有最重要信息的地方。"[2]

避免简单的问题

跟一到两个名人聊聊采访将会对你有所帮助。不管是明星，还是橄榄球的四分卫，所有名人都被采访过很多类似的问题，自然这些问题都变成了陈词滥调。尤其在你采访那些常常上电视的人时，要想一些新的问题。此外，对对方了解越多就越容易做到这点。

要是发现前期准备没有什么用，或许你可以联系受访对象的大学同学，了解一些背景信息，甚至在他们跟你聊到其他方面时，也可以借着好奇心问一些细节问题。

举例来说，当进行座谈或采访时，在对方对所谈话题很了解，并且开始显示出其个性特点时，要有所警觉。询问细节的时候，很可能你挖掘内容的 98％ 都是没用的信息，应该抛弃掉，但是采访揭露的细节越详细，就越能反映出受访对象在乎什么。有时候，小细节就是你整个采访最重要、最打动人的部分。

根据五个 W 问问题

最好的采访问题能够获得信息，而且这通常源自为人熟知的五个"W"：谁（who）、为什么（why）、何地（where）、何时（when）、做什么/怎么做（what）。这些问题能够帮助获取有效的信息。像"为什么您反对恢复这个草案？"这样的问题，就远比"我知道您反对恢复这个草案"这样一个会得到"是"或"否"之类的简单回答的问题好得多。

不要一次问两个问题

优秀的记者一次只问一个问题，根据受访对象的上一个回答来问下一个问题。如果你一次问两个问题，很显然，有一个就会被略过。比如，"预制厂建房主导新兴的房产市场的可能性有多大？如果它真的主导了房产市场，融资主要来自私人借款还是政府机构？"大多数受访对象会先回答第一个问题，然后要求记者再重复一遍第二个问题。

"您觉得怎么样？"

最可能在不适合的时机出现的问题就是："您觉得怎么样？"伤心的父母、空难的幸存者，还有足球赛的失败者都会被问及这样的问题。这个问题之所以不合适，是因为答案通常很明显："我感到绝望/悲伤/痛苦/孤独/吓坏了/生气。"联系到新闻的背景，任何观众都能猜到答案。

有时候，更好的办法是先发表自己的看法。

比如，"我知道，现在对您来说很难过，"或者问一个不那么直接触及对方感情的问题："你怎么看待这件事情？"在其他时候，最好的办法就是避而不谈。有些采访不值得侵犯隐私，或者伤害他人的尊严。

问观众想知道的问题

作为一个记者，要了解观众如果有机会提问，他们想知道什么。你是观众在现场唯一的代表，要是你忽略了那些重要的问题，观众会很失望。

相反地，因为你是观众的代表，要注意把握问题的尺度，并且要切题。

巧妙地利用犹豫的技巧

沉默也是一种重要的技巧。有经验的记者知道，采访中最有趣的一件事情就是提出一个好问题，在对方回答之后停顿几秒钟，仿佛在等更多的回答。受访者一般都会有相应的敏感性，于是

会接着讲更多关于他们的故事。即使是有经验的受访者，什么问题都经历过，有时候反而会对从来没有提过的问题做出最好的回答。

把握采访机会

做人物采访的时候，专业记者应遵循两个原则。

原则一：不要只在一个地方采访。让他们动起来。地点的更换会使得整个采访重新活跃起来，也有助于从简单问题到困难问题的过渡。

原则二：不要只拍人。相互交流。用一些交流性的问题和评论，让受访对象主动回答。一句"我打赌那里肯定冷极了"既可以引出一句有意义的回应，也可以直接引出一个问题。但是，记住，这个原则是用来引出回答，而不是让受访对象做出特别的回应的。电视记者吉姆·汉奇特（Jim Hanchett）通常用四个标准问题来引出进一步的交流：

发生了什么？
正在发生什么？
你怎么看待这件事？
现在有什么发展？

一般来说，这些问题可用来问那些正在清扫自家商店门口洪水退去后留下的污泥，或者清理龙卷风废墟的受访者，汉奇特（Hanchett）的摄像师就是用一个与摄像机连接的吊杆短枪式麦克风进行采访的。因为根本没有时间可以用来准备正式的采访，这样也不会不自然，因为现实生活已经被扰乱了（见图7.2）。

举个例子，要捕捉洪水过后的情况，汉奇特

可能会开着新闻车，行驶在那些被洪水侵袭过，人们正在打扫的街道上，他的摄像师坐在引擎盖上拍摄图像。在适当的时候，他们两人中任意一人会招呼人们，站在 15 到 20 英尺开外的地方进行采访。"一切进展得怎么样？"然后就是人们的回答："太可怕了。我刚把洪水从屋子里扫出来；什么东西都没了。"洪水受害者作出回应。对于这种即兴的问题，人们没有时间紧张，也没有时间在脑子里构思问题的答案。

图 7.2　采访那些不适应摄像机的人的一个好办法就是在他们做自己熟悉的事情时采访。

 ## 提前安排记者和摄像师之间的暗号

在更正式的场合，一个类似的技巧常常会被用到。有时候，在采访还没开始时，受访对象处在最自发、最有活力的状态。有些记者—摄像师团队事先有自己的暗号，能够捕捉到受访对象最好的采访时刻，而不会打搅到这种状态。用一个手势，就像放一支圆珠笔在口袋或衬衫口袋那样简单，这样记者就能通知摄像师开始摄录，甚至连受访对象都不知道。等到受访者问，我们什么时候开始，可能记者会告知，采访已经结束了，谢谢你的合作。

 ## 如何在不显露出明显认同的情况下作出回应

采访的另一个要素就是反应，但是不能有认同或不合时宜的表示同情的暗示。点头，或者回答"我明白了"、"好"等都属于这个类型。大多数情况下，你所要表现的是你的理解，或者促使你的受访对象作出回答，而那些表示继续的肢体语言，常被误认为是一种认同。更大的问题是，你自己说的话可能让编辑没办法找到音轨的起始点，因为你把自己的声音录了进去。

为了避免这样的问题，有的记者会向受访者稍微倾过头去，显示出对受访对象回答的兴趣，或者就是时不时答道"嗯"，声音要轻，避免被录下。同样需要注意的是，可以偶尔眨眼，让你的关心或兴趣从你眼睛里流露出来显得较为合适。改变身体位置也是可行的，甚至可以用往前倾来表达自己的兴趣，但一定不要说"我明白了"、"好"等这样的话，不管你的意图有多好。

控制采访

记者保持对整个采访的控制是很重要的，即使受访者很有信心，能够拿好麦克风，就像掌握了控制权。在这种情况下，最好的防卫就是进攻，要坚决有力地把麦克风夺回来。如果受访者不配合的话，可以暂停采访，解释说："我要拿麦克风来问问题。要是您准备好了，我们开始……"

其他时候，你可能觉得要打断一个滔滔不绝的人，向其重新提出一个问题会很难。当情况与你设想的不符时，你要足够果断地打断受访者，来提出新的问题。深吸一口气，屏住呼吸，直到受访对象讲得差不多了要换气时，抓住机会问下一个问题。

采访儿童

看过 NBC《今日》节目的观众，很少会不记得关于比尔·桑普尔斯（Bill Samples）——费城儿童医院片区的巡警的报道。下班以后，他都会尽其所能帮助那些病入膏肓的儿童实现自己的梦想。NBC 记者鲍勃·多特森采访了他和他的妻子海伦（Helene）的故事。这对夫妻帮助了许许多多身患绝症的儿童，带着他们看海、爬山。这篇以"阳光儿童"命名的报道，给了观众身临其境的感受，仿佛就是观众自己陪着那个患白血病的儿童克里斯蒂娜·威尔森（Christina Wilson）参观迪士尼乐园，与米老鼠米妮亲密接触。

在从费城飞往奥兰多的飞机上，摄像记者沃伦·琼斯（Warren Jones）给克里斯蒂娜展示了无线麦克风。在她见米妮的时候，他将把它放在克里斯蒂娜的口袋里。他让克里斯蒂娜拿着这台价值 30 000 美元的摄像机进行拍摄。当飞机在奥兰多着陆的时候，镜头上已布满了指纹印。但在第二天，指纹印已经被擦干净了，而克里斯蒂娜则已经熟悉了这个摄像团队以及这些设备。

"你看见米妮了么？"第二天早上，克里斯蒂娜对那些围着来看迪士尼卡通人物的孩子问道。突然，一双黑色的大脚进入了她的视线。克里斯蒂娜转过身去，"你好，米妮！"她小声说。米妮伸出手，和女孩拥抱在一起。克里斯蒂娜抬起头，看着米妮，说道："我爱你，米妮！"米妮跪了下来，黑鼻子凑近了女孩。随后，女孩亲吻了米妮。

琼斯在采访克里斯蒂娜时所采用的技巧是记者采访涉及儿童的故事的关键。孩子对摄像机和其他的摄像设备都很感兴趣，因此可以坐下来，跟他们解释这些设备，甚至让他们动手操作，透过镜头看画面，是一个很好的办法。很快，他们就会回归孩子的天性，慢慢适应摄像机，有时候甚至忘记了采访本身。有了这个方法，采访将会进行得更加顺利，花费的时间也会更少。

具体的问题对采访儿童来说很有效（见图 7.3）。如果记者问"你最喜欢迪士尼乐园的什么东西"，效果就不如问"米妮的鼻子摸起来感觉怎样"好。当问题模糊的时候，得到的答案很可能也是模糊的。

图 7.3　针对儿童的采访要想出色，问题必须具体切题。

 ## 发言人头部特写

　　观众对他人与生俱来的兴趣会激发他们对新闻的兴趣。虽然采访不可能代替故事本身，但是对故事来说，这是一个必不可少的补充。大多数时候，无论何时你编辑新闻，记得要使用短句。利用这些短句来强调，而不是代替故事本身或采访本身。恰当的停顿点应该介于不到 10 秒至 20 秒多一些，但是要判断准确。依靠内容和节奏，就算是两个小时的采访也可以很吸引人且值得怀念。

　　合理的头部特写能够强调故事的意义。这些特写包括：

■ 提供对发言者性格特点的洞察。

■ 表明说话者为什么说和说的方式比说的内容重要。

■ 真实反映出一个人。

■ 展示有吸引力、有活力、陈述令人激动的发言者。

■ 帮助改善视觉效果。

　　另一方面，发言人头部特写多年以来因其展示的特质而导致的坏名声也可能成为电视采访的一个障碍。只要播出采访同期声，以下特点就会暴露出来：

■ 代替报道。

■ 代替合理的视觉交流。

■ 代替简介的文本。

■ 并未增强视觉效果。

■ 冗长啰嗦。

 ## 影响观众对采访对象的接受

　　记者和摄像师必须如实地反映采访对象，同时使采访在技术方面可以接受。如何组织、拍摄采访以及采访的环境不仅仅会影响观众怎么看待受访对象，同时还会影响他们对受访对象的印象。

从本质上来讲，采访意味着揭示人性。大多数情况下都需要近距离拍摄。但是，应避免近到让受访对象感到不舒服的距离。WCVB 的摄像记者约翰·普利马克（John Premack）说："观众有权在跟记者一样的距离上看受访对象，但是太近了谁都不舒服。"[3]

采光也会影响采访。避免在采访中使用平光，防止受访对象身后的墙上出现影子。当影子出现时，试着改变采光或者受访对象的位置，以使之消失。为了营造柔和、宜人的灯光效果，同时使受访对象身上少产生热量和高光点，可以考虑使用伞状设备来反射灯光，或者至少是使用低强度灯泡。

资料框 7.2

让采访对象成为焦点

对每个座谈式采访而言，当摄像机架在三脚架上时，我试着在受访者、背景和我之间留出尽可能多的空间。这样，我就可以从两个方面淡化背景：主灯光会远离背景，给我足够的空间放大人物的头部和肩膀，然后使得背景更加淡化。背景越分离和淡化，受访对象就越突出，从而变成注意力的焦点。观看任何一部汤姆·克鲁斯（Tom Cruise）演的电影，就会发现最近的近景都是长焦镜头。事实上，他的脸离摄像机很远，同时背景被模糊了。

独眼发言人的头部特写

还是尽量切为近景，这样观众可以通过采访看到受访对象的眼睛。眼睛是内心世界最有力的表现者，是思想的代言人。但是，通常摄像师选取的角度只能让观众看到受访对象的一侧头部，能够看到他耳朵的全貌，但只能看到一只眼睛。而耳朵本身不传达任何信息。

肢体语言

最后，记者的肢体语言和穿着不可避免地会影响观众了解受访对象，即使是在记者没有意识到的情况下（见图 7.4）。如果受访者很随和、很友好，就没有必要特意对他们进行反面塑造。为了反映一个更真实的受访对象，在合适的情况下采取以下行为：

如果采访的氛围很随和、很友善——

■ 脱下大衣，卷起你的袖子；如果是男士，还可以松一下领带。

■ 视觉和肢体都表现得放松一些；表达你的友好和关心；靠近受访对象。

■ 坐在他的边上，你们之间不要放任何东西，哪怕是一个立式麦克风。

■ 身体倾向受者，而不是抬头看着他。

■ 带他到室外，以营造一种自由的谈话氛围；传达一种印象，你和他的交流是自由自愿的过程。

如果采访的氛围是探究性质或者敌对的，那么记者的反应则需要表现出相应的变化，可以通过以下行为反映出来——

■ 在你和他之间放置一些物体，比如桌子、立式麦克风等。

■ 与对方保持相当的距离。

■ 穿大衣，戴领带，或者着类似的正装。

■ 直面对方，而不是保持一定的角度。

图 7.4　记者的外表和肢体语言能够影响观众对记者和受访对象的看法。

 ## 采访结束以后

一天的工作结束后，记者做了五六个采访，常常不记得谁说了什么，更别提有时间提前看一遍再撰写报道了。如果记者要抓住采访中最精彩的那句话，把它们合理地组合在一起，一定的措辞还是必需的。有的记者用一个不显眼的手持录音笔作一份备份录音来解决这个问题。在回工作室或去下个报道现场的路上，他们会在车里回放录音，记录下故事所需要的关于采访原声的准确措辞。

要是记者的耳朵训练有素，能够在现场就注意到那句经典的话，那这个过程就更简单了。注意听关键点，留心在什么时候你对说的话有感觉。稍后，要定位到你需要的那句话，这样，和编辑交流的时候也就容易多了。如果现场的摄像机装备有一个时间编码发生器，你也可以把这个发生器调到和你的手表一致。稍后，当发现有用的发言时，看一眼你的手表就能帮助你准确知晓记录这句话的时间点。

 ## 直接观察报道式采访

归根到底，现场采访是直接观察报道的艺术。通过现场采访，新闻的参与者能够报道他们自己的观察，这是第一手资料，而且具有强烈效果和可信度，是其他报道形式难以比拟的。有时候，记者有一定的机会可以触及一个人的灵魂，但是那种瞬间只存在于受访者感觉舒适、可以自由地展示自己的时候。如果你已经营造了一个舒适的工作环境，做好充分准备，让你的采访对象了解到你是一个善解人意、体贴的人，这样，你就为一则出色的报道搭建好了舞台。

小结

　　采访能为新闻报道创造一种权威感和自发感，也能够提供一些重要的、无法用其他方式获得的细节。同时，采访也能够揭示被访者的一些特点。要达到这些效果，记者必须首先与对方建立信任。这些目标并不是难以达到的，只要记者很随和且彬彬有礼，而且真正对对方感兴趣，这样就很容易建立信任的氛围。

　　受访者如果可以做一些自己熟悉的工作，待在自己熟悉的环境，而不是单做采访或是"表演"，他们就会感到自如。因此，如果受访者能够一边做自己熟悉的工作一边接受拍摄，采访将进行得更加顺利；如果记者给予相应的回应，把双方的交流变成一个对话而不是正式的采访，采访也会顺利得多。再将灯光、麦克风以及其他报道设备放置在不显眼的位置，也会使交流更加容易。

　　很少有采访能够达到全部的预期目标，除非记者在采访前尽可能多地了解受访者。准备是通往成功的必经之路。对受访者的全面了解，也能帮助记者在采访时听得更仔细，这也是另一个关键的采访技巧。聆听回答的时候，要做出合适的反应，但是要努力避免表示认同或者显示出不合时宜的同情。记住，记者的肢体语言也会影响观众对采访者的感受。

　　你是观众的代表，因此要问一些观众想知道的问题。采访问题可以围绕着 5 个 W 展开：谁，为什么，在哪里，什么时候，做了什么（怎么做）。这样能够帮助引发有信息价值的回答。那些简单的"是否"问题，最好不要问；不要同时提出两个问题，因为这样不仅容易导致混乱，而且受访者和观众也不容易记住。

　　无论在什么采访场合，好的品味和仪态都是必需的。如果观众对记者的行为和提出的问题感到不满的话，采访可能会失败。要是采访时间很长，可以考虑在不止一个地点进行采访。这样的地点改变有助于使采访重新活跃起来，也正好借机换一个新的话题。

　　对采访保持控制，即使受访对象掌握了麦克风或拒绝停止发言。有必要的话，可以关闭摄像机，或者用之前约定好的信号与摄像师交流，关闭声音，如果是现场直播的话，则可以重新定位画面。

　　儿童对采访来说是一个挑战。好的解决办法包括在采访开始之前让孩子熟悉设备，在采访中间问一些具体的问题等。

　　虽然采访不可能代替故事本身，但是采访是故事必要的一个补充。

关键术语

发言人头部特写

讨论

1. 解释采访在电视新闻报道中的必要角色。
2. 讨论帮助你建立起与受访者之间信任的方法。
3. 当你在他人的家里或办公室时，要注意哪些言行举止?

4. 电视新闻中,最重要的采访问题是什么?

5. 讨论有哪些技巧能帮助受访者放松。

6. 为什么不要在采访开始前问那些你真正想要问的问题?

7. 描述一下帮助受访者忽略麦克风、灯光、摄像机以及其他拍摄设备的步骤。

8. 解释为什么事前调查和计划对采访很关键。

9. 描述如何正确地组织想要问的问题。

10. 为什么倾听在采访过程中很重要?

11. 什么叫作"愚蠢的"采访问题?

12. 描述提出一个采访问题和把握采访机会的区别。

13. 描述几种记者—摄像师团队在采访中能够使用的暗号,前提是不打断采访的自发性。

14. 为了不表现出你对对方所说内容的认同,有哪些合适的回应方式?

15. 当受访者掌握了麦克风,有哪些好的方法能够保持你对采访的控制?

16. 解释为什么采访儿童是一种特殊挑战。

17. 描述一个恰当的发言者头部特写的特点。

18. 讨论环境、采光、定位以及记者的肢体语言是如何影响观众感受采访的。

 练习

1. 学习研究专业电视采访记者的作品,比如黛安·索耶(Diane Sawyer)、特德·科佩尔(Ted Koppel)、奥普拉·温弗瑞(Oprah Winfrey)、凯蒂·库里克(Katie Couric)以及杰·雷诺(Jay Leno)。特别注意他们在采访中让受访者放松,如何引出有价值的信息及推动采访进行。

2. 安排一个采访。调查研究受访者和讨论的话题,安排一个时间表,准时到达,花一点时间和受访者互相熟悉。这次只带一个记事本和一支笔,不用摄像机。注意放松,了解话题,表现出兴趣,同时也要友好。

3. 重复练习2,但是换一个对象。这次带上摄像机、灯和麦克风。

4. 在对方做自己熟悉的事时进行采访。观察或是创造"报道机会",而不是问一些很正式的问题。

5. 准备两张问题清单:(1)你觉得一个了解情况的记者会提出的关于你的问题;(2)基于你对你朋友的了解,你会向他提出的同样性质的问题。比较两张清单,看看问题有哪些不同。现在,打电话给他们的父母、过去的老师、好朋友、同学、兄弟姐妹等以获得一些第一手资料。利用最新的资源,扩充你会向你朋友提出的问题。

6. 在每天的对话中,练习有效地倾听他人。训练倾听的技巧。

7. 在每天的对话中,练习倾听但不要表现出认同。显示出兴趣,但是要控制任何表现认同的肢体语言。

8. 练习采访孩子,直到你能够很自如地获得有新闻价值的信息。

9. 学习研究电视上的采访,了解环境、灯光、摄像机位置以及肢体语言如何影响观众对记者和受访者的感受。

10. 收听广播以及观看电视新闻采访,练习识别原声摘要的"切入点"和"切出点"。新闻故事中的原声摘要一般都能在不损失语意的情况下把句子缩短,有时意义甚至会因为句子的简短有力而得到升华。

注释

1. Art Donahue, "Utilizing a Creative Eye for Everyday Assignments," a presentation at the NPPA TV News-Video Workshop, Norman, OK, March 21, 1986.

2. E-mail correspondence with the principle author, Norman, OK, June 27, 2007.

3. John Premack, "What's Wrong with Interviews," *RTNDA Communicator* (September 1984), 17.

第8章

电视脚本格式

卢安·阿金

　　大多数电视新闻工作室会采用软件中自带的脚本格式，尽管市场上的软件程序就同一类型的故事会有略微不同的模板。只要写脚本的人运用同样的缩写和习语，那么这些软件的差别就不会对工作产生很大影响。看上去不同的专业名词其实都是近义词，大致熟悉这些词汇的人就能理解脚本。

　　以下的脚本显示了在文字处理器或像 Final Draft AV 这种个人电脑程序中呈现故事的不同方式。这些脚本表明了每种故事可以用不止一种方式来呈现。但是，只要你熟悉了这里的素材，以后任何新闻工作室的脚本和相对应的技术指令你都能理解。

 ## 读稿机

　　读稿机（reader）是电视新闻制作最简单的设备，但是出于很多原因，它仍然是一个很有价值的方法。仅仅通过几行精练的文字，观看者就能大致了解整个故事。如果副本很短的话，制作人可以在增加故事内容的同时还保持节奏。如果一个值得播放的故事还不能以视觉的方法呈现，也没有任何图像，那么读稿机就能帮上大忙。

Slug：Cabbie/Dentures

Live Jean　　　　　　　　　　-Jean-

S/Jean

　　　　　　　　　　A Denver cab driver may owe his life. . . to his false teeth.

The driver for Yellow Cab was shot in the mouth during a robbery over-night.

Police say the man's dentures deflected the bullet.

The cabbie was treated at Denver General Hospital and released. No suspects are in custody.

为电视节目准备的稿子分别写在两栏中。简单来说，左侧是给导演看的指示，所以左侧栏中的字不会出现在讲词提示器上。右侧栏则是为主持人准备的信息，其中包含所要播报的内容。

这则稿子的第一个信息是"Live Jean"（为直观起见，本章中部分脚本未作翻译。——译者注），表明"出镜"。我们会在新闻播报台边或者是演播室内看到 Jean 对着摄像机播报新闻。有些工作室会用"OC"这个缩写，或者是 on camera，而不是 live。

右上方的名字 Jean 旨在告诉新闻主持人由谁报道哪个故事。一个节目应有两个主持人，这一点尤为重要。主持人的名字用分号或冒号在副本中区分开来。

这则稿子还有一个信息，"S/Jean"意味着要出现一个超大的主持人的名字。由于主持人无需知晓他的名字是否出现在电视机下方，所以这个指示只出现在左侧栏中。

磁带录像机画外音录制

电视是由图像组成的。为了能讲故事，制作人会尽可能地采用哪怕很短的视频片段，这就是画外音（voice over）的工作。一般 12～15 秒的画外音就可以讲述一个故事，也就是三到四个镜头。但是如果镜头拍摄得够好的话，它们也足以给人留下深刻的印象。

Slug：Kicker/Pet-a-Cure

Live Ed	-Ed-
S/Ed	Have you ever thought of giving your cat a pet-a-cure? It's not what you might think.
VTR VO	-VTR VO-
S/Jacksonville，Fla.	A Jacksonville, Florida, pet clinic is putting press-on nails ... on cats. They're glued on，just like the arttificial nails many women wear. Veterinarians say the press-on nails help cats that have been de-clawed protect themselves if they go outside. When the cats come back in，the artificial claws can be removed，so the furniture can't be scratched. As to polishing these nails... the vets say you're on your own.

"Live Ed"：位于左侧栏中。画外音之前是主持人出镜。

"-Ed-"：在右侧栏的最上方，我们会看到播报新闻的主持人的名字。名字一定要用分号或者是别的符号区分开来，免得和故事一起被读出来。

"S/Ed"：指示导演在电视机屏幕下方显示主持人的名字。主持人当然不需要知道，所以这些字不必出现在右侧栏中。

下面，我们来看第一个指示："VTR VO"，拍摄主持人的"画外音"。在这个指示下，观众能听到主持人说的话，但是却看不到主持人的脸，因为将会插播一个短片。

连字符或者括号再次用在右侧栏是为了告诉主持人稿子读完了，接下来是"-VTR VO-"部分。在这之前，这个指示已经在左侧栏中显示，但是它仍然需要出现在右侧栏中，因为只有右侧栏中的内容才会在讲词提示器中显示。

最后一个指示："S/Jacksonville，Fla."需要另外一个大字幕。之前我们所用的字幕都是用来识别人的。这个字幕则是一个"定位器"，用来指示录像中的地点，譬如在这个新闻中，事件发生的地点就是 Jacksonville, Florida。

磁带录像机的画外音

VO SOT 或 A/B 卷是画外音的基本制作法，包含了事先录制好的声音或同期声（SOT）。它通常是原声摘要，也就是事先录制好的访谈中的一个片段。一些新闻编辑工作室会在同一盘录影带上剪辑录像、原声摘要以及后面的视频。这意味着主持人在制作脚本时应谨慎把握时间，在摘要播出之前必须算好录像播放的时间。如果录像过多，那就是"沉默"（dead air）了。主持人需要先读副本的第一部分，在我们听到原声摘要播出前会有一段安静时间。如果录像过少，主持人讲的话可能就会覆盖原声摘要。这两种错误都是很烦人的。

为了防止出现类似的问题，很多编辑部把第一段的剪辑放在一盘磁带上（外加一两个缓冲镜头），也就是 A 卷。把原声摘要和第二段录像放在另外一盘磁带上，也就是 B 卷。

主持人一读完画外音的第一部分，要播出原声摘要时，导播会指示工作人员切到第二盘磁带，也就是 B 卷。摘要播出的时间刚刚好。这样的话不会出现死一般的寂静，也没有主持人重复播报的问题。简单来说，新闻播报会变得整洁、紧凑，而且看起来更专业。

虽然这种方法意味着编辑人员要使用更多的磁带，但是这么做完全是值得的。下面的稿子就是用 A/B 卷方法来剪辑的。

Slug：ATM cash

Live Kathy	-Kathy-
OTS: Free Money	A bank giving away money? Sounds impossible, but it actually happened in Missouri this past weekend.
VTR VO	-VTR VO-
S/St. Louis, Mo.	Students at Washington University in Saint Louis couldn't stop cheering. A foul-up at the campus automatic teller machine left many of the students twenty dollars richer.
VTR SOT	-VTR SOT-
S/Melissa	From what I hear...
Hammond, Student	
In：07：14：44	...at the ATM. " (Run：11)
VTR VO	-VTR VO-
	The problem happened after twenty-dollar bills were placed in the A-T-M's five-dollar bin.

Some of the students reported the error to the bank, but most of them simply pocketed the extra cash.

Bank tellers say the error has been corrected and the extra money has been deducted from the students'accounts.

现在，应该知道指示"Live Kathy"是什么意思了吧。这个稿子是从主持人出镜开始的，也就是从 A 开始。

在这个故事中，制片人用了过肩画面（OTS），而不是把主持人的名字显示在屏幕的下方。它通常是截取拍摄画面的一个帧——冻结帧。当然也可以用电脑制作一个画面，表明所播报新闻的大体内容——比如用一个火焰场景说明播报的是火灾新闻。OTS 会包含一个简短说明，通常是用一两个词来说明整个故事。这个说明简单直接：如"极端天气"、"警察追捕"，或者是一个名人的名字等等。这个故事的说明是"free money"（白来的钱），也就是说这故事就是在讲"白来的钱"。

"-VTR VO-"是另外一个熟悉的指示：画外音，下面跟关于事件发生地点的字幕。

右侧的说明"-VTR SOT-"标志着 B 卷的一开始——脚本中出现原声摘要的时间点。

"S/Melissa Hammond, Student"告诉我们说话人的名字。她叫 Melissa Hammond，是个学生。

"In 07:14:44"告诉编辑人员采访在哪个时间点开始。如果这个故事是用不止一盘磁带记录的，那么写脚本的人要告诉编辑用哪盘磁带。导播不需要这个信息，但是把它写在脚本中的话，如果这个故事在以后的节目中再次被使用，那么声音会更容易被找到。

那个简短的词组"From what I hear……"和"……at the ATM."是原声摘要的"切入点"和"切出点"。也就是说，这是第一个声音和最后一个声音出现的时间。切出的点是最重要的，它不仅告诉主持人和导播什么时候结束，也告诉主持人从什么时候开始读稿。同样，它还告诉主持人和导播这则新闻有多长。

 ## 现场镜头介绍

从某种意义上说，把镜头切到远程现场报道的介绍是一篇短读物（short reader）。制作人可以用各种技术把介绍包装起来——比如用一段简短的画外音衔接到新闻节目中（新闻节目指针对新闻事件或者人物的，剪辑好的自带视频的新闻报道，包括图像、原声摘要、画外音口播和自然声）。但是，介绍通常是简洁直白的。因此就需要我们把介绍制作得更加有趣，同时也包含更多的内容。

我们暂不对新闻节目的介绍进行剖析，先来看一个主持人对远程报道现场记者的介绍或转场（toss），然后看远程现场报道中记者对节目的介绍。这些介绍会包含很多细节方面的信息，大部分我们都已经从别的方面讨论过了。

Slug: Wheat Farmers/Intro

Live Bill	-Bill-
S/Bill	Damage is adding into the millions of dollars following a powerful storm yesterday that pounded wheat crops in northeastern Colorado.
Side by side	-Side by side-
	Newsfour's Ann Thompson is live in Copter 4 over

	Washington County with more on how serious the loss is there.
Remote full	-Remote full-
S/Live Ann，Copter 4	
S/Live Ann，Wash. CO.	
VTR SOT pkg	-Cue to pkg-
	Through here yesterday.
Remote full	-Cue to remote full-
S/Live Ann，Copter 4	In business very long.
W/Live Ann，Wash. CO.	

"Live Bill"、"－Bill"－"、"S/Bill"大家应该都懂了吧。它们表示主持人正在报道那则新闻，表示主持人出镜，主持人的名字在屏幕的下方。

"Side by side"镜头是制片人用于把画面从演播室转到室外的方法之一。这个指示其实正如它的字面意思。整个画面被分成两部分，主持人在一边，室外记者在另一边。

"Remote full"：是说主持人已经介绍完毕，到了现场记者的报道时间。两分的画变为全屏，现场记者报道开始。

大多数新闻工作室对远程镜头都采用"现场顺序"（S/Live Ann，Copter 4，S/Live Ann，Wash. CO.）。这包括在整个过程中，屏幕上都有小小的"live"（直播）字样（通常在左上角）。还包括记者的名字和具体所在位置，在直播一开始的时候就显示在屏幕上。

"VTR SOT pkg"：简单来说，就是播放节目。

"-Cue to pkg-"是给导播播放节目的指示。指示包括了记者现场介绍的最后几句话。导播不需要知道记者说的全部的话——只需要知道自己需要的那几句，以便为切换新闻节目做好准备。

"Remote full"，"-Cue to remote full-"：一旦新闻节目结束，就该转到直播记者做远程报道的全屏镜头了。导播听着记者的话来进行切播。"Cue to remote"是新闻节目里最后一个指示。通常是整个声音的最后几句话或原声摘要的尾声，也可以是自然声（救护车开过时的鸣笛声）。

对新闻节目的现场导语

我们将在第 12 章中讨论，记者的现场导语应该是从主持人那里轻松地接话过来。记者的导语要简洁而且大方得体。当然对于记者现场所在的位置和环境进行有意义的介绍也是很重要的。

Slug：Wheat Farmers/Live

Remote Full	-Ann-
	Bill，from the air，the damage is clear：wheat field after wheat field flattened by the strong winds，rain，and hail that moved through here yesterday.

大多数情况下，导播是看不到这个脚本的。但左侧栏中的"Remote full"（远程报道）仍然值得写进去。这是最简单的现场直播。但是如果现场记者要从一个地点转到另外一个地点的话，以上信息就一定要写在左侧栏中了。

节目脚本

前面我们已经看了以及听了主持人和现场记者对大麦灾害的报道。现在让我们看看整个节目，或者更细一点，节目的脚本。尽管制作者要的是节目在现场镜头中交叉播报，但其脚本的格式就好像故事是从布景中讲出来的一样。唯一的区别是我们不会听到记者被"锁在外面"或者在结尾停止播报。

节目脚本中，左侧栏中的信息是为导播准备的。如果拍摄这段视频的摄像师也在编辑室里，那么这个指示通常不用这么细。但是为了以防万一，还是多准备一点信息为好。

Slug: Wheat Farmer/pkg

It wouldn't be so bad if Rick Lewton's wheat field looked this flat after harvest. But Rick hasn't harvested his wheat yet.

S/Rick Lewton
Wheat farmer
Tape 1, 03：50：54

"It was about 2··· 2½ feet tall. About this tall. But there's nothing left. "：08

That same hail storm blasted buildings and barns all over Washington County yesterday.

S/Marge Corman
Wash. CO. resident
Tape 2, 05：57：27

"We had brick-sized hail. It was in ice balls this big···
Bricks of ice. It was just terrible. "：07

Shot of bldg. damage
Shot of wheat damage

It's no wonder weather that powerful···can leave a wheat field looking like this.

Rick Lewton
Tape 1, 03：58：49

"You could hear the hail in the cloud. It was just roaring···"：04
And once it had roared through Rick's field, not much was left.

CU Wheat as Rick
talks Rick Lewton
Tape 1, 03：53：12

"This is the stem of what used to be a head. This has some of the wheat still left on it. This is what happened after the hail storm. "：10

SU Bridge
Tape 2，04：15：32

"Yesterday's storms were especially widespread. But that's not the worst of it. The hail pounded Colorado's top two wheat-producing counties. ": 10

Kit Carson and Washington counties provide 20 percent of Colorado's wheat crop. The loss here will hurt statewide.

Darrell Hanavan
Tape 3, 06：43：03

"We're already down to the second-worst crop in 14 years. ": 04

Darrell Hanavan is the director of the Colorado Wheat Board. He says more damage like this could set a record.

Darrell Hanavan
Tape 3, 06：54：59

"It could be the worst crop in 14 years. ": 02

Hanavan says Colorado's wheat crop was already in trouble because of severe drought this spring.
But for people like Rick Lewton, the hail has made a bad situation even worse.

Rick Lewton
Tape 1, 03：54：59

"Most farmers can expect to have a little hail every year, and that's what they plan for. That's just part of farming.
But you can't stand this kind of hail loss and stay in business very long. "
: 10

"S/Rick Lewton Wheat farmer Tape 1, 03：50：54"：这条说明有几个意思。它告诉编辑原声摘要中是谁在说话，可以从哪里找到这条原声摘要。而且它会把说话人的名字显示出来。这很重要，因为编辑需要有一个清单，写明哪个时间（具体到分秒）该播出画面。通常情况下，在使用画面之前，原声摘要至少要持续5秒钟。如果一个人的第一段原声摘要太短，可以等到这个人更长的原声摘要出现时再播放画面。如果这个人的原声摘要都太短，那他需要在副本中被标注出来，后面我们就会看到这样的例子。

"It was about2…2½feet tall…"：如果把新闻中的人物采访片段的所有时间写出来是很费劲的，但是这是个好习惯。它能帮助记者记住新闻中的

原声摘要是如何表达的。这也意味着与原声摘要的衔接会更自然，记者也就不用一直重复之前说过的话了。

有些记者喜欢用大小写区分故事中自己的口播部分。这也能帮助编辑更好地了解故事是怎么展开的。如果脚本上所有的部分都看起来很相似，那么就很容易忽略某个音轨或者某个声音片段。

我们还应该注意原声摘要的长度。这可以告诉记者这篇新闻报道的时间会有多长。人讲话的速度是不一样的。一个片段看起来只有6~8秒，但因为其中有很多停顿，它的实际用时会是你估计的两倍以上。错误地估计一个新闻节目的长度会导致在最后时段不得不重新编写这个报道。

"Shot of bldg. damage Shot of wheat damage"：如果针对新闻中某句特定的话语，记者的脑海中能浮现出特定的拍摄内容，那么一定要把你的想法告诉编辑。在这个案例中，记者拍摄了一些镜头：建筑物的受损情况和小麦的受损情况。当出现记者感觉需要拍摄特定镜头的情况时，那编辑也需要知道拍了什么样的镜头，在哪里可以找到那些镜头。

"SU Bridge Tape 2, 04：15：32"：在这种情况下，记者在直播前要求有一个出镜衔接（stand-up bridge）。"衔接"意味着记者是在故事发生的

过程中出镜，而不是在开始或者最后才出镜。

"Darrell Hanavan"：请注意这个名字之前没有"S/"。这是为了让编辑鉴别说话者，这个说话人的任何一段原声都不够长，因而没能出现画面。取而代之，在副本中才会出现这个人的名字和所处位置。

如果你真的想要凸显被访者的名字，那标出他们的姓名是一个好习惯。但假如字幕机要是坏了（有时候会发生这种情况），整个故事在不标注姓名的情况下也要能展开。

记者和主持人的结束语

通常情况下，记者通过一两句话来结束他们的现场报道，然后把现场交回演播室里的主持人。记者的结束语通常不是事先想好的，有时候甚至

是毫无准备。导演无需写下指示来指导什么时候把现场转回到演播室。所以记者需要在结束语中特地提及主持人的名字，以便让导演知道。

关于大小写的问题

有些电视新闻编辑写报道喜欢全用大写字母，就像下面的这样：

THERE MAY BE TROUBLE AHEAD FOR A PROPOSED CITIZEN REVIEW PANEL TO OVERSEE JOHNSON CITY POLICE. MAYOR WEBB SAYS CITY COUNCIL APPEARS LIKELY TO VOTE DOWN THE IDEA IN WHAT MAY BE A STORMY MEETING TONIGHT. THE MEETING BEGINS AT SEVEN O'CLOCK AT THE CITY AND COUNTY BUILDING.

另外一些编辑和主持人则喜欢用小写字母，就像以下所示：

There may be trouble ahead for a proposed

citizen review panel to oversee Johnson City police. Mayor Webb says city council appears likely to vote down the idea in what may be a stormy meeting tonight. The meeting begins at 7 o'clock at the City and County Building.

电视台的规定或者直播工作人员的喜好也许能回答"哪种形式最好"这个问题。不然的话，你需要选择你喜欢的形式。一些记者觉得小写字母比较容易帮助他们找到位置，无论他们是在录音棚里录音还是在演播室直播新闻。其他记者觉得用大写字母比较好，就像他们真的在阅读报纸、杂志或书籍一样。总之，人们选择自己认为最不容易出错、最好的那种形式。哪种形式更能强调某些字词呢？哪种形式更能彰显词语的力量和重点呢？你的答案会帮助你选择。

小结

在不同的电视台，脚本格式是不一样的。但实际上所有电视台都会遵从本章中所阐述的一些基本格式。从最简单的画外音脚本，到 VO/SOT 脚本，再到最复杂的新闻节目的脚本，每个撰写脚本的人都需要对脚本结构有一定了解。

除了这章所讲的格式外，你也许想吸收其他一些你熟悉的格式的特点，设计出你最喜欢的脚本结构。

 关键术语

交叉播送　　　　　　　画外音　　　　　　　　读稿机　　　　　　　转场
同期声

 练习

1. 设法拿到当地一家或多家电视台的新闻脚本。比较拿到的新闻脚本和这章所讲的例子。看你自己最喜欢哪种形式，并简要分析理由。

2. 仿照这章的例子，写出 5 篇话题不同、有新闻价值的电视新闻脚本。每个故事不超过 20 秒。你可以用杂志或者报纸上的新闻作为素材。

3. 仿照这章的例子，写出 3 个不同的 VTR VO 故事，每个故事 30 秒左右，采用有价值的话题。你可以用杂志或者报纸上的新闻或其他合法来源的信息作为素材。假设你有所需的所有视频。

4. 根据这章的例子，写 3 个不同的 VO SOT 故事。你可以用杂志或者报纸上的新闻或其他合法来源的信息作为素材。确定每个故事的长度。假设你有所需的所有视频。

5. 仿照这章的例子，为 3 个直播写导语。自己决定每则导语的长度。你可以用杂志或者报纸上的新闻或者其他合法来源的信息作为素材。

6. 仿照这章的例子，写一个新闻节目的脚本。将报纸或杂志故事中的人物引语作为你的原声摘要的来源。假设你有所需的所有视频。

第9章
节目制作

　　节目（package）：指剪辑好的、完整的新闻事件或人物视频报道，包括画面、原声摘要、画外音叙事和自然声等。节目是包含完整的开头、中间、结尾的叙事形式。

有些记者在制作节目时，总是先从画面入手，也有记者先从文字入手。但最有效率的记者往往首先将节目像一个故事一样分成开头、中间和结尾。整个步骤如下所示：

1. 报道中心（用一句话概括整个报道）
2. 开头（导入）
　　a. 演播室导语
3. 节目部分
　　a. 画面
　　b. 画外音
4. 中间（三四个要点）
　　a. 要点一
　　b. 要点二
　　c. 要点三
　　d. 要点四
5. 收尾（结尾）
　　a. 结束画面
　　b. 强结束音
　　c. 结束画外音

利用这个方法，你首先强调了你想要传达的主要信息，然后再开始寻找能最有效地进行报道的画面和文字。你可以通过四个不同的发展阶段来策划报道：（a）出发前，回顾已掌握的信息和调查故事时获得的新信息；（b）现场调查研究和采访；（c）查看并剪辑现场录像和原声摘要；（d）制作出最终的节目。这样，策划一套节目就变成了一种思考方式而不仅是一种写作方式。

 ## 确定报道中心

一旦你理解了整个报道，你就能确定你的报道中心。报道中心是一句简单、鲜明的陈述句，一经播出就立即能表达出整个报道的精神和灵魂。[1] 只有你自己完全了解整个报道，否则很难向其他人讲明白。

在下面策划节目的例子中，假设你的任务是要报道减肥的有效方法。也许当你对这个报道进行研究时，你开始会想到的报道中心是："减肥的诀窍在于以四大基本食物群为主的健康饮食。"

 ## 开头 （演播室导语部分） 的写作

就像所有的故事一样，新闻节目也需要导语（lead-in），即节目播出前主持人在镜头前朗读的介绍性文字。

如果在这段演播室导入后紧接着开始报道，那么观众将看得更舒心。这时，报道从演播室导语切换到第一段录像和画外音，节目报道正式开始。

演播室导语：

如果你想减肥又想健康，你再也不需要流行的节食办法了。事实上，你从来都不需要。你在小学的时候就已经学过这一诀窍了。请看（记者）报道。

主持人在这段导语里就已经揭示了报道的要点。这时节目开始播放，观众看到报道的第一段录像。

 ## 节目导语部分的写作

同样地，当你在策划"画面导语"，或者是节目的第一段录像时，找到你希望传达的中心思想，而先别考虑文字。一般来说，这个思考的过程集中在：首先，要传达的观点；其次，视觉上支撑这一观点的画面；最后，解释画面的必要文字。

如果你想要在第一段录像中表明健康饮食是天生的，你可以决定这一段录像拍孩子们在吃健康食物。你还可以进一步用特写镜头显示孩子们健康的脸和食物来强调。一旦这些画面确定下来，你就可以写画外音了。

画面导语的画外音：

营养学家表示，我们所需的唯一的健康饮食基于四大基本食物群，然后从这四大食物群中选择不同的食物。这就是健康的饮食之道……这也能成为几乎所有人的生活方式。

（录像画面【特写】：孩子们在吃健康食　　　　　　物：苹果、蔬菜点心）

中间或主体部分的写作

导语部分结束后，就是报道的中间或主体部分。在一个1分10秒到1分30秒长的节目中，尽量把要点限制在三到四个之内。同样，集中要点在需要传达的信息上，先别考虑画面或文字。

在这个健康饮食的例子中，经过研究后，也许你会希望强调如下四个要点：

1. 你可以吃任何你想吃的东西，但不是吃光所有东西（要适量地吃）。

2. 体育锻炼很重要，但不要过度。

3. 健康的食物更美味。油腻的食物其实更难使人满足。如果你减少饮食中的脂肪量，你就会开始想要吃健康食物。

4. 如果你发现自己控制不了饮食，你可能是在用食物来代替你生活中的其他欲求。

在这一主体部分，重点集中在：要传达的信息；视觉上支撑这一信息的画面；解释画面的必要文字。

现在你要集中处理第一个要点信息，"你可以吃任何你想吃的东西，但不是吃光所有东西（要适量地吃）"，你开始寻找相应的画面。你可能决定去一家超市，拍摄一名女顾客在购买苹果和全麦食品。作为报道的一部分，你采访这名女顾客，她承认有时会有冲动想吃奶油圣代。在原声摘要中，她说："我觉得饥饿式的节食不管用，所以我尝试吃健康食物，不过有时也会犒劳自己一个奶油圣代。这样也没什么大不了的。"

即使你在现场，你还是打算把这名女顾客的采访和记者的出镜报道结合起来。"可以尝试融入记者出镜，这样不至于中断报道，"已故的网络自由电视制作人和摄像师雷·法卡斯（Ray Farkas）说，"使之在视觉上流畅"[2]。在这个报道中，也许你觉得记者出镜报道可以成为一个最佳转折，从要点一（"你可以吃任何你想吃的东西，但不是吃光所有东西"）过渡到要点二（"体育锻炼很重要，但不要过度"）。你可以将出镜报道的文字打个腹稿，或者在记事本上大致记下主要内容，并在镜头前报道出来。正常来说，在一个1分10秒到1分30秒左右长的报道

中，两三句话就足以做出镜报道。

出镜报道（在快餐店外带处）：

所以健康的生活方式中，偶尔地放纵一下也很正常……而且不可避免。只是要注意一点：要知道什么时候说"够了"……并且记得要多锻炼。

在这个例子中，这一出镜报道可以引入要点二："体育锻炼很重要，但不要过度。"同样地，在你决定了要点之后，寻找支撑信息的画面。在这一报道中，或许你决定要拍摄在运动道上散步、在跑道上跑步和你刚好经过时看到的一场篮球赛。或许你决定要采访一个在运动道上散步的人，并得到以下原声摘要：

原声摘要：

五个月前，我比现在重38磅。开始锻炼之后，我立即喜欢上了健康食物。

当你从一个要点转到下一个要点时记得要大概描绘出过渡画面，要点之间还要有支撑的画面。因为要点三是"健康的食物更美味"，你将需要一个或者多个镜头来支撑这一要点。在原声摘要后引入要点三的过渡镜头，可以是一个薄雾笼罩、令人垂涎的红苹果的超大特写。镜头定格住，然后一只手进入镜头。下一个镜头以匹配动作拍摄一个女顾客在一家天然食品店里挑苹果时手伸进水果筐的画面。再下一个镜头用特写拍摄这个女顾客的手。然后再以匹配动作的中远景拍摄，展示她把一个苹果放到家里厨房的水吧台上。接下来，她切好苹果，将其摆到一个盘子里，撒上干奶酪，最后把这盘苹果递给她四岁的女儿。

贯穿这一系列场景的画外音可以主要围绕以下几点：自然生产而没有经过太多加工的食物往往更健康也更美味。另外，如果人们减少饮食中

的脂肪量，他们就会开始想要吃健康食物；油腻的食物其实更难使人满足。

在这个时候，便到了节目的要点四："如果你发现自己控制不了饮食，你可能是在用食物来代替你生活中的其他欲求。"因为要点三以"油腻的食物其实更难使人满足"作结，你可以用油腻食物的画面引入要点四。这一镜头可以是面包店架子上的甜点、超市里成排的薯片制品、熟食店橱窗里的炸鸡或者其他能说明这一要点的画面。如果你使用了这样的一个镜头，你就需要一段能过渡到要点四的画外音："尽管油腻的食物不会害死你，却可以使你想要吃更多。更糟糕的是，有高脂肪食物的诱惑在，很容易就失去对饮食的控制。"到了这一点，你可以切入另一段说明要点四的原声摘要。或者在现场采访时，有人告诉你：

原声摘要：

食物容易让人上瘾。我们经常用吃东西来满足和食物无关的欲望。想要活得健康，你就得弄明白为什么你不饿的时候还在吃东西。

跟你说这番话的人可能是一个素食者，或者是一个研究食物成瘾或者饮食紊乱的专家，或者是一个你在瘦身中心遇到的节食者，又或者是有相关知识或经验而得出此结论的其他人。要注意的是：这一片段必须是在采访过程中现场发生的，而不是记者指导着说出来的。有职业道德的记者从来不诱导受访者说出某一能证实报道要点的说法。不过，如果基于自己的调查研究，在采访中评论说"我想，有些人吃东西就像有些人吸毒一样"是可以的。这样你只是提出一个主观判断而其本身不是答案。每一个采访问题都要经历这样的过程。

结尾的写作

接下来，要制作节目的结尾（close）。结尾要令观众明白报道即将结束。如果没有明确的结尾，报道只会停止而没有完结。你一到现场，就要开始寻找一个结束的镜头——一个可以使整个节目结束画面、一些能很明显地提示报道即将结束的元素。懒惰的记者通常用采访或者出镜报道来结束报道，但这样的结尾画面就像一封没有署名的信。

如果你必须用现场拍摄的片段来做结尾部分，就要仔细寻找一个结束的镜头。如果你面临着很大的截稿压力，可以向摄像师或编辑求助，让他们帮你找一个明确的结束镜头。只要你找到这一镜头，你就可以让报道的所有组成部分都最终指向这一结束时刻。

在这个例子中，你可能想留给观众这样一个观念："学会怎样健康地吃，怎样健康地生活，你就能活得开心，甚至可能长寿"。这一结尾不仅包括整个报道，还突出了报道中心。在这个例子中，我们都把整个报道集中在这一结果上："减肥的诀窍在于以四大基本食物群为主的健康饮食。"注意报道怎样收尾："学会怎样健康地吃，怎样健康地生活，你就能活得开心，甚至可能长寿"，突出了中心的同时，报道的结尾也很明确。

同样，在结尾处，要给观众显示能支撑你要传达的要点的画面。一位老人含饴弄孙的画面可以强调长寿、快乐生活这一信息。你也可以拍摄老人跳方块舞来享受时光，或者七旬老人在公园慢跑的情景。你的画面表达得越明确，你的信息也就越容易被记住。

预先策划节目

通常来说，在去现场之前，根据已有信息和从对故事的调查中获得的新信息，你就能构思节目内容了。我们不是说炮制一个报道，或者预先就写好报道，而是说在你去现场之前尽量确定所有信息，然后在现场拍好镜头、做完调查研究和采访之后就可以将所获取的材料填到空缺中去（见图 9.1）。

因此，"预先策划"这一词指的是在离开电视台出发之前就对将要发生的事情胸有成竹。"用手指代替双脚走路，你甚至不用离开你所在的地方——厨房也好，电视台也好——就可以做很多有效的报道，"记者查克·克劳斯（Chuck Crouse）说，"电话用得越多，你能应用的技巧就越多。例如，市议员会非常有经验地和你交谈，他也把和你的每一通电话当作与选民沟通的机会。但是，一个手头有诉讼案件的辩护律师和你说话时，就可能非常谨慎"[3]

你也可以通过阅读报纸杂志、和朋友熟人聊天或者在日常生活中收集信息。"在你需要写这篇报道之前，你必须好好思考。否则想要和权威人士说话就很困难了"，公共广播电台下属每日财经杂志《市场》的资深商业记者鲍勃·穆恩（Bob Moon）说，"作为公认的事实，我们假定你对当地社区的一切都了如指掌：田地里种什么庄稼，工厂生产什么产品等"[4]。这种程度的思考和了解，也适用于对各种机构和事件的报道。ABC《晚间世界新闻》已故主持人彼得·詹宁斯（Peter Jennings）有着多年国际新闻报道经验，深信预先熟悉发展中国家问题——更不必说了解这些地方的味道和气味——对于新闻报道不可或缺。詹宁斯认为，仅仅靠读读官方文件、和政府官员通通电话，远远跟不上事件发生的态势。

在讨论这些问题时，要注意预先策划和"预先写好"报道截然不同。"策划是必需的。但记者在现场所获得的现实是无可取代的"，NBC 的鲍勃·多德森（Bob Dotson）说。[5]基本上，当你预先策划一个报道，你是在纸上或者是头脑中用故事版（用镜头代替电视报道中的一个场景或情节）打个草稿，只要你觉得这些元素符合情理。但如果现场情况有变，你必须随之做出改变。

图 9.1 最完整、最权威的报道都建立在记者调查、策划和对社区的了解之上。

"预先写好很容易导致懒惰"，白宫首席记者、前 ABC 资深国家安全记者玛莎·拉达茨（Martha Raddatz）认为，"报道水平的高低取决于你在到达现场后，理解正在发生的事情和迅速组织报道的能力"[6]。

另一种懒惰是记者从现场回来，直到坐下来写稿时，才等着了解事情。到那时，一切都太迟了，因为事情是在现场发生的，你带回来的东西绝不会变多。"一个好的电视新闻报道是由有能力的记者和摄像师在现场完成的"，KAKE 的拉里·哈特伯格（Larry Hatteberg）说，"记者必须关注报道本身，而不是出镜和怎么播。你必须了解整个报道然后再写"[7]。这就是说你要先关注内容，然后才是画面和文字。

谷仓爆炸（现场报道）

	（带画外音的录像）
:04　远景　　瓦砾和消防员	爆炸发生在今晨 9 点阿比林市郊的麦克米伦粮食公司。
:03　中景　　消防员攀登高塔	警方表示爆炸发生时有 5 名工人在谷仓的一个塔里。
:04　特写　　肮脏的脸	4 人当场死亡。1 人幸存。
	（幸存者入镜头）
:18　原声摘要	我们正在其中一个仓库塔顶平整麦堆。我听到其中一个人的铲子打中了另一把铲子。那时肯定出火花了，因为突然粉尘就爆炸了。至于我为什么没死，我也不知道。
	（镜头外问问题）
	你是怎么逃出来的？
	（幸存者）
	塔的西侧还没倒……那边有紧急逃生梯。我到那儿的时候，被一个在那里放梯子寻找幸存者的消防员拉上来了。
	（记者出镜报道）
:04　记者出镜	爆炸使阿比林方圆 5 英里内的建筑都出现晃动，商店的窗户也嘎嘎作响。有关官员估计财产损失超过 200 万美元。
	（带画外音的录像）
:04　远景　　损坏的货车	爆炸发生时装载夏收小麦的货车正在卸货。跌落的碎片损坏了 15 辆这样的货车。
:03　特写　　司机检查受损程度	
:05　受伤司机坐在踏板上	部分司机受轻伤。
:15　货车从炸毁的输送机旁经过	原来使用这些设施的农民现在不得不把小麦运到附近城镇的谷仓。《九点新闻》蒂娜·罗伯茨（Tina Roberts）在阿比林麦克米伦粮食公司报道。

突发新闻报道

虽然突发性新闻不容许花费太多时间进行深入周全的思考，但突发新闻报道也可以遵循相同的策划程序。通常记者和摄像师都能很好地捕捉到正在发生的事情。毕竟，突发性事件结束后，通常会有点时间来确定新闻和报道中心，评估发生了什么，并且录制补充性的原声和画面。即使是正在做突发报道，记者和摄像师也可以确定以下内容：报道中心，三到四个最重要的报道要点，以及报道如何结束。如果现场初步的材料不足以

说明报道中关键的开头、中间和结尾，又或者现场摄制组在离开现场之前没有很好地找到这些要点，那么这个节目就做不好。注意下面突发新闻报道的例子中，节目的开头、中间和结尾是如何制作的，以及画面是如何"支撑"每个要点的。为使报道的主要结构更清晰，演播室导语部分已删除。

为报道定下高标准

如果你要把报道做成一个节目，就必须为你的报道定下高标准。不是每一个报道甚或是记者出镜都能做成一个节目，很多新闻都只是简单地用主持人画外音或者事先录制画外音（VO SOT）来报道。相反，如果你的任务是要写、报或者拍一个简单的画外音报道，而你却认为这个新闻能做成一个很好的节目，你要告诉你的制片人或者编辑。为帮助你做出决定，你可以把新闻报道分成两类：[8]

1. 可以用镜头和原声摘要表现的录像报道。突发性新闻属于这一类报道，如火灾、油罐车侧翻，以及类似"事件驱动式"的报道。

2. 需要解释、分析或者记者观察环境的报道——单靠镜头而没有记者辅助就无法说清楚的报道。

如果主持人能做到记者所做的，甚至比记者做得更好，那么你要找到充分的理由才能使记者出现在节目中。"当记者着手一个复杂的报道，他们记录下事件发生的顺序，增添人物的鲜活感，解释问题争议所在和背后含义，并把图像片段整合起来"，记者彼得·R·坎（Peter R. Kann）说[9]。尽管坎形容的是文字记者的必要素质，也同

样适用于电视记者。他们比主持人更熟悉报道而且能使报道生动鲜活，所以有充分的理由出现在节目中。再者，如果电视记者亲历过新闻事件本身，有亲身感受，在某种程度上可以作为目击者来描述现场的感觉和景象，那么，观众可能会觉得有必要让记者出现在报道中。[10]

最重要的并不是你做了多少个报道，而是你能使报道有多深刻。"如果你挑选了永恒的主题并且适当地报道，人们在往后200年里也会关注这些报道。我们是在记录历史，"加拿大已故纪录片制作人唐纳德·布里顿（Donald Brittain）说。[11]

往后50年或者100年，比如历史学家会回顾KUSA记者罗恩·米切尔（Ron Mitchell）那篇关于建设美国20世纪最后一个机场——丹佛国际机场的报道。当机场建设开始时，米切尔带领观众走进丹佛东部的空地。接下来的报道中，他利用出镜报道甚至还有其他机场通常播放的广播来精心剪辑报道，向观众"展示"将来机场里的大厅、出租车道、行李领取处、特许商店等。可以说，他的报道记录了机场如何由空地变为迎送国际旅客的中心。

自由使用自然声

要使观众和听众投入到你的报道中，使他们

如临其境，记得用自然声贯穿整个节目（见图

9.2）。节目一开始，甚至在第一段画外音之前就播自然声，可以把观众带进报道中。这种自然声可以是运动员粗重的呼吸声、小男孩高喊"冰冻柠檬汁，两毛五一杯"的声音，或者宠物美容院里电动剪毛机的低颤声。"我们在外面的时候，通常都没有好好听这些小声音"，已故的网络自由电视制作人和摄像师雷·法卡斯（Ray Farkas）说道，"多数情况下，我们要的是警长在新闻发布会上的讲话原声，而忽略了在警长办公室里或者婚姻登记处里会是什么感觉"[12]。

最后，每个节目都应该捕捉一些新闻现场的元素，并将之传达给观众。普遍来说，报道者希望通过报道向观众传达一种亲历的感觉。新闻节目只是另一种包含开头、中间、结尾的故事叙述形式。"电视新闻是集报道、摄像、剪辑等于一身的独特结合体，这些技能都能专门学到并清楚地表达"，新闻制作人约翰·海多克（John Haydock）说。[13]通常，在全世界的电视台里，那些最令人难忘的新闻都采用引人注目的新闻报道节目的形式。

图 9.2　当时环境的画面和自然声能给新闻报道带来真实感，使观众感觉身临其境。

 ## 小结

节目可以定义为剪辑好的、完整的新闻事件或人物视频报道，包括画面、原声摘要、画外音叙事和自然声等。它是一种包含开头、中间、结尾的叙事报道形式。在开始写节目的文案或者拍摄画面之前，有效率的记者会先为节目描绘出蓝图。理想状态是，记者的思路会首先集中在报道的主要内容上，然后是视觉上支持内容的画面，最后才是解释画面的必要文字。

根据典型分析，一个 1 分 10 秒到 1 分 30 秒长的节目包括报道中心、开头或者导语、有三四个要点的中间部分，以及收尾或者结尾部分。最有力的节目通常以新闻现场的画面来作为开头或结尾，而不使用记者的出镜报道。

报道节目通过四个阶段制作而成：出发前，回顾已掌握的信息以及在调查故事时获得的新信息；现场调查研究和采访；查看并剪辑现场录像和原声摘要；写出最终的节目报道。

要使报道有力，自己必须先理解整个报道。

比较好的方法是确定你的报道中心。报道中心是一个简单、鲜明、能表达出整个报道的精神和灵魂的陈述句。当你能如此简明地提炼出你对报道的理解时，就可以开始报道了。最好的记者通常会与参与报道的其他人交流意见，以使每个人都致力于同一个目标。

最有力的报道会在演播室导语后面紧接着开始报道，而不是介绍尚未开始的报道。节目主体部分一般包括三到四个要点，每一个要点都有相应的支撑画面，还有过渡性画面用以从一个要点流畅地转到下一个要点。

提前找到结束镜头，这样你可以给节目一个明确而果断的收尾。

在进入现场之前就策划节目里的元素，但绝对不要提前写好报道：这是为了在你写之前收集

信息和深入思考。突发性新闻不容许用太多时间来深入周全地思考，但通常匆忙过后你还会有点时间来确定新闻和报道中心，评估发生了什么，并且录制补充性的原声和画面。

不是每一个报道甚或是记者的出镜都能做成一个节目。为能帮助你做出决定，你可以把新闻报道分成两类：第一类包括"事件驱动式"的报道或可以用镜头和原声摘要表现的突发新闻报道。第二类包括需要解释、分析或者记者观察环境的报道。

在所有报道节目中自由地使用自然声，使观众和听众投入到你的报道中，并感到如临其境。要记住，你的画面表现越明确，你的信息传达越深刻。

 关键术语

| 结尾 | 报道中心 | 导语 | 故事版 |

 练习

1. 录制一个电视新闻节目并分析它的结构。准备一份两页、双倍行距的打印新闻稿，并注意以下要点：

■ 以秒标示演播室导语的长度。

■ 对演播室导语如何有效地揭示报道的要点的分析。

■ 第一段录像如何有效地传达出将要报道的内容。

■ 节目导语是否能如演播室导语那样延续报道或者引出报道。

■ 逐一列出报道要点。

■ 要点之间使用的过渡画面。

■ 原声摘要的使用。

■ 如何把记者出镜（如果有的话）结合到报道中而不影响节目画面的流畅性。

■ 报道如何明显果断地结束。

■ 有无清晰明确、显而易见的报道中心。

2. 找一篇来自一个或多个新闻来源的报纸新闻报道，根据它写一个 1 分 10 秒的电视报道节目脚本。其中包括节目所有要素：导语、画外音叙事、将原报道中人物引语作为原声摘要、记者出镜报道文字，以及所有将要使用的画面的简单描述，并加上节目主体中所有要点之间的过渡画面。格式参照第 8 章"电视脚本格式"。

3. 录制一个电视新闻节目，并写出你会怎样使该节目内容更充实、更有趣。改变节目中的任何部分：例如，重写导语使之更有趣、吸引更多观众，或者更快地揭示报道中心。在原有的节目

中显示出变化，或者删减或缩短原声摘要。将节目结尾变得更突出乃至缩短整个节目。可以写出你希望使报道更有趣、更充实、更深刻的任何变动。

4. 录制并观看 5 段电视新闻报道节目，然后根据你观后对报道的理解给每一个节目写一句报道中心句。接下来，分析如何用一句更强有力的中心句来使每个节目更令人难忘、与观众更相关。

5. 研究一张报纸某一天的头版报道，并确定你在到达现场前可以预先策划好哪些报道元素。选择一条你认为当天本地电视台可能会报道的新闻。寻找这个报道，试着为它写一个报道中心句；列出你已经了解的报道内容和你还需要掌握的事实；确定你将会用到什么样的原声摘要。如果可能的话，加上一段记者出镜报道。接着，写一个脚本，包含这个报道中你所知道的所有信息，必要时在信息缺失的地方留空。观看当天晚上的电视报道，并将其与你自己根据预先策划而做出的报道进行对比。

6. 对比一个突发性新闻节目的结构和一个非突发性新闻节目的结构。讨论这两个例子的节目结构有何不同，以及什么因素造成了这些不同。

7. 运用 144 页的"报道清单"来修改你在练习 2 中写的脚本。必要时重写脚本，以尽可能地包含清单上的组成部分。

 注释

1. Fred Shook and Don Berrigan, "Glossary: Television Field Production and Reporting," Atelier Sur le Récit Visuel, Service National de la Formation et du Développement, Bureau de Montréal, Société Radio Canada, Montréal, Canada, 1991.

2. Ray Farkas, "Looking through the Lens Differently," a presentation at the NPPA TV News-Video Workshop, Norman, OK, March 21, 1991.

3. Chuck Crouse, "Doing It by Phone," *RTNDA Communicator* (September 1987), 66.

4. Bob Moon, "Bringing the World to Main Street," a workshop for students and professional journalists at Colorado State University, Fort Collins, CO, November 9, 1990.

5. E-mail correspondence with the principle author, June 27, 2007.

6. John Premack, "Straight from the Shoulder," *RTNDA Communicator* (December 1985), 28.

7. Ibid.

8. John Haralson, in remarks to students at the Talent Performance Development Workshop, Colorado State University, Fort Collins, CO, February 22, 1992.

9. Peter Kann, quoted in an undated letter to *Wall Street Journal* subscribers.

10. Bob Kaplitz, "Managing Creative People," a presentation at the NPPA TV News-Video Workshop, Norman, OK, March 19, 1991.

11. Terry Kolomechuk, ed., *Donald Brittain: Never the Ordinary Way* (Winnipeg, Canada: National Film Board of Canada, 1991), 54.

12. Farkas.

13. John Haydock, "Developing an Evaluation System for Daily News Packages," *RTNDA Communicator* (November 1987), 17.

第10章

像讲故事一样写作

约翰·拉森

你有没有遇到过这样的情况：上课时老师把人物名字、事实、等式，或者日期一一罗列出来，却令你感到索然无趣？是不是老师所列的信息之间都没有什么联系？遇到这种课时，你是不是想溜出教室去呼吸点新鲜空气？

最糟糕的新闻报道就像是这种课。它满天散布听起来很重要的名字和事实，却不能赋予这些名字和事实以重要的意义。另外，讲故事就有点像是走出教室外呼吸新鲜空气——感觉自然、有趣，像小憩一样。当一个好故事开始的时候，你的各种感官会活跃起来，就像准备开始一次探险。

出色的新闻报道会集两种优点于一身——报道重要的事实，同时以有趣、有影响力的故事来揭示这些事实。对于任何有志成为记者的人，学会像讲故事一样写作应该成为一项重要技能。

首先很重要的一步就是要明白：虽然记者了解到的是事实，但是讲故事的人在了解事实的同时，还要注意他们自己以及故事主人翁的体悟。要注意到各种所见、所闻和所感。这对任何形式的新闻都很重要——报纸、杂志、广播、博客——而对电视新闻尤为重要。

 ## 传达体验

好的视频故事是一种体验的分享或者传达。它给予观众一种身临其境的感觉。你能看见、听见并感觉到一个故事。好的故事讲述者会意识到，他们自身的经历很大程度上也能有助于故事更加生动。

为什么选择讲故事而不是其他形式来传达信息？

记住，通过视频讲故事来分享体验和信息的好处是，它利用了我们所有的感官。人们天生就被所见所闻吸引。这就像是之前所说的我们不喜欢上课而更喜欢出去小憩片刻。如果记者为使报道更生动而能够捕捉到嗅觉、味觉或触觉，我们当然会更喜欢——不过那得是未来的媒体才能做到。大多情况下，我们能做到的是将画面和声音的重要性表现出来。不过要记住，这些画面和声音之所以重要，是因为它们模拟了你的观众体验世界的方式。这一点要尽量利用，如果忽略了这一点，你的报道就没有说服力。那你要怎样才能做到这一点呢？有以下几种方法。

资料框 10.1

约翰·拉森，NBC 新闻记者

供职于 NBC 的新闻记者约翰·拉森（见图 10.1）被认为是美国最擅长讲故事的记者，他擅长调查性报道、突发性报道及特写报道。他曾获无数地方级和国家级新闻报道奖，而他的创造力和深厚的写作功底，也使得其在全国范围内的研究会或新闻沙龙中颇受欢迎，经常受邀去演讲、授课和激励他人。

拉森的新闻职业将其带到了世界的诸多角落。他调查和报道过墨西哥城的腐败警察，摩洛哥、西班牙和中非的恐怖主义，印度尼西亚的一艘沉船，以及尼泊尔的一位仅有五岁的僧侣。

拉森所获众多奖项中包括美国艾美奖，该奖为表彰其对路易斯安那州警察的调查性报道以及休斯敦洪水的突发性报道而颁发。最值得一提的是，拉森曾三次荣获著名的杜邦—哥伦比亚大学电视新闻奖，该奖被认为是电视领域内的普利策奖。2001 年，拉森凭借对保险业的调查性报道《追逐》获奖，该报道被认为是电视报道史上最伟大的作品之一；2004 年，拉森凭借对种族状况的特写报道《怀疑模式》获奖；其最近一次获奖是在 2006 年，拉森与其他 NBC 的记者们因共同报道了卡特里娜飓风荣获该奖。

2001 年《费城闻讯报》称《追逐》"颇具震撼力及思想深度，拉森用一种可以理解却又不留情面的方式戳穿了领导层，迈克尔·华莱士应该能从中学到些东西"。《南佛罗里达太阳报》称该报道"令人惊奇地出色。约翰·拉森击垮了领导层……这可能都会让佩里·梅森嫉妒"。

拉森在 1994 年成为 NBC《日界线》的记者，此前，他在坐落于西雅图、华盛顿的 KOMO-TV 工作了八年，其间，他曾凭借自己的报道荣获了 16 个地方艾美奖。

拉森现居加利福尼亚州的圣迭哥，和妻子、两个孩子以及小猎犬生活在一起。

图 10.1　约翰·拉森，NBC 新闻记者。
资料来源：美国国家广播环球公司摄。

当一名导游

把这里当作在电视上讲故事和写作的"导游"学校。想想你上次跟着导游出去，可能是去博物馆、历史遗址，或者是国家公园（职业提示：如果你从来没有试过跟着导游去旅游，一定要试一次）。最优秀的导游都是出色的讲故事者。他们把你带到每一处景点并引导你去观看。

例如，导游可能会说，"在你的左边是华盛顿纪念碑，注意到最顶上的那三只鸟了吗？这座纪念碑高 555 英尺，1848 年奠基，但是直到 40 年后才完工并开始对公众开放"。导游说到这里，大家就会看着纪念碑想："为什么要这么久？"这时候导游就会把故事讲得更深入："在这里你们看不见，不过在纪念碑里边，墙里埋着 193 块特殊的石砖，每一块都不一样，每一块都是手工制作的，每一块都是用美国 50 个州中其中一个州的泥土做成的纪念砖。因为纪念碑的建造者认为，使用每个州的泥土是对开国功臣们致敬的最佳方式。你们觉得呢？"

立即带着你的观众走进故事中去吧。用你的文字带他们四处逛逛；指出重要的画面和声音。帮助他们注意看并且理解他们所看到的。这样，在他们游览的同时，你可以把故事讲得更深入。

有时操作起来比听起来更难一些。记者们经常在报道里塞满事实，而忘记传递他们的所见、所闻和所感。他们忘记了观众天生是想体验这个世界的。他们剥夺了观众体验故事的乐趣。

用"哇!"——能刺激你的东西

你体验一个故事的方式——使你着迷和使你厌烦的东西——都给了你很好的提示，告诉你观众们是如何体验一个类似的故事的，还暗示了你该如何建构你的故事。千万别小看这一点，要好好注意你自己的反应。这就是传达一种体验——你的经验——的开始，认识到自己的反应类似于观众的反应。

例如，当你第一次被引入一个故事时，注意会发生什么。什么使你厌烦或感兴趣？什么使你笑？什么感动了你？或者什么会使你高呼"哇!"

假设你的任务是要写一个报道，描述一家倒闭的外贸工厂。你做好了研究，了解了事实：失业的人数、对本地经济的冲击等。你在关闭的厂房里见到了公司领导。他领你进入工厂，你立即就被厂房规模之大所震惊——宽敞而寂静的房间、安静的机器、生产线和工作台。你想，"天啊！ ＊ ＆！ ＄＃"我把这时候的反应叫作"哇"（wows）。好的作家会注意到这些"哇"，并写出来。当我在华盛顿州一家倒闭的纸浆厂体会到这一切时，我是这样描述的：

> 走进 ATT-瑞安工厂时，你首先注意到的是——寂静。

让你的观众也体验这种"哇"。一旦你找到了一个令人喊"哇"的点，一定要拍到它。将镜头从门口缓缓移进屋内，显示这间空荡荡的工厂有多宽敞、有多空旷、有多寂静。你需要拍到空空的工作台，还有遗留在这里的工作手套。然后，好好刻画这一瞬间。让这种寂静的画面多留片刻，好让观众能"四周看看"，欣赏这种空旷，同样体验到你当时感受到的失落感。这要求你闭上嘴，不要"报道"，传达一种体验。如果你这么做，他们就能感同身受。

各种瞬间。你刚刚经历和拍摄的"哇"可以称为一个"瞬间"（moment）。瞬间就是现实中精彩的片刻，通常富有意义。利用这些瞬间通常能做出最出色的电视报道，因为如果用得适当，它们就利用了我们有如硬接线般的天性，这是我们体验世界的方式。在拍摄和收集报道材料的过程中，你会遇到这样的瞬间。有时候会是正在你眼前发生的事情，有时候也会发生在采访当中。

精彩的瞬间几乎都是意外发生的。正是因为你预见不到它们的来临，这些瞬间都是很有分量的、有意思的、打动人心的、紧急的。例如，想象你正在采访一个农民，和他谈论小农场不景气的经济状况。他被迫要卖掉自家的农场。突然他打断了采访，冲着农场另一头喊："莎拉！把你老爸的马鞍放好了！明天他们就会过来，收走所有没钉在谷仓地板上的东西。"这就是一个瞬间，比你被打断之前所听到的一切都更能帮助你理解眼前发生的事情。

关于现场团队协作的一点想法。在现场捕捉精彩瞬间要求记者、制作人和摄像师团队协作。也就是说，记者没有办法突然闯进一个场景，然后和同事们商量可能出现的更理想的瞬间。相反地，记者必须像一个优秀的摄像师一样，去寻找有分量的瞬间、声音和画面；摄像师和录音师必须像讲故事的人一样思考，需要灵活、有敏锐洞察力的、快速的反应，来抓住精彩瞬间，而不仅仅是能拍出光线美妙、构图巧妙的镜头。

 ## 写下第一句

从现场拍摄完回来，如果你还没有动笔（我建议你早点动手写，在新闻报道收集完之前就动手写），那么你必须坐下来开始写。撰写广播电视短新闻最令人望而生畏的挑战通常（这一点也不奇怪）就是第一句话。理想的第一句话应该传达关键信息、吸引受众并定下全篇的论调或口吻。它是一个指示牌，告诉观众报道将要往哪个方向发展，以及如何结束。听起来似乎第一句话要做很多事情，对不对？坦白地说，要在开始写作之前把这一切都想好会让人不知所措。想要文思堵塞吗？尽量写好你的第一句话吧。

如果你一开始就遇到困难，这里有两个建议。第一个是我的朋友——普利策奖（Pulitzer Prize）得主、麦克拉奇报业集团（McClatchy Newspapers）的霍华德·韦佛（Howard Weaver）的自谦之词：

> 降低你的期望值：没错，即使是最好的作者也会这样。当你真的想写出好东西来却卡住了，有时候冒个险写点糟糕的东西出来是很有帮助的。放松点，不要苛求自己，然后再开始写。写作往往是让你的灵感流出来才能写出好东西，或是说至少它能让你写下去。这并不表示你可以偷懒，而是说写下去是整个过程中的重要一环。

另一位作家关于写作第一句话的建议更有意思：

> 尽管吐出来：把你的即时想法"吐"在纸上。开始之前不要自己动手修改。尽管让它出来。同样地，把东西写下来往往能促使你继续动手写下去。然后，你就能开始思考怎样展开余下的故事。

 ## 三匹马——电视报道讲述故事的工具

当谈到电视写作，如果你想要做出有分量的电视报道，那么我认为你必须掌握"三匹好马"——三个讲故事的工具，或者说，三个发动机。这三匹马非常强壮。不过在你套上马鞍准备策马驰骋前，先做做这个小练习：回想一部出色的电影，或者一本优秀的小说，一些你真正喜爱的作品。你能想起来为什么你这么喜欢这部作品吗？可能是特别的人物——性格或者事迹很能引起你兴趣的人物，又或者是特别的情节：一个谜团、一个戏剧化事件，或者一系列事件逐渐演化成令人满意的结局。这部电影还有可能用各种方式给你带来意外：它把你带到你从没想过的地方，它发生了你从未经历过的事，或者剧中人说了出乎你预料的话。

这些元素都是讲故事的发动机——能使故事线索紧凑、有意义的工具。我发现，你的故事是两分钟长还是两小时长都不要紧，这三匹马都是非常有用的。我把它们称为"马"，是因为它们具有独特的动力和能量来报道或者"讲述"故事。

其实，这三匹马也很简单：意外、诉求和个性。这三者各不相同，你需要知道怎样找到它们、捕捉它们、写出它们。

 ## 第一匹马： 意外

在 NBC《日界线》节目组中，我们把意外称为"暴露"。例如，我曾写过一个报道，展现的是加利福尼亚州一名酗酒的电视主持人。因为无法戒酒，他的生活彻底毁了——他失去了妻子、朋友、健康——却仍然每天上镜播节目。最后，他还是丢了饭碗。我们采访了他，那时他已经破产、身体浮肿，且不愿接受现实。他的身体衰弱得不能再衰弱，很明显是快撑不住了。他的肝已经毁了，医生说他只有几个礼拜的命了。我们采访完的几个月后，接到了一个电话，是他的一个朋友打来的，说发现他躺在空荡荡的公寓里的地板上。我的报道是这样的：

录音：［他的朋友查拉（Charla）在说话］"我好几天没有他的消息了。他不接电话。所以我就去他家，打开了门，我首先看到的是角落里那棵小小的圣诞树，它已经枯死了。暖气也停了，屋里很冷。然后我看到他躺在地板中间。"

拉森（Larson）口播：查拉打了 911。救护人员赶紧把戴夫（Dave）送到医院。急救

室医生努力施救。真没想到，他喝了这么多酒，又病了这么多年，还毁了那么多自己所作的承诺，这个曾经的新闻人……居然活过来了。

录音：（清醒过来好几个月的主持人微笑着，看起来已经恢复了健康）"对啊，已经清醒了六个月了。我都不敢相信我做到了。"

这位主持人能活过来就是一个意外。看过报道的所有人都以为他会死。他活下来还有他出现在镜头里就是一个"哇"。这是我在报道时故意保留的，这样观众就能感受到在他倒下之前，他的处境有多绝望，还能感受到我当时看到这位酗酒者恢复健康时——看到他那精神饱满却仍干瘦的脸，看到那种清醒几个月过后的健康和强壮——那份同样的意外和成就感。设想如果我仅仅报道事实，可能会是这样："今天晚上在当地医院，一名前新闻人终于恢复健康。他的朋友说他饮酒过量。"这也确实是准确的事实，却不像是个故事了。

挥臂，然后投球

制作出意外的诀窍，在于要记住所有的意外都需要精心策划。你必须让观众预感到要发生某一件事情，最后却惊讶地发现发生了另一件事情。这有点像说笑话。说笑话时首先让你想着一样东西，然后却说出一个意想不到的点睛之笔，往往是按照这个顺序。想想小时候那个小笑话：

问："为什么鸡要过马路？"

答："为了到对面去。"

点睛之处往往在于结尾。笑话从来不会是："鸡为了到对面去所以过马路。"

同样地，意外往往会设计在一句或者一系列故意迷惑人的句子的最后面。为了达到效果，你必须先找到报道中能带来意外的那部分——一个瞬间、采访中的一句评论、一个情节发展——然后，用一系列故意迷惑人的事实把意外部分藏好。

这通常要求你把一些信息推迟一点说或者保留住，直到计划好的那个最佳时机才把意外释放出来。这并不意味你要在事实上误导观众，只是要求你找到自然发生的意外部分，让它们包含在报道的讲述中。警告：记者很难保留信息，而讲故事的人似乎做得比较自然。

观众有权不知情

使用意外，完全把新闻标准倒置了。作为记者，我们知道人们的知情权对民主至关重要。因此，我们努力保护"公众知情的权利"。然而，讲故事的人对这一点做了小小变化。讲故事的人知道公众有权不知情，直到最佳时机来到。

意外与策划意外

我曾经写过一篇报道，讲的是一个小城镇里，镇长有一个用来恶作剧的假停车计费表。报道中有三处意外：

1. 全镇只有一个停车计费表。
2. 这个计费表可以移动。
3. 做恶作剧的人正是镇长本人。

这位镇长会在街上来回放计费表，然后给他的朋友"开罚单"。不过当然了，我不会这样报道，我是这样讲的：

> **口播**：每年七月有那么几天气温会超过华氏 100 度，华盛顿州中部的人们会特别珍视这些日子。这里种小麦的农民每年就指望着这几天，因为那里降雨量会到 10 英寸左右。
>
> **录音**：（小麦倒进漏斗的声音）
>
> **口播**：这里有个小镇叫曼斯菲尔德。驾车穿过这个小镇需要……
>
> **录音**：（汽车在镜头边"呼"地经过的声音）
>
> **口播**：就这么久。这里发生的事情也非常容易预料得到。
>
> **录音**："生面团周四到货。"
>
> **口播**：杂货店的瑞克（Rick）认识每一个顾客。他也认得主大道上的每一辆车。
>
> **录音**："这辆蓝色小卡车是谢伦姆斯（Zellums）的。那是埃塞尔·普尔（Ethel Poole）的，她可能准备去奇兰上班。"
>
> **口播**：咖啡馆的林恩（Lynn）很熟悉她的顾客，以至顾客还没进门，她就能知道他们要点什么。

> **录音**："那是哈里·比尔德（Harry Beard）。他爱点一块热蛋糕配咸熏肉，或者一份鸡蛋土豆煎饼和吐司。还有汤姆·普尔（Tom Poole），他每周六早上必点一份火腿奶酪煎蛋卷，极有规律。"
>
> **口播**：所以，如果有来自大城市的陌生人出现的话，这里每个人都会很惊讶。（显示计费表）一个……停车计费表。这是方圆 7 200 英里内唯一的计费表。
>
> **录音**："纯粹为了好玩。"
>
> **口播**：汤姆·斯奈尔（Tom Snell）主管该镇的道路交通，他为恶作剧而买下了这个表。
>
> **录音**："它花了我 50 美元。不过打那以后它就装在街上了。"
>
> **口播**：汤姆知道，大部分镇外的人都不会把这个计费表当真，他们还没那么好骗。（汽车驶过计费表）
>
> **录音**："啊，他想要绕过去了。啊，猜中了！你看，人们一般都会这么做。"
>
> **口播**：不过你看，也不一定。（他们顺着人行道把计费表移到停好的车旁边）
>
> **录音**：（移计费表）"我想我们现在可以抓住他们了。"
>
> **口播**：这位受害者是从加拿大来的。
>
> **录音**："我想这样可以赚点钱。这是个小镇。"
>
> **口播**：如果外地旅客不多，汤姆会把他的朋友也算进去，比如哈罗德·比尔德

（Harold Beard）这样的朋友。（移计费表）那就是哈罗德的货车。那就是哈罗德。

录音："在这儿给了我一张罚单，说我大声喊叫。没想到会在这个镇里吃罚单。"（笑）

口播：这个计费表不仅仅是汤姆开的玩笑。早餐后没多久我们就看到杂货店的瑞克盯上了佛罗德·阿弗内尔（Floyd Avenell）的车。

录音：（笑）"这一点也不轻。不过可以经常悄悄地移来移去。"（背景有面旗子）口播录音：（移计费表）

录音："对，我把它放在镇长的车前面，把它放在警长的车前面。"（扑哧一笑）

口播：莉迪亚（Lydia）来了，她是旅馆的老板。

录音：（移计费表）"这挺好玩的。"

口播：现在你会想，迟早会有人厌倦了这一切，然后向镇长投诉汤姆的计费表。

录音："不要以为这样做他们会得到什么好处。"（拉森："怎么讲？"）"因为我就是镇长。"

口播：看来小镇发生的事情真容易预料得到。但是如果你要去曼斯菲尔德，如果他们待你……像他们认识了你一辈子一样，不要太惊讶。

录音："每个镇都有自己的习俗。"

口播：事实上，你几乎可以相信这一点。

录音："时间到了。来个欠条怎么样？你一分钱也没有？""我没有，我丈夫是个农民！"

口播：约翰·拉森，

录音："接下来是什么？我想弄一个有轮子的消防栓。"

口播：KOMO 新闻四台，在曼斯菲尔德报道。

录音：（笑）

三处意外和三处准备

注意在上述报道中的三处意外是如何经过准备后出现的。

第一处意外：全镇只有一个停车计费表。准备：口播——所以，如果有来自大城市的陌生人出现的话，这里每个人都会很惊讶。（显示计费表）一个……停车计费表。这是方圆 7 200 英里内唯一的计费表。（这里，观众期待我们介绍一个人物，而不是一个停车计费表）

第二处意外：这个计费表可以移动。准备：口播——汤姆知道，大部分镇外的人都不会把这个计费表当真，他们还没有那么好骗。（汽车驶过计费表）录音——"啊，他想要绕过去了。啊，猜中了！你看，人们一般都会这么做。"口播——不过你看，也不一定。（他们顺着人行道把计费表移到停好的车旁边）（这里观众期待这个外地人能成功地躲过计费表）

第三处意外：做恶作剧的人正是镇长本人。准备：口播——现在你会想，迟早会有人厌倦了这一切，然后向镇长投诉汤姆的计费表。录音——"不要以为这样做他们会得到什么好处。"（拉森："怎么讲？"）"因为我就是镇长。"（观众期待汤姆会解释说人们确实会向镇长投诉）

体验意外

只要可能，很重要的一点是要让你的观众体验这种意外，而不是仅仅把意外报道给他们。也就是说最好的意外是由现场画面和声音传达出来的，而不是靠记者的口播。要注意在上述报道中，三个意外都不是报道出来的，而是在视觉上展示出来的。

我不说："全镇只有一个停车计费表。"相反，我说："所以如果有来自大城市的陌生人出现的话，这里每个人都会很惊讶。"然后，我让镜头展示这唯一的计费表。

至于那个计费表可以移动的意外，我不说："这个计费表能移动。"相反，我说："不过你看，也不一定。"然后，镜头第一次展示计费表可以移动。

最后，我不说："恶作剧背后的始作俑者是镇长本人。"我说："现在你会想，迟早会有人厌倦了这一切，然后向镇长投诉汤姆的计费表。"然后，我让采访录音揭开真相："不要以为这样做他们会得到什么好处。"（拉森："怎么讲?"）"因为我就是镇长。"

意外改变了你收集新闻的方式

意外就是你意想不到的瞬间或"哇"。一旦你开始用镜头捕捉意外，你必须耐心等待。你还必须能够预料到哪里可能会有意外出现，并保证你的摄像机正在拍摄，同时你的音响设备的音量要足够大。最后，你需要表现得非常灵活。意外往往不会出现在你以为会出现的地方。擅长讲故事的人也都擅长重写故事，以把意想不到的意外包括进去。

关于节奏的一个要点

注意在停车计费表这篇报道中，作者在写作中是如何穿插自然声和采访录音的。几乎每句话都跟着一个停顿，以留给声音。虽然不是每个报道都需要这么多停顿，但是每一个好的报道都有自己的节奏。就像一首歌，好的画外音报道都有节拍——你可以随之轻轻跺脚的词句韵律。牧师都很了解这一点——好的牧师在布道时，其会众都能随着他/她的讲话节奏拍手。想要动摇陪审团表决的律师也深谙此道。已故知名律师约翰尼·柯克兰（Johnnie Cochran）在 O. J. 辛普森案辩护中就反复强调血手套这一点，强调手套如何不合辛普森的手："如果它不合手，你必须宣告被告无罪。如果它不合手，你必须宣告被告无罪。"

若你想要加快你的报道进程，想要使观众的注意力更集中，可以缩短你的句子，并且/或者加大停顿密度，安插自然声和采访录音。如果想要放慢报道速度，则采取相反措施。

第二匹马：诉求

我的第二匹马就是我所称的"诉求"。这有点像故事情节，不过更简单也更具体。诉求包括"某人想要做好某件事"。

例子：比如说你的任务是要报道一位市议员，他在分区规划表决时转而赞成发展商拆除一些老旧但却备受欢迎的零售商店。当你在等待采访这位议员时，你注意到他的秘书的电话响个不停，都是选民打过来抗议他的表决的。这位秘书解释道："议员先生正在通话，我可以记下你的名字吗? 他会给你回电话。"对每一宗新的抗议，这位秘书都记下细节，然后迅速地把纸条钉到一叠渐渐变厚的便条上。很明显，她已经受不了这么多的电话了。最后，你有机会进入议员的办公室了。还在讲电话的他把电话挂了，接受了你的采访。

平铺直叙的新闻报道可能会这样写：

口播: 昨天晚上市议会通过决议，允许发展商 BrightCity 建造 L 大街。

录音: "阻止 BrightCity 行动的提议以 6 比 5 的票数遭到否决。"

录音：（群众惊叫抗议的声音）

口播：有150多人被这一结果震惊了，他们原以为L大街两旁商铺会得以保留，并要为此大加庆祝。

录音："我无法相信他们居然这么做。在给出所有的承诺之后，他们就这样让BrightCity得逞了。"

录音："事情不应该是这样子的。每个人都说是哈德斯蒂（Hardesty）把我们出卖了。"

口播：市议员戴夫·哈德斯蒂（Dave Hardesty）曾公开支持保留L大街两旁老旧的建筑和商铺，但昨晚他投的票是……

录音："反对。"

口播：今天这位市议员做出了解释。

录音：（哈德斯蒂市议员）"经过慎重的考虑，我现在认为所有人最终会从BrightCity的发展中受益。L大街需要新的内涵、新的生活。"

口播：这意味着，BrightCity几乎立刻就可以动工，修建其计划好的140所公寓加商铺的大厦。

录音：[BrightCity开发商唐·沙勒斯基（Don Salesky）]"我们很高兴议会花时间研究这些问题，并理解BrightCity将如何帮助整个地区。我们非常兴奋。"

口播：支持保留L大街的人承诺将抗争到底，表示他们将从这一历史古街出发……游行至法院抗议。NBC新闻频道约翰·拉森，斯波坎市报道。

使用诉求来讲故事

平铺直叙地报道并没什么错，只是没有利用一个好的新闻中的"拉力"来报道。用讲故事来表现诉求，或者说是以"某人想要做好某件事"来报道，就会彻底地改变报道故事的"声音"。这要求你至少要把部分报道集中在一个人身上。例如，之前这篇新闻可以这样来报道：

录音：[行政助理黛娜·路易斯（Dana Lewis）]"市议员哈德斯蒂办公室。"

口播：干了18年的接待工作，黛娜·路易斯本以为她什么都见识过了。

录音：（黛娜·路易斯）"对，我能理解您很难过。"

口播：但是今天——

录音：（黛娜·路易斯在接电话）"市议员哈德斯蒂办公室。"

口播：这位秘书需要一个秘书。

录音：（黛娜·路易斯）"我当然会向他转述！不然您觉得为什么我要把这记下？"

口播：自打早上8点走进办公室，她的电话就响个不停，都是愤怒的抗议。

录音：（黛娜·路易斯）"是的，我想他知道这一点，但是就像我说的，我会向他转述。"

口播：那是在5个小时之前，

录音：（电话响）"市议员哈德斯蒂办公室；稍等。不是吧！"

口播：她的上司，市议员戴夫·哈德斯蒂在昨晚改变了他关于L大街发展规划的立场，并投了——

录音："反对。"

录音：（群众惊叫抗议的声音）

口播：这几乎激怒了所有来看表决的人。

录音："事情不应该是这样子的。每个人都说是哈德斯蒂把我们出卖了。"

录音：（电话响）"您叫什么名字？林德斯特伦（Lindstrom）先生？好的。"

口播：107宗抗议——她到现在还没吃午饭。

录音：（黛娜·路易斯）"是的，我会转告市议员先生的。"

口播：我们先转告他——

拉森："你的秘书需要涨工资或者放个假。"

录音：（市议员戴夫·哈德斯蒂笑）"是的，我想她需要。我们将向大家说明这会变得多好。（剪辑后）我现在认为所有人最终会从BrightCity的发展中受益。L大街需要新的内涵、新的生活。"

录音：（电话响）

口播：支持保留 L 大街的人准备筹划起诉市政府、BrightCity 和市议员哈德斯蒂。不过不要告诉黛娜，她已经够忙了。

录音：（电话响）

录音：（黛娜·路易斯）"是的……我很高兴记下您的抗议。"

口播：NBC 新闻频道约翰·拉森，斯波坎市报道。

发现诉求

要记住，诉求仅仅是"某人想要做好某件事"。在之前这一例子中，秘书的诉求很简单："议会投票表决后，秘书黛娜要接听电话，并记下所有与昨晚市议会决议有关的抗议。"大部分记者会忽略这位秘书。但讲故事的人却不会。你可以用黛娜的经历来吸引观众，然后再带回到投票争议这一主题上。在这一过程中，秘书的诉求向我们显示了这位议员的行动如何受到庇护，我们也了解了地方民主如何运作。

如果你仔细寻找的话，小人物的诉求常常就在身边。它们直接就"在你的道路上"。接电话的秘书、示威游行后清扫现场的清洁工、勘察车祸现场详情的警察、到处询问是否有人找到她丢失的宠物的火灾受害者——所有这些人都是值得考虑的诉求。

问问你自己，这一小人物的诉求能以有趣的或者强有力的方式来展现报道你宏大的主题吗？我能用这一诉求来展现报道中其他重要的事实吗？如果答案是肯定的，尽管尝试用上它。

诉求改变你收集新闻的方式

一旦讲故事的人确定了要跟随某个人的诉求，那么一切都改变了。报道中心变了。记者和摄像师选择要拍摄的东西也变了。突然间，拍摄一个秘书接电话比拍摄议会大楼外景更重要。采访的问题也变了。你不会问市议员为什么他改投反对票，反而会问这位秘书："你几点来上班？电话一直在响吗？你吃午饭了吗？"

第三匹马：个性

我的第三匹马是个性。所有好的报道中都有人物；而挑战就在于发现这些人的生活或者他们的诉求的适当细节，使之有意义而且令人难忘。这就是我所说的发现个性。头部特写并不能自动显示出人物个性，需要你去发掘。有时候，引人注目的录像能提供使人印象深刻的细节。其他时候，那会是一个人的事迹或者一句特别的引语使得他或者她令人难忘。

有力细节

一个记者能学到的最重要一课是，塑造报道的个性需要寻找有力的细节。"有力"细节可以是钱包里面的东西、最喜欢的昵称、传家宝、重复出现的梦境、死去的孩子、汽车的颜色等任何东西。这些有力的细节需要能象征某种宏大的东西：生活质量、挣扎的背景、人物的勇气或恐惧等。怎么知道这些细节是否有力？有力的细节能打动你、感动你、令你意外，或者给报道增加深度或新的高度。

　　例如，优秀记者、作家，佛罗里达州波因特学院（Poynter Institute）教授奇普·斯坎伦（Chip Scanlon）曾接到一个《圣彼得堡时报》（*St. Petersburg Times*）的任务，需要报道吸烟和癌症。他采访了一位烟民的遗孀。她名叫玛丽（Marie）。奇普问了所有常规性问题，却留意倾听一些细节，这些细节能清楚地集中表现玛丽本人或者她所失去的东西和人：如果她告诉奇普说她很想念她丈夫，奇普会进一步提问，比如："你什么时候最想他？""一天里有什么时候是特别难过的？"最后，他要求参观玛丽的房子。当他们站在主卧里，玛丽说：

　　"你相信吗？晚上我会在枕头上喷点他的须后水。这样感觉离他很近。"

　　这是个有力的细节。它充分表现了这个妻子所爱的和所失去的。某种程度上它甚至告诉了我们一些关于她的丈夫的事。不过，像这种细节并不容易出现，但奇普很耐心。

> **斯坎伦**：我在他们迈尔斯堡的家里采访了乔的遗孀玛丽。我们在沙发上坐了一会，边看剪贴本，边听她讲他们夫妇俩一起生活的故事以及他晚期的疾病。
>
> **拉森**：你当时问了哪些可能得不出难忘细节的问题？
>
> **斯坎伦**：我问，"这对你有什么样的影响？没有了他你的生活怎么样？看到其他人也经历着你丈夫曾经承受的事情，你是什么感受？"这些都是通用的问题，不过我不觉得这样能帮助我找到我想要的答案。这时候，我问玛丽能否带我参

观一下她的房子。这打破了采访的僵局；我有机会看看一些细节，听听背后的故事，这样可以"展现"而不仅仅是"讲述"。

> **拉森**：是什么引出了须后水这段话？
>
> **斯坎伦**：玛丽带我进了他们夫妻的卧室。房间里异常洁净。我留意到镜子上贴着一张照片——一张那种3×2英寸的随意拍。我把这记在笔记本上。就在这时候，玛丽突然主动说，"你相信吗？晚上我会在枕头上喷点他的须后水。这样感觉离他很近。"

　　我一时说不出话来。我不敢相信她会向一个陌生人袒露如此私密的细节。我立即问她能不能在报道中用这段话。她说可以。但这段引语一直萦绕在我脑里。我很骄傲能成为人们信赖并愿意与之分享生活的那种记者，但老实说，当他们这么做时我觉得很想保护他们。我写好报道后，给玛丽打电话，再次问她能否使用这段引语。她说可以。在报道准备发表之前，我又第三次打电话向她确认。

　　注意，斯坎伦当场就感觉到这一评论具有显示人物个性的强大力量。不过他并没有急着把它发表出来，而是三次询问她是否想要保留这段话不发表。这不仅表现了奇普·斯坎伦是什么样的人，更表现了优秀的讲故事者通常是什么样的人——考虑周到、关心他人、直觉敏锐、努力投入。所以，人们信赖这样的记者并愿意与之分享有力的私人细节，而不愿信赖那些看起来"只为自己"的记者，这绝非巧合。

　　底线是：人物吸引我，而且他们生活的表面是了解他们内心生活的窗口，这就是我作为记者和作家一直所做的。

动人报道的写作提示

能医者，也能自医

　　我希望你会遇到很多好老师。然而，在写　　作上，只有一个老师能配合你所走的每一步，

并且陪伴你走完整个职业生涯——那就是你自己。新闻是一项全球性技艺，但其实践的地方却往往在小房间里的小桌子上。换句话说，虽然你的工作把你带到全世界，但是在谈到提高技艺这一点上，你会常常感觉到孤立无援。走

出去吧，融入你身边的世界中去。寻找全世界其他国家的记者振奋人心的报道。用这些你喜欢的例子来鼓舞教育自己。要保持一种工作热情。

"偷窃"派新闻学

这听起来有点可怕，不过我一开始学习写作时都是用偷的。我会研读优秀报道，然后试着从中偷取。不要误会：我没有偷用引语或者观察资料。我没有剽窃抄袭（剽窃抄袭在快餐业里是快速发展新职业生涯的有效途径）。不，我只是留意其他人是怎样讲故事的，然后努力学会用他们的技巧。有一个月，我尝试学《纽约客》（The New Yorker）的约翰·麦克菲（John McPhee）那样写作。又有一个月，尝试学 NBC 新闻频道的约翰·哈特（John Hart）那样写作。最后我绝不可能写得和他们其中任何一个一样，但是我尝试学习他们对细节的使用、对节奏的感觉、对题材的选择，然后我就在这个过程中慢慢进步。我把他们视为我的偶像。

思考偶像：波诺（Bono）、德兰修女（Mother Teresa）、老虎伍兹（Tiger Woods）

优秀的写作就像是伟大的音乐、政治激进主义，或者体育。它需要偶像。

每一个优秀的作家都有偶像。寻找你的偶像吧。寻找那些令你好奇、愤怒、悲伤或者大笑的作家。然后，研究他们是怎么做到的。

几年前，我找到了约翰·麦克菲的报道。他拥有强烈、聪慧的好奇心。他会搜集细节，以特别的顺序排列细节，然后创造出远远胜于把所有细节简单相加的整体效果。我从麦克菲身上学到

了精心选择的事实如何能变得精彩、幽默并且动人。

NBC 新闻频道特派记者约翰·哈特善于用比喻来展现细节。他能让国际新闻报道中充满动人的细节。我记得，他曾写过一篇报道，讲述的是北爱尔兰地区天主教徒和新教徒之间的暴力冲突。其中，他就特意提到了一个遇袭的女孩——充满宗教正义感的袭击者用刀把女孩的脸划花了。据哈特观察，那个伤疤"是十字架形的"。

优秀的报道是优秀的讲故事者的作品

我曾在阿拉斯加州的一个小电视台工作过，那是我的第一份报道工作。其间，我工作的一部分就是要记录《NBC 夜间新闻》（NBC Nightly News）中每天晚上发生的事情。那时这个节目里有很多优秀的作家和记者：汤姆·佩蒂特（Tom Petit）、汤姆·布罗考（Tom Brokaw）、肯·博迪（Ken Bodie）、约翰·哈特（John Hart）、朱迪·伍德鲁夫（Judy Woodruff）、罗杰·穆德（Roger Mudd）。我留意到有些报道很专业，却不怎么有趣。我也留意到有些报道既专业又有趣——内容翔实而生动。不管题材是什么，最好的报道都是

那几个记者写出来的。不管是关于白宫、中西部的一次洪水、一次示威，还是一次骚乱——最优秀的记者写了一个又一个的题材，却依然写得很精妙。一位任务分派主管曾经跟我说："没有差劲的报道，只有差劲的记者。"他错了。（我当时心想："没有差劲的报道，只有死板的任务分派主管。"）差劲的报道很多——不着边际的、无关紧要的、不值得一看的。不过，这位主管有一点是对的：优秀的记者常常能写出优秀的报道，而水平较次的记者则做不到。

■ 挑战自己

我在西雅图当记者时，得知电视新闻的最高奖项是杜邦—哥伦比亚奖（Columbia - DuPont Baton），该奖的评奖机构和普利策奖的一样，都是由哥伦比亚大学颁给全世界优秀的新闻记者。只有最优秀的电视新闻记者才能得到该奖认可。于是，我写信给哥伦比亚大学想要一份当年获奖者的作品副本，并编了个理由——"我在教一门课程，讲授如何撰写优秀的新闻"。

每年圣诞节前后就会有一箱得奖作品寄到我手中。我一一仔细翻阅。我确实是在教课，不过只有一个学生在上课——那就是我。我把一张杜邦—哥伦比亚奖的照片剪下来，贴在衣柜上，这样我每天早上穿衣服的时候就能看到它。我会对

自己说："在某个地方，有个记者正在做值得这个奖的报道。我今天能做些什么，才能把这个奖收入囊中？"努力了好几年之后，我终于凭着一篇关于保险业的调查性报道获得了这座奖杯。又过了几年，我再次获奖。但是我走向这个奖的颁奖典礼的旅程事实上是从西雅图开始的——自己一个人，每年撕开那箱包裹的封条带，认真研读这个世界最优秀的报道。

在纽约的颁奖典礼上，我对评委会主席，也就是早年收到我的信并每年诚恳地给我寄材料的那位女士，坦诚了我的欺骗行为。她笑了，眼睛闪闪发光，然后说道："很明显，这门课程非常成功。"

■ 结语

永远记住，报道和讲故事都需要各种工具包。记者运用的是新闻来源、收集信息并且保证信息准确。讲故事的人则是把自己的体验用有效又有意义的方式传送出来。当优秀的报道和优秀的故事讲述方式融合在一起，其结果是极为优秀的新闻——能同时传达信息和打动受众。

和优秀的报道一样，优秀的故事需要我们挑战自己、刨根问底。我们必须关心我们所遇到的个体，倾听他们的故事以求得更深刻的共鸣。讲

故事的人必须"展示"他们的故事，而不仅仅是"报道"他们的故事。他们必须用强有力的画面、声音和思想带动观众。为了做到这一点，所有的媒介工具——摄像机、麦克风、写作、剪辑，还有你的热情——都必须共同投入其中。

付出是双倍的。你能成为最好的记者，胜过你周围那些缺乏想象力的记者。更重要的是，你的工作将会帮助他人关心周围的世界，并用有意义的信息将人们联系在一起。

小结

最优秀的故事和讲故事的人都在传达体验。某种程度上说，我们是"导游"，带领我们的观众走进并观赏完整个故事。带观众到处走走，指出最关键的画面和声音。帮助他们集中注意力并理解所看到的一切，并且要在他们看的同时讲述更深刻的故事内容。

写一个吸引人的报道很困难。更令人畏惧的

挑战在于写报道的第一句话。如果你在动手写作时遇到困难，可以放松对自己的要求再开始写。通常情况下，简单的开始动手写作能够使你进入到更好的状态。即使写出来的东西不符合自己的要求，也要在纸上写点什么。你可以留到以后再慢慢修改润色。

动人的电视报道要求你使用有效的故事讲述

工具，也就是既能使故事吸引人而又赋予其意义的发动机。最重要的三个工具是三匹马：意外、诉求和个性。

第一个重要的工具是意外。意外是故事中意想不到的元素，是一个 360°转折，让故事从平庸提升到特别。意外需要精心布置策划。你让观众期待一样事情，结果却揭示出完全不同的事情，而且通常都是以这个顺序展开——有点像是笑话中让人意想不到的点睛之笔。推迟揭示或者保留一些信息，直到最佳时机设置好了才揭示你的意外。意外可以在报道中多次发生，而且最好的意外都是通过现场画面和声音来揭示的，而不是记者的口播。记者会觉得保留信息有点困难。可是讲故事的人可以做得很自然。

第二个重要的工具是诉求。这有点像故事情节，因为它是由"某人想要做好某件事"组成，而且往往会遇到阻力。讲故事的人有一个方式，也就是通过显示一个人为达成某个目标而努力来吸引观众，并能使人理解其中的意义和事件背景。诉求可以很小，比如一个火灾受害者想要找回丢失的宠物，或者一个牧场主想把马群赶离逐渐逼近的山火。关键在于用这些小小的诉求作用于一个更宏大的报道，使其更为有趣或者更有感染力。

第三个重要的工具是个性。所有优秀的故事都包含人物，所以挑战在于找到一些有力的细节，以展示出报道中人物、人物的生活或者人物的梦想、目标和希望。动人的电视画面有助于揭示人物性格，使之令人难忘。只要能象征较宏大的意义，即使是小事物也可以是有力的细节，比如一件传家宝或者一个说话的声音，一位祖辈的影响，或者盲人通过声音"看见"东西的方式。其他时候，你可以用一件个人的事或者一句特别的引语来帮助诠释人物个性。如果能打动你，感动你，令你意外，或者给报道增加深度或新的高度，那么这就是"有力"的细节。

在你学习像讲故事那样写报道时，你是唯一能陪伴自己每一步直到整个职业生涯结束的老师。你可以找到一些自己欣赏的作品，然后寻找这些作品的记者，学习他们在报道时的写作方法。在职业生涯的开端，通过研究这些范例，甚至模仿他们的风格，你可以自学成才。这并不意味着你可以剽窃抄袭，而是你应该留意其他人如何报道，付诸实践，多尝试使用他们的技巧。寻找写作偶像；在开始发展出属于自己的风格时，吸收并分析他们的作品。

没有人能完美地写出报道或者讲述故事。我们只能通过观察、练习和长期的经验来提高自己的水平，使自己更胜任自己的工作。即使掌握写作技巧要耗费我们毕生精力，这也是一种乐趣，且回报颇丰。

讨论

1. 在做电视新闻时，为什么在报道中传达一种体验感很重要？

2. 电视报道写作的"导游"学校是什么意思？

3. 为什么写报道的第一句话这么有挑战性？约翰·拉森建议怎样解决这个问题？

4. 约翰·拉森谈到了每个讲述故事的记者必须掌握的讲故事工具——"三匹好马"。从以下角度讨论每个工具的使用：（a）传统新闻学，尤其是纸媒，以及（b）电视新闻报道的一些名嘴们。这些工具给故事讲述过程带来了什么特质？

5. 在报道中如何布置策划意外？

6. 为什么在报道中要推迟意外的出现？

7. 请描述记者能怎样把意外、有力细节和难忘瞬间当作小淘金乐园来使用，以使观众随着故事的展开而越发感兴趣？

8. 有些记者把报道中的意外比喻为一层层的洋葱皮。解释你在自己的报道中可以如何使用这一点。

9. 为什么让观众在现场画面和声音中体验意外更重要，而不是仅仅把意外报道出来？

10. 寻找意外会使你收集新闻的方式发生何种变化？

11. 给"诉求"下定义，并解释它在故事讲述过程中的作用。

12. 讨论本章中关于 BrightCity 的 L 大街规划案表决报道，对比两种脚本——直接报道和在故事讲述中强调诉求——之间在写作和报道结构上有何不同。

13. 你能在很多活动中找到有诉求的人。写出十个有新闻价值的包含诉求的情景，并具体指出每个例子中诉求的类型。

14. 给"个性"下定义，并解释为什么寻找关于一个人的性格、生活或者诉求的有力小细节来突出报道和人物个性很重要。

15. 描述讲故事者需要哪些步骤来形成终生的写作继续教育体制。

 练习

1. 选取约翰·拉森的一些报道［由摄像师马克·莫拉切（Mark Morache）拍摄］，参见网页 www. nppa. org/professional _ development/self-training _ resources/AV _ library/tv. html。观看这些报道，回顾拉森和莫拉切关于讲故事和团队协作的建议。写一份两页、双倍行距的心得总结。

2. 选取五篇报纸新闻报道。仔细阅读，吸收每篇报道中的重要信息。接着，根据以下建议研究如何为你选的每一篇报道写一句吸引读者的导语。首先，回顾本章中每篇范例新闻的脚本和故事讲述的脚本。按照建议，开头的句子要"放低你的期望"，在纸上"吐出"你的即时想法，而不要在开始之前就急于修改。然后，为你选取的每篇报道写下你能想出的最强有力的导语。

3. 在日常交流中，学会意识到你对人们所说所做有感觉的时刻。那可能是一位年老的寡妇反反复复地擦餐桌，或者一个人走路的样子，或者他/她不自觉地哼歌。通过这些小动作寻找更深一层的意义；想想它们如何能融入报道，并成为你表达更宏大主题的报道中的象征符号。

4. 研究本章中停车收费表那篇脚本，观看这个报道（参见练习 1）。找出故事中的三处意外，并分析每个意外是如何布置策划出来的。这三处意外是如何揭示的？是通过录像画面、采访、其他声音，还是记者的口播？

5. 观看本地电视新闻播报。找出有多少个报道强调了或者能够强调诉求：某人想要做某件事。描述每个报道中是什么力量阻止报道主体达到目标的。

6. 以同一主题写两篇报道：（1）直接的新闻报道；（2）以强调某人追求某一目标的方式来讲述故事的报道。开始写作前先回顾本章中关于市议员的报道。

7. 阅读你欣赏的作家或者记者的作品。列出作品中的有力细节，并描述这些作者如何利用这些细节和对某个更大主题的象征。开始之前先回顾"第三匹马：个性"和"有力细节"这两小节。

8. 制订一个终生计划，以促成写作的继续教育，发展并完善独特的吸引人的故事讲述风格。开始之前先回顾"能医者，也能自医"一节。

9. 详细描述本章中的电视报道写作的"导游"理论。

10. 观看电视新闻播报，并阅读本地报纸的头版部分。描述其各自能打动你的或者使你发笑的内容，以及能使你喊"哇！"的内容。针对每个例子，描述报道中能影响你反应的元素。然后，说明你在电视新闻报道中可以如何与你的观众分享这样的瞬间。

11. 描述能成就精彩瞬间的条件。这些精彩瞬间和有力细节有什么不同？

第11章
如何提高讲故事的水平

现在的电视观众拥有很大的收视选择空间，所以会期望自己最喜欢的电视新闻播报达到一定的水准。至少他们希望这些报道和报道者能够有趣、有吸引力。虽然每个记者都非常清楚电视这一媒体的局限性，也明白受人类的弱点所影响，观众通常只关注最后结果，但是他们也不得不承认，观众只能从呈现在屏幕上的作品来评价记者。其他的都无关紧要。"不管题材重不重要，是否具有吸引别人的能力，就区分开了艺术创造的成功者和失败者。"电影制作人和作家爱德华·迪麦特雷克（Edward Dmytryk）在他的书《论电影剪辑》（*On Film Editing*）中写道[1]。要在领域内生存并提高专业技能，就要在制作故事的时候，坚持同一风格，并采用一贯充实、独特而吸引人的内容。这个原则要始终如一，即便你的工作差到了极致，连一两只死老鼠都不如的时候。

 ## 寻求逐步提高

当你努力让你的报道更具吸引力、更精彩时，你会被比自己更有能力的竞争对手所包围。或许他们更有经验、更有自信，或者他们的报道看起来更诱人。虽然学习其他人的技巧很有用，但更重要的是要明白自己主要还是与自己竞争，要比较你所报道的每一个新故事。

在自我提高的这一过程中，失败的可能性极高。也正是这个风险，使得一些人无法获得他们职业生涯中更大的成就。毕竟，如果你不尝试，你就不会失败，但是你也不会成功。"不要害怕失败，"KAKE的拉里·哈特伯格说，"不失败你就学不到东西。"[2]时不时的失败可以被看作记者专业水平提高的优势所在，失败是成功之母。

提高是一个渐进的过程，同时难免会带来沮丧。

NBC 高级特派记者鲍勃·多特森说，关键在于要追求小小的胜利。"不要每一次上场都想要打出全垒打，每一次击球时只要到达一垒就好了，"多特森说。"你找到合适的字词，或者写出一句有效的句子，或者拍下能展现故事的场景就可以了。"[3]

坚持缓慢、稳定的提高久而久之会带来重大的进展。CBS 资深新闻主持人丹·拉瑟（Dan Rather）认为每一次都把常规的工作做好，如此以往，就能推进职业生涯向前发展。

优秀 VS 完美

每一位艺人都追求完美。有的甚至会自己骗自己已经做到完美。但是走向极端的话，完美会变成夺取创造者生机活力的疾病。人无完人，也无人能够做到完美。

可取之道是努力做到优秀而不是完美。尽量做到自己能做到的最好程度，但也要认识到自己能力有限。这个方法能让你节省原本用来追求"完美"的精力，并将其用到更富创造力的工作上。你甚至还能有其他的选择，比如根据自己的时间把这些精力用来报道更多的故事。"我最好的作品中，有些是在公司不付我薪水的时候做出来的，"多特森说。[4]

找到故事

通常在电视新闻里，记者和摄像师会把事件的叙述和事件的报道混淆。通常来说他们能找到报道题材，却不是报道故事本身："我的报道是关于消费者消费的。"但除非你能在心里总结出整个故事，否则你很难向其他人讲述这个故事。出于这个原因，报道中心或者见解是讲故事者最有力的工具。它仅仅只是点出将要讲述的故事作一个总结式陈述，是在文学和戏剧中广为人知的所谓主题、故事线索、前提或者是论点。在报道过程中，见解是一句用完整的话所表述的报道的观点："消费者过度消费的十年过去了，取而代之的是消费者开始更保守地消费"或者"心理健康工作者表示孤独成为美国人的流行病"。报道中心能使故事有生机，并推动故事发展。

一般来说，找出报道是留给记者的活，但事实上这个活应该是所有参与报道工作的人的。因为你对报道的看法可能会和调度编辑（assignment editor）或者一起去现场的人——记者或者摄像师——都不一样。记住要把你的想法和他们一一沟通，以便所有人对要确立的报道中心都达成一致。如果你花了两三分钟来构思中心陈述，你找到的故事会更有力，在现场花的时间也更少。即使事情在你周围飞快地进展着，你必须专心致志地应付，那也要强迫自己花时间思考。事件发生变化时，还要灵活应变，及时更改报道中心。"我们都是来到这花花世界的游客，"自由摄像师达雷尔·巴顿（Darrell Barton）说，"但是我们没有理由定居下来。"[5]

资料框 11.1

讲述故事的精要

　　讲述故事的精要在于矛盾。再也没有一个故事有这么好的前提："他需要她，并且他得到了她；这就是故事的结局。"矛盾之处在于寻找对立的目标以保证故事的进行。

　　一个 82 岁的老妇人照料着有毒瘾的孩子，期盼他们早日恢复健康，这两者就是一个生命中最重大的矛盾：超越死亡与苦难的生命与健康。一个赛跑运动员因癌症失去了他的腿，却坐着轮椅穿越美国，为身体残疾的运动员募捐，这表现了他在重压之下的光辉品质。如此多详细讲述了事件出错、矛盾重重并且勇于抗争的新闻故事都不可避免地成为电视新闻的内容。忽略这些故事不是单纯地忽视新闻本身的性质，而是忽略了生命本身。

 ## 种种借口

　　由于面对截稿压力、预算限制、设备故障等问题，事实上每个新闻播报故事都不会完美，毫无疑问有些也不大起眼。就像得克萨斯州一家电视台里用以提醒所有新闻员工的通告所说的，"很多相当好的故事被弄成平庸之作了。"[6]问问任何一个新闻编辑部为什么某个报道失败了，不可避免地你会听到借口——每当我们没有发挥出所有潜力就会出现的自我恕罪。

　　当然，有些借口是合理的。比如解释有些地方因失控而出错。但另外一些借口则是用以伪装的不重视和拖延。注意以下这些最常见的承认失败的借口：

■ "这是个愚蠢的任务。制作人都不知道自己想要什么。"

■ "我没有足够时间把它做好。我一天要做六个报道。"

■ "我的设备不够好。"

■ "我没时间把摄像机架在三脚架上。"

■ "他们都没有付够我钱来做我手上这一堆的活。"

■ "突发新闻没法拍出序列镜头。"

■ "拍摄是摄像师的任务。我不认为我要建议怎么拍。"

■ "观众不会期望这么高。"

■ "这不关我的事，得看记者的。"

　　说出这些借口的人做出的作品很快就会被人遗忘，所以专业人士会把这些借口扔给竞争对手。毕竟，对每一个报道，每当你问自己"我究竟要不要尽全力做好这个报道"时，选择都只会落为简单的"是"或"否"。

 ## 了解你的社区

　　市场越小，你会发现越多电视新闻记者正要到别的城镇里找更好的工作。跳槽一度有助于职业生涯发展，但如今留守在一个地方似乎能带来更大的回报。电视台需要打算长驻社区而且愿意了解这片社区的员工。如果一个记者刚来到这个城镇，待了八个月就离开了，他是无法了解这个社区的。有时，甚至两年时间也不够让记者去充分了解一个地区及其政治和民众。通常来说，假设薪水和工作条件都可以接受,记者留在一个地区的时间越长越好。留守使得记者能深入认识观众,也能让更多观众接受自己,报道社区的故事也能比新来的记者更有深度和敏感度。

某种程度上,你是你所服务的这个市场地区的历史学家。你讲述你这个地区里士兵的故事、造船工的故事、考古学家的故事、矿工的故事、音乐家的故事。有一天,你能达到进入电视网工作的水平,你讲述的还是这些故事,只是你会把这些故事和更多的观众分享。

资料框 11.2

社区型新闻

传统意义上,记者要努力使报道客观,但所有报道都会内在地包含观点:决定持哪一个观点的工作就落在了记者身上。某个特定的新闻只是叙述事件或者情况,或者阐释该事件如何影响了人们以及人们做了何种回应吗?美国教育家和历史学家威尔·杜兰特(Will Durant)从哲学家的角度回应了这样的问题:

文明是一河两岸。河流有时会充斥着人们的杀戮流血、偷窃、喊叫以及历史学家通常会记录的事,而在河岸上往往不被人注意的是,人们建造房屋、做爱、养育孩子、唱歌、写诗。文明的故事是发生在河岸上的故事(摘自 Jim Hicks, "Spry Old Team Does It Again", *Life*, 1963 - 10 - 18, p. 92)。

好奇有益

如果记者想要了解他们所工作的地区,好奇是先决条件。一个电视制作人提到过这么一个记者,她在镇上待了一年半,然后想要到其他地方工作。距离离开该镇还有十来天的时候,她找到这个电视制作人,问怎么去附近的山区,她从来没去过那儿。在这里工作了一年半,她居然还没有探索完所有的街道,还不知道高速公路是什么走向。

城市和社区对所有探索者开放,所以你一到城镇,就要去尽量弄清楚街道名、地理奇观、地区口音、社区领导,甚至周六晚舞会等。向地方法院法官做自我介绍,沿着河滨马路走走。在餐馆里,别吃奶酪汉堡,尝尝地方特色菜,像鳄鱼尾巴或者越橘馅饼之类。参加或者参观教会或者犹太教堂,在当地的汽车电影院看一场电影。总之,把自己融入当地的历史、文化、商业和宗教中,你所积累的知识会使你把故事讲得更出色。

透过现象看本质

每天新闻报道组都会重申这一公理:如果连记者都不关心这个故事,那么观众也不会。如果你能找到一个新的方式来讲述一个司空见惯的故事,即使是多年来你已经报道过很多次的故事,对你的观众来说也会更有趣更难忘。

"这是童子军的口号,'时刻准备着',"曾获全国年度电视新闻摄像师(National Television News Photographers)等奖项的阿尔特·多纳休

（Art Donahue）说。"令事情看起来更有趣一点；试着用不同的方式来想想日常发生的故事，而不仅仅是用一个出镜报道加两段采访者的头部特写来讲述每个故事。"[7]多纳休擅长用新角度来展现熟悉的题材，有一次他在报道由于修桥而引起的高速公路堵塞时，只用了画面和货车司机对话录音，录音中甚至还伴随着 CB 广播。

 ## 告诉观众他们错过了什么

作为一个用视觉讲述故事的人，你的职责就是向观众展示他们自己无法看到的东西。换句话说，向观众展示他们有可能会错过什么，即使他们就是事件的目击者。寻找其他记者急于报道而忽视的独特报道角度。当竞争对手在拍摄公寓失火的烟雾和火花时，看看你的四周。可能你会注意到，隔壁的一位老人正努力地用浇花的水管灭火，以保卫他的小屋。有观察力的人似乎能遇到这等"好事"。

NBC 特派记者鲍勃·多特森说过，发生了龙卷风后，记者们似乎都扎堆在视察受灾地区的州长身边，问情况究竟怎样。但是在南卡罗来纳州报道龙卷风的灾后情况时，多特森就发现了一个甚至比州长说得还好的人。"'嗯，龙卷风掀倒我的牙了，不过可没掀倒我，'这人说。然后他在瓦砾堆里翻出了他那副沾满泥的假牙。这家伙把情况都说透了。"多特森说。[8]

当然，有人批评这种方式，认为这个技巧会把不必要的戏剧性情节和情绪带到新闻报道中。但是，生活本身就是一出戏，实在的新闻需要人实在的反应。

 ## 让摄像机融入现场

1939 年大卫·沙诺夫（David Sarnoff）称电视为一种"新艺术"，暗指这是一种潜力尚未完全发掘和完善的媒介。今天我们已经意识到，电视的"艺术"力量在于它能传达出体验感，从而赋予观众们亲临现场的真实感。我们渴求这样的体验。的确是这样，就是为了能享受那种亲历的感觉，我们才会打开电视看节目，或者是看新闻。

让摄像机融入现场，有助于制造一种体验幻觉，从而有助于把你的报道和竞争对手的报道区别开来。可以试着让摄像机更加直接地参与到行动中，以达到把观众置于故事中心的效果（见图11.1）。

另外也可以寻找独特的摄像角度，来帮助讲述故事并使之更深刻难忘。不过，要小心，如果角度太极端，你的这一技巧可能会使观众的注意力都在镜头角度上，反而破坏了观众直接参与故事的感觉。

 ## 顺序推进故事

连续视频（sequential video）是通过拍摄连贯而不中断的动作来讲述故事。一系列的镜头剪辑在一起，为观众制造出画面连贯的幻觉和参与其中的感受。另一种更常用却没那么有效的方法是

图 11.1 当摄像机也融入到了现场事件中，观众会更有现场感。

说明性录像（illustrative video）。这种报道方法仅仅用录像来例证文字，比例大概是一句画外音口播配一个画面。这有点像一系列互不关联的幻灯片或者场景，把没有顺序或节奏甚至意义的独立镜头放在一起。这种说明性录像很难讲述故事。

不要一次就把新西兰全展示完

　　播报时间经常不足以把完整的故事说完，这让每个电视记者都会感到沮丧。"要是能再多给我几分钟就好了，"记者会恳求。"如果你能放弃一周的暑假，就能多给你五分钟，"制作人回答。在这种时候，比较好的方法是去回想一些好的商业广告，它们用 30 秒甚至 15 秒的时间就能传达出有力的信息或者细节。最佳商业广告信息往往很简单，却强烈而令人难忘。

　　一个解决这种播报时间不够的方法是遵循"少即是多"的箴言。摄像师拉里·哈特伯格曾在他的建议中把这一概念说得很透彻，"不要一次就把新西兰全展示完"[9]。哈特伯格曾负责用四个片段来展现新西兰，在这期间他确定了这一信念。这项任务要求他只能用四段报道——每段两分钟——来展示这个国家错综复杂的特色。于是，哈特伯格大大缩小了他的报道中心。最后他选择了一位绵羊牧场主、一位街头魔术师、一位渔船船长和一位铁路工程师，通过他们来讲述故事。即使这样，看完这些报道，我们仍然能感觉到我们已经看到了新西兰的全部，因为这样的处理手法涉及领域宽广而又表现得强烈有力。哈特伯格的处理手法与英国纪录片历史学家、电影制作人约翰·格里尔森（John Grierson）的意见如出一辙。后者曾说过，你可以写一篇关于邮政服务的文章，却只能拍一部关于一封信的电影。

资料框 11.3

观众参与的层次

　　观众在观看电视新闻时，会经历三个层次的观察：

第一层次　主体在活动中出现，并伴随着自然的声响和自发的点评。

第二层次　主体随着写好脚本的画外音活动。

第三层次　记者在镜头里描述某人在做什么或者说什么。

　　然而，每一个层次都与适当的故事相适应，最有力的报道出现在第一层次中。自然的声响和自发的行为给新闻播报增添了强烈的现实感。警长说"跟着人群走，水位在飞快地上涨"不经意间便成了报道过程中的一部分。报道的技巧表现在第一个层次上，在第二个层次上也有少许的表现，这使得主体如此令人熟悉，以至于要是几天后报道中的人走进门来，观众们都会认出他。

发展对人的兴趣

　　显而易见，关注报道中的人物至关重要。关注的意思就是你要对你的报道主体感兴趣，要倾听这个人有什么想说的（见图 11.2）。这并不是说你应该把个人感情也牵扯进去。关键是忠实地报道并适当控制感情。"如果想要做好（这个报道），必须发自内心。因为到最后，如果我带着感情来回应这个故事，我必须去感受这个故事，"电视记者蒂姆·费歇尔（Tim Fisher）写道。[10]

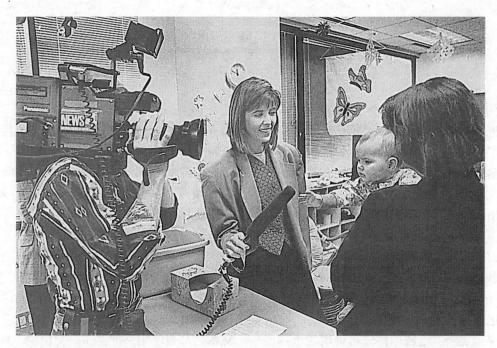

图 11. 2   最有力的电视新闻报道中的记者都对报道主体感兴趣，并且注意这个人想说什么。

 ## 让观众想看

为了让观众想看你的报道，很重要的一点就是不要让他们从画外音中就知道一切。在以文字为主的电视新闻里，很少有必须看完报道才能明白的播报。事实上，你就是在隔壁房间听报道，也不会漏掉任何信息。不过当然了，这种电视新闻只是广播加画面而已，既不能带动观众也不能打动观众。

更有力的报道方法是通过画外音，帮助观众观看新闻，这样可以让观众们持续不断地融入屏幕画面中。比如如下的两种画外音："这"—"这种茶道"。如果你大声朗读下面两个句子，区别就很明显："每个登山者都应该在背包里装上这些东西中的一个"—"每个登山者都应该在背包里装上一个指南针"。只有第一句需要在报道时引导观众观看屏幕画面。

 ## 营造流畅视觉

在文字主导型的文化环境中，撇开文字不用而转用视觉来表达故事，说起来容易做起来难。记者要说的东西越少，造成的问题就越麻烦。尽管有很强的说服力，视觉画面在文字记者眼中是得不到重视的，即使是代代相传的已经证明了视觉传播力量的电影制作人，往往也持类似态度。"很久之前……我就发现观众看无声的序列镜头比看有对话的场景更专心，"电影制作人爱德华·迪麦特雷克写道。"当场景中有人说话，观众也会说话。无声的场景反而更需要注意力。"[11]

这个事实直到今天仍然存在。《时代》（*Time*）杂志曾经提到，在电影《瑞安的女儿》（*Ryan's Daughter*，又译作《碧海情天》。——译者注）上映后，导演大卫·里恩（David Lean）伤心地发现影评人"往往更倾向于专心地倾听电影而不是看电影，所以更怀念（里恩的）优雅和精妙"[12]。不过比起专心投入文字中以致看不到流畅视觉所提供的宏大意义和体验的评论家来说，电影和电视观众是更精明的视觉信息消费者。我们又一次了解到电视观众宁愿选择看而不是听。

这样的建议一度很多。但今天很多新闻编辑部要求记者在多个平台上做报道。在一天之中，记者可能要用到电脑剪辑系统，要制作计算机图片，要剪辑画外音录音，要发布网络文章，要导出录像，要录制新闻节目，要为一个主持人做连线访问，要写博客或者播客，甚至要为一篇网络文章从录像中截取图片，还要把报道播报更新到手机上。

今天，"记者要成为多媒体全能选手，"报纸及杂志专栏作家罗伯特·J·塞缪尔森（Robert J. Samuelson）说。"在一定程度上，这很宝贵：寻找新的方式来吸引观众和传达信息。但这同时也很耗时间。"[13]新闻编辑部的软件让记者只需写很少的东西，比如只写一篇报道，就可以用各种各样的形式（网络文章、新闻稿、手机报）将其发布到各个平台上，使得这种全能得以实现。[14]

关键是要学会何时通过特定的工具和手头的媒介将信息以最好的方式传达出去。这不再仅仅是口头文字和移动画面的问题，而是图像、纯音频、声音加录像、图片摄影、用于倾听的口头文字、用于阅读的书面文字、短信息等的问题。

报道要适应故事需求

盲目地受画面的约束与盲从文字具有同样的破坏力。有力的故事讲述需要在每时每刻都运用最有效的传播手段。如果画面和自然声是最佳的故事讲述方式，那么就用这两种。如果报道由记者来讲述或者由无声来表达更有效，那么就选择相应的方式来报道。

报道非视觉性故事

你分派到的大多数报道都会是静止的、非视觉的，除非你能加上你的想象力，找到方法使故事动起来。这类故事包括市议会大会、公众听证会、将用来建大楼的空地以及刚刚被定为历史性地标的空置建筑。为了给这种故事增添动感和趣味，以下一些方式可以使用：

■ 寻找之前拍过的表现主体在运动变化的录像、电影资料、旧的新闻影片等。

■ 寻找在场景中运动的生物或物体，如飘扬的旗帜、飞过的鸟、骑车经过的人等。

■ 仔细研究这个故事，以便更完整地理解故事的视觉潜力。

■ 尝试集中报道人、与人有关的物件，或者人物或生活的象征物等来使故事具有人情味（如报道房屋火灾过后的情况，可以用特写镜头拍摄一盒烧焦的情人节糖果，以此来提醒我们火灾使得和我们一样的人们无家可归）。

■ 为非视觉性故事找一个关联。试着把这个事件和再大一点的事件甚至和一个现存的趣味点或者问题联系起来。

■ 拍摄并在报道中使用顺序：眼见为实，而按顺序看到即为体验。

■ 使用艺术、模型乃至再创造，如果符合道德伦理的话。

■ 挑出一个主要问题并以此做报道。

■ 使用数码影像特效（digital video effects, DVE），这个技术被 CBS 使用过，当时是要报道一个警察调度员拒绝派出救护车，从而导致一名男子死亡。报道中，屏幕的一边，镜头定格在受害者的家；屏幕另一边，镜头定格在警察调度员身上。这两个画面以一条以艺术方式绘制的电话线连接起来，同时观众能听到这一致命的电话对话录音。

■ 在报道中加入记者出镜报道，最好是按顺序报道。

■ 通过声音在观众心中描绘出画面。

■ 通过写作制造出画面。

■ 通过小意外和戏剧性瞬间来扣人心弦。

■ 通过新颖的灯光来帮助设定故事的基调和环境。

■ 把报道的机会交给新闻中的人物——让他们来说明和描述他们的环境、事件和各种瞬间。

■ 拍摄能分享体验的画面。

■ 挑战自己。端正你的态度。记住你的观众永远不会像你那样去关注你的报道。

 ## 个人外表和行为

无论何时，你在公众场合，不仅代表你所在的电视台，很大程度上你就是电视台本身。你的行为举止和你的衣着打扮不仅会影响社会对你工作的电视台的看法，还会影响你的报道质量。"你可能获得机会接触这个故事，也可能失去这个机会，就看你怎么穿了"，《国家地理》杂志（National Geographic）前摄影总监里奇·克拉克森（Rich Clarkson）说。[15]

电视台通常会为记者和主持人提供服装补贴，因为个人外表和电视台的形象很重要。但除了夹克、帽子、高尔夫球衬衫这些作为电视台标志的经典造型，摄像记者很少得到这种福利。如果摄像师弄脏或者弄坏了做报道的衣服，电视台可能会付钱清洗或者退换。如果电视台不愿付这个钱，可以考虑自己付钱来维持你自己的形象标准。

 ## 礼节

全国各地的记者都为自己赢得了爱出风头、粗鲁无礼、咄咄逼人的名声。无论是否理所当然，公众有时会认为记者不关心他人，没有同情心。竞争压力和截稿压力是其中部分原因，但有时候问题可能就仅仅在于不够敏感。

在葬礼上或者在涉及死亡、疾病等类似事件的报道中，在拍摄任何画面或者进行采访之前，首先要征得家属的同意。在报道中，要设想如果这涉及你的家人，你会对记者或者摄像师有什么期待，然后相应地做到举止得体。根据不同场合来着装，尽量用长镜头远远地、不引人察觉地进行拍摄。

拍摄报道突发新闻

突发新闻报道包括摄像师和记者无法控制的事件。这些事件都是突然发生的，没有预警也不可预见。因为突发新闻在日常报道中如此普遍，在以下讨论中会提到一些提高现场报道的主要因素。

每分每秒都很关键

在报道突发新闻时，时机就是一切。最先到达现场的人通常能拍到最好的画面和最有价值的突发新闻报道。事件发生之初，人们还很兴奋（而且令人兴奋），事件本身也仍在进展中。

学会用本能拍摄

如果你要养成拍摄快速进展的事件的本能，熟悉设备至关重要。设备应该成为你自己自然延伸的一部分，这样你的反应都会是自动的；你不必停下来思考。在这一点上，就像努力做其他事情一样，熟能生巧。在工作空闲时，练习从一个物体到另一个物体的快速对焦拍摄。设想镜头该怎么拍。即使是坐在家里的安乐椅上，也想想该怎么报道。在受访者说话时，学会聆听，这样你会知道是不是要移近一点来个近镜头，或是拉远一点拍摄说话者的丈夫。

随时准备

童子军的口号"时刻准备着"是拍摄和报道突发新闻的首要原则。这也就是说，电池要充好电放到摄像机里，合适的滤光片要装对位置，录像带要装好，调好白平衡，头脑要调整到"思考"的状态。据说曾有一位摄像师在其职业生涯中拍到过 5 次空难，因为他总是随时都准备好一切。

少用"三脚架"

拍突发新闻时，使用三脚架是不切实际的。把三脚架放一边，手持拍摄。不过要记得影响手持拍摄的规则：远距拍摄时避免手持拍摄；减小摇晃，可以考虑广角拍摄；确定你所使用的镜头的焦平面，在这个距离范围内不要再靠近你的主体。

资料框 11.4

学会"自动驾驶"

最初我是通过学会使用设备来提高我的报道能力的。了解我的"档位"，学会怎么闭上眼都能使用。这样我可以将注意力集中在报道上而不是我的设备上。反过来，一些真实生活瞬间发生时，我也更加容易发现。在现实生活中，当我光顾着想"光圈"、"对焦"、"白平衡"的时候，这些小瞬间就不那么显而易见了。能够"自动驾驶"将帮助摄像师区别于"摄像者"。

约翰·德·塔尔西奥

猜想

报道突发新闻意味着要在头脑里提前想好，问问自己下一步需要拍什么。虽然拍摄突发新闻不可能经过排练，但你可以尝试提前弄清楚什么有可能发生或者想象什么会发生。自由摄像师达雷尔·巴顿（Darrell Barton）说："在你看到一些想拍的东西时，你就可能已经错过拍摄时机了。别边想边打开摄像机，在开机之前就要开始想。"[16]

先拍关键部分

报道突发新闻时，先拍关键部分；你无法倒回去要求补拍。在你拍的时候，要在脑子里剪辑。预先设想和拍摄你需要的东西。一次想三个镜头：你正在拍的镜头，你刚刚拍到的镜头，还有你接下来要拍的镜头。事件发生过后，整理好拍下来的片段和其他"剪辑素材"。

拍摄序列镜头

要拍摄序列镜头，拍突发新闻时尤其要这样做，否则你最后弄出的只是一个幻灯片。你不可能总能按顺序拍摄突发新闻，但你可以制造出有顺序的感觉，如通过拍摄一个消防员的脸，再到另一个消防员的双手，然后是另一个消防员的腿。或者你可以拍摄一个篮球运动员正在投篮，然后切入另一个在这场比赛中某个球穿过篮筐的特写。你也可以在拍摄时"快速推拉镜头"（比如，拍一个长镜头然后快速拉近到中景或者特写）。剪辑时，这些快速推拉的画面可以删掉，以制造出有三四个镜头的序列镜头的感觉。

通过人物来讲述故事

为你的报道添加一个主题，好的突发新闻报道在一定程度上也取决于记者的见解和感觉的能力。例如，你可以选择展示一个惨剧带来的影响。虽然你无法控制事件，但你可以拍摄能以有意义的符号来反映事件的关键场景和声音。寻找能告诉我们关于人的镜头：空难中烧焦的行李箱、活动房屋火灾中安装不当的电线，或者在山区搜救中失踪孩子的照片。

体谅现场的官方人士

有句谚语说，要抓苍蝇，蜂蜜比醋更好使。如果一个官员不让你进入突发新闻现场，尝试说服他让你进去。有时候你可以未经允许就开始拍摄，并能持续拍摄，只要对警方、消防、军方官员简单地说这么一句："如果我妨碍到你，请告诉我。"这么一句话暗示你很乐意和这些主管人士合作，而且有时候这就是他们所需要听到的。一个警告：不要威胁对方；也不要轻易就被赶离现场。很多最佳场景都会发生在你回家之后。

考虑突发新闻事件中的人物

突发新闻主体，无论是矿难救援人员，还是直升飞机驾驶员都承受着很大的压力。他们很焦虑；

他们也许正经历着悲伤；他们也许正饱受身体创伤。学会"解读"压力和疲劳的生理和心理暗示，这样才能知道什么时候可以进一步推进或者停止。

比起平常报道中的主体，突发新闻事件中的人物更不容易察觉到镜头的存在。通常，惨剧受害者或者深受情绪压力所扰的人在最后才能想起报道小组，而有时他们甚至不会意识到报道小组的存在，直到几天或者几个月以后，才从别人口中得知你们报道了这个故事。不过，为了避免引起人们的不悦情绪，不要围观或者侵犯他们的私人空间，但要尽量拍到好的特写镜头，还要记得尊重他人，包括他们的隐私、尊严和情绪。想想自己若处于类似的情景中，会想要受到怎样的对待。

安全工作

每次报道突发新闻时你都会面对风险。你可能会遇到脱落下来的电线、烟雾、二噁英、石棉、多氯联苯、裸露的电线、涨潮、有毒物质或化学物泄漏、高温、火灾、严寒、狂风、爆炸、墙壁坍塌、冰雪，还有持刀、持枪或携带爆炸物的人。如果这些你都没有碰上，你甚至有可能在拍一个游行旁观者的镜头时被游行人群踩踏。

带上你报道所需的一切，因为你可能无法回到采访车或者直升机上去拿备用录像带、急救箱、防护衣、换洗的衣物、食物或者适合夜间拍摄的灯光。要准备好，还要记得：没有任何报道值得你搭上生命。

不要做个情感超人

有些突发新闻比较单调，而另一些则比较血腥，还有一些令人无法想象。有些事件可能对你的影响甚于你所发现或者承认的。所以，要意识到自己的感觉，如有必要，向能理解的人倾诉。否则，它们会在你心里堆积……最后爆发。

牢记高尚品位

当你在报道突发新闻时，展示合适的内容就够了。你可以决定展示溺水身亡者的照片而不是被遮盖的尸体，或者用远景拍摄抢救过程而不是特写。有些镜头，比如某人把枪塞到嘴里然后扣动扳机的过程则永远不应该被播出。我们怎么知道是否要拍摄这样的序列镜头呢？有些记者不管内容是什么一律都拍下来，然后再决定该不该把它播出，或者把决定权留给制片人、主持人、执行编辑，或是新闻导播。尽管"先拍再决定"的做法通常是正确的，但这有可能导致被控告侵犯隐私和引起其他法律纠纷（参见第 15 章，"法律与电视新闻人"）。通常，最佳的做法是在这种情况下遵循以下格言："如果你不想播，就别拍。"竞争对手可能会播出你有意选择不拍的镜头，但要记住把握分寸，因为有分寸有助于保护你的信誉。

形成新闻理念

在过去，记者们普遍把他们的工作定义为收集和发布信息。"我们发布信息，由观众自己去理解，"他们如此说。在以前观看的选择权有限的时候，记者可以奉行这种精英主义。但现在，观众已获得对媒体的控制权。电脑、手机、iPod、卫星电视、有线电视，数字录像机的观众甚至可以控制节目表。他们决定自己要看谁、什么时候看、在哪里看、看多久。如果新闻播报的报道足够有力、吸引、动人，观众才会继续收看。但如果报道无聊、乏味、平庸，观众就会走开。通常来说，电视新闻的灵魂在于报道本身，要通过对故事讲述的掌握来成为真正的大腕。

小结

不管报道题材是什么，最成功的记者都能制作出吸引观众的报道。提高报道水平是个渐进过程，需要经历一次次化平庸为神奇的努力。尽管有些记者在工作中追求完美，但最可行的做法是追求优秀。

因为讲故事的人需要故事，好的开始方法是将故事总结成一句简单的陈述句，摄像师把这称为报道的见解或者中心。一旦中心或者见解确定下来，必须寻找矛盾或者冲突的因素。积极的冲突，比如一个人克服残疾或者摆脱文盲的动力，有助于阐明个人甚至是社会的核心品质。不是每个故事都有冲突；有些故事仅仅是对事件的记述或宣布，这些故事不在讨论范围内。

作为一个摄像师，要避免找借口，观众可以从屏幕上所呈现的效果来评判你的作品。有些借口是合理的，但这些借口很容易造成逃避。出色的故事讲述者会试着用新的角度来呈现熟悉的题材，有些甚至成功地用被人们忽略的角度来呈现众所周知的题材。在这些尝试中，摄像机融入活动的程度越高，报道就越真实。

还有其他方法来加强故事讲述的效果，包括通过人来讲故事，用匹配动作的顺序，还有将报道中心缩小到可操作的层面。正如英国纪录片拍摄家约翰·格里尔森说，拍摄的目标不是去写一篇关于邮政服务的文章，而是要完成一部关于一封信的电影。

尽管文字对于故事讲述很关键，但太多的文字可能会淹没一个报道。单独使用或者综合使用文字、画面、声音甚至静音，不管是什么样的组合，只要能最佳地呈现故事即可。通过这样的尝试，即使所谓的非视觉性报道也能做得有趣而吸引人。

很多这样的考虑也适用于突发新闻报道，但重要的条件是记者和摄像师必须预料到快速发展的事件动态，并且要格外注意人身安全。在所有这些行为的过程中，电视记者也是公众人物。他们的行为不仅反映他们自己，还代表着他们就职的电视台和职业。

关键术语

调度编辑   连续视频   说明性录像   突发新闻
报道中心

讨论

1. 讨论通过哪些步骤摄像师可以保证新闻报道的风格和内容更吸引观众，同时又保证报道基本准确和完整。

2. 报道过程中优秀和完美的区别是什么？这两者中哪一个是更明智的选择？

3. 解释为什么在报道过程开始前，找出你所报道的故事并大声地陈述出来，或者至少在脑子里概括整个故事十分重要。

4. 为什么在报道过程中记者和摄像师的交流至关重要？

5. 讨论故事讲述中冲突的作用，以及如何将这一概念应用到电视新闻报道中。

6. 当借口成为一种习惯，甚至几乎是一种生活方式时，它们会腐蚀摄像师制作出优秀作品的能力。找出能帮你在工作中避免制造这些借口的态度和个人做法。

7. 找出六件以上你能参加的可增进对社区了解的活动。解释为什么这些活动对帮助你成为更好的记者、摄像师或者故事讲述者很重要。

8. 作为摄像师，即使观众是你所报道的故事的目击者，你能通过哪些步骤来向观众展示他们错过了什么？

9. 为什么摄像师捕捉和传达一种关于所报道的故事的体验感很重要？

10. 讨论当你需要把复杂的故事讲得简单同时还要深刻时，你所需要采用的方法。

11. 为什么关心报道中的人，或者至少对他们感兴趣很重要？如果你太关心你报道中的人，你还能在报道他们时保持独立和客观吗？

12. 阐述通过使观众不断参与到电视屏幕中，促使观众观看报道这样一种好的报道方式。

13. 讨论你能使所谓的非视觉性报道在视觉上更吸引人、更充实的方法。

14. 摄像师必须在各种环境中和极端天气下工作，那么在何种程度上，他们应该保持穿戴、仪容整洁地出现在公众面前？作为你回答的一部分，描述你认为摄像师一般情况下在现场任务中应该如何穿着得体。

15. 描述在报道突发新闻时适用的保障个人安全的做法和注意方面。

16. 归根结底，记者在报道新闻中最重要的职责是什么？

练习

1. 为帮助提高你提炼报道中心或见解的能力，选择一个非常简单的物体或者现象，比如一个南瓜、一个圣诞树装饰物或者一阵春风，然后找出一句能帮助你做出一个关于该物体视觉故事的中心陈述句。例如："春风就是个垃圾桶。"然后进一步找出两到三个你想传达的关于这个物体的要点，并为这些要点找到视觉证据。比如，在一个以洗车为中心的报道中，其中一个要点可以是："每次你洗一些东西，你就会弄脏其他一些东西。"

2. 找一个普通的物体，试着通过你的拍摄或者报道令它变得更吸引人。

3. 只用画面和声音而不是画外音口播来构建一个电视报道，讲述一个有开头、中间和结尾的完整视觉故事。

4. 研究书本、电影和有吸引力的故事，寻找其冲突所在。分析冲突在故事讲述中的作用。

5. 最近好好观察一下你所在的社区。进一步了解该地区的历史、文化、商贸情况和宗教。如果你能注意安全，慢跑或者散步到社区中你不熟悉的地方。基于你对这个社区和民众某些方面的最新了解，找一个拍摄和报道的故事。

6. 找一个复杂的题材，比如围绕禁烟法令条例的问题，然后拍摄两到三个能阐述"你可以写一篇关于邮政服务的文章，却只能拍一部关于一封信的电影"原则的简单报道。

7. 为你所拍摄和/或报道过的常常能引导观众关注屏幕的报道写一份脚本。使用类似"每个登山者都应该在背包里装上这些东西中的一个"而不是"每个登山者都应该在背包里装上一个指南针"的说法。

8. 选择一个"非视觉性"报道题材，如社区里对游客开放的建于某个年代的古老小屋或者其他建筑。试着使你关于这一题材的拍摄和报道变得深刻、吸引、动人。

9. 研究突发新闻报道，寻找证据来证明摄像师和记者通过人物来讲述这些事件的能力。注意顺序镜头在你所观看的突发新闻报道中出现的频率。如果没有出现顺序镜头，有没有可能拍出顺序？

10. 采访警察、消防部门或者治安官，询问他们在与电视记者和摄像师合作时最令他们困扰的事情。

11. 探访一位联邦、州或者地方环境保护官员，进一步了解你在报道突发新闻时有可能遇到的有毒化学物质和其他环境危险。

注释

1. Edward Dmytryk, *On Film Editing* (Stoneham, MA: Focal Press, 1984), 78.
2. Remarks at the NPPA TV News-Video Workshop, Norman, OK, March 17, 2003.
3. Interview with the author, Fort Collins, CO, April 26, 1981.
4. Bob Dotson, conversation with the principle author, Norman, OK, February 23, 2003 and amplified in e-mail correspondence June 27, 2007.
5. Darrell Barton, "Gangbang Journalism: A Photojournalist's View," a presentation at the NPPA TV News-Video Workshop, Norman, OK, March 19, 1986.
6. A newsroom memo from Jim Prather, then news director, KRIS-TV, Corpus Christi, TX, January 1986.
7. Art Donahue, "Utilizing a Creative Eye for Everyday Assignments," a presentation at the NPPA TV News-Video Workshop, Norman, OK, March 21, 1986.
8. Dotson, 2003.
9. Larry Hatteberg, "People-Oriented photo-journalism," a presentation at the NPPA TV News-Video Workshop, Norman, OK, March 18, 1986.
10. Tim Fisher, "Television Is a Trust," *News Photographer* (November 1984), 21.
11. Dmytryk, 79.
12. Richard Schickel, "A Superb Passage to India," *Time* (December 31, 1984), 55.
13. Robert J. Samuelson, "Long Live the News Business," *Newsweek* (May 28, 2007), 40.
14. Glen Dickson, "Newsrooms Go Multiplatform," *Broadcasting & Cable*, March 26, 2007. www.broadcastingcable.com/.
15. Rich Clarkson, "TV News Photographers as Professionals—Some Believe You Have a Long Way to Go," a presentation at the NPPA TV News-Video Workshop, Norman, OK, March 21, 1986.
16. Darrell Barton, "Connects to Journalism Students at the University of Oklahoma," November 5, 2002.

第12章

现场直播和远程报道

卢安·阿金

　　电视记者惯于制作精细的现场报道，即使有些事件还没有映入他们的眼帘。如今的电视观众似乎也把这样的新闻时效性当作理所当然的事情。因为有许多新闻目击者的存在，电视观众频繁地成为新闻报道的参与者，有些时候他们对事件发展的了解程度胜过现场记者。这一章我们要细致阐述现场直播的过程，讲解如何在现场直播领域组织和撰写故事，并考察何种素质有助于使电视记者具备"直播技能"（见图12.1）。

　　我永远不能理解为什么我自己没能发现飓风。丹佛六月份的天气预报已经宣称将会有恶劣天气——暴雨、雷暴、冰雹，甚至有可能是飓风。这也就是说，直升机上的成员、驾驶员迈克·席尔瓦、摄像师大卫·格雷格（David Gregg）以及我自己将可能遭遇飓风。恰恰也就是这一次，飓风找到了我们。

　　当我驾车去机场的时候，那片云层已经笼罩了整个城市，而且变得更加阴沉，让人觉得更加不安。我追上迈克和大卫，他们正在半跑着冲向直升机。我向迈克大声喊道我们需要马上起飞。一片巨大的漏斗云已经进入了丹佛的视线。几乎没有一秒的迟疑——甚至都没有抬头——迈克就颤抖着指向了那片天空。一片高耸的漏斗云眼看就要落到我们头上。

　　按照中西部的标准来看，那片漏斗云不算大，但它却是很长一段时间以来，我们城市遇到的最大的一片漏斗云了。那个下午，它确实也演变成了七个袭击丹佛的飓风之一。

　　在接下来的四个小时中，我们是"直播"马拉松中的一员。迈克、大卫还有我完成了一个又一个的镜头。一个捻线机被风吹倒，打断了电线，砸裂了大树，还把它们抛出半个街区远，那时我们正在进行直播（当然是从一个较远的距离）。当我们中止直播的时候，其他CBS4的小组还正在进行直播。其中一队拍摄人员带领观众"走"过一个重灾区。当记者走过歪倒的树枝时，摄像师正在进行"离肩式"摄像，负责直播车的工程师帮着铺设长距离的直播电线。而此时另外一组人员，正在十英里之外的一个被飓风

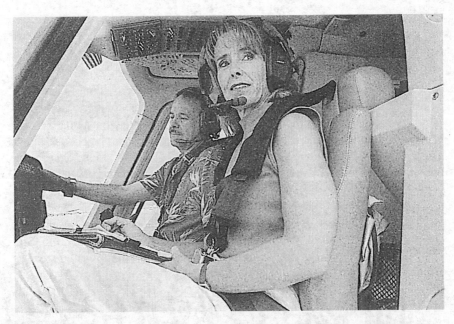

图 12.1 卢安·阿金（Luan Akin）是一位 CBS4-TV 的直升机专家和机动记者。
CBS4-TV 是一家由 CBS 拥有并运营的丹佛电视台。每年她都要进行数以百计的直
播远程操控工作，这些报道来自于 CBS4 的直升机能够到达的任何地方，不管是
在耸立的落基山脉，还是在高山平原猛烈的暴风雨中，它都能够鸟瞰现场。她所
乘坐的直升机驾驶员名叫迈克·席尔瓦（Mike Silva）。

摧残得四分五裂的商业区进行直播。这些镜头与天气预报一起被循环播放，直播也在编辑部中进行实时
更新。

就是在那样的时刻，团队工作和先进技术的作用得以彰显。那也是我在电视台待过的最艰苦的一个
下午；但是它同时也是最值得的经历之一，这都要归功于"外景直播"的挑战。

"外景直播" 需要些什么

要成功实现直播，一切在电视新闻里用到
的重要技能，其重要性都是翻倍的。这些技能
包括丰富的词汇量、敏锐的新闻嗅觉、作为一
个普通部门记者的经历，以及过硬的采访技巧。
它们综合起来就构成了能够在混乱的状况下清
楚而准确地叙述故事的能力（见图 12.2）。但是

对于一个好的现场报道记者来说，最为重要的
一个技能就是能够以交谈的口吻写作和陈述报
道。许多记者在做外景直播的时候，把简单的
问题复杂化了。他们将报道做得太过严肃和专
业，不论是视觉效果还是听觉效果，最后都让
人感到沉闷和无趣。

图 12.2　直播报道需要的不仅仅是与观众交谈式的写作和叙述能力，更需要在现场清楚而准确地讲述所发生的事件。

 ## 突发新闻

"突发新闻"和"直播"——对于电视新闻记者来说，就像是火腿夹蛋。对于经验不足的记者来说，在突发新闻的地方进行外景直播就像是在经受火灾的考验，但是系统地提升你自己的能力可以让你克服这种慌乱。最基本的是你需要知道自己期望获得什么。我们把这点放在第一位。

边走边收集

世界上的汽车供应商往往告诉我们，时间就是金钱。而如果你是一个正在通往新闻现场的电视记者，那么时间就是信息，或者它至少应该是。你不能等到已经到达现场就要开始提问时才开始搜集信息。

一般来说，在一辆普通的转播车上就很有可能搜集到一些信息。电视台的双向广播调频是一个很好的例子。通常来说，一个工作台或者其他一些在新闻中心的人最先听到新闻事件，并且通过双向调频让记者了解某些地方存在着阻碍采访的东西。这时，记者要充分利用手机，但是要和你的新闻中心协调，避免重复调用资源，比如警力的调遣。如若不然，许多电视台可能会发现，在以后的紧急报道中有些调度员会失去耐心和合作精神。

无线电扫描器在你赶往突发新闻的地点时有着特殊的帮助。除了那些通过无线电通信手段正在播出的与你所做报道有关的新闻之外，要锁定（经无线电扫描器筛选过的）所有频道。掌握那些你从扫描器中认真听取的信息。只有经自己或者是新闻中心的某位同事证实后，这些信息才能被当作既成事实。通常要十分谨慎地由新闻源头导出你的报道。我和我的直升机驾驶员曾经基于如下的无线电扫描器得出的信息被派遣出去：

一只死去的河马现在被搁置在丹佛国际机场旁边的佩尼亚大道……

资料框 12.1

现场和现场记者简介

对于一个记者来说，在直播镜头前最应该做的事情就是率先阐明事情发生的地点。有一些事情仅仅只需要对发生地点做概要性的介绍：

"我们现在在舒格洛夫山脚下，在这里消防队员告诉我们，他们即将接近大火的上风口……"

如果一个具有新闻价值的报道涉及一个具体的地点，那么记者应该把这个地点说清楚。

"我们正在靠近舒格洛夫山顶的'堕落天使大道'。消防队员们告诉我们，大火已经摧毁了大道半英里之内的每一户人家。"

如果一个特定的地点具有新闻价值，那么确认观众被详细地告知了这个地点就显得非常重要。记者所用的任何交叉播送（直播中的图像）都需要配字幕。如果直播场景与交叉播送中第一个图像相同的话，那么也就没有必要重复加上发生地的字幕了。但是如果仍然存有疑义，那就不要犹豫，应该迅速再次标出地点。

很明显，这是需要些许怀疑精神的，幸运的是，当我们飞往事发地时，我是这样报道的：

> 警察告诉我们，一个骑摩托车的人说，在丹佛国际机场旁边的佩尼亚大道上有一只死去的河马……

但是事实证明，那是一头奶牛……而且是一头非常丑陋的奶牛。

在你要收听一个现场事件的报道时，不要忘了收听"竞争性"（电台和电视台之间的竞争）的信息。你或许也可以打赌他们肯定得听你的。如果你觉得将要发生一些记者们没有听到的事情，那么在双向广播调频中要注意有多少是你该说的。

电视台记者可以通过领域中最好的新闻部门监听 AM 或者 FM 电台。从这些电台得到的即时更新和切入内容能够提供更多的背景信息。只是要记住，在你或是新闻编辑部的某些人使用这些信息之前，要对它们的可信性加以证实。

▌即时性 VS 信息

一旦到达现场，最先需要处理的事情之一是显而易见的：新闻编辑部希望你从什么时候开始直播？如果一个报道包含了某种危险，或者是会损害大多数公众的利益，那么新闻记者有义务尽可能快地把这些信息剔除出去。但是倘若事件并不是很紧急呢？一些新闻界的新人可能会臆断，在第一次直播报道前，正确的做法是应该在现场花一些时间搜集大量的信息。其实并不然。

有些时候，不确定性正是即时新闻的价值所在。新闻产业特别具有竞争性。率先追踪一个突发性的事件会有很多压力，这时你不得不遵从下面这句谚语："整装待发吧！"

当广播记者到达一个突发性事件的现场时，他们可能已经通过双向调频广播或者移动电话对事件展开报道了。电视台的直升机报道组面临着同样的挑战——马上要去现场进行采访但却对事件几乎一无所知。观众们很可能希望那些记者和电视台地面工作人员跳出汽车，走到镜头前，准备好报道在来现场的途中搜集到的任何信息。如果有理由不信任所得到的信息，记者有权决定推迟直播报道。但是，这也并不意味着，在直播确定之前，记者需要掌握每一个细节。

在快速发展的突发事件中，当你的第一手资料非常匮乏，并且必须迅速出动时，让这两个简单的首要法则指导你的行动吧：

指南#1：告诉观众你所知道的。 这听起来像是老生常谈，但是你会惊讶于自己是多么容易忽略这些眼前的正确信息。

■ 你在哪？用那些仅仅与事件相关的确切地点说明。如果这样不行的话，用一个观众或听众都知道的临界地点或者是地标性建筑。

■ 发生了什么？或许发现了一具尸体、一座建筑起火了，或者是一个小孩掉到了冰窟窿里。最起码，你应该能够说明是什么类型的警报或是电话让急救人员来到现场的。

■ 你从所处的有利地点能看到些什么？很清楚的是，电台记者一般都会帮助他们的听众想象事件发生的场景。但是在有更好效果的电视画面里，电视台记者需要记住观众只会看到摄像机拍摄到的景象。

■ 描述那些电视画面之外的画面：冰冷的天气对于灭火设备的影响，或者是因为警察将一个谋杀案现场戒严引起的交通堵塞。务必对任何你从这些观察到的现象中得出的结论保持谨慎。在一个快速展开的混乱繁复的事件中，很容易出现2+2=5的现象。

谨慎地证实你所说的，特别是当那些信息具有一定的可疑性的时候。灵活运用诸如以下词汇，比如"仍然不清楚"、"现在还……"以及"尚未得到证实的报道"。

指南#2：告诉观众你不知道什么。 更确切地说，是承认你并不知道一些观众存有疑问的问题的答案……但是要肯定地告诉他们报道组正在努力去获得答案，并且用这样的措辞表达：

"目前为止还没有信息解释有关这次火灾是如何发生的，以及是否还有人员困在里面……"

或者

"现在看来，还没有任何线索告诉我们，当那个小男孩在结冰的街道上摔倒时，他的父母在哪里……"

比起让观众怀疑你忽略了一些重要的事件信息，承认还没有答案要好得多。

▌ 旗开得胜

如果突发新闻报道并不是混乱不堪，那么你很有可能在到达现场之前，就已经知道了一些问题。比方说，现场是否拥有一个指挥部？如果有，在哪里呢？在大城镇中，许多警察和消防部门已经非常熟练地掌握了与媒体打交道的技巧。在紧急状态下，这些机构常常会设立一个指挥部、一个现场指挥所，并且将会拥有一个特定的PIO（Public Information Officer），或者是一个公共信息官员。那个人的职责包括为新闻记者搜集信息。

在媒体被隔离在现场之外时——比如说在一个谋杀案的现场或者是一个危险的火灾现场，一个高效的公共信息官员就特别重要。公共信息官员们会帮助你开路以更快地到达事发现场，帮助电视台的摄像记者更加靠近现场。指挥部常常是传输电视微波或者停靠卫星车的最佳地点，至少在突发事件的初期是这样的。那样会让电视台的工作人员与公共信息官员距离最近，而后者是相当重要的一个信息来源。

记住：指挥部事实上只是突发新闻事件的普通现象，并不是电视台唯一所需要报道的。尝试着去确定有没有其他一些地点对于报道而言很重要，那些地点是另一个新闻报道组应该查证的。医院将是一个很好的例子，伤员被送到那里，那里也成为一个需要"全面检查"的场所。

虽然公共信息官员提供的信息很有价值，但是没有一个具有职业操守的记者会仅仅满足于"官方"信息，比如发言人提供的。对其他信息来源要保持警觉：可能认识谋杀案受害者的邻居，一个恰巧看到失踪孩子在水边玩耍的钓鱼者。

寻找那些"一度被排除了"的人们

下一个部分，我们将要谈论在现场对一些人的采访，比如目击者和旁观者。就现在来说，只要记住：不要仅仅注意那些位置明显的人们——无论是紧急指挥部还是直接受害者——还要关注那些"一度被排除了"的人们。他们或许是事实上参与了灭火工作的人，或者是曾经做过在大火中死去的儿童的保姆的邻居。如果时间允许，并且人们愿意，那么就记录这个采访。这样做总比假定以后能找到他们要稳妥得多。

电视直播形式

创造性以及技术限制着电视直播的"面貌"。直播记者可以以多种形式播报，但是常见的是，如果时间允许，你可以综合不同形式增加直播作品的价值。重点不是在一个 90 秒的直播节目中创下播放提示数量的新世界纪录。我们的目标是运用不同的元素更有效率地去整合更多的信息。就像制作一个完整的新闻电视节目，要注意制作技术和节奏，直播也应该有一个"完整"的面貌。

"蓝眼睛"、"裸播"或者"吮指"

虽然这些词汇听起来并没有多少吸引人之处，但是这些电视行话指代的都是出镜直播，没有交叉播送，没有视频，也没有预录采访。只有记者以及他或她的想象。所以让我们开启想象。进行出镜直播最好的理由之一，就是让观众在报道开始的时候可以作为一个目击者见证这一切。如果场景包含许多不同的元素，那么为什么不带着观众一起旅行？

比如说你正在冬日的风雪中进行直播，这场暴风雪使得整个城市地面堆积了 2 英寸厚的雪。不要傻站在那儿！如果有必要，让摄像师离肩拍摄。确定你的摄像师了解你的计划，以及你将要去的方向，以便你可以始终被合适地摄录在镜头之中。然后你将在没膝的雪地中走动，进行直播。挖开雪堆或者是掀开邮筒，铲平人行道的积雪。给观众一种感觉：他们就在那儿！就站在雪地之中的你的身边。

拍摄行走的镜头，用无线颈挂式麦克风可以说是一种理想方式，但如果将有线麦克风绑在手推车上，也可以达到类似的效果。颈挂式麦克风可以使你的手更加自由地进行记录，或者是根据周遭的环境做出即时的动作。你或许需要拿一个道具，这是一个很应景的东西，它可以给事件一个更好的视角。不要忘形入迷就行。记住，直播的节奏与新闻节目中的节奏同样重要。

只要噪音级别允许，就所有的电视直播报道来说，颈挂式麦克风通常会比棒式麦克风效果更好。一个明显的例外是远程直播访谈，这是我们下面将要探讨的话题。

直播访谈

如果你喜欢挑战，那么你会爱上在突发新闻现场进行直播访谈。与行政官员进行"一问一答"（Q&A）的电视直播，通常会按照以下两种路径之一进行：

1. 双方都很乐意处理新闻事宜，并且知道他们应该给出相当简洁、直接的答案；

2. 双方都陷入"官方辞令"，而且谈论的是"可救出"的人们而不是真正地解救他们，或者是"试图使火种熄灭"而不是完全扑灭大火。

当你站在直播镜头或者麦克风前时试着先与人进行交谈，获得一种你所期望的感觉，一种可以判断这个直播访谈是有助于还是有损于你报道的感觉。告诉那个人你的采访将要持续多长时间，以及你的主题是什么。在采访过程中，认真听他们的回答。不要把精力放在你的下一个问题上，那样会让你错过一个需要跟踪的重要细节。

如果你是在采访一个目击者或者路人甲，那么需要特别注意。可能会有一个随时爆发的"大炮"藏在你们中间，当你发现它的时候已经太晚了。一旦直播开始，很多偶然性经常会使镜头前原本最健谈的采访者发挥失常，或是将自己的谈话转化为简单的"蹦词儿"式回答。

在直播访谈进行时要避免使用颈挂式麦克风。当你手持麦克风时，你会对所发生的事情有更多的掌控。你或许想要记录这次采访以备后用。在时间允许的情况下，跟你的摄像师谈论你的计划，让他（她）通过变焦给出更加紧凑的镜头。

在直播访谈开始和结束的时候，说明接受采访人的名字以及他与事件的关联。不要忘了同样也要告诉制片人，让他在直播屏幕最底端放一个词条（key，电子嵌入视频中的文字或图画），显示出受访者的名字和身份。如果你想要你的摄像师保持画面的宽度，那就拍摄一个双人镜头（two shot，在单帧中同时显示两个人像的镜头），告诉你的制片人被采访者的名字或者头衔应该放在屏幕的左边还是右边。

直播/画外音/直播

最后！让我们一起在直播中加入一些视频！只需稍稍计划一下，你就会对镜头效果感到惊讶，因为这样一个突发新闻事件现场的视频镜头，会极为快速地开始流传，并且在几分钟之后就会不断地以交叉播送的方式播放。摄像师的一个技巧是"在摄像机上进行剪辑"。遵循最基本的摄像准则：开阔、适中、紧凑——干净、简约的镜头就会被微波传送给新闻中心，并且按其拍摄的顺序进行剪辑。

交叉播送的使用非常有价值，但这也意味着记者们的工作变得更加复杂。现在，制片人需要具体的线索，也就是三到四个单词的词组，然后就可以按记者想要的效果开始或结束视频交叉播送。"滚动播放视频提示"（roll cue）是开始视频的暗示。"切回前方播放视频提示"则是告诉导演要把镜头切回到前方镜头的暗示，也就是说，切到正在进行直播的摄像机镜头。

你的播放视频提示务必精确。如果你马虎大意或者是改成别的语言，那么制片人和导演可能会错过它们，而交叉播放就实现不了了。为了确保你不会忘记或者突然改变它，如果必要的话把它写下来，这样你在直播的时候可以用得到。如果你的便笺包含了详细的事实或数据，那么也把它们写下来。但是，尽量不要读你的便笺，因为那样会削弱镜头的表达力和即时性。

直播中的视频引用

制作电视新闻最为重要的法则之一就是"引用你的视频",确定你所说的正好补充了观众所见的。如果你在不能看到视频画面时还要进行播报,那确实是非常艰巨的任务。如果你的直播地没有电视监视器,或者出于各种原因你无法看到交叉播送,那么让你的引用变得通用。如果你想给一些镜头做更为具体的视频引用的话,那么你只能依靠剪辑指令,这些指令基于你打算阅读的脚本得出。

比方说,一个有关公寓大火的交叉播送剪辑命令或许会以这样的形式发布:

首先,给我 8 秒钟拍摄火灾的序列镜头。接着是 6 秒钟救火车进入现场的镜头。然后,给我 6 秒钟伤员被抬上救护车的镜头,以及 8 秒钟拥挤的旁观人群的镜头。以至少 10 秒钟的对于燃烧大楼的拍摄镜头作为结束。

这是一个粗略的框架,但是它会为你的交叉播送安放各种栩栩如生的元素,甚至是在你不能看到视频的情况下。如果视频按照提示播放,那么你就要忙碌起来了。

直播/画外音/同期声/画外音/直播

啊,策划变得更加复杂了!直播变得更加复杂,但愿同期声(SOT)会更有趣。那或许是早先对目击者或者行政官员的采访镜头的一部分。也可能是一些背景音,一些自然的声音,或许是一个警察正在大声发号施令,或者是示威者正在相互交谈。自然的同期声甚至应该是无需语言的,比如倒计时的声音或是在一个大楼拆除现场响起的剧烈爆炸声。

让我们来做个假设:你正在一架小型飞机的失事现场进行现场报道。你已经采访了一个与这次失事有关的目击者,并且你想要截取那段采访的一部分,一段原声摘要,以在交叉播放时使用。后台的编辑需要知道你要什么样的视频来匹配要播放的现场声音。这段视频可能是通常意义上的失事现场的画面,或者是一些更加具体的东西,比方说一辆正在行驶的急救车,然后是以一段残骸作为收尾镜头。一些电视台或许会将 VO/SOT/VO 剪辑汇总到一盘磁带上,或者是一些录像设备上。有一些电视台则会同时使用这两种资源。每一种方法的优势已经在第 8 章"电视脚本格式"中讨论过了。

无论如何,编辑们要知道在同期声播出的前后,有多少视频需要放置,也需要知道哪一个要被使用。这就轮到记者来提供这样的信息了。如果时间很紧,那么就别过多地要求在交叉播放中使用视频或声音,足够表达意思就可以了。记者要尽可能帮助编辑们令这个过程进行得合理。

确定同期声能够实现目的,并且不要忘记节奏。记住,大多数的电视直播会持续 1 到 2 分半钟的时间,其中包括交叉播放。要充分利用你的时间。

包含同期声的交叉播送的提示,基本上与画外音交叉播送的提示一样。将你的提示清晰而具体地传到报道现场,并确定其不与你在脚本其他部分中用过的措辞重复。如果视频在错误的时间开始或者结束,那么就很难挽回了。

在绝对必要的时候,交叉播送可以只包含同期声,并且在播放的前后没有任何画外音。换句话说,直播/同期声/直播。通常看来,那似乎并不漂亮,并且你应该有一个那样做的理由。但是如果传递某个信息非常重要,并且无法或不会对提供信息的人进行直播采访,那么只播同期声就是一个选择。

直播/视频同期声包/直播

谢天谢地，现在已经不像过去那样，需要把所有信息反馈回总部，然后再统一组成一个新闻故事了。大多数卫星车和许多新闻车都有剪辑设备（见图 12.3）。它们是很有效率的工作室的延伸，有时候记者需要同时身兼记者、导演和直播间的职能。

等到一个新闻工作者搜集了足够的材料来组成一篇报道，卫星车通常也到现场了，并且剪辑也会很快地展开，就像是在总部一样。如果新闻事发地点和电视台相距并不遥远，也可以把片子带回电视台再进行加工。

出于某种原因，记者有时需要把叙事音轨和视频交给电视台的编辑进行剪辑。作为一个记者，你可以使这一过程变得足够简单和更有效率。

口播

一旦写好节目脚本，你的口播将会通过直播或是录播的视频反馈出来。当电视台的编辑准备好录制这一反馈时，首先会传送音轨。记住，大多数情况下，编辑在工作时手头很可能还没有已经写好的脚本。先传送音轨，编辑就可以通过收听达到信息被反馈的效果，并对整个事件有所了解。一旦音轨切入或者视频开始传回，编辑就会关注到你脚本中的人和整个事件。

当你在剪切口播内容时，你应该为原声摘要音轨的每一部分标明"第一部分，第二部分……"，以给编辑提示。此外，当你在电视台录音室录音的时候，记得在每一部分录音开始前清晰地进行"3—2—1"倒计时。

关于先返回口播音轨还有很大一个例外，那就是如果时间已经用完，你的摄像师也拍完了，那么视频可以在你写脚本的时候返回总部。如果这两件事情同时发生，就意味着你的节目将会被嵌入播出。

原声摘要

在你反馈或者录制你的口播音轨之前，确定你已经在你的脚本里写好了原声摘要开始与结束时的提示。然后，在你的口播中出现一个清晰的停顿之后，读出事件的发展脉络，给出解说者的全名和头衔，并且为关键词和字符生成器（一种电子计算机装置，用于编辑叠加在现场画面或录制画面上的文字）制作的文字加上标题。你或许想要描述那个人，这样你的编辑可以更容易地找到原声摘要的位置。对于任何你所需要的自然声，这一指导原则同样适用。一定要在你的口播中用停顿清楚地告知你将在什么时候用到那些原声摘要，并且从哪里才能找到那些原声摘要。不要叫编辑的工作难上加难。

直升机

装备有微波发射和接收装置。

需要将线性图像发送给接收器。

允许通过音频和视频的方式进行双向互动交流。

可以承担地面单元之间的传递工作。

卫星

卫星镜头同样是线性图像，但是可以通过地面上的大部分障碍。

微波信号是
线性图像。

便携式转换器

一些新闻部门通常使用的小的转换器。需要将线性图像发送给接收器。音频和视频的适用性因地而异。双向（广播）和手机交流取决于所在位置。通常配备供带机。

电子新闻采集车

在高塔上配有转换器。

需要将线性图像发给接收器。

可以使用音频和视频。

可以使用双向音频和手机配备供带机。

卫星新闻采集车

由一辆大货车或卡车装载。

需要将线性图像传递给在地球静止轨道上的卫星。

可以使用音频，但是通常没有视频。

可以使用手机，双向广播要看当地状况。

现场记者通过耳机收听制片人的指令。

通常充分配备了编辑磁带的设备。

在摄像开始前，需要特殊的卫星窗口来实现供带机的功能。

图 12.3　向电视台传送微波信号的方法会影响记者在现场工作的方式。与电视台进行沟通的能力，以及记者进行报道或者录制音频和视频手段的不同，会在很大程度上让直播变得简化或者复杂化。

视频

你想要保证编辑有足够多的视频来让片子制作得完美，但是这对于编辑来说并不是什么值得高兴的事情。因为虽然你的摄像师已经拍了三盘录影带，但这并不意味着所有三盘录影带都会被用于新闻节目中。

如果有可能，当你的视频反馈回后方时，通过双向音频或者手机跟你的编辑进行沟通。你可以边走边描述当时的场景和人物。指出需要仔细辨认的人物和地点（比如一个犯罪嫌疑人，或者是一座发生谋杀案的房子的外观）。如果视频与描述不一致的话，其结果将会是一个灾难。

如果没有条件与编辑沟通，那么在口播的最后要附加上编辑注意条目。再次需要说明的是，尽可能确保新闻节目中所引用的人物事件是正确的。

航拍直播

　　任何在地面可用的直播模式都可以在直升机上运用，虽然有一些模式的效果会比在地面上的显得笨重。在直升机上拍摄、口播以及将整个节目传回总部都会非常麻烦，但是这是可行的。当然有一个例外，那就是前面讨论过的"行进式"直播。

　　如果技术允许的话，航拍直播访谈将会非常有效。如果被访问者是在地面上，那么可以通过天线与他互动。举一个例子，一名直升机上的记者能够通过手机或者无线对讲机对一个正在森林火灾中救灾的消防队员进行采访。这项技术同样适用于两名记者报道同一个事件。制片人可以把他们分派到两地同时进行采访，比方说一个在地面上，另一个在天上。当一名记者正在空中俯瞰地面上的场景时，另一名记者则可以在现场挖掘同一个新闻源。新闻内容可以来源于直升机上的记者、在地面上的记者甚至现场的新闻主持人。

　　在任何直播的摄制过程中，记住直播镜头的背景和交叉播送的第一个视频之间要有一个过渡，这是一件非常重要的事。如果两个场景非常相似的话，观众容易混淆。比如在直升机拍摄中，摄像师正在拍摄窗外的场景，但交叉播放已经开始播放另外一架飞机的航拍了。必须尽量避免这种情况的发生。最起码要告知制片人，使用渐隐或者是其他的效果来帮助辨别直播的远景镜头和录播画面。

　　因为自身的移动性，直升机经常能够先于一些地面记者到达突发新闻的现场。即使航拍在报道新闻的过程中起不到任何作用，制片人也会要求直升机上的报道小组跟踪一切可以获得的细微信息。事实上，直升机上的成员是很容易报道事件的。对于他们来说，最大的挑战是让现场的航拍角度镜头尽可能有意义，强调有一组新闻记者正在陆地上进行采访，并且告诉观众马上就会获得更多的信息。

直播间的现场直播

　　鉴于电视强调现场直播的时效性，一些电视台在后方编辑部制作新闻节目。新闻编辑部里的"新闻台"都已变得很普遍，它对于演播室是一个很重要的补充。当制片人想要记者现场报道一个事件的发生过程，却并没有一个可行的现场直播地点，或者是没有时间和技术来支持这样一个远程直播工作时，他就会选择新闻台直播。

　　要把全国范围内发生的突发事件传递给本地电视观众，那么直播间的直播镜头是最好的途径。比如说报道一个发生在其他地方的重大空难。来自现场的及时更新情况可以插入当地的新闻节目中。电话连线（phoners）——通过直播电话对现场的目击者和官员进行采访，可以更生动，也可以提供有益信息。电话连线可以提供最好的现场情况，直到事发现场的视频影像传回来。电话连线采访可以与做好的视频同时播出，由本地新闻主持人或者记者对事件现场情况进行提问。

　　但有一种相反的观点，认为这类镜头已被滥用。相对于花费大量的精力与时间进行现场报道，它们当然是一种简单的选择。但其同样也是一种有效且合法的路径，能维护和强化记者个人对于故事的认定。直播间的直播镜头加上交叉播送，其效果基本上与现场报道相同。

直播标识

电视台对于现场报道中字幕用途的规定常常不同。但是有一个标准程序在许多电视台间达成了共识，那就是在屏幕左上角保留小的"直播"字样。因为这一字样或许会在整个报道当中持续展现，所以摄像师必须框定直播镜头，以避免它挡住重要的动作。要是被"直播"字样挡住了，动作看起来可能会杂乱并令人迷惑。

记住，采访现场被采访的人的名字和头衔也应该传送给新闻中心，如果现场采访是双人特写镜头，那么要让字幕操作员知道文字对应屏幕上哪一侧的人。

直播/主持人的主题引述

主持人的主题引述可以让观众对直播产生时效感。理想的状况是这样的，在现场的记者撰写好主题引述并且将它传给新闻中心。让记者来撰写的一个最显而易见的原因就是——精确性。记者毕竟在现场。大多数的情况是，在后方新闻中心的制片人、撰稿人和主持人写出的是一种经过过滤和提炼后对于事情发展进程的观点。这种情况确实容易犯错误。

由现场记者为主持人撰写主题引述，整合信息也更加容易。这样就建立起了一种互动，直接连接起远离现场的主持人和正在现场进行直播的记者。这种互动应该被建立起来，因为这样可以加强现场与后方演播室之间的联系。

主持人：今晚，百老汇南部大道沿途的一些商家气炸了肺……令他们气愤的是，市政部门竟然在圣诞节的购物季安排拓宽道路。

新闻四套的记者凯西·沃什（Kathy Walsh）目前就在购物区进行采访，有关这些商家暴怒的原因，她将带来更多的报道。

记者：比尔，我正站在百老汇大道的一棵松树旁进行报道。像这样的路障关闭了两个大道右行的道路，大概有一英里长。那是六个路障……有许多店主说，这使得他们的顾客找不到停车的位置了。

主持人的主题引述很有逻辑，并且自然而然地引出了记者的现场报道。现场记者可以通过无线麦克风、在路障旁"边走边报道"来加强她的报道力度，与此同时摄像师可以给出一个全景镜头，将扩建工程的全貌展示给观众。

现实中的情况是，记者通常并没有时间为主持人撰写主题引述。那么最好的办法就是提供一些信息来代替完整的稿件，这在加强前方和后方之间的报道衔接方面是一个非常重要的办法。而当记者既没有撰写主题引述又没有提供必要信息时，他至少应该大致说明一下直播开始前已经写了些什么。直播间里是不相信有惊喜存在的。

直播中主持人的主题引述与其他任何电视节目已写好的主题引述是一样的。它要引起观众对将要报道的事件的兴趣。但是主题引述的目的并不止于此。当主持人进行了直播事件的简单陈述时，他们应该明确为什么这样的事件值得直播。是因为事态在变化，在演进吗？是尚存疑问的问题需要记者继续在现场进行采访？像这样相关的反思能够更好地体现出事件的紧迫感（稍后我们会简要地讨论有关"因为鲜活所以直播"的争论）。

有关主持人对于现场直播的主题引述有一些定论：它们应该简洁，但要突出主题（比如"城市的某个地方出现治安问题"这样的语句就显得很模糊）。另外，如果主持人打算使用有关突发新闻的一切相关信息，那么现场的记者就没有任何信息可以加以补充，这样就会显得记者格外呆滞。

那么主持人是否应该反问现场记者一个问题？一些导演会阻止这样的行为发生。一个紧跟在主题引述之后的简单而直接的问题固然会成为一个

既清晰又高效的过渡，但是如果一个问题并没有被准确地传达或者是听起来"像录音"，那么这就糟糕了。如果主持人的主题引述中需要提问的话，那么让记者提前知道十分重要，因为只有这样，记者的回复才能做到准确和自然。

记者的结尾陈述

就像是一个精心创作的故事，制作优良的直播应该包含开头、中间和结尾。记者的现场报道结尾陈述应该"契合"整个事件。如果合适的话，应该进一步指出事态的下一步发展或者将要发生的大致时间。要记住，向观众（还有主持人）表示你将进一步跟进事件的进程，与向他们许诺报道将会有更新镜头有着巨大的不同。只有在制片

人同意给跟进的镜头时才可以暗示将会有更新的直播镜头。

大多数的新闻机构不让记者在报道结束时给出自己的结尾陈述，而通常会留给新闻主持人去做。对于记者来说，把镜头切换回新闻主持人那里最为清晰简单的方法，就是在报道的最后叫出主持人的姓名。

主持人的结尾陈述

新闻主持人在最后是否会问现场记者一个问题，这通常取决于有多少剩余的转播时间。如果制片人需要用"问答"来对直播加以包装，那么最好是让记者提供一个问题。那不是意味着问题必须是成稿。就像是后方给前方提出问题一样，一个来自现场（前方）的问题同样也会让人觉得很虚假。

一些主持人认为在突发事件现场的记者应该责无旁贷地回答任何他（她）所提出的问题。但事实上并不是这样的。

即使是最为合理的问题有时候都没有足够时间来解答。那也就是说记者应该学会说"我不知道"，但是要优雅地说出来。如果它确实是个好问题，这么说就可以，并且承认对于这个问题你也同样存有疑问，然后再解释为什么这个信息还没有及时获得。

如果那是一个愚蠢的问题，那么就发挥你的聪明才智予以答复，虽然那样可能会或多或少地引发一些异议，而且会显得不够专业。

为什么要现场直播？

最明显的答案之一其实很简单：时效性！一个重大的新闻如果是突发的，那么唯一能够报道它的方式就是现场直播。人员一分派到现场，直

播随即列入节目播出时间表。但是许多并不具有突发新闻特质的事件也需要直播报道。

正在发生的事件往往变化迅速，所以它们十

分适合现场直播。比如一起重大谋杀案的庭审，或者是一场火车撞车事故。火车失事最先会被当作突发新闻，新闻直播小组会马上被安排到现场：就搜寻遇难者，移走毁坏的车身，重新通车及事情的来龙去脉进行现场调查。

一场现场直播报道最有力的地方，或许就在于它强化了电视的最大优势（这一优势已经得以证明）：使观众们拥有作为目击者的现场感。直播可以"把一场事件带回家"，即便开始报道时那件事情已经发展到了中途。

现场报道还可以强化小事件的新闻力度。比如说一场罢工。一条警戒线将会成为一个非常明显的直播镜头的背景。一名记者能够运用一条小小的警戒线来陈述一个更大的事件，继而个性化地处理这一争端，并运用交叉播放的形式，对一名站在警戒线边上示威的工人的侧脸进行特写，进而使之生动和富有色彩。罢工是如何影响工人的家庭的？罢工者的孩子们是否理解正在发生的事情？这些工人可以坚持多久？

为什么不去现场直播？

界定什么时候应该进行现场直播往往比什么时候不应该进行现场直播要更容易。对于突发事件进行现场直播的好处显而易见，而了解什么时候不该进行直播则是一件更为微妙的事情。

在协调组织现场直播的事情上，新闻制作者变得越来越精明干练。通常情况下，政客、联邦官员以及一些特殊利益集团的首脑们会在常规节目中发表演讲或者申明，这样他们有可能创造正合时宜的"作秀"，炮制出一种煞有介事的事件感，从而吸引直播报道。正是这样的一些事件保证了直播报道的数量。但有时却也并非如此乐观，比如新闻制片人可能会在周末变得抑郁；因为他们正纠结于如何填充他们的电视节目。

新闻制片人的手中不可能会有一个预定的事件直播表。基本上，直播什么取决于公众的兴趣，即你的观众对这个事件有多么感兴趣。如果感兴趣，那么就进行直播报道。当时间成为一个问题，同样有一个选择可以解决这一问题，即派一个转播车传回现场的报道，而不是派一名记者到现场进行实时报道。

那么对于那些"为了直播而直播"的镜头该如何解释呢？我们总是看见现场记者站在事发地点讲述事件，而主持人在直播间里轻松地介绍。日复一日地，就算是电视网这种级别，我们也会看到记者在新闻台做直播报道，告诉我们五角大楼或者是白宫的最新事件。电视网记者们的主题

引述以及结尾陈述通常只有一句话，而主持人几乎不会说出极有分量的话语。为什么要对这些事件进行现场直播？精明的制作者懂得如何使这些直播产生效果。

毕竟，他们知道，当直播镜头使观众成为事件目击者的时候，最好的直播报道也就产生了。正在发生的事件的意义所在，就是它们被观众同时看到。

与此相反则会产生最差的现场报道：记者站在黑暗之中进行报道，展示一些几小时之前就已播出过的视频镜头。举一些不恰当的例子：一名记者站在市政厅前进行采访，但分区委员会的决议已经在几小时之前公之于众了；抑或是一名记者站在几小时前就已经被扑灭的火灾现场，而现场已是一片黑暗。

在所有的直播里，记者必须把观众和事件联系起来。即使是在黑暗中，距离那起事件发生已经过去了很久的时间，记者也必须在事件与观众之间建立起一座桥梁。怎么建？通过提供一个能够把观众和事件绑在一起的符合逻辑的理由："今晚在这里你看不到任何东西，但是昨晚在这所基督大教堂里数百只许愿烛同时点燃，众多信徒都在此地祈求平安。"

再比如，一名记者或许会展示一张被丢弃在球场里的棒球赛的门票存根，而主队已经在几小时前输掉了比赛："今天下午一点，这些门票承载

着希望和梦想，表达了球迷们对于球队的信任。但是今夜，他们把这些球票丢到了场地里，他们无法接受一个失败的赛季。"

另外一个目标是让观众们充分地信任记者所说的话。一名记者已经在电视上混得脸熟，一遍一遍地解释五角大楼将要如何行动。如果观众们开始熟悉电视台的报道队伍，经常看到他们出现在直播镜头里，那么观众们会觉得那些记者很亲切，并且更愿意听他们说些什么。想必他们会更愿意收听这样的报道。你可能总是有最棒的故事，但是没有人看的话，它就一文不值。

 ## 电话采访

电视台不能派出记者到现场进行报道是常有的事情，或者是因为人手不够，或者是因为事件发生地距离太远。这时就该想到你最为信任的电话了。

如果事件特别重要的话，那么直播电话采访将会是一个不错的选择。录制好的电话采访会更为保险一些，但同时会漏掉一些戏剧性的情况。

一些记者尽量避免与官员进行电话连线，比如那些并没有到过现场的官员。大多数紧急救援队的车里都配备有手机。如果派遣员给了你现场救援队的电话号码，那么你就拥有了一个很好的"直播"报道机会，而这个机会离开了电话是不可能实现的。

 ## 直播引子

在向观众传递信息之前要迅速抓住他们的眼球。最好的情况是，你有引人注目的视频可以一下子引起听众的注意力，就像是一个重达 300 磅的后卫那样。但更多的时候你必须抓住观众的注意力，那也就是直播引子（tease）发生作用的时刻。

远程现场直播的引子可以激发你的兴趣，并且通过节目有计划的短暂中断抓住观众的注意力。使用引子时，请记住最根本的原则：千万不要许诺你传递不了的信息。如果你暗示了一个极富戏剧性和重要性的发展，但其实却并不存在，观众可能就不会再相信你了，接着你的引子将会失去影响力，而你也就会失去你的观众。

直播引子的运行机制

即使没有任何经验，你也可以掌握一些基本的逻辑，从而有效地用直播引子诱导。一旦你了解了它的运行机制，那么你就会把精力集中在播出直播引子的内容之上，当然那是一项更具有创造力和挑战的工作。

在一个完整的新闻报道中，直播引子通常含有三到五个小事件。一个标准的模式大概包含一些有主持人画外音的视频引子、一个现场镜头引子或者是两个来自现场记者的报道，紧随其后可能还会快速播出一个天气预报以及体育节目直播预报。

如果你的直播中包含一个引子镜头，确保你知道在你的引子镜头之前发生了什么。如果在你之前是由主持人给出的文字引子，那么可以从中寻找一些特定的能给你提供线索的词句。在进行报道之前，你一定要了解事件和参与报道的记者的情况。无论如何，紧盯摄像机，而不是现场监控器，保证那一刻你的镜头是准备好的。立即建立起眼神交流。

做好抗噪音的准备。如果你的直播地点十分嘈杂，以至不能保证你可以听清一些暗示，那么叫制片人给摄像师一个"开拍"的口令。确定你的摄像师知道暗示来了，并且准备好给你一个明确的视觉信号。

跟你的制片人确定好在你的直播引子结束前是否要有一个明显的转场。你应该直接结束引子并马上停止说话，还是把话题交给下一位记者或者主持人？

直播引子的内容

就像电视中的其他引子一样，直播引子应该暗示一个事件的内容，但同时又能够使事件自发地阐述。你的目标是能够通过诱导的方式在观众的脑海中提出一个问题，进而在接下来的直播节目中回答这一问题。那并不是意味着直播引子要通过提问的方式进行。不过有些时候，提问的形式会非常容易激发人的兴趣："从2 000英尺高的飞机上一跃而下是什么样的感觉，让直播告诉你。"但是愚蠢的问题同样会惹恼观众，比如"一次简单的理发怎么会杀死人？休息一下之后再告诉你"。更好的做法是，在新的报道开始前，你的直播引子既可以激发人的兴趣，又像强势的新闻导语，自然地引出接下来的报道。

例1

"在市里有一家新的商店，那里可以把你打扮成一个百万富翁……而不花一个子儿。汤姆·拉萨尔（Tom Russell）接下来将会为你带来现场报道。"

这个直播引子让观众产生了一个明显问题，"那是什么样的商店啊，它在哪里呢？"就像是一份额外的津贴，它向观众们承诺了一项福利：观众们将会学习到怎么样既省钱又把自己打扮得很有范儿。这个引子和故事内容非常吸引人，既引人入胜又惠及观众。观众们意识到如果不看这个节目的话他们会错失掉一些重要的信息。反之，如果接下来发生的事件没有报道的价值，那么这种做法就没有意义了。比如：

例2

"在丹佛，哪里是买衣服的好去处？我是汤姆·拉塞尔，给你带来直播报道。"

真让人打哈欠，实在是无聊啊，没有多大意思。词组"直播报道"用词很准确，但是相当没劲，催人入睡。

直播引子体现周围的环境

不论你在哪里做现场直播，展示你所处的环境。让观众看到故事背景，或者你走过事件现场，这都能使故事更生动。在我们前面提到的新服装商店的案例中，或许我们可以展示一下200多名顾客在开业当天排队等候的镜头。

直播引子中引人注目的举止

引子中的一些举动可以使直播更具有活力，但是这些动作要有意义。就像是你的即兴稿件或者即兴表演，你的所作所为既要个性鲜明，同时又要易于交流。任何直播引子中的举动也应该很自然。如果它让人觉得反感或者僵硬，那么这些动作就会显得很奇怪了。

看看那些出镜时"无目的地踱来踱去的"记者，你就会更加清楚这一点。在镜头前仅仅是从 A 点走到 B 点——没有任何原因的走动——没有任何的意义。然而，如果你从地点 A——一辆正在急速行驶的卡车为了躲开正在过人行道的小孩而紧急转向的地方，走到地点 B——那辆卡车翻车的地点，这样看起来就会很自然而且能够让观众更好地了解整个事件。

直播引子的长度是常识性的问题，并没有一贯的准则。通常来说，紧凑的引子大概在 5～10 分钟不等。比这更短的话，你将要冒着"世界完了，镜头仍在继续"的风险。如果更长的话，会破坏整个片子的播放节奏。有一些显而易见的指导方针，但却没有亘古不变的行动准则。

好吧，现在就开始用我们挑剔的眼睛和耳朵来审视其他一些记者和直播报道吧，并且指出哪些工作做得足够好以及为什么那么好。体验它，署上你自己的姓名。追随你自己的感情和直觉，你会很快形成独有的风格，并为他人所仿效。

几点忠告

有许多指导原则可以让你的故事报道变得更加有效，这些原则在现场报道时同样适用。要善于表达。自然地讲述故事，以一种干净、简单的风格来讲述，就像你在与朋友交谈。同样记者也应该让新闻节目的主题引述和尾声显得更加流畅自然。

试着利用报纸上的故事练习直播报道，从事件中找到一些可能有益于现场报道的重点提示，并记录下来。运用这些提示练习现场讲述报道，而不要写成脚本。不断地挑战自己的想象力，想象一下事件还有可能变成什么样子。描述与事件有关联的周围环境。记住，观众只能看到画面框里面的内容，很多时候他们依赖于记者的描述才在脑海中形成印象，勾勒出现场画面。

信任感并不仅仅来源于你的报道"听起来"是什么样的，虽然你清楚地知道所谈论的话题是什么。它通常也来源于它"看起来"是什么样子。换句话说，合适的着装很重要。例如在一个遭受冰雹之后的泥泞的麦田里进行报道，如果记者穿着三件式套装和意大利鞋穿梭其间，那会在很大程度上转移观众们的注意力。一些观众会觉得那个记者很愚蠢从而使新闻的重点流失。那并不意味着你需要准备一身围裙式的套衫和一顶草帽，不要跟你所在报道地点的背景冲突就好。

当记者要报道恶劣的天气状况时，要遵循同样的指导方针。如果你穿着不得体，那么你传递的信息就不那么让人信服。大多数身经百战的直播记者手头都准备了几件备选衣服，那确实很管用。

最后的思考

对于直播记者而言，一个最好的建议是："有人情味"——无论你是接近事件、报道事件、写事件，还是做任何与事件本身有关的事。奇怪的是，如果你对一些事情感兴趣，你的观众也会对此感兴趣。如果在直播报道的现场，有一些奇异的或者是悲剧性的事件震撼了你，把它们展现出来是可以的。你必须保持职业素养，并且在你自己和新闻事件之间保持一定的距离，然而过分的客观会使得故事枯燥无味。结果就是，许多观众会怀疑这些事件是否重要，他们又为什么要关心。

小结

电视直播技术的应用使电视记者报道新闻的速度快于历史上任何时候。对于一个成功的直播报道来说，所有广播和电视新闻中通用的交流技术，其重要性都会翻倍。这些技术包括丰富的词汇量、良好的新闻判断力、扎实的新闻工作经验以及过硬的采访技能。在这些技能中，最为重要的仍然是写作和善于交流的能力。

即使是在去现场的路上，直播报道的记者也要注意搜集信息。一般的新闻车都能让记者及时了解火灾情况、警方干预情况，还能接收到市政防御系统的调频信号，当然也可以与新闻直播间进行实时联系，或通过手机与"新闻源"对话。

你可能会乘坐飞机到达现场，从而没有任何在途中搜集现场信息的机会。在这种情况下，要遵循两条法则：（1）告诉观众你所知道的；（2）告诉观众你所不知道的。在任何情况下，审视你所说的，特别是在信息可疑的情况下，可以采用"目前尚不清楚"或者是"并未确认的报道"这样的措辞。

在你到达现场之后，迅速使地面基地运转起来。寻找指挥部、警察信息办公室，或者是公共信息官员，他可以帮助你更为方便地报道事件。当然了，也应该寻找其他与报道事件有关的地点和路径，这样你的报道将会比官方信息更为丰满。

由于编辑可能不得不在没有现成脚本的情况下工作，试着先传回音轨，这会让编辑对事件有一定的了解。

几乎所有适用于地面的直播方式都适用于在直升机上使用。你可以在直升机上做任何事情，包括摄像、口播，以及传回整个新闻节目，除了"边走边采访"。

一种对于直播时效性的感知来源于主持人的主题引述。理想情况下，在现场的记者知道有关事件的大部分，所以记者会写下主题引述并且把它传回后方。这种方法还可以加强从直播间到现场的自然转换。如果记者没有时间写主持人的主题引述，另外一种方法就是提供一些可以代替主题引述的必要信息。

记者的结尾陈述要与直播主题"契合"。如果合适的话，暗示接下来可能的发展，使观众和主持人可以继续跟踪故事进展。但是只有在制片人允许的情况下才可以向观众许诺将会有后续的直播镜头。

有个问题需要我们考虑：在报道突发事件时，是采取现场报道的方式还是采取实时更新新闻的方式？现场报道的方式将会使观众如临其境。虽然直播报道的好处显而易见，但是知道什么因素不适合现场报道则更为微妙。如果所发生的事件并不能保证直播报道，新闻中心可以派出一辆直播车传递回实时视频而不需要派任何记者。

无论你何时进行现场报道，应穿着得体。无论是在现场与"新闻源"进行交流，还是在屏幕上传回报道画面，记住你要表现得非常了解你所谈论的主题。无论如何，不要让观众分散注意力，从而使"新闻源"和观众能把精力集中在事件的内容上。总之，要显得专业，而且要显得"有人情味"——无论是你报道的方式、写新闻的方式还是任何与事件有关的直播活动。

 ## 关键术语

"蓝眼睛"	远程报道	无线电扫描器	交叉播送
词条	"吮指"	双人镜头	电话采访
出镜	指挥部	自然声	同期声
"裸播"	公共信息官员		

练习

1. 评估你在成功进行的广播或者电视直播过程中，所要运用到的写作、报道和沟通技能。作为评估的一部分，确定你的词汇量、新闻判断力、采访功底以及采访技巧的水平。另外，拟定一个加强你所欠缺的技能的训练方案，并且订一个写作和交流锻炼的日程表。

2. 练习"在路上"搜集信息的能力。对你从广播和电视上所听到的信息进行记录。学习使你的记录变得简洁，然后练习在广播麦克风或者是电视镜头前如何"走动"并对自己的表现做出评价。

3. 关注你最喜欢的 AM 或者 FM 广播直播报道。分析这些报道之所以有效的原因。准备一份两页长、双倍行距的报告，在班上讨论你的发现。

4. 作为练习，让你的一个朋友在至少三个地方录制视频，就像是你在直播开始时亲历现场一样。在每一个地方，都要对地点进行描述，对于观众或听众能够认出的地标性建筑加以描述，最后，尽量提供所在地的确切地址。如果没有朋友可以协助，那么你就自行录制。

5. 作为练习，录制一个主题引述。使用来自报刊或者是广播的背景报道。在 40 秒内包含尽可能多的信息：你所处的地点、所发生的事件、你所能看到的场景，以及电视镜头之外的"更大的画面"。审视你的语言，使用"仍然不清楚"、"此时此刻"、"并未确认的报道"等措辞。

6. 录制直播结尾陈述。要求告诉你的观众什么是你不知道的。结束时要使用过渡的语言使直播自然地转回主持人，提及主持人的姓名。

7. 在警察局或者是消防署采访一位公共信息官员。询问他新闻发布会、紧急事件中公共信息官员遵循的原则，指挥部如何运行以及记者需要遵循的程序和指导方针等。提交一份新闻稿并在课上讨论你的发现。

8. 自行录制一条长 50～60 秒的出镜直播。反馈最后的结果并且评价自己的表现。特别注明你交流中的紧迫感，语言中的不流畅以及你需要提高和保持的与观众进行眼神交流的能力。

9. 运用一个序列镜头，自行制作不超过 1 分半钟的"直播/同期声/直播"。评价自己的表现。

10. 运用一个序列镜头，自行制作一个"直播/画外音/直播"模式的现场报道。作为你脚本中的一部分，注明在交叉播放时返回给前方的线索。

11. 用报纸作为参考，写一篇实地的直播报道，其中包括交叉播送的简要介绍。

12. 运用一个序列镜头，制作一个"直播/给视频配音/同期声/直播"模式的现场报道，包含制片人所必需的播放视频提示，录制你自己的直播主题引述和结尾陈述。

13. 运用任何你所需要的信息来源，写一份新闻节目脚本。提前录制好口播内容，把它当作将要返回电视台用于直播的材料。为音轨的每一部分标明"第一部分，第二部分……"加以区分。此外在每一部分的音轨录制开始前清楚地进行"3－2－1"倒计时。

14. 录制一次真实或者是想象的在电视直播间里进行的直播报道。

15. 基于任何以上练习中你写过的直播主题引述，写一篇主持人主题引述，使它可以自然地从主持人转到你自己的采访中。作为额外的练习，用磁带录制主持人主题引述。

16. 即兴编排一个报道结尾陈述，使其包含一个自然的过渡，把报道转向主持人。如何合适的话，暗示事件下一步可能的发展并且使观众相信，你将要对事件进行跟踪报道。结尾陈述要提及主持人的姓名。

17. 练习准备和传输三种不同版本的声音——电台播报、电台新闻节目，以及（如果可行的话）你在现场报道和更新的直播采访，其中包括对重要"新闻源"的采访。

第13章

调度编辑和制片人
新闻报道的建筑师

在大多数成功的新闻作品中，都隐藏着精深明确的新闻理念，它作为基础指导着每日的新闻采编工作。这一理念框定了集体的判断，这些判断有关什么是新闻，新闻该以何种方式进行报道，以及通过谁和怎样被整合和展示出来。这是一种从对于社会的天才般的洞察力中衍生出来的理念，所以它在很大程度上适用于每天进行新闻报道的调度编辑和制片人。因为调度编辑和制作人是决定电视台命运的核心人物，他们之间的合作至关重要。

 ## 调度编辑

调度编辑的工作就是管理所有事情，那是很多电视从业人员认为的新闻部门里最为艰巨的工作职责。不少调度编辑先前的工作是记者或者制片人，但是不论他的背景是什么样的，他们一般都具有一种相同的精神气质。至少，每天这些家伙都不得不

■ 读报。
■ 监控电视新闻竞争对手。
■ 监控警方、消防部门、治安官以及紧急事件的无线调频。

■ 与新闻导演和制片人保持密切的联系。
■ 了解记者的抱负、人格特质、写作风格和生物钟。
■ 了解谁可以跟警察合作，谁有超强的沟通技能。
■ 培养最好的机动记者，这也是新闻编辑部真正最宝贵的东西。
■ 了解谁跟进的事件还在发展，谁的事件已经结束。
■ 帮助制片人找到事件的进展和转换。

■ 了解什么样的事件及事件处理方法会吸引观众。

■ 了解什么样的事件对社会很重要。

■ 了解什么样的事件适合直播报道。

■ 跟踪突发新闻，比竞争对手更快更好地跟踪。

■ 与升迁部门保持联系。

■ 了解什么样的事件需要更新。

■ 识别相关的特写新闻。

■ 基于当前的研究，了解观众最不愿意观看什么样的新闻。

■ 意识到制片人和记者的稿件如何与主持人的主题引述相辅相成。

■ 了解如何使事件更为引人注目，更加易于理解。

■ 了解哪一位主持人会在介绍特定事件时做得最好。

■ 了解怎样使事件更加有即时性且有趣，同时还可保持它的专业性、准确性和精良。

■ 为调查和持续的更新留出时间。

■ 擅长不断超越在任何新闻编辑部都具有强大动力。

■ 明确相关的新闻——那些人们想要知道的新闻。

■ 了解怎样改进主持人和记者的工作。

■ 与观众建立起共识。

■ 戒烟。

■ 喝足够多的水。

■ 花足够的时间与家人和其他所爱的人在一起。

■ 拥有编辑部以外的生活。

■ 拥有一个信息灵通、健康的头脑。

■ 锻炼身体，劳逸结合。

调度编辑同样也做其他的工作，比如派遣工作人员，回复来电，检查新闻线路，阅读邮件，阅读之前相关的稿件，存档，提出新想法，帮助撰写新闻稿，排日程表，协助组建编辑部以及协调员工间的冲突。调度编辑会阅读各种东西，以便去寻找下一个新闻事件、下一个视角，因为如果电视台错失一个新闻，他们将承担责任。一个真实的感觉是，调度编辑就是一个工匠，与制片人一道，共同决定电视台的命运（见图 13.1）。

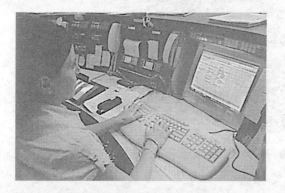
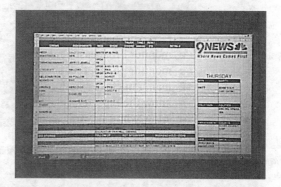

图 13.1　一位调度编辑在给当天的事件排时间表，并派遣新闻记者出发采访。突发事件的报道安排在它发生时就已经开始了。

 ## 调度编辑协助将新闻节目概念化

大多数记者往往与一位调度编辑一起工作，并随时可能被后者派到任何地方。一些调度编辑或许会认为新闻节目像是一个待填的无底洞，而把记者和摄像师当作填满这些无底洞的沙石。

事实上，只有那些对于观众来说非常重要的新闻才值得报道。这样一个简单的道理要求调度编辑对什么样的事情真正具有新闻价值做出正确的判断，并且能够准确地把住公众的脉搏。也可以与其他编辑部的成员分享关于哪些事件需要被报道的决策（见图13.2）。高效的编辑部经常使用"辖区系统"（beat system），鼓励更多人参与报道和跟进报道。

因为调度编辑通常是许多事件的"第一记者"，他们同时也承担了协助相关人员确定事件话题焦点的工作职责。虽然在安排报道事件时就确定主题可能为时尚早，但是，如果一开始就做好计划和调查，报道成功的机会就会增加。

一个有组织的编辑部里的"未来文件"

一个帮助调度编辑了解哪些新闻值得报道的工具就是"未来文件"。这种文件是对于事件企划、要点注释以及关于即将发生的事件的新闻发布的一系列综述。未来文件包含着关于可预测的新闻的信息，所以有助于创立一个更好的编辑部组织。更好的组织反过来会有助于记者更好地参与到事件报道中，记者们可以以最佳状态对之进行报道，这要好过仅仅对事件作出反应。

图13.2　在一个新的提议提出前，报道组成员往往会就当天相关领域的工作安排询问他们的调度编辑。

新闻策划者

记者在接到事件报道的派遣任务时，该事件还没有定论，这是很常见的。那些每天制作三到六个事件报道的记者，常常没有时间挖掘新闻的深度或者是对其做深入的研究。但是在一些编辑部里，调度编辑和新闻策划者会尝试提早对事件报道做出计划，从而使记者可以有足够的时间做出更有力的报道。而这些新闻策划者的工作就是超前思考、研究事件以及生成事件策划，而这些策划不仅仅局限于为下周的报道所做，也是为接下来几个月中将要做的报道而做。记者们将会在时间允许的时候从事这些提前计划好的报道安排，作为他们日常新闻工作的额外工作。

特约记者

即使没有什么事情发生，电视台也会像是充满新闻的海洋，这其中有各种各样的新闻源传回的新闻素材，卫星传回的信息，工作网络以及一些当地的微波报道源、合作的电视台、新闻辛迪加组织传来的信息等等。而问题也就随之而来，除非在当地有一个特约记者，否则编辑会觉得现场报道非常棘手。

特约记者是那些同意参加突发事件报道工作的个体，通常，他们的平均报酬在每个事件 25～55 美元不等。特约记者会接到来自调度编辑的电话，然后去报道事件，而只有在报道播出之后他们方能领得报酬。

网络报道

对于大多数可视的即时报道，许多新闻编辑部通常采用网络报道（Internet reporting）的方式。那些拥有带视频功能的手机的市民可以把所拍摄的照片、视频经由网络传回电视台，甚至可以直接与记者和主持人对话。这样的"新闻镜头"有时可能会显得粗糙和业余，但是传输一个粗糙的、第一手的真实报道会使电视节目更加引人入胜。电视台通常会在他们的主页上征求目击者视频。[1]

制片人

每天的新闻报道都是从白纸开始的。如果把新闻报道视作一个必须从地基开始建造的大厦，那么制片人就是建筑师。前线记者传回经过过滤的报道，写好脚本，编辑们整合配音/同期声，而制片人的工作就是构思并做出一个新闻节目。这项工作是最后期限与创意共同的产物。有些时候，它有可能影响整个直播报道，从而决定电视台的命运（见图 13.3）。

形成一种新闻理念

除非观众们真正置身新闻工作之中，不然他们不太容易觉察到新闻市场的竞争关系。日复一日，全国各地众多观众看到的是"好新闻/坏新闻/不相关的愚蠢的新闻评论"的杂烩。问题在较小的市场中会变得尤其尖锐，在那里观众们有一种吃亏的感觉，因为他们为这项服务付费，却不能选择退出这个市场。在最专业的新闻运作中，新闻是以一种可识别出特质的面貌呈现的。事件以及新闻作品的价值会创造并抓住观众们的兴趣。

电视台的新闻理念以及它如何应对竞争者有助于确立其在市场上的优势地位。当电视台的雇员和管理人员开始不断地自我追问："我们的存在是为了什么？我们想要人们如何评价我们？我们可以替代什么？"电视台的理念就成了一个有形的动力，诸如此类的问题可帮助电视台确定其形象、价值观以及基本规则。

图 13.3 新闻部门成员，包括新闻主持人、制片人以及调度编辑，就一天的安排开会沟通，确定当天的报道内容和可能的头条新闻。

树立一种社区意识

社会是由人构成的——他们的梦想、成就和奋斗。如果你想了解一个社会，那么你必须成为其中的一员。要与观众就他们感兴趣的东西以及需求进行更好的互动，一种有意义的方法就是开发更为广泛的"第一手"（first-person）知识。也就是说，做一些简单的活动，比如花时间驱车穿越社区的各个地方，或者是早上到一家咖啡馆点一杯咖啡，或者是穿过一个新的居民点。同样地，记者应该被鼓励参与具体的社会事务以及市政事务，无论他的观点和专业领域是什么。或许有朝一日，记者每个月都能参与一些慈善或者志愿者活动，甚至是造访一些退休公寓。无论你选择什么样的活动，都会有助于你更好地理解和感染你的观众。

成功的电视台关心其所在的社区

关心你的社区，并且表现出来。如果你不关心你的社区，所有的观众都会知道。因为将这个座右铭深深铭记在心，明尼阿波利斯圣保罗的 WUSA-TV 电视台将其名字改为 KARE-TV（"关怀电视台"）。

在某种意义上，观众会帮你明确什么是新闻。每天晚上，观众怀着某种期待来观看电视台的新闻报道。他们期望了解这一天中发生的一些确实有趣且真实的事件。他们期望真正体验报道中的经历，并随之产生特定的感情。他们指望那些他们知道可以信任的人——帮助自己更好地领会当天所发生的事件。最为重要的是，他们花半个小时甚至更多时间关注电视台新闻，是为了寻求乐趣及其与自身的关联。

好新闻—坏新闻综合征

由于强调那些需要被重视和解决的现实问题，新闻业已经变成一个专攻"出事了"的职业。但是新闻最为重要的角色，正如沃尔特·李普曼（Walter Lippman）所说，是如何合适地把自己展现出来。世界是灰色的，既不完全是好的，也不完全是坏的。典型的是，观众们希望他们的报道反映一种内容上的大致平衡，即既不是全被好新闻充斥，也不全是坏新闻，而是切实反映呈现在大众眼中的普遍的世界。

如果了解到观众们的需求和兴趣所在，那么审视典型的半小时新闻报道的价值就非常有用。注意每一个事件和新闻产品的每一个元素，并且按照情感的强度进行排序，这项工作可以采取"＋"、"－"、"0"的打分方法来进行。用其判定报道中的每一部分——无论是事件本身、立场、主持人表现还是画面，无论你感觉是积极的、中立的还是消极的。当你在新闻列表中对它们进行排序之后，你会发现有一长串的"坏新闻"，在新闻理念缺失或者模糊的电视台，这是常见的现象。一些新闻节目往往会用大量篇幅来报道坏新闻，只在最后给出一些好新闻作为点缀。

基于合适的角度，就连所谓的坏新闻有时候也会从"－"变为"0"，甚至是得到"＋"。"新闻事实很简单，要看你如何看待它"，比尔·布朗（Bill Brown）——达拉斯咨询公司顾问和管理团队成员如是说，"你是否基于平衡和客观的立场公正地报道它，以及你如何向你的观众传递信息"[2]。

布朗引用了一个案例：一位妇女被谋杀后多年，其尸体才被发现。新闻市场中的一些电视台随即强调对这一事件的愤怒及其悲惨；其他电视台则强调家庭成员现在终于可以解脱了。在墨西哥地震报道中，有的新闻重点报道死亡人数以及相关惨况，另外一些新闻报道则侧重于表现一种生命的重生，进而号召全市一同努力来建立临时的托儿所，以容纳在地震期间出生的几百名婴儿。像这样的报道平衡有助于电视台在收视率排名中占据突出的优势地位，而比起电视台一贯性地侧重于"坏新闻"的报道，这种报道方式更加容易实现目标。

新闻的来源

如果一家电视台开始努力创建一种报道内容间的平衡性，那么它的成员会发现核查新闻来源很有用。对于记者来说，基于人性的观察才是可操作的：大多数人会寻求一种最为简单的解决途径。最为显而易见的事件就是那些充分展现出来的事件，最简单的新闻就是那些记者们无需动脑子就能搞定的新闻。这个原因在一定程度上导致了在同一个市场中，所有电视台都趋向于报道同样的新闻，且报道风格雷同。而有自己的记者公司和新闻事件报道权的电视台则会在此基础上进一步提升，制作那些更具民众相关度的独家、原创和有趣的新闻。

出于职业要求，记者每天都会面临着截稿期限，如果严格遵守这一期限的话，那么两种类型的新闻来源均具有记者依赖的易获得性。第一种类型包含了突发新闻——它们突然发生，往往毫无征兆，以及更好预测的事件，比如公众听证会、审判、新闻发布会等，它们可以按日程安排并被跟踪报道。突发新闻又包括了诸如爆炸、谋杀、抢劫、空难和桥梁倒塌之类的事件。这些事件的信息可以全天候地从警用电台和消防电台获得，也可以从与当地调度员以及执法机构有着密切联络的记者处获得（见图 13.4）。

第二种常见的新闻源是一些特殊利益者。特殊利益者指的是一个想要通过各种渠道发布特定观点，或是揭露一些事件或信息的人。比如新闻秘书、公共关系官员、公众代理人、美国陆军的分支机构以及核武器基地就是这样的新闻路径。通常来说，具有特殊利益的新闻来源常常依据记者是否方便来安排新闻发布会的时间和地点。这些新闻源试着提供一些既可视又有时效性的事件，它们经过加工自然可以成为"真实"的新闻事件。

一些公司做的就是这样的工作，他们往往提前录制并剪辑好新闻节目，还写好新闻稿以供记者自行配音使用。这些"视频新闻发布"模仿了地方新闻的模式；它们通常在一些更小的电视台以"根据……"的形式播出，结果，观众无法得知信息发出者实际上是一些试图推介产品、服务或是观点的人。

调度编辑和制片人面临截稿压力，因此许多

新闻报道表现为被事件驱动也就不足为奇，比尔·泰勒（Bill Taylor）——NuFuture. TV 的高级顾问和管理团队成员称这种现象为"离合器 & 刹车"新闻。新闻报道充斥着一个又一个事件，而这些事件之间几乎没有任何关联，全天的事件报道也缺乏主题。一种解决这种病症的方法，就是寻找隐藏在事件之后的意义，生成可解说的事件——即便它本身并不能成为一个事件。

图 13.4　一位调度编辑在一个突发事件发生时跟踪报道组的位置。

事件后续报道

事实上，很少有事件转瞬即逝。它们都在持续进行着。观众们对后续报道总是有着极大的好奇心，他们关注电视台的进一步报道，以便跟上事件的进展——这是他们作为观众无法自行跟进的。在大多数电视台中，很多事件包含着可以进行后续报道的潜质，而不是已经被挖掘透了。

没有哪本书上写过记者必须坐等着某人来安排他去进行采访。事实上，最好的记者总是努力去赢得一个事件的独家报道权，并且去持续更新

报道。

有一些新闻机构要求记者每周报一定数量的选题，并坚持让记者为每一个做过的报道存档并定期跟踪。这样做的好处是，当记者发现自己对于任务安排不满意时，可以不用追随别人的想法。

摄像师有义务参与事件的发展和后续报道工作。摄像师们本身也是新闻工作者，可以发现事件，进行采访并且安排记者报道。

树立你的新闻理念

鉴于制片人要直接对新闻做出判断，所以任何新闻报道的命运至少与制片人的新闻理念有着一定的关联。如果制片人有着正当的新闻理念及社会导向的话，那么节目对于当天新闻的报道通常会更显品位。新闻会更看重人而不是制度，最好的情况是，新闻报道会变得与众不同。观众看一眼就会知道这是哪一家电视台播放的新闻。

观众情绪

纵观整个新闻报道，观众情绪应该是制片人头脑中最为关注的因素。通常来说，一个事件拥有"＋"、"－"、"0"的评判标准，所以大多数制片人试着避免在新闻节目中出现一连串既定风格的事件，正如他们尽力避免"打乒乓球式"的事件顺序，也就是迅速地轮换着播出"好新闻/坏新闻/好新闻"的顺序。很少有观众会享受一长串无休止的负面报道。而如果事件播放采用"打乒乓球"的方式在正面报道和负面报道之间迅速转换，观众也不能迅速转换他们的情绪，更不要说主持人能够很好地像驾驭过山车一样转换情绪了——在一个短暂的笑脸之后突然在下一报道中拉下脸来。

作为掌控观众情绪起落的人，注意对于一个事件的情绪掌控是有选择的，这基于你的新闻理念，也取决于你要提供兼具平衡性和洞察性的新闻事件的义务。至少，要努力使最后一则报道在各个方面都是很乐观的。这种方法有助于让观众以一种乐观的或者至少是中立的态度来体验新闻，同时也有助于他们在休息时能停留在这个频道。特别需要说明的是，如果观众被引发的情绪十分消极，一些观众往往会咒骂主持人或者是新闻报道，而不会接受自己情感上的原因。

在每一单元中控制事件报道的节奏

在一个播报单元中，偶尔允许只有一个新闻事件。但是，这种方式会让观众对这个播放单元产生错觉。节奏放缓了，广告捆绑在一起播出，如果一个独立的事件在这个时候突然出现，那就会显得没有必要。这个问题在将专营权按照单元的形式分割成一份一份的新闻节目中尤其突出。专营内容可能是一份顾客报道或是健康关注单元，这些节目在每周固定的时间播出。这些报道经常被看作"怪人怪语"，在不会打乱新闻报道列表的地方，它们通常用来填充空白。

关键是整合这些经营内容，从而使新闻事件的编排更加自然和流畅。如果里德（Reed）博士的联合报道涵盖了预防皮肤癌的方法，那么制片人可能会在报道前查询与这个新闻事件有关的简单癌症预防知识。可以用一到两行的抄录作为切换至皮肤癌报道的过渡："尽管癌症治疗的一些方法有了重大突破，皮肤癌的危险却比以往更甚。杜克·里德博士告诉了我们如何在日常生活中降低罹患皮肤癌概率的方法。"

另一个目标就是用"可以进行对话"的内容作为事件或者单元的结尾；换言之，让主持人在事件和单元的最后恰当地加入。在午间新闻节目中接入烹饪单元，可以像主持人彼此交谈那样简单："那看起来不错。很高兴又到了午饭时间了，"另一个主持人回应："我也是这样觉得。"这么做是表示报道结束，并用一个明确的手势说明"这个部分马上到结尾了"以结束本单元。

结尾很重要，因为我们需要主持人来证实我们作为观众的一些反应。如果主持人并没有确认整个事件，或者是在每一部分结束时没有给出清晰的结尾，那么观众就会觉得主持人是冷酷的、无幽默感的、不感性的、没有头脑的或者是做出任何其他一连串不善的评价。因为主持人的职责就是通过自己的反应，来展示给观众该如何对事件进行反应，对于新闻事件的一些认同是很重要的——即使其反应仅仅是轻轻地歪下头，或是露出困惑的表情。

与主持人合作

根据诸如市场大小等因素，制片人有时会通过与主持人和记者更加亲密无间地合工，给节目注入活力。比如说，主持人不能坦率而自信地对他们没有看到过的新闻事件做出反应，如果让主持人提前了解一点基础知识，就能做出更自然的报道。花片刻准备，能帮助主持人消除播报时的不确定性。或者制片人可以建议主持人使用简单、直接的词来更好地阐述事件。

两位主持人相互配合的模式会拉慢节目的节奏，要是互动很沉闷或者每个主持人都试图"霸占"这个故事的话。如果主持人之间的交流是友好而清晰的，并且事件的设置精简，那么电视新闻的效果就会得到巨大的提升。通过现场指导干脆利索的提示，主持人在画面切回等指示或者确认是否正在播报时慢半拍的现象都是可以避免的。如果主持人在演播室进行播报的时候，技术导演被允许在镜头之间做现场剪辑，得到的互动就会更自然。

在新闻机构中，记者和主持人的教育水平同样重要，电视台致力于帮助雇员将注意力集中到电视台的目标和新闻理念上，而这些可以使之得到更好的新闻内容和形式。

引子

大多数制片人还会撰写和安排一些能够吸引观众的引子，从而使观众们停留在他们的频道："下面，就最健康的防晒霜是什么这一问题，有关专家会提供一些建议。一会儿我们会回来，看看如何用最便宜的方法在今夏炎热的阳光下旅行，无论你要去哪里。"就像是一张报纸的大标题能够反映整篇故事的中心思想一样，电视节目的引子也会告诉我们吸引人眼球的珍闻逸事马上就要呈现了，但是不能像这样使用引子："某天，你需要使用的所有药物只不过是一杯牛奶。"这条引子来自丹佛的CBS4新闻节目，它过分夸大了新闻事实，传递给观众们这样的信息：科学家们已经发明了一种牛奶，它可以作为治疗心脏病的药物。

引子应该与新闻事件有足够的关联性，从而可以牢牢抓住观众，但是也不能承载过多信息，以至于没必要引出报道了。"在应该进行诱导的地方作出诱导，"NuFuture.TV的比尔·泰勒说，"必须持续灌输给观众他们喜欢看的东西，让你的频道值得他们停留。而且要记住，要心怀观众，不能把观众置于事外"[3]。

当你撰写引子时，试着找到一种方式传达这样的感觉，观众需要知道这个故事，会对之有兴趣，还会对后续报道充满期待。在引子中推销事件中的人常常也是合适的，然后整个事件就交给他们去推销吧！即使是在引子中，这条格言也是同样适用的，如果你推销一个人，那么这个人也会推销整个故事。

履行引子中的承诺

不管什么时候，履行引子中的承诺都是必要的。对于言而无信的承诺，观众们很快会产生厌烦感。同样的标准也适用于故事导语。避免大众通常所用的引子和导入的方式。相反，你把它们做得越具体、越有吸引力和引人注目，那么效果就越好。

帮助电视台成为地区新闻报道的中坚力量

为了拥有更大规模的观众队伍，一家电视台或许会试图把自己塑造为报道地区新闻最为突出的力量。甚至是那些常年热衷于报道地区性事务的电视台，也会因优先报道其自身所在社区的新闻而独具特色。不管怎样，制片人能帮助电视台获得更广泛的认可，促使其成为重要的地区报道力量，从而播报大范围的新闻。

要建立起报道区域性新闻的名声，一个很好的方法就是将新闻报道"区域化"。这个想法旨在向观众证明你们将会报道整个区域的新闻。从特定地区传回的新闻事件可以在新闻节目间歇或是引子中被特写播出。除了在头条新闻中提及其他城市外，那些城市的名称也同样可以在天气预报和体育节目中提及。事实上，在天气预报中越多提及其他城市的名称越好。

为了表现得更具区域性，新闻的样式也可以包含可辨识的地区特点、当地体育队伍、建筑以及地理风貌。但是，显而易见，除非一家电视台对整个地区进行综合性的报道，否则它不可能成为具有广泛影响力的地区性力量。这也就意味着新闻机构必须把注意力放在整个区域的新闻中，这意味着无论有什么事情在这期间发生都要予以关注。

当今，由于高质量的有线电视进入千家万户，观众们可以非常容易地收到他们所居住州的大多数电视台的信号，不管那些电视台在哪里。基于这个原因，并且也因为州际报道对于所有观众而言都非常重要，更多电视台正在扩大它们的州际报道规模，并且把这些报道置于"地区性"报道的保护伞下嵌入到新闻报道中。电视台往往在外围地区建立起"联络站"（bureau），至少会雇用一位记者和摄像师，并且记者常驻州议会也成了一件稀松平常的事情。

一些记者或许会争辩说，一个在其他地方社区发生的既定事件不能算作"新闻"，因为它的聚焦点狭窄或者说吸引力有限，但是不能想当然地认为狭窄的新闻聚焦点就一定会排除一个广泛的观众群体。当一位记者的脑中以观众的兴趣为本，并进而挖掘了一件新闻事件时，那么每个人都是赢家。制片人同样也会不断提醒记者，观众们是不会比记者更加关心和了解新闻事件本身的，而那些把新闻事件做得很愚蠢的记者也一定是愚蠢的记者。

制片人同样也应该依赖那些使用手机进行沟通和报道的记者，而且他们自己也可以学着使用，从而使整个事件得以普及。"如果这个社区存在着虚假报警或者桥梁安全问题，那么拿起电话，并且查询类似的问题是否在其他社区也存在——当然也包括你自己所在的社区，"NuFuture. TV 的比尔·泰勒说。[4] 如果你还记得要从更多角度来跟踪报道，而不仅仅是报道"那个"事件本身，并且坚持进行更多的来自自家记者的后续报道，那么你就会很快播出有关虚假报警如何被调查的事件背景，或者是路桥建设基金是如何被拿来用作敛财的工具，而并不是真正地投入桥梁的维修工程中。

提高音频—视频间的关联度

当脚本内容与屏幕上的画面完美地契合时，观众们就会成为真正的赢家。这种文字与画面的理想匹配，在这个行业里被定义为音频—视频关联度，或者是参照度。在新闻报道的所有事件中，制片人和记者一样都拥有控制这种关联度的义务。同样，他们也有义务使这种关联度尽可能持久地保持于目标事件报道的整个过程之中。这一目标可以通过遵循以下两个简单的原则得以实现。第一个原则是："先要描写整个画面。"第二个原则是："除非你要展示它，否则不要谈论它：有什么，就说什么，看到狗，就只说狗。"

视觉效果

一般来说，制片人对于从前方发回画面的视觉效果并不具备掌控力。但是，制片人可以练习掌控所做报道的视觉效果。要考虑避免视频新闻以一个空白墙壁的镜头开始，而不是用"画面引入"，或是立即就能很明显地让人建立起与即将播放的事件之间的联系的图像。举例来说，如果事件是有关虐待儿童的，那么在事件开始时以一面法院的墙来引入故事就显得缺乏目的性。

另外一种制片人在意的"视觉忌讳"即BOPSA，其全称为"bunch of people sitting around"（一群人围坐在一起）。当记者频繁地讲述和报道故事时，一旦找不到有意义的画面，往往会将大量的BOPSA传回后方。观众一看见 BOPSA 画面出现往往就会换台。制片人同样也要与记者合作，在节目安排或者是采访时避免出现"头对头"的情况，特别是在新闻报道的结尾处，也就是镜头切换回演播室的主持人时。如果新闻中最后出现的那个人的镜头（一个"头"）与直播室的主持人（另一个"头"）的镜头大小和风格几乎一致，那么这则新闻就是有问题的。

注意更新视频文件

在控制新闻报道的视觉效果时，制片人应该尽力避免视频文件重播的情况。有时候，电视台可能只拥有区区几秒钟的视频画面，比如谋杀案的嫌疑犯被押送至法庭，或者是一个越狱犯在枪战中被击毙，于是在事件跟进报道的时候，这些镜头就会一遍又一遍地重播，简直令人厌烦。类似的情况还有航天飞机爆炸的悲剧镜头、海军护卫舰在波斯湾遭到导弹袭击的镜头，以及那些展示陈旧的飞机失事悲惨后果的画面，这些镜头被当作经过调查之后的进展周复一周、月复一月甚至是年复一年地播送。对此的解决办法就是运用备用的文件视频，并且及时更新，从而使观众们可以随着时间的进展看到一些更为新鲜的电视画面（见图 13.5）。

图 13.5　文件视频提供了一种有价值的资源，这种资源可以弥补
那些没有画面的报道的不足。需要注意的是，要适当地使用这些
备用文件，并且无论何时都要及时更新。另外在报道中要把它当
做文件镜头与其他镜头加以区分。

 ## 有目的地利用受访者

　　还有一种方法可以改进新闻节目的面貌，同时降低观众的困惑感，那就是重新审视那些受访者是如何被利用的。观众们经常会遇到这样的情况：从电视画面上可以看到报道现场有一个人在说话，但是播出的节目中，却只能听到记者的声音，而没有现场声音。每天晚上，都会有很多观众费力想要去听清那个人到底在说些什么，但是记者喋喋不休的画外音，必将会让这样的努力无果而终。

　　为了纠正这个问题，制片人通常坚信当屏幕上出现提示的时候，任何彼此冲突的声音都应该被消除。同时也需要建立一种制度，就是主持人和记者不能剥夺受访者的话语权。允许那些受访者的声音被清楚地听到，这是一个基本的礼貌问题，并且也是常识性问题。如果一个人在电视上谈论着什么，他（她）应该被认真聆听。如果那些受访者所传递的信息比任何其他途径带来的更加有效，那么他们应该被充分使用。

　　当受访者被要求录制一段画外音时，这也是他们的作用最小的时候——当然，在这个录音中这位受访者的名字会被提及，或者被当作硬性加入的原声摘要，因为没有什么更好的选择方案了。如果原声摘要的作用仅仅是为了识别脚本中所提的人物，那么或许它应该被转换为一个被框在主持人旁边窗口里的固定画面，或者干脆直接清除。

天气预报与体育赛事

天气预报和体育赛事向制片人提出了前所未有的挑战，因为新闻报道中的这些部分被看作一些与新闻节目主体有明显区别的"孤岛"。通常情况下，天气预报和体育赛事报道的播报员会扮演他们自己所做节目的制片人，而且还不需要向新闻制片人负责。这种自治的身份会形成一种"到点交班"的不负责心理和一种"我们—他们"的分隔感，而不是理想中的更为合理的"我们—我们"共享的观点，若秉承后者的观点，每个人都会竭尽所能达到共同目标。

在这种情况下，最起码制片人会通过协商，继续保持对于天气本身的强调和关注。如果有一天恶劣的天气已经降临或者即将来到，那么用与天气相关的事件引领整个新闻报道，并且将天气预报主持人请到直播间来，报道具有硬新闻性质的天气的持续变化情况，就会显得非常合适。而在其他时间，如果仅一些稀疏分散的云层，并且未来一周的气温都会在合适的范围内，那么天气方面的新闻就会被缩减，从而为一些其他的突发事件报道腾出时间。

观众们通常对于当地的气温、当前的天气情况以及未来几天的即时天气预报充满兴趣。像这样的信息通常会在两分钟到两分半钟的时间内播出。

体育主持人同样也为其所致力的体育报道的时间负责。而这个时间的长短，原则上基于当天可以报道的有趣和重大的体育新闻数量。一些新闻机构甚至要求独立的体育部门就体育新闻播报所做的筛选做出必要解释，就好像是新闻节目必须为其所选的新闻事件做出解释一样。这样做的目的就是保证体育节目的播放节奏，以及它和观众口味之间的关联程度。

由于网络报道的覆盖面，地方电视台几乎是被迫加入了体育报道领域内的产业竞争。适应了职业的网络体育报道的优势和节奏，观众们也开始期待地方电视台能够把相似的画面和节奏运用到体育报道中去。为了更有效地竞争，电视台会更多地运用视频，并且会更多地从这些体育赛事参与者的角度来进行更有吸引力的体育报道。

虽然体育是一项关于胜负的活动，而且也是有关记分牌和排行榜的活动，但是最为有趣的体育新闻往往是那些在体育竞技中，人们都会认同的略有戏剧性的新闻事件。观众们仍然想要知道谁赢得了比赛，但是如果体育新闻想要俘获更多观众群体，那么它必须更少强调记分牌和排行榜，转而把更多注意力放在强调故事性和人物的戏剧性上。

制片人和调度编辑都是记者，而且事实上，他们也都是播报员。有时候调度编辑就是一个事件最早的播报员，有时甚至是第一播报员。而制片人的角色同样重要，制片人需要将一个个新闻事件组合成新闻报道的形式，编排成能更好地讲述故事的画面，还要协调那些需要编辑部整合的复杂信息线索。在这些极具挑战性且颇为复杂的领域中，有许多专业人士可以一试身手，但是只有那些最具资格的人才会被最终选中。

小结

成功的新闻组织是基于反映了他们对所服务社区的深刻理解的新闻理念运行的。这种对于社区的理解必然会形塑调度编辑和制片人制作每日新闻的范式。

调度编辑全天监控新闻事件，协助概念化新闻节目，制定日程并据此派遣记者去特定地点报道。制片人是新闻报道的建筑师，他常常协助决策新闻事件的选择、新闻的播放内容，以及新闻节目中各种生产要素的使用。

制片人和调度编辑可能会帮助制作新闻节目。在一些电视台，一个新闻策划人协助调度编辑，生成对某个事件和系列事件的基本策划，或是从事一些具体的调查工作以及制订出具体报道计划。还可以聘用特约记者以协助在外景地进行拍摄和采访，帮助做那些电视台原本无力进行或很难进行的现场报道。

从表面意义上讲，新闻似乎已经被看作"坏消息"汇编的代名词。但是，通常的情况是，新闻不能被简单地定义为好或者坏，而是取决于事件被如何看待的综合反响。大多数观众想要一种新闻上的平衡，也就是平均地呈现与观众现实生活利益相关及其关注的方面发生了什么。一些坏的新闻事件在开头往往就被灌注了一种消极负面的情绪，但是这种负面情绪其实可以通过一种更为理智和公平的方式，转换为一种中立甚至是积极的情绪。对于调度编辑和制片人来说，应当避免过长时间和过大篇幅的负面新闻和坏新闻报道，这一点非常重要。

历史上，新闻源于现场突发事件以及一些来自特殊利益团体（包括企业、政府和其他一些私人和公共机构）的信息。这样的新闻通常来说更容易被识别和报道。而在建设社区新闻的过程中，至少同样重要的是计划报道模式，这种报道给人一种对事件的所有权属感，而现场记者和摄像师也都有进行后续报道的需求。没有谁必须等调度编辑分派才能去报道一个事件。

电视台业已证明了它对于一个社区的价值，那么接下来管理层所关注的就是，通过把电视台建设成为一支强大的区域性报道力量，以此建立起更大的收视群体。在这一转折时刻，将其他地区发生的事件加以普及，并且把报道与在更广泛的观众群体眼中所关心、担忧的事情联系起来将是电视台义不容辞的一种责任。

将体育节目嵌入新闻节目也同样非常重要，而不应任其变成各自为战的孤岛。

调度编辑与制片人之间的交流至关重要。同样地，他们与报道团队其他成员的密切沟通也是非常重要的，这些团队成员包括主持人、摄像师以及现场记者。

 关键术语

BOPSA　　　　　未来文件　　　　　网络报道

 讨论

1. 描述一个调度编辑典型的职能，并且就编辑在报道过程中的角色进行讨论。

2. 描述一个新闻策划人的工作并与调度编辑的职责做比较。

3. 描述新闻制片人的职责并且讨论制片人在新闻报道过程中的角色。

4. 明确个人的新闻理念，这一理念应该包含对于你所居住的社区需求的责任感。

5. 观众在什么意义上帮助明确什么是受欢迎的电视台的新闻？

6. 讨论这样一种理念，即并不存在所谓的好新闻或者是坏新闻，而仅仅只有新闻本身以及你所如何对待它。

7. 讨论并且提供一个例子说明一个情绪衡量为"－"的事件是如何转换为一个情绪衡量为"0"甚至是为"＋"的报道的。你的例子中所强调的这种转变道德吗？专业吗？

8. 列出最为常见的新闻来源，并对之加以描述。对比传统新闻来源与企业发布的消息对新闻内容的影响。

9. 讨论后续报道的重要性，以及新闻事件报道权与电视摄像师和记者的重要关系。

10. 列举在典型的新闻节目中影响新闻内容、新闻反馈以及新闻次序安排的最为重要的考虑因素。

11. 新闻主持人应该与现场记者和摄像师进行多大程度上的交流？他们被定义为报道团队的成员之一该如何理解？在多大程度上新闻主持人要遵循"所有绩效出于内容"这一观念？

12. 新闻引子在吸引和俘获观众上起着什么样的作用？举出你见到过的至少两个新闻引子的例子，以此说明一名摄像记者能够在事发当地开始报道，并且可以在无需现场记者或者主持人画外音描述的情况下进行直播报道（比如一个警长破

门而入，清查一个涉嫌进行非法博彩活动的赌场的镜头——这些赌场的行为刚好触犯了本地区的法律）。

13. 摄像师和记者是怎样帮助一个电视台成为一支更为强大的地区性力量的？

14. 制片人、现场记者和摄像师如何一起协调工作，从而避免出现"墙纸视频"，并建立起更为精确的音频—视频关联度？

15. 假设你站在一个摄像记者的角度，描述你将怎样更新一次新闻事件的视频文件，这一新闻事件只有最初几秒钟被拍下来了。

16. 讨论一个电视台将体育赛事和天气预报部分更好地嵌入到每日新闻播报中，而不是任其变成各自为战的"孤岛"的具体步骤。为什么这样一种自然的嵌入至关重要？

 练习

1. 邀请一位电视调度编辑和一位新闻制片人到班里，探讨他们各自的职责。

2. 安排去一家电视台见习，观察采编部的工作。对于你来说安排一次周末见习是很有可能的，那时调度编辑会有更多的时间与你分享经验。

3. 如果你拥有一台具有接近新闻报道水平的摄像机，或者是一个高质量的家庭录像机，那么可以联系当地电视台，成为他们的特约记者。

4. 采访社区领袖和你所在社区的电视观众，从而辨别在这个社区中，什么是他们所认为的最重要的问题或者议题。确定在多大的程度上，这些个体会坚信当地媒体，特别是电视新闻机构，是问题解决过程中非常重要的合作伙伴。

5. 继续进行练习4，但是不再对社区领袖和电视观众进行采访，而是跟当地电视台的导演、调度编辑以及制片人进行交谈。更深入地询问他们的新闻理念是什么，他们对于社区的态度又是什么。

6. 进行一次随机但是有目的性的采访，选取你所在社区中十个以上有代表性的电视观众，并询问他们对于最喜欢的电视新闻节目的期待是什么样的，以及他们在多大程度上希望电视台更广

泛而深入地融入到社区生活中？

7. 撰写一篇基于一定立场的声明，篇幅不要超过三张双面的打印纸，概要地阐明你所建议的电视台应该追随的新闻理念。说明你对于电视台的雇主应该如何认定他们对于社区的责任这一问题的观点。确定一种在每日新闻报道中可以识别出来的风格和情绪，并辨别新闻判断、新闻生产和新闻推广活动的不同价值，这些活动都有助于吸引、俘获观众，并恰当地提供给观众知识。

8. 审视这一观念，即"没有好新闻和坏新闻之分，只有新闻本身以及你如何看待它"。使用一条"坏新闻"或者是其他具有负面效应的报纸或电视新闻报道作为你的开头，尝试着公正而准确地把这些事件的重心转移到一种情绪量度为"0"（中立）甚至是"＋"（积极）的报道中去。

9. 列举十个你可以自行去或是安排另一位现场记者或摄像师进行报道的计划事件，而不是傻傻地坐等某位调度编辑来安排你去进行某项事件的报道。

10. 查询近几周或几月以来你所在地区报纸上的重要事件，并且自行对这些事件进行跟踪报道。

11. 参观一个当地的电视台进而确定：（a）广告间歇每一个新闻单元的内容以及报道事件的数量；（b）对于每一个事件大概的情绪衡量（"－"、"0"或者"＋"）。列出每一个具体事件以及它们的情绪衡量结果，并把它们放在台面上进行比较。

12. 留意白天和夜间黄金时段出现的"半小时新闻"引子。逐字逐句地记录下任何你听到的新闻引子。在你观看完晚间新闻报道之后，重新写一些原创的新闻引子使那些新闻报道进一步得到升华。每一个例子都要既包含原来的引子还有你自己重写的引子。

13. 从电视新闻报道中摘录一个事件，找出一个或一组可以用作引子播出的镜头，或者出去为这个事件拍一个视频引子。如果你决定回顾这一事件，要考虑选择一个没有争议的事件，并且避免受到任何已经在原始报道中出现过的主题的影响。

14. 连续一周关注你最喜爱的电视新闻节目，并且对这家电视台在多大程度上想要展现出一种区域性报道的风貌进行评估。列举任何电视台使用的可以使它成为一支强大的地区性力量的设备。

15. 记录并研究一个当地新闻节目，确定其音频—视频的契合度被精确地控制到了什么样的程度。对过时或陈旧的文件视频的使用要保持警惕，思考使视频常换常新的方法。

16. 观看一则体育赛事报道，并在 2～3 页双面打印纸上描述提高这些赛事播报水平的具体步骤。包括对一些具体的考虑因素的观察，这些应被考虑的因素包括播报的长度、个人事件特写的长度、事件报道的节奏、画面、产品价值、有效的故事讲述方法、强调比分 VS 强调人，大众和小众体育运动的报道、视觉效果的运用、写作质量以及体育主持人和现场记者等各方面。

注释

1. Joanne Ostrow, "Old Media Grounded Va. Tech Story," *Denver Post*, April 21, 2007.

2. Bill Brown, "How to Survive as a Reporter," a presentation at Colorado State University, March 23, 1987.

3. Bill Taylor, comments at a television news workshop, Columbia, SC, June 14, 2003, and amplified in e-mail correspondence with the principle author, June 28, 2007.

4. Ibid.

第14章

体育赛事的拍摄与报道

鲍勃·伯克　玛西娅·内维尔

体育赛事的拍摄和报道有时会被看作新闻报道中的一座孤岛，从一定程度上说，它本身以及它报道的原则和规律，都与新闻存在明显的不同。尽管存在差异，这一章将要讲述体育赛事所强调的以及体育特写报道所倚重的一些通用法则。这是鲍勃·伯克（Bob Burke）和玛西娅·内维尔（Marcia Neville），一对来自丹佛的夫妻所做的工作。在本章的第一部分，伯克——这位 CBS4 新闻台的首席摄像师和体育节目制片人（见图 14.1），分享了一些至关重要的意见，这些意见是关于如何有效地拍摄体育赛事。在第二部分，体育节目记者玛西娅·内维尔（见图 14.5）将紧接着阐述关于体育报道的综合性指南。大多数观点事实上适用于所有的体育报道，但需注意这些观点是建立在一定基础之上的，也就是说打算拍摄或报道体育赛事的你已经有了一定的知识。如果你对某项体育赛事一无所知，那么在你拍摄之前，应充分地阅读相关信息，或者是找人给你解释一下。

 ## 如何成为一名卓越的体育摄像师

我永远都不会忘记我的首次体育赛事报道任务。我被派去拍摄一则关于在当地一所学校进行的一次破纪录的高中投铅球比赛的特写。"没问题，"我告诉自己。记者和我在运动场上发现了我们的目标，他正在投掷。我架好摄像机，询问那名运动员有关他平日里常规训练的情况，同时开始拍摄。那名铅球运动员走进画面，扭身转动了几次，然后使劲将沉重的铅球投出了很远的距离。在那个特殊的时刻，我低头看了一下摄像机的计数器，发现已经有了一个非常棒的长达八秒的镜头。我问那名运动员平时训练时是否还进行一些其他的练习。"就是这些。"他说。一种恐慌油然而生，这让我如何制作一个两分钟的报道？总不能报道仅有八秒钟的动作吧。我或许只能拍摄这位年轻人 14 遍或者 15 遍地反复投掷铅球，直到录满磁带。但是如果你想要在你的工作中体验成就感，你以你的工作为荣，那么你就知道这种类型的逻辑简直不值一提。

首先，制作一则好的新闻的所有要素，同样也适用于制作一则好的体育报道。就如那些新闻事件一样，体育事件需要开头、中间和结尾，一定的顺序、自然的背景音，相匹配的动作等。如果任何人想要给你这样的指点"不要担心，那只是体育运动（不是新闻报道）"，切记不要买他的账。拍体育运动和拍新闻一样，职业记者绝不敢忽略任何新闻摄像的基本理论，也不敢触犯那些决定叙事艺术的新闻法则（见图 14.2）。

资料框 14.1

如何成为一名卓越的体育摄像师

近段时期以来，体育报道往往太注重结果。满眼望去都是胜利的果实。而体育事件本身的故事性被搁置一边，这种现象令我很是抓狂。我所期望做的是挑战自己，去做得更多，而不仅仅是拍摄那些精彩集锦。

卓越的体育摄像师能够捕捉到所发生的事情，它之所以会发生的原因，以及它所蕴涵的全部意义。"卓越"一词聚焦于体育的本质——情感的勃发、竞争的展现、痛苦与荣耀。光鲜、突出的成绩和音乐当然非常好，但是如果你仔细探寻的话，你会发现体育报道远比这些要宽广。

我们来进行下一步的工作。分解开那些使突出事件发生的行为。捕捉到在那一刻勃发的情感。拍下那些能够让观众们迅速联想到相关球队或运动员的体育影像。并且你必须努力做足功课，从而更加深刻地了解体育本身。这并不是说你必须精通和擅长你所报道的体育项目，但是那样确实会对你的报道大有裨益。在这项工作中，你不得不知道一些五花八门的与体育有关的事情。当你在拍摄一次市政会议时，你不得不去了解它的基本程序、主要议题是什么以及与会者的基本立场是什么。同样的道理也适用于拍摄体育报道，你必须了解这是一项什么运动，它的基本规则和玩法是什么以及那些运动员都是谁，有何特点。

图 14.1 鲍勃·伯克，丹佛 KCNC 电视台摄像记者。

我非常遗憾地看到，在工作职能的基本介绍中，这项工作只是被定义为拍摄一些足球比赛的精彩集锦并配上音乐，而做到这些即可以被冠以"新闻事件"得以播出。体育赛事能够使我们获得如此多的机会讲述一些动人的故事啊！你不能只满足于有开头、中间和结尾的老三段形式。那像是"一个蠢货在讲述故事"，那也太过简单了吧。如果我看到一则体育事件报道只是一些高清图像的精彩集锦加上画面渐隐艺术和名嘴解说，除此之外一无是处的话，我会变得很抓狂。

图 14.2　体育摄像记者需要遵循的许多摄像实践和报道的基础理论都和新闻摄像记者一样。

 ## 体育摄像中最重要的问题

　　在大多数体育摄像中你都会碰到一个最大的问题，这个问题会发生在你通过取景器观看比赛时，也会发生在你尝试着跟随人物和目标物无法预知地快速移动时。如果用肉眼跟随一个被击打出去的棒球都非常难的话，那么想象一下要是让你眯着眼通过取景器对之进行框定和拍摄，那将变得多么困难啊！如果没有专门的训练，这种工作将不可能完成。你不仅仅要紧跟那些微小的点（如飞行的棒球），还要时刻保持对它的聚焦，把它放在屏幕之中合适的位置以及正确地将之呈现出来。

　　我第一次拍摄的体育赛事，是以整个场地的广角镜头结束的，没有人可以在这个镜头之中看出到底发生了什么事。当我尝试着剪辑镜头的时候，我发现自己很沮丧，因为在跟随那个球的时候，我忽略掉了一些"被很好讲述"的新闻事件最为重要的标志——剖面图、结局以及与之匹配的动作。经验是你最好的老师，但是有时候这句话会开你的玩笑。

如何紧跟一个体育动作

　　镜头越宽，追随具体动作就会越容易。但是镜头越宽，图像的效果也就不那么扣人心弦。想象一下四分卫倒地将球回传的情形吧。当一个微小的点在屏幕中穿越飞过时，给正在奔跑的运动员一个宽镜头将会很好（见图14.3）。但是如果四分卫后退回传，追赶空中掷出的球，直到接球手接到球才停下，你以一个紧凑的脸部特写开始这个拍摄过程，会显得更加激动人心。

　　当你第一次拍摄这样的镜头时，先以一个紧凑的镜头开始，然后缓慢地拉开镜头，直到你找到一个位置能够最好地展现出屏幕中动作的平衡为止。你不会希望因为自己太紧张以至跟不上比赛进程而错失决定比赛胜负的触地得分。

体育摄像师常常会接到三种类型的派遣工作：（1）拍摄精彩集锦（赛事中的精彩镜头）；（2）拍摄一则特写；（3）拍摄精彩集锦和特写事件同时进行，而最后一项是三者之中最有挑战的一项。当你紧跟运动动作拍摄时，所要承担的风险取决于具体的工作以及你所要报道的新闻类型。

图 14.3　体育摄像师的一项重要职责，就是学会如何将镜头平稳而流畅地跟住那个飞行中的球。

 ## 如何拍摄体育精彩集锦

当你被派去拍摄一场棒球赛的精彩集锦时，你的工作就是传回那些比赛中最为重要的竞技瞬间。这种情形下你所承担的风险是很高的。如果比赛在第九局以一个本垒打结束而你恰好错过了它，那么你之前所拍摄的一切都瞬间变得毫无价值。

为了保护你自己，找一个可以对整个场地一览无余的拍摄地点。因为所有的动作都从本垒开始移动，那么最好的位置当然就是本垒之后，而更好的位置是在它的后上方。站在这个位置，观看球被击打出去的角度就不是那么困难，所以也能很好地追踪球。

几乎其他所有位置都会导致动作从左往右变换，或者是从右往左变换。这样的动作将更难跟进镜头，因为它更容易溢出你的取景框。当球迎你而来或者是背你而去的时候是最容易跟进镜头的，所以你应当选择那样的拍摄位置。

首要任务就是紧跟比赛进程

在你刚开始拍摄体育赛事时，应当在比赛开始的时候拍摄一个能够均匀表现整个赛场的广角镜头。在你获得了更多自信之后，你可以缩小你的镜头。但是要避免镜头缩小得过于厉害，因为你的首要任务就是紧跟比赛的进程。当你拍摄棒球赛的时候，要努力把击球者和投手同时框进镜头。像这样的镜头位置可以使你更容易地跟进球的移动。

一旦球被击打出去，那么应该努力跟进球而不是停留在击打者的身上，即使你是那位球员的粉丝。虽然有些摄像师喜欢跟进那些击球者，但是大多数粉丝还是更关注球的。同样的道理，在橄榄球比赛中，在四分卫把球扔出之后，镜头要紧跟球的行踪。这一做法比用镜头紧跟那个四分卫球员要自然一些。当然了，如果你的镜头没有成功地紧跟球的运行（如果没有跟进也不要沮丧），那么就跟进击球者或者四分卫作为替代。只要有用的镜头都是我们的目标。

流畅地跟进动作

急拉的、突然的镜头晃动会分散观众的注意力，所以无论你采取什么样的方法都要努力使镜头移动得平滑自然。如果在你移动摄像机跟进一个球的时候，这个球突然被击打，飞向了屏幕的左侧，甚至是从屏幕中消失了。你的下意识反应会是慌张，进而竭尽全力去重新找到它。一个更好的方法就是站在原地，并找寻一些能够提示该球运行轨迹的标志。比如说，运动员或许会跑向、望向一个特定的方向，而这就是一个可以让你找到球的切实的"标志"。

如果这个方法失效了，那么你就在那里稍作调整，然后创立一个新修正的标志——"剪辑点"。一个从移动镜头而来的剪辑将会取代有粗糙观感的修正。一旦你创立了一个剪辑点，那么寻找下一个镜头，通常击球手已经跑垒成功了，或者是在他意识到自己出局之后返回球员席。当然，即便你已经足够幸运追寻到了球，在拍摄时依然需要有平滑的镜头移动和修正标志。

保卫本垒

同样，也要记住去"保卫本垒"。假定在三垒有一个队员，并且击球者把球打向了右场。外野手捡起球并把它扔向内场。与此同时，三垒手得分。在这种情况下，跟踪那个球直到你意识到球已经被击打出并且三垒手将要得分了。此时可暂停并制作一个剪辑点，然后尽可能快地找到本垒，等候着那个即将得分的选手。对于制作精彩集锦的编辑来说，触垒得分的镜头是非常重要的。显而易见的是，你能够对摄像镜头里唐突出现的动作进行剪辑从而把镜头聚焦到本垒之上。

拍摄切换镜头

通过拍摄切换镜头的方式避免跳切，比如说拍摄一些球迷们、记分牌和在球员席的队员们的镜头。无论在哪些地方出现，跳切总是很不招人喜欢的。而你在努力追寻飞行着的棒球的时候可能会遇到的问题，通过拍摄切换镜头便可以解决了。

如何拍摄体育特写

　　拍摄一则体育特写包含以下拍摄精彩集锦所需要的全部技能，创立先后顺序，拍摄与此相匹配的动作，以及为你的整个事件报道设置好包括开头、中间和结尾的整个过程。让人惊奇的是，比起其他新闻报道，拍摄体育报道时做到这些事情要简单得多。

　　体育运动报道是由具备一定顺序的镜头和相匹配的动作组成的。在棒球运动中，一个投手总是站在投手区中，而击球者则站在本垒。在橄榄球运动中，由中场混乱的抢球开始整场比赛，前锋通过相互冲撞来获得空间和机会，而四分卫总是在控球。无论你所拍摄的体育运动是什么，花几分钟的时间思考一下哪些是基本的动作，并将之分解成小的部分。

　　比方说，你的任务是去拍摄一个关于棒球运动员的报道，而这位运动员在联盟中的本垒打排名中是遥遥领先的。因为你的焦点将会集中在他的击打能力上，所以最为重要的镜头将会发生在那个球员准备击打棒球的时候，而那时候你所承担的风险也是最高的。当他击打的时候，只拍主体，以保证如果他打出了一个本垒打的时候，你能够拍到。当他没有击球的时候，拍摄一些切换镜头，或是一些你会在序列镜头中和匹配动作时用到的其他元素。

　　每次主体准备击打的时候，比如说，他会从球杆架抽出球杆，拿在手中，反复擦拭，跃跃欲试，准备打出一记好球。然后他会走出球员席，走向击球区，挥动几下球杆作为热身，并审视一下比赛局势直到准备击球。之后，他走向本垒，掸去衣服上的尘土，摆好击球姿势，准备给出一击。甚至是在他击球前，你都还有

时间拍摄一个八秒钟的序列镜头。击球者在下一次登场的时候也会做同样的动作，所以你可以再拍摄一些匹配动作镜头，比如一个正在击球区的击球手的广角镜头，以及他走向本垒时的一个面部特写。记住让运动员走入和走出你的镜头，这是一个保持前后动作流畅性的一个方法，特别是当你必须压缩这些动作，将之剪辑成一个 1 分半钟的报道时。

　　甚至是在击球者坐在球员席的时候，你也可以继续拍摄一些场地上的动作，这些内容可以嵌入后面与击球动作匹配的序列镜头中。大多数基本的体育动作都是具有重复性的，同一个投手把球掷向下一个击球者的机会很大。这也就意味着你可以拍摄他向下一个击球者投掷的镜头作为涉及真正的那个主体的序列镜头的一部分。

　　另外，在特写报道里，切换镜头至关重要。无论其他一些人何时在击打，要有接球者、外野手、球队经理、球迷等人物反应的镜头，也要有其他击球者的广角镜头。当你把这些镜头放在一起进行剪辑的时候，配以你选定的目标人物击打时的镜头，就像是你魔术般地拥有五部摄像机同时报道这场比赛。你会发现这个事件进展迅速，而且看起来激动人心。

　　最后一个注意事项是，无论你在什么时候拍摄体育特写，都要尽可能靠近你的目标人物。有时，场地内的位置对于这样的报道会是非常理想的。但是，要记住，需要不断适时地移动位置。努力以尽可能多的不同角度拍摄。多角度的拍摄有助于后期剪辑，并且会使你的报道显得非常生动有趣。

如何同时进行拍摄特写和精彩集锦

最为困难的任务当然就是同时拍摄体育赛事特写和精彩集锦了。虽然体育运动具有重复性，但是它同时也具有独特性。击球者可能只能打出一次 500 英尺远的本垒打，而游击手可能也仅仅有一次能接住那样的球。所以在你拍摄所有这些一则好的特写需要的镜头时，怎样才能使自己不错过比赛中这样的重大时刻呢？答案就是盘算好之后再冒险。

在比赛局面紧张时，只需拍摄比赛活动，比如，在第 9 局中两出局满垒。当发生的事情并不是那么至关重要的时候，可以拍摄其他一些镜头，与此相反的是，在你的注意力被转移时，寄希望于不要发生一些重大的突然事件。总之，努力去注意比赛进行中的所有正在发生的事情，并要自始至终地保持这种注意力。不要只是打开镜头盖，然后开始摄像。要弄清楚你为什么要拍摄这些图像。这种方法有助于确保你不会错失一些重要镜头，而这些镜头是需要呈现在精彩集锦里的，同时还会有助于你更好地讲述整个故事。

你可以充分利用一个击球者正在挥舞球棒——一时半会儿不会掀起比赛波澜的时间间隙，或者是中场休息的宝贵时间。运用这些时间拍摄一些切换镜头，或者是拍摄一些有关你的主体和其他球员的独立镜头。展示出正在走向本垒的击球手、正准备掷球的投手或者是正在跃跃欲试的内野手的画面。接下来，你就要继续拍摄击球手，不仅仅是他在球场上挥舞球棒，也包括后续的一系列动作。类似的镜头将同时适用于你的精彩集锦和特写报道。

参与其中

无论你拍摄的是什么体育运动，参与其中是非常重要的。当四分卫准备传球时，准备好把镜头移到球上。在这里，有两个注意事项非常重要。第一，把你的身体微微放低，以使你可以更加自然流畅地跟随球的飞行轨道。第二，当四分卫把球举到脑后，把球放到屏幕的底部。这样会给球留出足够的空间——一旦球被掷出的话。

使用自然声获得更大效果

体育报道总是有很大的自然声，所以摄像师和编辑可以撇开那些在体育报道中令人厌烦的常规模式——口播/原声摘要/口播——而代之以这些自然声。那些来自球迷和紧张的人们发出的声音，有助于使体育报道显得更加生动和有活力。音乐也可以被嵌入到体育报道中，就像是慢镜头在体育转播中的运用一样，稍微使用一些，效果就会截然不同（见图 14.4）。

在体育报道中，通过变换摄像机角度和运用透视方法，效果也会大大增强。把摄像机扛在肩上，或者是偶尔顶着，将会带来远高于平日视觉水平的视觉效果。观众可以从不同的角度观看那些行为。

警惕危险

拍摄体育赛事会很危险。在大多数情况下，摄像师是近距离靠近体育活动的，而这些活动中，往往有快速飞动且力量强大的身体或是物体。如果你正处在它们的飞行路径上，那么你就惨了。

我们中有谁没看到过摄像师在橄榄球的边线上被撞飞?

　　体育摄像记者受伤的风险要大很多,因为在取景器中能够看到的视野是极为有限的。你周边的视野都被遮蔽住了。如果你正在拍摄一个近景的四分卫 20 码前传的镜头,你将无法知道在你的右前方将会发生些什么事情。一个坑人的场景将会随之而来:四分卫后退回传,从右方冲你扔球。你参与了这个传球过程并且跟上了球的运行。一个非常棒的镜头被拍到。渐渐地,你拉至广角镜头,来展现接球手如何抓住这个球,这时——BAM——接球手径直向你跑来。你依然注视着球的运行而且根本无法意识到球已经飞出界外冲你而来。正在追球的接球手也不会意识到,直到他硬生生地撞到你。

　　为了防止这样的结局,当你在摄像的时候,要让现场记者和其他你所信任的人时刻提醒你注意安全。如果你感觉到有些动作离你太近,那么就把你的脑袋从取景器中探出来,看看将要发生什么事。还会有一些其他的镜头供你拍摄,保护自己和运动员最重要。记住,如果有某个人向你撞来,并且受伤了,那就是你的错误。与体育运动员保持安全的距离,你的摄像机镜头会把你带到他们身边的。

　　无论你身处哪个运动场地,最为重要的是,要记住从始至终都要独立地思考。不要等现场记者告诉你该拍这里该拍那里,而是要像一个团队那样进行工作,并且要保证彼此间有良好的沟通。当文字和图像契合起来,所做的报道就会更好。

图 14.4　比赛进行中发出的声音,无论是击球声,还是观众的嘈杂声,都会给体育报道增添真实的感觉。在图中,声音被一个呈抛物线形状的盘子所捕捉到。

体育报道: 创造力决定一切

玛西娅·内维尔

从来没有像现在这样,那些队伍和他们的比　　赛变成了一场逃亡,所以我们的工作就是在我们的报道中留住那些球迷。若要谈论什么是体育播报员不允许做的事情，那么将是很枯燥和乏味的。体育播报是寻求个性甚至是无礼的新闻节目的一部分。所以，在每一个你单独报道的事件中加上一点创造力的火花！在旧的事件中找到一个新的角度，尝试一点点"离经叛道"。承诺不要把自己以及你的主体弄得过于严肃。而且，在你每一次接受新任务时都点燃创造力的火花。最重要的是，对于其他人已经报道过了的同一事件，要寻找出一条与众不同的路径来报道。不久前丹佛野马队的一个球员在一场艰苦的比赛中主罚定位球。但是他不仅踢丢了那个至关重要的进球，而且把球不偏不倚地踢到了球门柱上。大多数记者不断问他这个问题，并且不断回放那个踢丢了球的慢镜头，但是这时候有一位记者增添了点"火花"。他请那位球员站在场地上，再一次尝试踢中球门柱！那真是一种充满创意的叙述故事的方式，它会给观众留下深刻的印象，并且让观众们铭记在心。

资料框 14.2

为什么我不得不做一个体育记者

我得到第一份工作两周后，开始做午夜版的电视台新闻记者。我的任务就是报道有关市议会的新闻。当我走进会场的时候大会已经开始了，并且讨论进行得如火如荼。但是，在那里发表演说的是谁，他们讨论的核心议题又是什么？我瞬间就僵掉了。没有人穿着印有号码的球衣，也没有记分牌可以告诉我们是谁赢得了比赛。在这里，没有我能够理解的规则，而我只是胡乱对付。那就是我认识到我不得不做一个体育记者的时刻。经过三个小时的努力，我终于不需要继续旁听那场会议，因为它要推迟决议。我需要知道哪支队伍赢得了比赛。我需要运动以及它所带来的刺激感。而且更重要的是，我需要画面。你是否尝试过做一个 1 分半钟的短片，而里面除了会议视频之外一无所有？没有什么比那个更无聊的了。相比之下，伴随着即时输赢的体育比赛是一种充满刺激的动态过程，是一个充满了视觉效果且有待讲述的故事。在一个好的体育报道中，一个出色的体育播报记者通过声音和图像传递给你体育赛事的激情。在世界范围内的新闻事件中，竞技体育的重要性排名可能会比较低，但是竞技体育显然会让观众们为之魂牵梦绕。

图 14.5 玛西娅·内维尔，丹佛，体育记者

 做好准备

体育运动拥有远远超越其场地的巨大影响力，这也就意味着，不管你喜欢还是不喜欢，编辑部的每一位记者有些时候会被安排去报道体育运动。不管是小城市里的小规模棒球联赛，还是在大城市的 NBA 比赛，比赛和运动员们对于球迷、政客以及那些商业大亨都是非常重要的。因为这么多

人会被影响，所以采编部常常会派出一些综合报道记者，去选择一个特殊的角度报道体育赛事。所以，即使你的主要活动地点是市议会，并且你对竞技体育丝毫没有兴趣，你最终还是要报道体育赛事。不要让这样的前景唬住了你；准备吧！阅读体育运动报道这部分的内容。与时俱进。要清楚地知道是谁在运作这些事情，保持通讯录经常更新。除了是一名记者，什么也不是。无论你

是在报道城市经济，还是在报道一家球队的破产，只不过是另外一件事情而已。而且，如果你得到了让人畏惧的"体育报道"任务，放轻松。准备好尽可能多的知识加入其中，并且不要怕提出一些幼稚的问题。甚至是那些老道的体育记者在采访那些你都没有听过的运动时，通过"你认为那有什么与众不同"这样宽泛的问题，你通常也能获得你想要的所有信息。

体育报道的内场报道

　　一旦你按照自己既有的方式去进行联赛和大学赛事的报道，你的工作就会变得非常简单。在这一水平的赛事中，相当多的名册信息、最新更新的数据以及实时比赛状况都会提供给你。但是，在低级别联赛和高中水平的比赛中，报道情形将会完全不同。你只能靠自己。再说，我们大多是在这个水平开始我们的职业生涯的，所以为什么不准备好面对这些挑战呢？比如说，假设我们要

对一场高中橄榄球比赛做现场报道。你的任务一是去报道那天晚上的这场重大比赛，对阵双方是在跨市比赛中都保持着连续不败纪录的竞争对手；二是为夜间 11 点的晚间新闻报道提供一则时长 1 分钟的体育新闻。比赛时间从 7 点开始，大概 9 点半结束，这样就留给你了足够的时间去现场采访，并且把各个故事在截稿时间前剪辑到一起（见图14.6）。

图 14.6　体育记者经常依赖他们自己编制的比赛花名册、统计数据和其他关键信息，尤其是在报道较低级别的联赛或高中的比赛时。

提前到达

理想的情况是，你成功地在观众之前到达并且避免了花时间找地方停车，而要做到这一点，你就要在开赛之前提前到达运动场。当你的摄像师放松下来并占好位置的时候，你应该负责前去索取队员名册。如果你足够幸运，那么你将会在大门口时就得到一个节目单。但是通常的情况是被告知这里没有节目单。那也就是说你得自力更生，必要时需要做好应对撰稿人忽然不能写稿的准备。

辨识每一位运动员

除了首发球员，你还必须写下每一个球员的名字和号码。通过这种方式，当第三阵容的防守型前锋登场并且达阵得分时，你就已经做好报道了。

而如果你确实拿到了一份珍贵的名单，不要指望它一定正确。花点时间去直播席并且询问名册是否有变动。在体育场现场发现那些变动，总比回到办公室才发现要好得多。在 10 点 45 分的时候，你遇到了困难，因为那时你发现，自己记录本上显示的持球达阵成功的 83 号球员并没有出现在名册上，你的名册上只有 82 号和 84 号。这时可是比赛中啊！随机应变，此时你和你的摄像师可以站在边线拍摄，也可以站在高一点的位置。虽然边线画面能提供一些更为激动人心的镜头，但是并不是所有的摄像师都觉得在那里进行拍摄比较舒服，那么就从高处拍摄，从而可以保证你不会错过任何一个动作。不论你站哪里，跟你的摄像师始终站在一起是非常重要的。在体育赛事报道中，就像是在新闻报道中一样，现场记者和摄像师是一个团队。

保持实时记录

目前为止，你已经把自己的表与摄像机的时间同步了，并且已经准备好了紧跟比赛的进程。现场记者采用不同的系统来记录比赛。有一些只记"精彩集锦"，比如四分卫被罚出局或者是达阵得分。其他一些人则建议做更完整的实时记录。这么做工作量更大，但是，最后，对每一回合的记录会提供更多的信息，从而使你成为一个更好的事件讲述者。比如说在第二节的中路四分卫完成了一次传球。通过你的记录本，你可以确定这是他第一次传球成功，也是球队第一次达阵。这是能够在之后进入你的报道的有价值的信息，这种信息你不太可能从除了你自己之外的人那里得到。记住，对于当地水平的比赛，你只能靠自己。

写下每一个回合

保持记录的好处显而易见。用你自己的编码来记录那些达阵路线、推进码数和持球前进的队员。在重要的回合，简单地对这些回合相应的时间进行记录。当你返回电视台的时候，对于这些在你的脚本写成之前录下的回合实况，你将不会有时间再去观看第二遍。所以记下每一个回合，将会有助于形成一个书面提醒，记录下比赛的发展进程。记录将会告诉你运动员从左路切入，并且突破了两个欲铲倒阻止他们的队员。在你的记录本上，比赛可能会呈现为这样的形态：

1＋10W：30W　　　7W＞10W（left）far
brk 2Ts**（7：20）w/5：40 2Q
1＋10W：30B

将其解码，得到如下信息：白队的 1 号和 10 号队员在他们自己的 30 码区，7 号四分卫将球传给了 10 号球员，10 号从左侧切入，沿着远端边线疾驰，并且躲过了前来滑铲的两个队员。我们知道他成功地到达 40 码阵，因为这一回合在他的 30 码区开始，而下一回合将要在对方的 30 码区开始。根据这些时间编码，7：20 的比赛会从电视上看到，然后更为重要的事将在随后发生，那个漂亮的回合就在第二节发生在赛场中路（见图 14.7）。那两个星号也是编码的一部分。第一个暗指这将

有一个潜在的重要回合。第二个确认摄像师已经很好地捕捉到了这个回合的镜头，并且这个镜头可以播放。

在你仍然在内场进行报道时，记住帮助摄像师检查镜头。当你要描写的一个回合没有被录上，或者是所拍摄的录像不太适合被播出来，这时在截稿之前剪辑镜头会比往常压力更大。同样也要记住，摄像师的投入是组成创作过程所必不可少的重要部分。在场地内的交流，有助于确保播出可能的最好的作品（见图 14.8）。

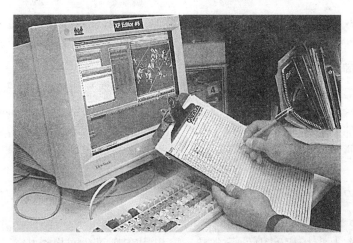

图 14.7　摄像师在拍摄体育赛事时记录下一些重要的回合，这样有助于编辑更快地锁定关键的回合。

图 14.8　在整个报道过程中，一个出色的报道需要体育赛事报道团队成员之间不断的沟通。

与摄像师进行沟通

有些时候，现场记者就是摄像师的"眼睛"。如果取景器紧紧聚焦在一位教练身上，那么摄像师可能并不知道一个球员已经受伤，并且从场地中间一瘸一拐地离场。如果没有现场记者的帮助，那么摄像师可能就不会意识到，那位受伤的队员是位明星级的前锋。而且，如果不是现场记者告诉他，那名摄像师也不会知道，对于那位即将离场的球员，要给出超过五秒钟的镜头。当你了解到你需要一个特别的镜头时，告诉你的摄像师。不要事先假定你们会同时想到相同的东西。

拍摄出镜串联镜头

现在是中场休息时间。这是一个非常好的机会，让你可以做一个从上半场到下半场的串联镜头。如果在比赛进行时录制你的出镜镜头，而错失掉重要的比赛画面，那将是最糟糕的事情。你的出镜时间要短而有信息量。对于一个长达一分钟的新闻节目来说，8~12秒的时间应该已经足够了。此外要尽量保持这个串联镜头的生动性。如果你所表现的活力水平和传达的感觉与比赛扣人心弦的节奏不相匹配的话，那么你就会拉慢整个新闻节目的节奏。

进行赛后采访

让我们假设：那支在上半场比赛中处于劣势的队伍在下半场反败为胜。四分卫在下半场扔出了一个200码远的球，其中包括一个在比赛最后时段的决胜球。是做赛后采访的时候了。如果你需要与失败者谈谈，那么先把他们围住是一个不错的主意。因为当胜利者绕场庆祝时，他们一般都会迅速消失，离开赛场。而当你想采访胜利方的时候，你会想问那个四分卫，从上半场到下半场，他们队都发生了哪些变化。你或许会想了解在中场休息的时候他们都说了些什么。你或许还想询问他们关于一些具体的比赛回合的主观感受以用在晚间新闻报道中。那么，让参与者描述那些制胜回合的表现就是一个好主意（见图14.9）。基于这一点，你可以让四分卫和接球手分别描述那个有决胜一传的回合是怎么回事，在最终的报道中，在播放这些球员的描述时配以比赛当时的画面。

你会发现高中运动员能提供非常棒的赛后采访，而且如果他们给予了你非常有力的回应，再对教练进行采访通常就变得不那么必要了。会让观众印象深刻的是那些球员和他们表现出的激动人心的瞬间。

问关于"第二天"的问题

因为这是一场如此重大的比赛，所以你有义务去做一个后续报道，以在明天的晚间新闻里播出。所以在你的采访中，准备好报道"第二天"的问题。弄清这场胜利对于赛季后面形势的重要意义，并且询问下一步的打算。一些简单的问题，就足够给之后几天的报道添加新的角度了。

图 14.9　赛后采访是体育比赛报道中很重要的一部分。

计划整个报道

现在是晚上 9：45。你正返回电视台，策划整个报道并且在车里撰写新闻稿。晚间新闻留给你的报道的时间仅仅为 1 分钟，其中还含有出镜镜头以及赛后的采访。所以，要迅速定夺什么是最重要的。在这种情况下，回放镜头，展示输掉比赛的球队一开始领先，继而是中场时段的串联镜头，最后以那记决胜球结尾，并伴以赛后球员接受采访时对那个球的描述。如果时间仍然有盈余，那么就放入一段"嗨，伙计，赢球的感觉实在是太棒了"的原声摘要，好啦，你今天晚上的工作就大功告成了！在不用对跨市比赛中保持不败的竞争者进行特写报道的比赛夜，挑战在于给当晚快速剪辑成的精彩集锦一个亮点。所以说，重要的是找到报道出一个有内容的故事的方法，而不仅仅是单纯地记录下一系列的精彩镜头。

第二天的跟踪报道

为了使你的后续报道从你竞争对手的作品中脱颖而出，你或许想要跟踪第二天下午的训练，要是加上第二天早晨的身体理疗那更好。与四分卫谈谈当他冰敷胳膊时那种痛并快乐着的感觉，或者是去城市的另外一边了解到下一周将要与之比赛的对手对于这场胜利有何看法。这些都有助于找到真实的新闻元素从而使观众们充分了解信息，并且兴趣盎然，甚至感到开心。

特写报道

如果体育比赛被安排在其他城市进行，而那里完全没有直播的条件，那么结果往往会是做一个特写报道，而不是一个当晚赛事精彩集锦。这两种报道需要不同的视频，因为一个好的特写包含的内容不仅仅是比赛动态。那就是你可能会选择站在边线做特写报道的原因。在场地里你可以录下来自比赛和球迷的自然的现场声音，与此同时捕捉到那些充满创造力的画面，从而使特写报道极为生动。为了增添更多色彩，你可能想要把注意力集中到一名球员身上。比如说，如果在一个四分卫将球投出的一刹那，你刚好站在他的身边，然后他被猛烈地撞击，你将会有一个全新的角度来反映他有多么强壮。或者，如果他被死死地盯防，你可以写实地反映他的攻击线有多好，并且把镜头聚焦在那个方向。实时记录对于特写报道来说并不是那么重要，但是你仍然需要时刻跟进比赛的进程。为了让摄像师竭尽所能拍摄下所有那些充满"色彩"的镜头，轮到你帮他占据适宜拍摄这些重大回合镜头的有利位置了。然后，第二天在你撰写新闻稿之前，自己对那些影像做出记录。要特别关注图像和声音，并且围绕着这些图像和声音撰写你的故事。

体育报道的撰写和录音

体育就是动作，动作就是激动人心。而且激动人心的感觉一定是通过你报道中的音频展现出来的，既是在类型上也是在表达方式上。结果是，体育报道依赖于一种更加快速地讲述故事的方式。在体育报道中，我们的新闻稿以一种截然不同的激情被撰写和表述出来，这一点与传统的新闻报道截然不同。有时，那些在纸面上出现的很"烂"的描写，通过声音的形式表现出来时，听起来还是非常自然的。比方说，我们没有必要说"我们正在第二局末尾进行采访，站在一个一垒队员和一个三垒队员旁边"。相反，我们要避免使用这些陈词滥调，我们要使用一些标准的棒球术语，比如，"第二局末段，跑垒手在边角活动，乔·史密斯把球打飞了！本垒打！3比0领衔十字军队！"伴随着充满激情的解说，新闻稿顿时也充满了生气，并且与比赛时的激情相互吻合。你所开创的独特的报道角度，将会通过一个快节奏的稿件和解说使整个新闻报道更加精彩。

避免亲身投入

跟新闻记者的工作一样，你的工作就是观察和报道。但是，在体育报道中，很容易与你所要报道的球队和球员离得太近。所以，小心那些危险并且尽量避免。了解那些球员，热爱这支球队，但是不要因为亲身投入（personal involvement）而影响你的客观性。这项工作不只是好玩和比赛，这不是一两天的事情了。报道欺骗丑闻和毒品滥用事件已经够艰难了。所以不要再把自己卷入这样的事件中，跟其中的人走得太近，事情会变得更复杂。但是，正如刚才所说，我想你会同意，电视体育报道是那些新闻报道任务中最棒的一项工作了。我的意思是，看看多少人付钱才能进入赛场观看比赛……而且我们还被支付报酬。这项　　工作，就算拿整个世界来换，我都不会换的！

小结

体育报道和摄像所遵循的原则和理念与新闻报道的原则和理念类似。对所有现场记者和摄像　师的一个限制就是他们要了解要报道的体育赛事。

体育摄像

体育摄像最大的挑战之一，就是通过取景器观看并且要使镜头一直追随高速移动的人或物。广角镜头会使追踪这些动作变得更容易，但是那样会缺乏激情。一个替代方案就是以一个近景镜头开始整场比赛，然后随着它的进程缓缓拉远镜头来展现整个动态。

体育摄像师常常会接到三种类型的任务：拍摄精彩集锦、拍摄特写报道，或者两者同时拍摄。拍摄精彩集锦的意思是拍摄比赛中那些重要的回合。如果每一个潜在的重要镜头都被拍摄下来的话，整个比赛场地的清晰镜头——不仅仅局限在对动作的拍摄——是至关重要的。在棒球赛和橄榄球赛中，大多数摄像师会模仿球迷并且努力去追踪那个球，而不是追踪击球手或是四分卫。

拍摄体育特写报道需要用到拍摄精彩集锦时　用到的所有技巧和技术，以及拍摄序列镜头、匹配动作镜头和包含开头、中间和结尾的完整报道的个人能力。当体育动作是重复的和可预期的时候，这些工作就会更容易完成。平缓的镜头移动以及剪辑点的设置都适用于体育摄像，就像新闻报道一样。为了避免跳切，记住要拍摄大量的切换镜头。

最为困难的任务就是同时拍摄体育特写报道和精彩集锦。一个好的解决办法是，每当即将得分时，只拍比赛活动，而在局势不紧张时，拍特定的素材。就像是在一般新闻报道中的摄像师一样，体育摄像师需要注意参与到比赛进程中去，而且要注意危险情况的发生。要独立思考，但是也不要忘了与现场记者进行交流，而且要与其作为一个团队共同工作。

体育报道

最好的体育报道通过声音和画面的组合传达兴趣并激动人心。如果体育记者打算超越竞技本身，那么每一个故事都需要一个新鲜的视角，或者是具有很强的原创性光芒。当你报道体育赛事时，最为重要的建议之一就是要时刻准备着。了解那支队伍，了解那个联赛，以及那些主要的对手，了解俱乐部的管理者并且要了解一些运动员的个人信息。永远不要害怕提出问题。

有时候，最大的困难会出现在报道低级别联赛或是高中体育赛事的过程中。大型联赛和大学赛事会提供全部的球员名单，即时更新的数据以　及一节一节实时变化的记录。如果你只能靠自己，那么你就需要提早到达运动场，落定，进入状态，进而做好开赛的准备。在比赛开始前或者中场休息时，到新闻记者席核对名册有没有变化。如果不能拿到赛程安排，那么要记录下每一个球员的名字和号码。纵观整场比赛，要时刻与摄像师站在一起跟上比赛的节奏，做好实时记录。记住在现场的时候要检查摄像师所拍镜头是否合适。

在中场休息的时候，拍摄一个简短而又富含信息的出镜串联镜头作为上半场到下半场的过渡。比赛结束时可以进行赛后采访。如果你打算做一个后续的全套报道，以在次日的晚间新闻中播出，那么记住在你的采访中要询问关于"第二天"的问题——比如说这一场比赛的胜利对于接下来的比赛有何意义等等。在比赛现场和返回电视台的路上策划整个事件报道。确定哪些是重要的以及你要以什么样的结构来介绍重要的回合，并且努力使报道具有个性。

在第二天的后续报道中，你可能想要加入下午训练并且采访关键球员，或是采访球队的下一个对手。

如果体育比赛将要在其他城市进行，那么结果将会是做一个特写报道而不是一个当晚赛事精彩集锦。你或许还想要做成范围更大的特写报道并且把焦点放到教练、拉拉队队长、球迷以及在边线活动的球员身上。

在体育报道中，脚本的撰写和画外音形式的陈述，跟平铺直叙的新闻报道相比都应包含更多的激情。但是要避免亲身投入到你正在报道的队伍之中，而且要注意避免你的感情影响客观性。

关键术语

精彩集锦

讨论

1. 描述体育报道和新闻报道重要的相似之处。

2. 讨论通过哪些方法，可以让体育摄像师更容易用镜头追踪高速移动的人或物。

3. 在拍摄体育赛事精彩集锦时，需要对哪些方面做特殊考虑？

4. 描述你在拍摄体育特写报道时能够运用的有效的技术。

5. 同时拍摄体育特写报道和精彩集锦时，要特别注意什么方面？

6. 列举出拍摄体育赛事时为了确保自己的安全而需要记住的注意事项。

7. 阐述一个优秀的体育现场记者和一则优秀的体育现场报道的标志分别是什么。

8. 为什么大型联赛要比那些低级别或者高中的联赛更容易报道？

9. 描述在做一个典型的体育精彩集锦时所需要考虑的任何特殊因素，并且描述拍摄它的过程是什么样的。

10. 描述拍摄典型的体育特写报道时所需要考虑的任何特殊因素，并且描述拍摄它的过程是什么样的。

11. 描述撰写和录制体育报道特有的实践方法和指导理念。

12. 为什么避免亲身投入到你报道的球员和教练队伍之中是非常重要的事情？

练习

1. 参加一次高中或者学院水平的体育赛事，比如棒球赛或垒球赛，并且练习现场拍摄。培养你平缓地跟踪动作的能力，并且记住在你的镜头里创建一个剪辑点。如果有必要的话使用家用摄像机进行拍摄。

2. 参与一次体育赛事，并且拍摄一则精彩集锦。

3. 参与一次体育赛事，并且拍摄一则特写报道。

4. 尝试着凭借自己的能力同时进行体育精彩集锦和特写报道的拍摄工作。

5. 参与一次体育赛事，这次把摄像机放在家里。辨认所有的球员，做好实时记录，并且在中场的时候撰写一份出镜串联脚本和一份画外音脚本——在你所选的采访地点，一切所为与真实的报道一样。

6. 重复练习 5，这次带上一个摄像师和摄像机。进行一次赛后采访并且把它们剪辑成一个一分钟的新闻节目——包含比赛的精彩集锦、完整的画外音陈述以及赛后采访。记住在你的采访中提一个关于"第二天"的问题。

7. 从你由练习 6 生成的材料中选择要点，制作出一个长达一分钟的、第二天的新闻节目——包含完整的采访和画外音陈述。

8. 为队中表现出色的四分卫、投球手、中锋或者其他队员准备一则特写报道，要包含视频、采访、现场记者的一个出镜镜头，以及画外音陈述。

第 15 章

法律与电视新闻人

　　每天，记者都必须按照自己对第一修正案中保证出版与言论自由部分的理解，来做出道德及法律上的判断。第四修正案确保了个人的隐私权，而第六修正案是以公正的陪审团的形式保证公众的审判权。然而在搜集和报道新闻的过程中，会发生很多违犯法律的事情。有些记者不熟悉各州及联邦法律中关于新闻报道的规定，就会成为执法者的目标。实际上，公民可以起诉任何事情，有些新闻来源可能会利用其对法律明显的诉求审查新闻报道，进而影响到新闻报道的播出时间。

　　互联网引起了更多的法律问题。谁拥有对已出版和另作他用的材料的权利？记者在使用网络的时候，应该察看纸质或广播公告的法律范本吗？抑或两者都要？如果某个单位诋毁了某个人或者机构，谁来负这个责任呢？随着科技改变了记者搜集和报道新闻的方式，全国的法庭正艰难地尝试解决这些问题。

　　这一章探讨的，就是很多记者经常遇到的一些法律问题，并在他们寻求建议时提供指导性的帮助。虽然一个公平性的普通申请可以省去从律师那里获得常规媒体从业建议，但指导原则永远都是"有疑问，寻帮助"。

搜集新闻

　　第一修正案通常都保障人们的言论及出版自由，但它无法自动保护记者搜集新闻的权利。尽管如此，法庭通常也会认为，如果记者要报道新闻，那么他就有搜集新闻的权利。在搜集新闻的时候，记者可以不经特殊的许可随意进出任何地方——只要他们的设备没有妨碍别人，这已成为一个公认的原则。虽然记者可以参加剧场首映、政治集会或法庭的审判，但如果没有获得特殊许可，记者通常是不可以开闪光灯、拍照、录音和发布现场照片的。提到采集新闻，在法律事务方面，可能没有比记者和摄像记者涉嫌诽谤（中伤）和侵犯隐私让电视台破费更多的事了。

 ## 诽谤

诽谤（libel，法庭上定义为恶意诋毁）是指利用事实，例如为控制别人而掌握的带有仇恨和轻蔑色彩的反动言论（与个人观点相对），来嘲笑别人，或者是降低某人个人威信的行为。财产、商业行为以及机构都可能遭到诽谤。一旦你向第三方传递了错误的信息，即使这条言论没有播出，也已构成诋毁。虽然口头的诋毁可能被称作造谣（slander），但在电视新闻中，这就会被认为是诽谤，即使所谓的诋毁只是口头形式上的（英文中，libel 主要指书面的诋毁，slander 主要指口头的诋毁。——译者注）。

知晓言论是真实的

由于诽谤别人是对构成诋毁（与陈述个人观点相对）的信息的陈述，所以若要免除责任，最好的保护方式就是有充分理由证明这一言论是真实的。很少有记者能确定某种言论是错误的。就大部分情况来说，记者只能了解到他们在文件中看到什么，或是从消息源那儿听来什么。如果一个记者使用一些带有价值判断的词汇，像"可能"、"大多数人认为"或者"任何一个同样的人也会明白"，这些话有可能被观点标题压过，而观点不可能是假的，但对事实的陈述有可能是假的。幸运的是，由于记者要对诋毁的言论负责，他们通常必须知道一个言论是假的，或者意识到它有可能是假的。

在一些州，常以记者是否有过失来鉴定诋毁。换句话说，法院所要寻找的证据，是记者在鉴定一个诋毁性言论的真实性时，对其给予了"应有关注"。要想保护自己不受过失罪的指控，那就要一直依照比法律条款更高的标准。问自己，"我相信这条言论是真的吗"，这要比问"我相信这条言论是假的吗"简单得多也更实际。

另一个测试方法，就是问自己，"我在谈论的这个人是谁？也许我报道的内容，某方面有损我们对受访者的尊重？"进行这样一个检测时，很重要的一点就是记住，问题实质在于消息是否贬损了某人。当然，如果问自己"这报道看起来感觉真实吗"，你的回答是对的，那即使后来证明它是错误的，你也可能会很安全。另一个保险的方式，就是问自己"公众有权利知道这个事情吗"，因为这一信息可能涉及某方面的商业秘密，或者来自宣誓证词，抑或是属于法庭记录一部分的传讯信息。

评估消息源以消除恶意中伤

不论一个人在何时发表贬损他人的言论，我们都要尝试找出他的动机。他刚被解雇了？他是带着恨意吗？你采访一位姐姐被殴打致死的女士，这位女士可能告诉你，"我姐姐的丈夫不是好人，他长年殴打她"。在这段陈述中，你就无法知道它到底是真是假。

因为诋毁的标准较为宽泛，所以要避免承担这一法律责任，只能是让这段陈述在现场直播中说出，或是证明你已付出足够多的努力来阻止它出现。在过去的案例中，这个女人可以发表她的言论；你也可以说她告诉你的事情；你可以在发表言论时不提它的出处；但是在如上三种情况下，司法机关显然都会认定你在事实陈述中所担负的责任是相同的。你之后也许能够意识到她的恶意中伤，但是如果你在没有先评估消息源的情况下就播出，那么法院可能会问，你是否能进一步做些什么，通常是确认消息源的动机。

注意我们所说的恶意中伤关于概念上的不同之处。较早的普通法版本中的恶意中伤，适用于评定新闻源是不是蓄意的。然而，受 1964 年美国最高法院对《纽约时报》VS 沙利文事件做出的裁

决的影响，第二种恶意中伤的定义可适用于记者。这一后来经修订的新概念，叫"真正的恶意中伤"，也叫沙利文法则，源于法院的观点，"我们认为，宪法的保障需要一个联邦准则，以禁止一名国家官员从与其职务相关的诋毁谎言中取得补偿，除非他可以证明言论确实是出于'真正的恶意中伤'，即明知是假的或忽略证实其真实性。"[1]

这一裁决适用于公众人物或者自愿把自己置于公众视线下的个人。恶意中伤这一问题在原告是个人时，就交给州法律处理了。一些州允许记者重递真实性存疑的控告，但另一些州要求记者在重递前要调查清楚这些控告。[2]

设定最高标准

诽谤行为可以在任何一个能接收到电视台信号的州被起诉。一个宾夕法尼亚州的居民告纽约一家电视台诽谤，他可以在宾州提起诉讼，但宾州法院通常会采用纽约州关于诽谤的评判标准。

这个规定避免了一个人在标准有利于自己的州提起诉讼。所以，律师通常建议以自己所在州的标准行事，或者依照更高的标准。

与警局打交道时须谨慎

不论什么时候，如果警察成为你负面言论的主要对象，抑或是当你想要从警用电台获取信息来进行报道，那么谨慎是必要的。巡警可能会告诉你，"这看起来像是一个与贩毒有关的黑社会袭击事件，"但为了你自己，保险起见，要进一步调

查清楚，否则，仅凭推测，你可能在诋毁一个无辜的人。在一起诽谤案中，一名记者公布了警察提供的据称是"小偷与夜贼"的人的照片。其中一个人很清楚地证明了自己无犯罪记录，并提出诽谤的诉讼。法院裁决警察局为诽谤罪做出赔偿。

 # 侵犯隐私

宪法第四修正案保护每个人的隐私权，包括"人自身、房屋、证件以及财产安全的权利"。就像法院定义的，侵犯隐私包括一切侵扰行为，侵犯和公开令他人难堪的事件（即使事件属实），也属于侵犯了个人的隐私空间（见图 15.1）。

因为这一概念会影响到新闻人，所以它和诽谤的法律要求一样，都是需要注意的。但是要注

意，两种责任对于事件的真实性要求是不同的。起诉诽谤，必须是这篇报道是假的。但即使报道是真实的，依然可以被指控为侵犯他人隐私。也会有例外的情况，比如某一信息已经是公共记录的一部分，或者报道的是发生在公共场合的活动。这些信息是特殊的，即使有可能是错误的信息，但如果记者报道得很完整，并与其当初所接触到

的材料一样真实，那么就可以免责。

在搜集电视新闻时，一种最常见的侵犯隐私的形式，就是非法进入他人领地，即你非法侵占他人财产或闯入他人房屋。通常，这有可能是无心的。一位有着显赫权势的人给你许可进入新闻现场，之后另一个有更高权力的人告诉你必须离开，并以起诉相威胁。闯入别人家里和侵犯了隐私的危害是什么呢？答案是：任何事情。可能是弄脏了地毯，让屋主花一美元去打扫干净，从而造成了实际性损失；也可能是导致某人情绪上的"失落"，从而造成精神上的损失。

图 15.1　宪法第四修正案保证了公民的隐私权。若记者违反联邦或州的隐私权法，则会被起诉为侵犯隐私、非法入侵、窃听及越权监测。

诋毁

对新闻人来说最大的危险就是不可预料的诋毁，这种危险经常发生在用图片或影像来承载大部分报道时。

如下的每个例子都是可料到的可能导致侵犯隐私控诉的事情，叫作以错误的方式公开化。

■ 镜头里，一位记者正站在一条拥挤街道的拐角处，然后镜头摇到一个倒霉的路人那里，这时记者说道，"有什么方法可以医治疱疹么，显然没有。"

■ 画外音在探讨美国人体重过重的事情，这时电视机画面转到一个女人在街上走的情景。这个女人超重的讯息通过"插图的方式"传递出来。

■ 记者在画外音中说道，"毒贩用他们牟取的暴利购买这样的大房子。"口播不经意地配上了展示这样的房子通常的面积的画面，而画面上的房子是一个受人尊敬的商品交易所执行官的。紧接着就要吃官司。

■ 画面中是一些年轻的女子走在大街上，而画外音说这一地区到处都是妓女。那些年轻女子起诉了电视台，这一点儿都不令人感到惊讶。

泛型视频的使用，也就是一些律师口中的"无意的镜头切换"，这是一种危险的新闻职业习惯，它经常会招致被控诽谤他人或侵犯他人隐私的官司。当记者因用拍摄的街景泛泛地讲述疱疹病人、小偷以及逃税者时，法官可能会说，"你在讲一个疯狂的强奸犯时，你应该明白你说的有可能就是画面中出现的那个人。我们还是让陪审团来决定吧。"

"涉嫌" 一词的使用

一种由来已久的处理刑事案件的方式，就是记住这一名言，"没有指控，就不能出现名字。"在刑事案件中，一个人的身份在他被提出诉讼之前，一定要保密。在提出诉讼之时，"涉嫌"这个词是记者们最重要的保护伞。这是因为你如何将一个人与某个刑事案件相联系，取决于这个人的参与程度。

至少有三种临界度要考虑：

1. 重要证人：一些人出现在官司中只是因为他们是重要证人，不是别的什么。

2. 嫌疑人：卷入官司里的其他人以及重要证人都可能成为嫌疑人。

3. 传讯：只有在传讯的时候，真正的"指控"才开始，这时一个被指控谋杀的人才成为"杀人嫌疑犯"。

某种程度上，即使一个人被指控谋杀，他也只是有嫌疑的杀人犯。陪审团也许说他是个杀人犯，但新闻人无法十分确定。虽然新闻界传统的观点认为，"涉嫌"这个词在法律里根本没用，但它可以让新闻人在报道新闻时，对存疑的事情保持"清醒的头脑"。

表见代理

严格来说，如果你在错误的时间进入错误的地点，你是要对非法闯入负责任的。不过显然，法庭判断一个新闻人是有罪还是无罪，是根据表见代理来做出裁决的。下面的例子就阐释了一些记者每天经常会遇到的挑战。

▍致命火焰

你想获得许可，去拍摄一起发生在一所敬老院的大火。你做这条新闻的角度是想说明在这一地区有许多这样的场所，它们都没有消防设施。主管人跟你说，"进去吧"。消防队长在你的请求下，也同意你进入这个场所。你一直拍摄到火几乎被扑灭，但就在你准备离开的时候，这家敬老院的所有人来了。消防队长早已离开，但这所房子的所有人要求你离开，你就必须离开。而最直接的问题就是，你是否要对最初未经许可闯入该地而负责。

法庭通常会根据表见代理来回答上面这个问题。如果某人在现场说，"我拥有或租了这个房子，进来吧，"那么你就没有理由怀疑这个人的权威许可，通常进入到房子里也是安全的。如果你找不到这所房子的拥有者，而消防队长允许你进去的时候，你也是可以进去的。然而，只要进入屋内，你仍然有可能会为你未经许可闯入民宅而负责。比如，你无意间拍摄到一间私人的房间，而里面的老人正处于很尴尬的情形。

假如你没有侵犯任何人的隐私，那么当你从场所的主管人或消防队长那里获取了表见代理的授权后，你就可以放心拍摄了。如果房子的所有人（最后到达现场的人）告诉你不能使用任何已拍摄的胶片，那么即使你已经有消防队长通过表见代理的授权，最好还是在主人到达时离开。在这个案例中，如果有人可能被起诉，那很有可能是消防队长。所以，如果怀疑行动的合法性，可以咨询你们电视台的律师。

托儿所

你从一座大楼的督察员那里获得许可，可以进入里面的一家托儿所进行拍摄，这家托儿所被控违背安全条款。这座大楼的督察员就是表见代理，但是如果主管人或所有者（他们中任意一人拥有比大楼督察员更高的代理权）让你离开，你必须离开。

房东和房客的纠纷

你正在报道一起房东和房客间的纠纷。通常你接到邀请，可以进到某个私人公寓里，即使房东让你离开。因为在很多州，房客所有的表见代理权是大于房东的。你可以站在公共场地拍摄这个公寓，也可以站在公寓的某处拍摄，如果那里允许拍摄新闻。

进入一家饭店

你得知当地有一家饭店，如果不改善其卫生条件，卫生部门可能会勒令其关闭。作为你报道新闻的一部分，你进入饭店开始拍摄，找到饭店经理，并与他对话。你认为这家饭店对公众开放，所以任何人都可以进入。而接下来的问题是，在经理要求你离开前，你是否要对你所拍摄的东西负法律责任。

在这个案例中，有限进入这一概念是适用的。法庭认为，在饭店（乃至汽车经销商）这类案子中，公众是有进入限制的（见 LeMistral, Inc. v. Columbia Broadcasting System，402 N. Y. S. 2d 815, 817, N. Y. App. Div, 1978）。包括记者在内的公众，是不被邀请进到商业场所里进行拍摄的。所以在你们州，这样的行为就可能涉嫌侵犯隐私。

私人房屋、商业团体和机构经常因为一些事件，承担准公共性的身份。如果你取得了第一现场的采访权，那么你就可以拍摄任何你看到的东西，这是一条公认的法则。然而要注意，那只是些例子。对照州法律确定你处于什么位置，以及可以站在哪些位置。在一起事件中，两家媒体的记者想要进入租赁地拍摄挨饿的马。拍摄团队从土地所有者那里获得了许可，却未获得土地使用者的同意。在这一案例中，最重要的问题就是，记者是不是有足够的把握确信所有者有表见代理权，而这可能因不同的州而有不一样的回答。

技术

技术为侵入创造了新的机会。新闻报道使用的直升机只是其中的一个例子。在很多州，一个人的房屋所有权的界限是延伸到空中的。严格来说，任何时间一架直升机或普通飞机飞过某个人的房屋上空，都有可能对其造成侵扰。然而实际上，这种行为造成的伤害是极小的——除非一家新闻专用直升机在一栋着火的房子上空盘旋太久，结果螺旋桨使火势变得更大。

隐藏的麦克风

在人口稠密的大城市中，如果一个人赤裸着站在客厅打开的窗户前，那么他可能会知道，也许有人会在远方的暗处拿着长焦镜头窥视。但是如果那个人是在房间里进行私人谈话，那么他应该享有合理的隐私权。之所以有这一延展的保护，是为了避免窃听器和短枪式麦克风的侵权，因为它们可以获取很远距离外的机密对话。

短枪式麦克风

在一些州，使用短枪式麦克风可能构成窃听罪，这是受州和联邦法律管辖的。所以，饭店内的一段谈话录音，有可能被第三方无意中听到，那就可能构成侵扰，因为顾客在用餐时享有合理的隐私权。

然而，你播出在一场剧院首映式上录下的一个地方检察官的部分评论可能却没什么事，即便这个检察官说他不喜欢这个剧，而你是在他不知晓的情况下录的音，只是作为第三方听到了他的谈话。

显然，不管出于什么目的使用隐蔽麦克风，都需要加倍小心，以避免引起侵权诉讼。没有事先与所在单位的律师沟通，任何记者都不能在花瓶里安放麦克风，不可进行任何形式的秘密录音。

电话录音

电话录音很有可能会触犯法律，因为这种录音很容易因滥用而导致侵犯他人隐私。录音的确能帮助记录准确的引语，而且它们通常被当作电子版的记者采写笔记（判断你是否被传唤的依据），但有时这一用途常与结果相悖（见图 15.2）。

为了防止出现这些问题，在对谈话进行录音前，你必须通知谈话的另一方。联邦通信委员会规定了适于播出的现场录音和电话访谈。若记者想要在将来的节目中播出采访内容，并且为此要在谈话时对受访者进行电话录音，那么在这么做之前，一定要告知对方你打算播出这段谈话。只是在录音要播出之前才告诉对方是不够的。也有例外的情况，就是当对方已经知道或者推断其会知道这段对话正在或者即将播出。这是因为这段对话会被放入节目中，而这种节目的特色就是插入电话访谈。

即使你只是为了自己记录而录下谈话，你也应该告诉对方，并最好是在谈话开始前。为了做到最大限度的保护，录下你使用录音的目的和对方的首肯。如果你打算摘录播出，你也应该在主要的谈话开始前告知对方，或是在临近开始前告诉他。

图 15.2　甚至是日常使用电话都会导致侵犯隐私权的起诉。记录或传播对话是不被允许的，除非事先告知这一资料的来源者。

单方同意的监视活动

1968 年《综合犯罪控制与街道安全法》第三款规范了录音谈话。这一法案允许执法部门进行电子窃听活动，条件是法官已审阅过行动计划并表示同意。在许多州，按照联邦法律，只要记者没有伤害他人名声的意图，也没有在缺少有正当新闻价值的理由的情况下侵犯他人的隐私，就可以对记者的要求给予例外考虑。通常，在法律范围内，如果谈话的一方了解当时情况，监听电话或监视录像就是合法的。

隐藏的录音机

即便一个人应当享有合理的隐私权，但使用隐藏的录音机并不违反联邦法律。不过在有些州，这一行为可能被原告说成是侵犯隐私或非法入侵。在认可单方同意的州及联邦法律许可范围内，一个记者身份的人，也许可以在自己不在场的情况下录下谈话，前提是这个录音的人要明白自己在做什么。保险起见，一定要事先和法律顾问商量。

双方同意

至少有 12 个州（加利福尼亚州、康涅狄格州、特拉华州、佛罗里达州、伊利诺伊州、马萨诸塞州、马里兰州、蒙大拿州、内华达州、新罕布什尔州、宾夕法尼亚州和华盛顿州）要求，如果对话要被录音，必须经过谈话各方的同意（多于两方也如此）。除非得到所有人的同意，不然擅自录音很有可能遭受严厉的法律处置。记者如果想要获得谈话双方关于录音的许可，应该先咨询见多识广的顾问，以避免可能会遭遇的严厉处罚。最新的认可单方同意或双方同意的各州名单，请参见追求新闻自由的记者委员会（Freedom of the Press, RCFP）的网站 www.rcfp.org，或写信、致电到 1101 Wilson Blvd., Suite1100, Arlington, VA22209, 800-336-4243 或 703-807-2100。

青少年新闻来源

除了一些例外情况，18 岁以下的孩子都被定义为未成年人。通常，你可以使用青少年的名字和照片——如果你是合法获取它们的，而且这些身份已经公开，但为了保险起见，聪明的方式还是查证州法律以免遇到例外。

从街道到家和法院，孩子的权利都是受保护的。一名记者想要在大街上采访一个孩子，除非他至少有 18 岁，否则在法律上，就不会认定这个孩子是自愿说话并表达意见的。在学校进行新闻报道时同样会遇到这一问题。因为有限进入的规定，校长可以合法地拒绝采访人员在学校里拍照或采访孩子，除非记者提前获得孩子家长们的同意。记者通常也不允许进入少年法庭。

各州有关青少年的法律也不一样。一个被控谋杀、习惯性犯罪或者其他重罪的少年，可能会丧失隐私权。偶尔，电视台可能会集体决议不公开孩子的身份，即使它们已经合法获得这个孩子的名字，并且可以合法播出它。当选择变得困难，而竞争又是一个重要因素时，一个指导性原则就是自问，"公众需要知道什么？"以及"公众有权知道这个孩子的身份么?"

传讯和新闻记者保护法

　　一名记者的笔记、未播出的材料和消息源通常都是受保护的，因为大多数人认为，没有人有权来确定一名记者的编辑判断力。在许多州，这一保护被正式推广为新闻记者保护法。然而，有些时候，法律职业共同体的成员可能要求法官或陪审团另行审判。为了获得文件和其他信息，最温和的传讯形式或法院指令就是要求提供现场录音；最苛刻则要求提供记者的笔记或者消息源的名字。

　　一名记者永远不得将秘密消息源的身份向其他人透露，当然也不可以外传自己的笔记及材料的内容。一旦你透露了这些信息，你本身合法的持有权就消失了。如果你的律师或新闻总监询问你是否有消息源的资料，你可以回答说你有，但永远不能透露它的内容。律师和新闻总监在法庭上是要这样说的，"是的，有材料，但是我们不能拿出来。"

　　在保护消息源方面，关键是永远不要向消息源承诺绝对保密，除非你想将来进监狱。

公开性保障法

　　新闻记者保护法允许记者在一定情况下保护秘密的消息源，而公开性保障法，或称阳光法，是保护记者获得司法、立法和执法的记录，当然还包括一些诸如学校董事会和市议会的议程的记录，这些都是有限制地对公众开放的东西。这些有关公开的会议和公开的记录的规定，可能适用于州政府而不适用于当地政府。

　　各级政府在有关敏感的人事问题或法律问题的相关会议闭会期间，通常会拒绝记者采访，一些官员在把记者挡在会议外的时候，可能会援引一些法律上的拒绝条款。然而，会议本来是应该对公众开放的。有必要咨询法律顾问，以争取获得参加这些会议的许可，甚至弄清会议进行了哪些本应公开进行的事情。

法庭电视转播

　　由于宪法第六修正案规定刑事案件被告拥有被公开被审判的权利，电视新闻人已经努力了几十年，希望能将电视摄像机带入法庭。"我们已在电视上观看过战争实况，"辩论继续着，"所以，

也许是时候让美国的新闻观众看到美国的法庭上发生了什么了。"慢慢地，至少在州法庭上，记者们赢得了这场战役。

大多数州允许媒体报道法庭有关事宜

　　有48个州允许具有延展性的媒体报道形式，

也就是电视、广播和摄像。大多数州允许在刑事

审判时摄像。取得首席法官的同意永远都是必需的。几乎所有的州都禁止报道如下的案件：涉及青少年的、性犯罪的受害者、家庭关系案件和涉及商业机密的。对陪审员的报道通常是静止或有限制的，这是为了防止影响陪审员的鉴别力。要想跟上你所在州法律的修订，或是在州法庭上有更深入的电视报道，可参见 www.rtnda.org/pages/media_items/cameras-in-the-court-a-state-by-state-guide55.php。

联邦法庭不允许摄像

经过长达三年的试验，美国司法会议于 1994 年年末颁布了禁止在联邦法庭摄像的法令，并首先在六个联邦地方法院和两个上诉法院推行。"主要的担心，是怕对陪审员和目击者造成潜在的影响；可能使目击者分散注意力；陪审员会因为可能的伤害而感到紧张，"大卫·塞勒斯（David Sellers）说，他是发布这一规定的 27 人审判组的发言人。[3]

这一实验，允许媒体在印第安纳州、马萨诸塞州、密歇根州、宾夕法尼亚州和华盛顿州的地方法院和纽约及旧金山的上诉法院，进行民事诉讼程序的报道。[4] 当时是不允许报道刑事案件的，在试验的头两年，媒体只是报道了少数民事案件。

法官们不断地警告媒体的漠不关心，提醒记者们有可能会失败，除非他们增加对联邦法庭诉讼的报道。[5] 如今，这一禁令让许多坚信这项试验已经取得成功的人大吃一惊。

今天，在审判和上诉阶段，对联邦刑事和民事诉讼程序的电视报道依旧是被禁止的。在 1999 年、2001 年和 2003 年，参议院司法委员会制定法规，允许拍摄联邦审判和上诉法院在法庭上的活动，这就是所谓的三年试验。[6] 你可以登录广播电视新闻部（Radio Television News Directors，RTNDA）的网站 http://rtnda.org/lfoi/cc.shtml，查看有关联邦法院的最新信息。

法庭上摄像机的任务

很多年来，媒体评论员一直在说，拍摄审讯有助于确保公开的审判是真正公开的，并且也能让法官和其他公共官员接受更广泛的公众监督。[7] E.W·斯克里普斯公司董事长爱德华·艾斯陆（Edward Estlow）说，拍摄下的审讯会被更准确地报道，因为摄像机记录了这一过程，这样报纸和电视台的记者都可以在之后参考它，以确认报道的真实性。[8]

新闻人相信法庭上的摄像机会帮助观众更好地了解审判的过程（见图 15.3）。"法律专家说，人们在电视上看这些东西，是想从口才出色、能力突出且工作努力的律师们进行的审判工作中，获得一些兴奋感，"哈里特·蒋（Harriet Chiang）评论说，他是给《旧金山纪事报》（San Francisco Chronicle）撰写法律相关事件文章的作家。[9] 但是蒋和其他法律专家指出，如果摄像，双方（审判方和观众）都有可能过于专注审判过程的公开性，而不是寻求结果是否公正。[10]

图 15.3　宪法第六修正案保证了个人获得公正、快速、公开审判的权利。

法庭上允许摄像后，仍然有很多问题需要回答。如果摄像机在陪审团的视线范围内，陪审员是否会因为考虑什么是记者和摄像师认为最有新闻价值或最重要的证词而受到影响？如果卧底警察被传唤到法庭上站在受害者一边，那他的身份会暴露吗？新闻人会不会只用摄像机报道最耸人听闻的审判，或者只是录下最轰动的证词？如果

在法庭电视报道中，强奸案受害者的名字被不小心说出来，或者她的脸被曝光怎么办呢？如果一个囚犯被叫出来作证，之后要面临狱友的报复怎么办？如果法官是秃头而且上面还有汗，这样会不雅观怎么办？如果检察官不能与辩护律师的表现保持一致怎么办？如果……

法庭报道的标准

随着时间的推移，法官、律师和新闻人建立了一些标准来回答如上的问题。今天的新闻人通常使用一台摄像机集中报道。集中报道时，在法庭的一个固定点支一台摄像机，它的信号被传输给电视台、法庭外的录像机或法庭内的一个中心接收点。所有想要报道这起审判的电视台，能从法庭内的摄像机那里接受影像信号，这种方法是为了将分散注意力的影响降到最小。只要接入大多数法庭都有的公共广播系统，就可以获得声音（见图 15.4）。

在刑事诉讼中，通常不允许拍摄审判前的听讯程序。也不允许记者参与选拔陪审团的过程（测试被选拔者能否胜任陪审员一职），当然也不允许参加法官会议室的活动。根据各州以及法官的要求，在审判听讯时、判决和二次判决时，也

许会允许摄像机进行拍摄（见图 15.5）。

在很多州，关于法庭内摄像机的使用，法官是唯一的权威。每一个法官处理的程序都有所不同。有些法官不允许摄像机拉近拉远和移动。有一些法官允许摄像机变焦，但不准摇摄——为了避免摄像机分散陪审团的注意力。法官可能要求摄像师和记者身着西装、领带或其他与现场气氛相符的衣服。一些法官要求，一旦审判开始，摄像师和记者要一直留在法庭上，即使接下来三天的证词无法令其写出一条有价值的新闻，记者和摄像师也不得离开，这样就不会影响陪审团的活动。在审判的任何阶段，如果摄像妨碍了司法进程或看起来会危及个人得到公正审判的权利，法官可能会随时终止报道。

在一些城市，法院的一些设施还处在建设中，

图 15.4　集中的新闻报道通过仅使用一台摄像机为所有欲报道此事的电视台提供信号，将对法庭的干扰减少到最小。

提供用来隐蔽电视摄像机的空间是法院计划中很普通的一部分。法庭后面的双向窗户可以用来遮挡摄像机，这样就没人会注意到它的存在。虽然不论怎么样，摄像机都有可能影响审判的结果，尤其是当出庭的人知道这次审判会在电视上播放，

但是，如果摄像机不被发现，这种影响的可能性就会大大降低。不出意外，人们很快就会忘记摄像机的存在，摄像机就成为一个像小木槌和证人席一样常见的固定物。[11]

图 15.5　摄像机在法庭上已经是越来越常见，因为科技减少了报道法庭实况时曾经一度出现的干扰。

可以做和不可以做的事

当一家电视新闻集团希望做审判的报道，第一步就是至少提前 24 小时，向法院递交一份摄像报道的书面申请。如果法官拒绝了这一申请，他的决定就不会更改了：通常没有上诉的程序。如果法官批准可以报道审判，其规定自然也就都要遵守——毋庸置疑它和下面的条目相似。[12]

可以做的：
■ 将所有电视和音频的报道集中，信息共享。
■ 只安排一个人进行电视摄像，在一个地点只架一台摄像机。
■ 你的穿着和行为要和法院内的严肃气氛与

礼节相符。
■ 如果技术允许，使用已有的法院音频系统进行录音。

不可以做的：
■ 摄像机和衣服上不要有媒体标识。
■ 不要给陪审团成员特写镜头。
■ 不要使用辅助的电视灯光。
■ 不要在法庭开庭时换胶卷或运行磁盘。
■ 不要使用手提式录音机。
■ 不要要求法官裁决媒体纠纷，比如过分的共享要求。

判决之后

一旦判决结果出来，陪审团解散后，按照传统做法，法庭内的记者可以向陪审员自由提问，

问题可以是关于法庭裁决程序、陪审员们是如何考虑的，以及他们为何会这样投票。履行陪审团

义务的个人仍享有隐私权，如今，一些法庭会扩展他们的隐私权范围，以确保陪审员回到正常生活中。1982年，美国第五巡回上诉法院在新闻快报中规定，"陪审员在完成法庭义务后，仍被赋予隐私权和免于骚扰的保护"。

假如律师对一起录过像的审判裁决提出上诉，那么他们的第一个要求就是调出那次审判的录像。而是否同意他们的申请，则取决于电视台自己的规定。一些电视台可能会提供他们播出的所有画面，而且是没有被剪辑的画面。其他的电视台可能什么都不提供——即使他们将面临法院的传讯。原因就是，如果允许拍摄资源共享，那么律师协会、监督团体以及律师便都有理由自己把审判录下来，哪怕就用家用盒式磁带或者磁盘录像机（DVR）。所以，拍摄仅限于新闻媒体，也是现在通行的做法。

 ## 一种法律视角

关于法律及其阐释方面的问题，一直是每个记者都会遇到的，特别是在压力下或是现场报道截止时。然而法律顾问并非随时有空，每个新闻人都要依靠一个强大的伙伴——常识。很多法律问题的答案不是来源于别的什么地方，而是源于良好的判断力、正义感、品位和对尊严的关注。选择对待别人的方式时，要假想一下自己处于同样情况下，希望别人如何待你。这很重要，一定要记住。如果有疑问，要咨询权威机构——电视台或者法律机构。

 ## 小结

自身利益要求记者们要始终遵守有关报道程序的法律。虽然新闻报道具有法律风险，但实际上许多法律纠纷是发生在新闻收集阶段。即便记者们具有坚实的法律依据，应对诉讼也会耗费大量的金钱和时间，并且很容易使记者们在后续报道中变得战战兢兢。

记者们需要多加注意的事有两件，即诽谤和侵犯隐私权。诽谤指的是使用虚假信息，将某人置于社会主流价值观的对立面，传播对其厌恶或谴责的言论，以使该人遭到公众嘲笑或是社会评价降低。侵犯隐私是一种侵扰行为，包括非法入侵住宅和公布他人隐私事件。这种情况下，即便公布的是事实，也侵犯了他人对隐私的合理期待。

通常情况下，若要判定记者为诽谤，则该记者必须知道其发表的言论是虚假的或很可能是虚假的。因此对记者来说，为防止自己被控诽谤，一种极好的保护措施就是找到充分的理由，去报道那些你相信是真实的信息，尤其是对于贬损性的信息，一定要更加小心地判断其真实性。还有一个问题就是无意的诽谤。若记者使用泛型视频或存档视频来说明脚本，而脚本承载着大部分具有诽谤性的报道内容，这种情况就可能发生。

最常见的侵犯隐私的形式就是非法入侵。指导原则就是在进入任何私人领域或半私人领域进行拍摄前，一定要取得主人的许可，而不是拍摄之后取得许可。通常，记者们不会意识到非法入侵，并且他们之所以会非法入侵进行拍摄，还有可能是得到了某些具有表见代理权的人的许可，比如得到警察或消防员的许可。一般在这种情况下，可以继续拍摄，直到某些具有更高权利的人（比如说公寓的房主）到来后，让摄像师离开。

有限进入原则使记者们无法自由进入到准公共性的商务场所或机构中去进行报道或拍摄，这些场合如饭店、超市等。

科技已经为非法入侵和窃听创造了新机会，远距摄像镜头和可以从很远的地方录下悄悄话的微型麦克风就是两个例子。在未事先得到充分的法律依据时，绝对不要试图使用隐藏的麦克风或秘密录音。电话录音很容易就会侵犯个人隐私。若要进行电话录音，一定要将此事告知对方，即便录音只是为了自己储存备用。

有些州规定如果要进行谈话录音，需要获得谈话双方的一致同意。在其他一些州，只要一个身份为记者的人知道正在做什么，便可以对谈话进行录音。

对于儿童的隐私权，法院会更加注意保护。法院尤为注意报道中是否会透露具有辨识性的儿童的姓名、照片或其他信息，即便这些信息已经为公众所知。

新闻记者保护法可以保护记者信息源、谈话、笔记和录像的保密性，但律师们还是经常会向法庭申请调看这些信息。为了能最大限度地保护自己，记者不可以将秘密信息源或任何笔记、剪掉的镜头告诉任何人。一旦你公开了这些信息，即使是向新闻导演公开，那就会被视作你已经放弃了拒绝向法庭提供该信息的权利。在保护信息源时，如果你不愿意和他一起入狱，那么就不要向他承诺会百分之百为其保密。

新闻记者保护法在一些场合下可以帮助记者保守信息源的秘密，而公开性保障法则是保证记者有权利查看一些不对外公开的记录及其他重要信息。

虽然大多数州都允许摄像机和麦克风进入法庭，但这样做通常仍要获得审判法官的允许，而该法官则可能要征求被告或律师的同意。为了能够转播庭审，记者和摄像师必须得体地着装，尽量减少对法庭的干扰，并遵守法庭规则和法官指示。

在法律和收集报道新闻事件中，最好的行动原则就是正义、公平、有品位，并且懂得尊重他人隐私。此外，还要记住这句箴言：有疑问，寻帮助。

关键术语

表见代理	互联网	诽谤	新闻记者保护法
诋毁	侵犯隐私	有限进入	传讯
泛型视频	法律	集中报道	非法入侵

讨论

1. 新闻工作者在报道中的哪一个阶段必须考虑法律因素？解释你的回答。

2. 论述被起诉或者被威胁起诉可能对新闻内容造成的报道时潜在的谨小慎微。在回答中举一两个例子。

3. 新闻工作者在收集新闻的时候有没有特权？

如果有，是什么？

4. 解释电视记者可能会触犯的诽谤罪的常用定义。电视摄像或者电视图像有没有可能对一个人造成"视觉诽谤"？

5. 就一个新闻工作者而言，采取什么样的行动会构成侵犯隐私权？

6. 新闻工作者应该采取哪些手段来避免被起诉诽谤他人？

7. 想要避免因疏忽而犯下诽谤罪，新闻工作者可以采用哪些最重要的手段？

8. 论述适用于知名人士或那些自愿进入公众视野的人的沙利文规则。

9. 当警方提供的信息也很可能成为诽谤言论的主要来源时，为什么要特别谨慎？

10. 使用泛型视频（也被称为无意的切换镜头）可能会引发诽谤罪和侵犯隐私罪的起诉。论述这种存在风险的新闻行为。给出可以帮助新闻工作者摆脱诽谤罪或者"举例罪"的其他方案的建议。

11. 论述侵犯隐私罪中的表见代理原则。

12. 科技制造了更多非法入侵和侵犯隐私的机会。解释科技在其中起到的作用。

13. 即便是日常使用电话，也可能导致侵犯隐私的法律问题。说明新闻工作者在工作时，尤其是在电话录音中为避免法律问题应该采取的措施。

14. 新闻工作者在报道有关儿童的新闻时，应该特别留意什么？

15. 尽管具有新闻记者保护法可以帮助新闻工作者为消息来源保密，但是这一也很容易丧失权利。解释原因。

16. 论述公开性保障法及其给新闻工作者和公众的提供保护。

17. 论述你对于电视在法庭上所扮演角色的观点。对于新闻工作者不得记录和报道法庭审讯，你抱有多大程度的赞同？你如何回应美国司法会议在 1994 年年末禁止在联邦法院摄像的规定？

18. 摄像记者在法庭摄像时应该遵守哪些行为及着装标准？

19. 影响审讯中和审讯后记者与陪审员的关系的因素有哪些？

 练习

1. 邀请一位电视新闻导演或者总经理到课堂上，和他们讨论电视台通常采取何种手段，来避免诽谤诉讼和其他法律问题。一些电视台会不间断地举办研讨会帮助员工保持对法律问题的敏感，并了解法律的最新变化。

2. 寻找并采访一位曾因其报道被起诉的报纸或电视记者。

3. 你可以向许多州的律师协会、新闻和广播协会索取简缩的法律参考资料。这些参考资料通常会包含诽谤和侵犯隐私的相关法律（包括非法入侵和窃听），还有一些保护记者查看公共档案权利的州级法律。

4. 参加一次允许拍摄的审讯，观察在场记者和摄像师的报道流程。

5. 观看电视新闻全景视频和无意的切换镜头，留意其中那些可能会引发诽谤及侵犯隐私诉讼的部分。

6. 拟写一封给想象中的审判法官的申请信，请求他允许拍摄一场临近的审讯。尽力设想出法官可能会拒绝的所有理由，然后给予回答。

注释

1. U.S. Supreme Court, New York Times Co. v. Sullivan, 376 U.S. 254 (1964), No. 39, Argued January 6, 1964, Decided March 9, 1964. For full text see http://supreme.justia.com/us/376/254/case.html

2. Frederick Shook, Dan Lattimore, and Jim Redmond, *The Broadcast News Process*, 7th ed. (Englewood, CO: Morton, 2005).

3. "TV Cameras Barred from Federal Courts," *San Francisco Examiner*, September 22, 1994, A-11.

4. "Out of Order," *Denver Post*, September 22, 1994, 18-A.

5. Tony Mauro, "Use It or Lose It," *RTNDA Communicator* (August 1993), 9.

6. www.rtnda.org/news/2003/052303.shtml (accessed June 02, 2003).

7. "Shop Talk at Thirty: A Case for Courtroom Cameras," *RTNDA Digest*, as reprinted with permission from *Editor & Publisher*, from a speech delivered May 18, 1984 by Edward Estlow, president of the E. W. Scripps Company, before the Judicial Conference of the Sixth U.S. Circuit, 3.

8. Ibid.

9. Harriet Chiang, "Ito's Snakepit," *San Francisco Chronicle* (February 12, 1995), 1.

10. Ibid.

11. Radio-Television News Directors Association Legal Seminar, "Broadcast Coverage of the Courts," Denver, CO, June 2, 1984.

12. Excerpted from "Cameras in Colorado Courtrooms," (Aurora, CO: Colorado Broadcasters Association), 1983.

第16章
记者的道德素养

新闻领域遍布道德地雷。这些地雷有时会爆炸，以致公众对电视新闻失去信任与期望。有些记者使用欺骗的手段来曝光欺诈事件，他们在一些场合为了曝光黑幕而犯下更严重的错误——使用假身份，比如为了展示假文件多么容易获得，这是违犯法律，也是违反必要的道德标准的。其他一些记者可能乔装打扮，例如，为了搜集一家疗养院诈骗的证据，扮成里面一位病人的家属。还有一些记者，同样为了公众利益，会埋伏到隐蔽的地方，然后再趁对方毫无准备的时候进行拍摄。之后，他们可能会不事先通知就携带摄像机进入办公楼、营业场所和其他私人住宅。

为这些行为所做的辩护都很有说服力。"想要证明癌症诊所有欺诈行为，除非我们自己扮成癌症患者，不然还能怎样做？"他们问，"如果我们不偷看地方检察官的文件，那我们的社会就不可能知道当地警局收受卖淫者的回扣。"另一人坚称，"电视是视觉媒介，如果我们不谎称自己的身份，不编造拍摄的理由，我们还能做什么？还能怎么证明国内有非法获取护照这样的问题？"

 ## 道德的定义

正如讨论中所暗示的，法律与道德是交织在一起的。通常，不道德的行为就是不合法的。强行入侵他人住宅、非法闯入以及冒犯和诽谤只是一部分例子。然而，道德是理念而不是法律的一个分支，这两者的区别是显而易见的。法律是生活和行为的准则，由外在权威机构强制执行（一般通过惩罚的方式），而道德是对自己施加的一种生活和行为的准则，比如你的职业强烈要求你遵守这样的准则，但却很少存在强制的惩罚。道德的核心，包括你自己对什么是公平、真实、准确、慈悲以及负责任的行为的一种判断。

竞争的效果

　　记者们所遇到的许多道德方面的问题，来自他们知道竞争是势均力敌的较量——必须很努力（见图 16.1）。为了能第一个报道最好的新闻故事，一些记者会逾越道德行为的界限。每隔几年，就会有一个记者因为炮制假新闻或抄袭他人的作品，而在国内臭名昭著。其他一些记者践踏草坪、偷窥信箱、伪造身份、为了迫使沉默的消息源吐露信息而说假话，结果通常会造成新闻和自己行为的不专业。公众会记下这些违法行径，长此以往，新闻人和他们这个职业就会因为这些行为而付出代价。

　　25 年以前，三分之一的美国公民认为新闻报道经常是不准确的。到了 2000 年，这一数字上升到了三分之二，主要是因为那年佛罗里达州总统选举过后的论战。从那之后，盖洛普（Gallup）民意调查显示，几乎 60％ 的受访者认为新闻报道"经常不真实"，36％ 的人认为是"真实的"。[1] 一项 2006 年哥伦比亚广播公司和《纽约时报》的调查数据显示，只有大约一半的受访者说他们"大多数时候"相信媒体，而有超过三分之一的人说他们相信新闻媒体"只是有时候"说真话。[2] 记者最有价值的财富不仅仅是头版头条新闻，更是可信度本身。如果观众发现新闻业不可信，那么其他的一切都不重要了。

图 16.1　迫于争取最快最好的报道的压力，记者们的道德操守和职业行为会受到极大的影响。

情境伦理学

一个接一个的故事要求记者和摄像师重新定义符合道德标准的行为。根据可能产生的效应决定报道事件。情境伦理学（situational ethics）有时用来评估不道德的记者行为，作为一种哲学理论，情景伦理学能帮助也可能伤害记者本人。有关企图自杀的报道会阐明失业者的无助吗？记者的首要义务是拯救他人生命吗？摄像师是否有责任从倒塌的学校中营救受困者？是否有责任拍摄营救的镜头来呼吁加强校车安全这个更大的主题？

这些问题不可避免会出现不同的答案，因为其所依据的新闻故事及记者如何报道都是不同的。

考虑到新闻人作为一个阶层，其所坚持的并不是世界普适的道德准则，那么由谁来规范新闻人的行为并建立职业能力和道德行为的准绳？传统上，社会各个阶层的个人和机构，都在寻找促使新闻人用道德约束自己的方法，并且如果需要的话，以给他们发放从业证来达到预期目的。

发放从业证

乍一看，要求给记者发放从业证并不稀奇。医生或律师在走上职业岗位前，都必须完成严格的学习，在同辈中展现自己的能力，并取得所在州颁发的从业证。相反，任何人给自己冠一个头衔就可以成为一名新闻人，不需要从业证或者正式的能力审核。然而新闻人仍然和医生律师一样负有责任，他们的道德行为必须是无可指责的。那么为什么新闻人可以不用达到其他职业人所需的标准呢？

在美国，主流观点认为新闻人不能被要求持有从业证，因为那样做就等于给他们的想法发证。这样只有传播被认可的原则的新闻人，才有可能符合从业标准。如果一位记者的观点与审查委员会的意见不同，谁能解释清楚这一区别就构成了

"不称职"？

因为每个行政机关和特殊利益集团都想向公众展现自己最好的一面，并想让大家都听到自己的声音，"称职"和"官方准则"这两个概念会根据谁掌权而变化。如果强制要求颁发从业证，那么应该使用谁认定的真理来作为许可从业资格的基准呢？共和党人？民主党人？社会学家？天主教徒？穆斯林？犹太人？白人至上主义者？堕胎权益支持者？反对堕胎的提倡者？狩猎组织？环保人士？保守法庭？自由法庭？最合理的答案似乎是提倡所有观点的可靠传播。最终，推动民主进程的动力就是一种能辩论、能采纳、能促进各种观点和理念发展的自由。

与公众的约定

最后，对美国的新闻活动的管辖权，交给了一个审查委员会，它比任何公共机构或法律机构都有权威。每天、每个小时，依靠赞助，这个实

体——公众，在不断延展和更新新闻人的从业资格。前纽约时报记者大卫·哈伯斯坦（David Halberstam），凭借越南战争的报道赢得了普利策新闻

奖，他曾把新闻工作者的媒体从业资格比作一张社会信用卡，需要阶段性的更新。虽然这张社会信用卡不是一个正式的文件，然而它是一种信任的延伸，使用者可以随意将它取出，无需事先通知。即使公众忽略掉一个新闻人的失检言行，仍有一批同行、雇主甚至广告商，可以给新闻人以严厉的制裁。

正如已故的哥伦比亚广播公司的记者爱德华·R·默罗（Edward R. Murrow）曾评论说，

"要想使（报道）令人信服，（记者）必须是可信赖的"。如今，随着可疑的不法行为增多，杂志和报纸广告问道，为什么记者不能至少遵守《职业新闻工作者伦理规范》（职业新闻工作者协会），这一准则之于新闻工作者，在外行人看来，大致与希波克拉底誓言之于医者相当。然而，没有道德准则可以解读新闻人在报道新闻时遇到的每一个困境。

道德困境的案例研究

在截稿时间和即时报道的压力下，很少有机会明确道德的标准，因此新闻人就必须在那些困境出现前，建立牢固的社论以及道德的准绳。下面提供的情境是为了帮助记者和摄像师达到这一目标。其包含非法闯入、非法监视和侵犯隐私等。正如大多数道德思考一样，它很少有答案，更多的是疑问。

当你开始思考这类问题，你可能想知道，在有关这些问题的专题讨论会上[3]，对于是否在下述情境中继续报道还是避免卷入其中，职业新闻人

有着不同的观点。NPPA 的电视新闻媒体研讨会组织了一场探究解决这类问题的专题讨论，这是为包括新闻总监、摄像师和记者在内的职业人士组织的会议。可以从美国国家新闻摄像师协会那里获取前四个座谈小组的视频，这里提到的法律准则在第 15 章 "法律与电视新闻人" 中已有阐述。有关每一个情境的讨论都可以在这一章的结尾中找到。如果想要了解更多案例研究，请登录 www. journalism. indiana. edu/Ethics。

非法入侵

案例 1　安全官员已查封一座废弃的私人建筑，并张贴公告说这里不宜居住。建筑所有者修了栅栏以防止过路人和小孩进入。其外面十分明显地立有 "禁止非法入侵" 的牌子。

昨天晚上，该建筑内的楼梯坍塌，造成一个孩子身亡，另外两人受伤。一家社区公民组织称，它是对人构成威胁的诸多建筑物之一。你被安排去拍摄一段现场录像，并且记者要站在该建筑里。你没办法获取楼主的同意进到楼内，但是警方建议说他们可以找到另一途径，但是要由你来决定

是否要非法进入该建筑。你会违犯法律进入楼内还是待在外面呢？

案例 2　你在研究一篇调查报告，内容是关于一个看手相的人涉嫌骗取老人的毕生积蓄。你去那个看手相的人的办公地点找她，但她拒绝见你。后来你决定去她住的地方拜访。她房子门前的栅栏上挂着一个写着 "请勿非法闯入" 的牌子。你会径直走到她的房子前敲门吗？如果门锁了，你会翻过栅栏吗？

侦察摄像

那个看手相的人通常会邀请老人去她家里，你相信她就是在那里实施多起诈骗活动的。一天晚上，你发现她没有拉窗帘，你可以看见她和一些看上去像是客户的人坐在桌旁。你会站在街上，然后透过窗户拍这个女人的活动吗？你会尝试用短枪式麦克风或者抛物线麦克风录音吗？

人质事件报道

案例 1　一位心理失常的男人在一家破旧的酒吧里挟持了人质。他说除非给他的妻子捎个信，否则他会杀死其中一名人质。警方请求你借出你的摄像机，这样他们的两个警察就可以扮成记者和摄像师进入酒吧。你没有时间和采编部或者新闻总编取得联系。你会怎么抉择？

案例 2　一位精神错乱的父亲在家中挟持了他的孩子。从窗户里，他能看见摄像机。他打开门大声喊道，除非你们离开这片区域，不然他就自杀。因为对这名男性不了解，警方计划在 15 分钟内闯入这栋房子，而你的采访主任已经告诉你不要错过这次行动。你会撤退吗？当警方闯进去的时候，你会紧跟在他们后面拍下这个戏剧性的、无法预测的并可能有危险的时刻吗？

圈套

为了说明未成年人买酒是多么容易，你派一名 17 岁的未成年人进入两家酒馆买酒，而你从街对面的货车内，使用长镜头透过酒馆窗户，拍下了买卖的过程，然后你走进这两家酒馆，开着摄像机，采访店员。店员反对你这样做，认为你是故意设圈套并埋伏采访，这样是错的。你会怎样回应？

侵犯隐私

你想要录下一个历史性的治疗过程，在这一过程中你的摄像机会拍摄病人的身体状况。这个病人由于太虚弱而无法回应你的要求。只要病人的家属不反对，医生同意你拍摄。你告诉病人家属，观众有权利观看这个即将到来的历史性的时刻。然而家属说，"对不起，我们不想让亲人成为电视新闻观众的演员。我们不同意你的请求"。那么你（和你的团队）接下来会做什么呢？

暴力

案例 1　你要报道一件暴力游行事件。事件中有四人受伤。你打开摄像机，一位示威者走进画面，开枪，打死了一条警犬。警方用棍棒殴打示威者。在另外一处，示威者正用棒球棍威胁警察。你会在晚间新闻上播放这个暴力事件，给观众一个真实的事件描述吗？

案例 2　你正在拍摄一位联邦告密者，他在两个狱吏的陪护下走过法院的门厅。突然一个男子从一个电话亭那里蹿上前开枪打死了告密者。你用摄像机拍下了这个时刻。你会在今晚的新闻中播放这个枪击事件吗？如果你的竞争对手播放了呢？

保护机密消息源

你准备写一篇有关激进恐怖组织的报道。最初和一位恐怖组织领导人谈话时，你保证过不会泄露消息源或机密信息。后来他告诉你，这个组织失去了对其中一名成员的控制，这名成员计划明晚在联邦法庭大楼里安置一枚炸弹。你会告诉警方或联邦调查局这个消息吗？

强行入侵他人住宅

你正在写一个时长半小时的特稿，内容是你所在城市的吸毒问题，你已经了解到一位贩毒者的地址。你走到房子跟前敲门，但是无人应答。然后你发现一扇窗户是开着的。你是爬进去检查一下这个地方，还是不进去呢？

破坏警方证据

一人在宾馆内被捅死。警方赶到的时候，你带着摄像机也来到现场。警探是你的老熟人，他让你进去拍摄，然后在罪证化验室的技术人员到达前离开。他说如果你现在不行动，到时候技术人员是不会允许你进去的，因为他们怕你搞乱证据，甚至有可能破坏暗示谋杀犯身份的线索。警探丝毫不担心你在屋内会破坏证据。你会拍摄谋杀现场吗，还是压根不进去？

电视转播死刑执行过程

你所在州允许你有权做死刑执行过程的电视直播。而你的新闻总编告诉你，他不相信公众已经做好观看直播的准备，但是他希望你录下死刑的执行过程，留在晚间新闻的时候播出，因为他相信这一事件有"威慑价值"。总监也同意延迟播出，他认为如果死刑是一种社会价值的体现，那么社会公民就有义务看到他们这一决定的结果，你会说什么或怎么做呢？

报道企图自杀事件

案例 1　你正在去上班的路上，你的调度编辑通过无线电告诉你，一个女人威胁说要带着她一岁的孩子从桥上跳下去，除非已经和她分居的丈夫马上回来，并付清所欠的赡养费。你是最早一批到现场的。当你赶到的时候，那个女人又提出进一步的要求，希望你的电视台能够现场播出她对她丈夫的要求。而这时，这个已经失去理智的女人的母亲跑到她女儿跟前，抓住她，然后冲你喊道："把那该死的摄像机放下，帮我拽住她！"你是放下摄像机，还是继续拍摄呢？

案例 2　一个情绪失控的男人坐在一栋办公大楼的屋顶上，扬言他要跳楼，因为他长期失业，已经根本不可能养活他的家庭。他打电话给你的单位和你的竞争对手，希望你们报道这一计划自杀事件。你会报道它吗？

非法获取的信息

你现在正在地区检察官的办公室，他离开办公室去找一些你想要的信息。在等待的时候，你看到他桌子上放着一个引人注意的打开了的文件夹。你会看最上面那一页吗？前三四页？如果信息看上去有价值，你会做记录吗？如果那个文件夹是合上的，你会打开它吗？特别是如果你相信它会给你提供一些可能会对你所做的报道很重要的信息时，你会怎么做？

屈从于新闻内容的编辑管制

在你所在地区，一辆载有核弹头的卡车翻倒在高速公路上。国防部以安全性和国家安全为由，禁止任何摄像师到现场。国防部官员称，他们会护送记者到现场，并允许他们拍摄指定的事故画面，条件是在播出前，记者们要上交所有录像资料给国防部审查。你会为了获取拍摄资料而接受这些条件吗？

与警方合作

一栋办公大楼已被美国特警队包围，楼内有一位持枪男子，他已射穿多个窗户，要求电视直播采访，以便他可以向公众说出他的想法。警方称，如果他们不能装扮成你们的采访团队，那他们就要强攻大楼，可能会造成人员伤亡。他们跟你保证，你可以播出任何他们录下的胶片。假设你交出你的证件和摄像机，你会播出警方拍到的东西吗？

公共官员的私人生活

如果你是第一个确认如下这些消息的人，你会怎么做：一位显赫的人士，可能是州议员，有了外遇；或被诊断出得了一种很严重但不危及生命的疾病；或正因婚姻问题接受心理辅导；或在日常行为中，流露出早衰的症状，虽然公众不易发现，但很快被他/她重视的下属发现了；或是酗酒或吸毒；或者是男同性恋或女同性恋。

歪曲

案例 1　你坐在一个酒吧里，碰巧加入到和一位新入行的律师的谈话中。这位律师以为你只是酒吧里的普通人，就打开了话匣子，道出了一些可以写出很不错的报道的信息。在这个时候，你会告诉那个律师你是一位记者，还是隐瞒这个事实呢？

案例 2　你正在调查一个离奇死亡者的死因。他的家属不愿意谈论这件事情，但是新闻编辑部里有人建议你假装是验尸官的助手，从受害人的家属那里获得信息。你会采纳这个建议吗？

收受回扣

很少有新闻机构允许新闻人接受新闻消息源的回扣。在过去，这样的回扣包括免费的机票、体育赛事和音乐会门票、书籍、餐食、杂志订阅、出租车票和豪华轿车服务。免费的东西是危险的，准确地说是因为它们带有目的性：消息源期望记者至少可以报道一些他们想要的报道作为回报。

今天，主流的观点认为，公众不能免费得的东西，那么记者也应该付钱。如果这个信息有新闻价值，那么电视台就可以报道它。大多数新闻人都会同意，接受一些并不重要的小东西还是可以的，比如一杯咖啡或慈善舞会上的点心，这些对于公众也是免费的。

在情境中报道

电视摄像机的坏名声，源于它将事件从更大的背景中隔离开。摄像机很自然地聚焦到新闻事件的戏剧点和自然演变过程上，它能够把现实中一些被洪水浸没的街道，拍成好像整个城市都被洪水淹没一样。它可以让几百个反抗者愤怒的脸庞看上去像有上千的暴民，或者将一栋公寓楼燃烧的大火，拍成像是重现了燃烧的亚特兰大。

没有哪个新闻报道在拍摄完成并进入到观众的大脑后，还是完整的。并且，当报道脱离了新闻情境，其被误解的可能性就大大增加了。下一次，如果反对者把他们自己绑到火车轨道上来阻止载有核弹头的列车通过城区，那么你可以对比示威者的观点和城市其他大众的主要观点。虽然呈现新闻事件、让观者获取感同身受的体验是必要的，但将新闻事件放置在合适的报道角度内，也是同样重要的。

从相反的角度拍摄

在所有关于道德的问题中，有一个最重要的预防措施，那就是不要做任何可能使他人受到不公正伤害的事情，也不要做会被某些人利用来损害记者可信度的事情。在被采访者离开现场后，从相反的角度拍摄，这个建议也是同样适用的。可能记者当时的措辞不太合适，他希望这一次在镜头前重新清楚地说一遍，又或者这个相反角度的问题恰好可以作为一种剪辑技巧，压缩采访却不损耗视觉的连贯性。

为了保持记者的新闻正义，提相反角度的问题必须在受访者在场时进行。记者可能希望给受访者简单解释拍摄目的。然而，如果剪辑时对采访断章取义，或者受访者被要求说了实际上他们以前从未说过并且事实上根本不相信的话，那么被控告的可能性会大大增加。

刻意安排的新闻事件

偶尔你可能需要安排一个事件来拍摄。事实上，大量新闻事件都是安排好的。采访和记者招待会就属于这类事件，其事件、地点甚至内容和情境都事先定好了（见图 16.2）。

这种形式的安排通常是可以接受的，因为这对观众来说显而易见。观众意识到，虽然有些不道德的记者会教人用事先确定好的答案回答问题，但没有人可以强迫受访者违背自己的意愿回答问题。若我们的安排不正当，我们就会编造一些并不存在的事情。我们不参与，那些事情就不可能发生。若我们的安排正当，我们就是在重组已经存在的东西，这些事情即使我们不在也会发生。

不是每个安排的事件都需要被确认。如果你要求采访对象做一些事情，这些事情对他们每天的生活来说都很平常，即使你不在场，只要不违反道德，他们通常都会配合。比如，你可能希望请求一个人再一次走过她办公室的门，这样你可以选一个比较好的角度重拍这个镜头。也许你打算拍摄的那天，艺术家恰好不在她的工作室，如果你央求那位艺术家到工作室里画上几分钟以便你能拍到镜头，这不会造成任何公众信誉的缺失。告诉艺术家坐在哪儿、怎么坐，画什么抑或为了你自己的拍摄重新安排工作室或其他环境的某部分，以便营造更合适的构图，也许有点不那么道德。

图 16.2　新闻发布会就是设定故事的一个例证，在发布会开始之前，事件的时间、地点、甚至大概内容及事件背景都已经定好了。

再扮演

再扮演偶尔也是允许的。比如，也许你想要表现精神病学家是怎样医治遭受虐待的儿童的，但又不想侵犯这个受害者的隐私或是打扰到治疗过程，保守一点可以使用再扮演的方法，并且在任何你重塑事件的时候，告知你的观众。他们会尊重你的坦诚，并且他们会更信任你所表现和讲述的东西。影像资料也需要特别标注出来，以避免任何造成误解的可能。

另一个再扮演的例子，可能对记者的可信度有更大的破坏性，我们会在接下来的情境中对其加以阐释。

就在一位总统候选人赢得新罕布什尔州投票胜利后的第二天早上，来自三家电视台的报道团队刚刚到达现场，想要采访这位总统候选人的州竞选团队主管。

当采访团队正在摆放拍摄器材还没开始拍摄时，他们听到那个竞选主管在电话里跟一个人说，"我认为我们会像拿下新罕布什尔州一样很容易地拿下这个州"。三家媒体都错过了这句原音，但是马上开始拍摄，希望可以在竞选主管挂电话前再拍到类似的话。

对话进行着，但是现在主管只是对着电话说一连串的"嗯啊"。最后，一个记者递给竞选主管一张纸，上面写着"谈谈新罕布什尔州吧"。

最终，那个竞选主管告诉电话那头的人，"这儿有一些记者想要我和你谈谈新罕布什尔州的事儿"，然后他继续讲前一天的初步胜利。那一晚，一些媒体播出了这一评论，就好像它是很自然地出现在对话中的。

关于这种报道方式的诸多问题中，有两个是至关重要的。第一，那个记者应该提示竞选主管重述他最初的讲话吗？第二，其他电视台的记者应该播出这段评论吗，就好像这也是他们同时采集到的新闻？一些记者会播出这一评论。其他人可能会避免一起播出。对前两个问题还有另外的回答，那就是问第三个问题：如果在那个记者给那个竞选主管递纸条的时候，这一动作会从记者的肩膀上被拍到，那么观众们会同意他们那样做吗？

存档录像

随时将存档录像标识出来，避免观众把旧录像当成现在发生的事。许多媒体会给录像打上标签，如"资料"、"存档录像"或者"图书馆胶片"，并且经常会标注上第一次播出的日期。通常，你可能只有几秒钟重要的录像来阐明某个故事之后的进展（比如，记录一架飞机坠毁后，对这一事件造成后果的长达几周、几个月甚至几年的调查的以前的镜头，或者一个杀人嫌疑犯在审讯、宣判和上诉的过程中走向法庭的以前的镜头）。理想的做法是，节约地使用这些存档录像并随着时间推移记录其进展，避免无休止的重复。

外部消息源提供的资料

辨别所有来自新闻编辑部以外的消息源的录像同样重要。一般来自网络和新闻辛迪加组织的稿件的资料来源都不证自明。伴随着音像新闻的发布和来自商业机构、公关公司、政府机构和其他特殊利益集团提供的镜头资料，最大的问题也随之而来。这样的新闻报道对媒体来说无需花费，能减少预算让它们更有诱惑力。媒体经常用这些资料制作自己的新闻报道，并经授权更新和本地化这些资料，也可能让他们自己的记者和主持人在电视上播出这些报道。[4] 除非电视台确认消息源，不然观众没办法知道这则新闻报道代表哪个特殊利益阶层的观点。

个体的道德准则

道德可以被看作促进公平竞争，甚至对那些我们不喜欢的个体和机构也是这样。通常，对一个新闻事件的最好回应就是不偏不倚，这是客观报道的特征。但是合乎道德标准的报道，不仅仅是事实和真相的简单传播，也不仅仅是公平和准确，它是对人类高尚品德和生活的一种关心。一般来说，只有在新闻人作出一个更宽泛的承诺，承诺他们在报道别人怎么生活、相信和表现时保持敏感，才有可能做出合乎道德标准的报道。[5] 敏感性和怜悯心并不经常被看作新闻美德或聘用新闻人的前提，但这些品质在公众看来，却是一个著名的但偶尔会因为其愤世嫉俗而遭蔑视的新闻人所应具备的。

在你培养个人的道德准则时，你可能希望考虑如下的指导方针，它们构成了新闻界许多个人道德准则的基础。

■ 只有你确认是真实、公平和完整的新闻，才可以播出。

- 告诉你的观众，哪些是你不知道的。
- 如果你犯了个错误，要告知观众。
- 尊重他人隐私。
- 不要谎称其他身份做任何事情。
- 无论什么时候公开伤及他人名誉的信息，要公开消息源。
- 把秘密录音的事情留给已被授权的官员。
- 尊重所有人获得公平审判的权利。
- 只有你宁愿为了保护消息源而入狱，你才可以保证对某个消息保密。
- 自己支付个人餐食、旅行、特殊活动门票、书籍和CD的费用。
- 仅仅接受礼物、进入许可和其他不用承担

义务且公众也能享有的服务。
- 若外部雇佣或其他活动可能对你的公平报道造成破坏，或看上去会影响你公平做事的能力，那么就要避免。
- 避免签署某些产品和机构的同意书。
- 提防你的报道中带有傲慢情绪和低级趣味。
- 远离灌木丛和黑暗的门道。
- 永远不要为了揭露一个错误事件而触犯法律。

许多新闻集团也鼓励员工遵守由美国广播电视新闻节目编导协会（Radio-Television News Directors Association，RTNDA）和美国国家新闻摄像师协会颁布的道德标准方针。

资料框 16.1

道德和职业行为规范
美国广播电视新闻节目编导协会

为建立电视新闻业最好的职业标准，促进公众对电视新闻业的理解和信任，并强化采集和传播信息的新闻自由原则，美国广播电视新闻节目编导协会特制定本道德和职业行为规范。

绪论

职业电视新闻人应该作为公众的受托人行事，寻求真相，公平、公正、独立地报道，并为他们的行为负责。

公众的信赖

职业电视新闻人应该意识到，他们首要的责任对象就是公众。

职业电视新闻人应该：

- 明白对于非公众服务的任何承诺，都会损害公众对新闻人的信赖和自身的信誉。
- 意识到因为公众利益服务而被授予了一种责任，那就是反映社会的多样性以及避免过于简单地对待社会事件。
- 提供全方位的信息，使公众做出明智的选择。
- 为确保公众的商业行为是公开进行的而斗争。

真相

职业电视新闻人应该积极进取地追求真相，并在其所发生的环境中，尽可能完整地准确呈现新闻。

职业新闻人应该：

- 坚持寻找真相。
- 抵制掩盖事件重要性的歪曲报道。
- 清楚公开信息的来源，标注所有外部提供的资料。

职业新闻人不应该：

■ 报道任何错误的东西。

■ 以任何误导他人的形式操控图像或声音。

■ 抄袭。

■ 呈现再扮演的图像和声音而不告知观众。

公平

职业电视新闻人应该公平公正地报道新闻，将主要价值放在重要性和相关性上。

职业新闻人应该：

■ 严肃地对待所有新闻报道的对象，特别是对犯罪或悲剧的受害者表现出同情。

■ 涉及孩子的新闻要给予特殊的关照，并给孩子们比成人更多的隐私保护。

■ 努力去理解社会的多样性，毫无偏见且摆脱成见地报道。

■ 在情境中展现多样的表达、观点以及想法。

■ 依据专业的洞察力而不是个人的偏见来呈现分析性的报道。

■ 尊重获得公正审判的权利。

正直

职业电视新闻人应该正直而庄重地报道新闻，避免真实的或虚假的利益冲突，尊重观众的自尊和理解力，以及所有新闻报道对象。

职业电视新闻人应该：

■ 尽可能识别消息源。只有当机密的消息源是在符合公众利益的情况下采集或传播重要消息时，或当提供这条信息的人可能遭受伤害时，我们才可以使用机密消息源。

■ 清楚地标注观点和评论。

■ 不对那些没有意义的事件和个人做深入的报道，将事件置于情境中或使之增加公众的知识。

■ 避免在暴力事件还在继续时，就与其中的参与者接触。

■ 熟练谨慎地使用技术工具，避免可能歪曲事实、曲解真相和将事件搞得耸人听闻的技术。

■ 只有在没有别的可获取重要公共报道的途径时，才可以使用秘密的新闻搜集方法，这包括隐藏的摄像机和麦克风，当然使用前也必须向观众解释。

■ 只有得到许可，才能传播其他新闻机构的私人消息。

职业电视新闻人不应该：

■ 付钱给在报道中有既定利益的消息源。

■ 从可能想要影响报道的人那里收受礼物、回扣和报酬。

■ 参与可能危害正直性和独立性的活动。

独立

职业电视新闻人应该捍卫所有新闻人的独立性，不受那些想要左右和控制新闻内容的人的影响。

职业电视新闻人应该：

■ 不畏惧或无偏袒地收集和报道新闻，强有力地打击外部力量的过度干涉，包括广告商、消息源、报道对象、强势的个人和特殊利益集团。

■ 抵制这样一些人，他们可能想要购买或从政治角度影响新闻内容，也可能想要恐吓采集和传播新闻的记者。

■ 仅通过编辑的判断力来决定新闻报道内容，而不受外部影响。

■ 反对可能损害新闻责任和公众服务的任何自我利益以及顶住同侪的压力。

■ 认可新闻的赞助不会使用在决定、限制和操控新闻内容方面。

■ 拒绝允许所有权人和管理部门的利益相关者不合理地左右新闻的判断和内容。

■ 捍卫所有新闻人自由报道的权利，意识到任何行业的或者政府的管制都是对这一自由的践踏。

责任

职业电视新闻人应该对公众、对他们的职业和他们自己所做的事情负责。

职业电视新闻人应该：

■ 积极遵守所有新闻人和他们的上司执行的标准。

■ 对公众的关心作出回应。要迅速调查抗议和纠正错误，就像最初写报道时一样用心。

■ 向公众解释新闻的流程，特别是当新闻行为引起问题和争论时。

■ 明白职业电视新闻人的表现是肩负着责任的，也应该是道德的。

■ 避免要求或鼓励某些有可能强迫员工做出不道德行为的行动。

■ 谨慎听取那些持有道德反对意见的员工的看法，还有那些制造氛围来鼓励这样的反对和讨论的人。

■ 做道德方面的决定时，为员工寻求支持，也为他们提供机会培训。

为履行电视新闻这一职业要求的责任，广播电视新闻节目编导协会已经制定这一标准来标识重要的问题，为其协会成员提供指导，方便自我省察，也规范未来的争论。

资料来源：摘自美国广播电视新闻节目编导协会，明尼阿波里斯市，2000-09-14。再出版时已获得美国广播电视新闻节目编导协会的许可。

资料框 16.2

美国国家新闻摄像师协会道德准则

绪言

美国国家新闻摄像师协会是一家旨在促进新闻摄像实现高标准的职业团体，我们承认每个人都有两种需要，即完整得知发生的公共事件以及作为这个世界中的一员而享有相应的权利。

新闻摄像师担当着公众的信托人。我们首要的任务，就是在视觉上公开展现社会中重要的新闻事件和多样的观点。我们首要的目标就是真实全面地刻画报道对象。作为新闻摄像师，我们有责任记录社会，通过图像留存历史。

平面图像和电视画面可以展现重要的真相，揭露错误的行为和疏忽，激发希望和理解，并通过图像理解这种语言将全球范围内的人联系起来。图像如果是无情的侵扰性的或是被操控的，那也会造成很大的伤害。

这个准则旨在促进所有层面的新闻摄像达到最高水平，增强公众对这一职业的信心。这也意味着，对实践新闻摄像和热爱这一职业的人而言，它将发挥教育性工具的作用。出于这个目的，美国国家新闻摄像师协会制定了如下的道德规范。

道德规范

新闻摄像师和那些从事视觉新闻制作的人在日常工作中有责任坚持如下标准。

1. 表现新闻对象时，一定要准确而全面。

2. 抵制摆拍。

3. 拍摄或给报道对象录音时要完整并且提供情境。避免对个人和团体的刻板印象。明白工作中要避免表现出个人偏见。

4. 尊重所有的报道对象并维护他们的尊严。给予脆弱的报道对象特殊的关心，给予犯罪案件和惨剧的受害者以同情。

5. 拍摄报道对象时，不要故意去改变或是尝试改变抑或影响事件发展。

6. 剪辑时应该保证拍摄画面内容的完整性并提供情境。不要利用图像或以任何方式增加、改变声音，以免误导观众或歪曲报道对象。

7. 不要为了获取信息或参与机会而付钱给消息源、报道对象或是给予他们别的物质奖励。

8. 不要接受那些想要影响你报道的人的礼物、回扣或者报酬。

9. 不要故意破坏其他新闻人的努力。

理想地，新闻摄像师应该：

1. 努力保证公众的商业行为是公开进行的。捍卫所有新闻人的权利。

2. 作为一个心理学、社会学、政治学和艺术的研究者，培养自己独特的眼光和呈现方式，要积极主动地思考。

3. 努力不受限制地接触报道对象，寻找多样的观点，展现不那么流行和不太受关注的想法。

4. 避免政治的、民间的和商业的参与或者其他雇佣单位可能带来的对新闻独立性的损害。

5. 与报道对象打交道时，要努力表现得谦逊和虚心。

6. 尊重摄像时刻的公正性。

7. 用实例和影响力保持这一准则中阐释的精神与高标准。遇到不知该采取何种行为的情况时，向那些具有高尚职业操守的人咨询。新闻摄像师应该一直研习专业技能和引导它的道德素养。

资料来源：获美国国家新闻摄像师协会许可印刷此页。

小结

道德是你要求自己遵守的生活和行为准则，也是你的职业要求你遵从的。相比之下，法律是外在的权威机构通过惩罚手段强制人们遵守的生活行为准则。

竞争的压力诱使一些新闻人做出不道德的行为。然而，这些行为最后都会在更大程度上对你的职业产生不好的影响。当新闻人在实践中没有遵守情境道德时，就会产生其他的问题。

由于缺少全球公认的道德法则，这就要求新闻人个人能分辨好与坏、对与错、公平与不公平。考虑到一些新闻人的不谨慎，包括收受回扣、炮制假新闻，乃至非法入侵他人领地和设圈套，一些集团和个人尝试以他们自身的道德行为标准要求新闻人，甚至是发放从业证。然而，观点不像药剂和可售卖的机器，很难发放许可。

公众最终会通过其信任和赞助，给新闻人一

种相当于从业证的东西。失去这些基本要素，新　　闻人就无法拥有观众。

关键术语

道德　　　美国国家新闻摄像师协会　　　美国广播电视新闻节目编导协会　　　情境伦理学

讨论

1. 描述道德和法律的重要区别。

2. 根据你对电视新闻报道和推广的观察，探讨竞争的压力是如何影响新闻人的道德决定的。

3. 讨论情境伦理学应该在你的职业工作中扮演什么角色。

4. 依据自身的观察，描述一下哪些新闻做法是你不同意的。

5. 讨论你对给新闻人发放职业许可以证明新闻从业资格和帮助确保报道的公平性作何感想。

6. 没有对新闻人的检查机制和许可委员会，那么是否存在其他确保新闻人公平、负责的力量？

7. 在什么情况下，再扮演的新闻报道是无可指责的？

8. 新闻人应该拒绝所有的礼物么？还是只是拒绝那些高于某一价格的（10 美元或者更高？25 美元或者更高？）东西？饭店里的一杯咖啡呢？酒吧里的一杯饮料呢？一顿饭呢？一张电影票呢？

9. 在什么情况下，可接受新闻人做另一份有薪水的工作？比如为一家公关公司撰写演讲稿，或者担任工业电信公司的视频剪辑人员？

10. 作为一名新闻人，何时接受一个特殊利益团体付给的演讲报酬是合适的？什么时候可以拍摄付费的政治活动？

11. 由于你的伴侣或朋友和一位公共官员在工作上有密切联系，你获得了关于他的二手资料，何时发布这一消息是可接受的呢？

12. 如果有的话，在什么情况下，秘密录音是符合道德规范的？

练习

1. 选择本章谈到的任意五个伦理冲突情境，谈谈你的看法，并对你的回答加以解释。

2. 选择五个班级成员扮演以下角色：（1）调度编辑；（2）新闻总监；（3）新闻中出现的人；（4）摄像师；（5）记者。尽可能多问一些尖锐的问题，让各种各样的人对书中谈到的伦理冲突情境做出回应，并引导他们对他们的回应做出解释。

3. 邀请职业新闻人，比如来自当地媒体的记者摄像师团队，让他们描述他们如何对本章中讲述的伦理冲突情境做出反应。

4. 列一个你能接受的来自消息源的非预定的回扣清单，以及你在任何情况下都会拒绝接受的东西。解释你的决定。

5. 建立你自己未来作为一个职业新闻人会遵从的新闻道德准则。

伦理冲突情境的讨论

以下是对回应本章提及的伦理冲突情境所做的假设探讨。你可以有很多种的回答，你也可能预料到，无论是在课堂讨论中抛出这些问题，还是与同行的专业人士交流，都会有不同的观点。

最终，没有"正确的"答案，但有错误的观点，这些观点有悖人道主义关怀，危害个人的安全、名誉或精神健康，甚至违犯法律，与你所在媒体的道德标准相悖。

非法入侵

案例 1　讨论。如果你未经许可进入大楼，你将犯下非法入侵罪。如果你找不到房屋所有者，请求一名警察给予你进入大楼的许可。如果你后来遭到质询，至少你可以说你的行为是基于表见代理许可的。

案例 2　即使门前的告示牌上写着"请勿非法闯人"，敲一下这家主人的门并没有什么坏处。你几乎没有其他方法可以宣布你的存在。然而，如果门锁了，你跳过栅栏，那你就犯下了非法入侵罪。

侦察摄像

如果看手相的人没有拉窗帘，那她应该可能意识到某人也许想要拍照。如果你尝试用短枪式或抛物线麦克风录音，法官可能断定，即使看手

相人的窗户是开着的，她也应该在私人谈话时拥有合理的隐私权。

人质事件报道

案例 1　在这一案例中，警方决定伪造他们的身份。考虑到你要上交摄像机，那么唯一的选择就是将摄像机借给警方。如果挟持人质的人要求你们的电视台确认扛摄像机的人是你们的员工，而不是警方，特别是在如果你的任务小组或新闻总监不知道你的决定时，这会对人质造成严重伤害。

案例 2　第一步，撤退。要权衡这个男人的生命和他的孩子们的生命。第二步，当警方冲进房间内时，你决定跟着警方进入屋内后，也要考虑到自身安全。没有什么新闻报道比你的生命还重要。

圈套

你要求一个未成年人违犯法律去买酒，这种曝光违法事件的做法本身就是常见的通过违犯法律曝光违法事件的行为。这个工作最好还是让警方来做。你可以在街对面停靠的大篷货车内，用长镜头透过窗户拍摄这个购买过程，因为通常来

说，你可以在公共场所随意拍摄你想拍的东西。偷偷带着摄像机进入卖酒的商店拍摄是不道德的。因为这样的隐蔽新闻报道，会让采访对象没有时间组织思想或是保持思维理性缜密地回答问题。

侵犯隐私

尊重家庭的意愿。等到你得到许可后，再进去。如果你能证明你的动机是正确的，可重新礼貌地叙述你的想法。

暴力

案例 1 暴力是你要传达的新闻报道的核心最有力的证明。把它剪辑出来，刻画出的罢工会比实际情况温和一些。然而要注意，要避免呈现出的活动挑战大众的鉴赏力和接受度。

案例 2 一些电视台会播出这样的镜头，其他电视台会将其转成静态的图像或用从一家报纸摄影师那里得到的照片代替。一些观众希望看到真正的镜头，另外一些人则可能因为你播放的现场镜头而恼怒。决定权在你手中。

保护机密消息源

你要做的第一步，就是请求你的消息源自己告知警方或联邦调查局。不然，你可以匿名通报警方，不说出你的消息源或他所在组织的名字，虽然这一行为违背了你不透露机密消息的承诺。

你也可能希望告诉消息源你已决定告知警方。如果你没有告诉警方，那么你的决定可能导致财产的损失和无辜人士的伤亡。

强行入侵他人住宅

待在外面，再给警方打电话。如果他们决定进入这一场所，那就可以报道这一行动。

破坏警方证据

你最好待在外面。谋杀审判会因为证据遭到破坏而不能定罪。

电视转播死刑执行过程

如果观众已得到足够的警示并有充足的时间来准备看延迟播出的报道，那么他们可以选择观看或者按他们的喜好换台。然而，不善怀疑的观众可能仍然会观看延迟的报道。之所以要现场直播死刑执行过程，可能更多的是看中它会产生的轰动效应，对于死刑和它产生威慑的价值的理解，绝对要比在电视上观看一个人被判死刑复杂得多。

报道企图自杀事件

案例 1 给你的电视台打电话，拖延那个女人的时间。尽一切努力来帮助拯救她和她的孩子。人性的责任心和同情心要比报道重要。

案例 2 不要报道这样的新闻。如果你报道了，那么你会在接下来数月遭受这种"人质报道"所带来的困扰。任何想要传递信息的人都会以自杀来威胁你去报道。

非法获取的信息

保证你的眼睛往该看的地方看。好奇害死猫，特别是当地区检察官放在桌上的文件对你有用时。

即使这个信息是真实的，这样的获取手段也是违法的，至少是不道德的。

屈从于新闻内容的编辑管制

如果你告诉观众信息是怎样获取的，那么可以播出相关画面。你可能想要随后跟进另一个报道，表现在人口稠密地区运输有害物质的潜在后果。

与警方合作

如果你告诉观众画面是怎么拍摄的，那么你可以播出相关的画面和采访。

公共官员的私人生活

如果官员的境况影响到他或她指挥警方办案的能力，那就报道它；不然就让这条信息一直保密。如果你的竞争对手报道的消息是你认为应该保密的，你也不要报道。大多数观众都会尊重你的决定。

误传

案例 1 在律师一开始把你当作他的知心人时，就告知你的身份。

案例 2 未真实说明新闻人的身份会导致观众质疑所有新闻人的信誉和正直。不要假装自己是验尸官的助手。

注释

1. Mark Gillespie, "Public Remains Skeptical of News Media," a Gallup organization article, May 30, 2003, www.realnews247.com/gallup_public_ remains_skeptical_of_news_media.htm (accessed June 8, 2007).
2. "CBS News/New York Times Poll. Jan. 20–25, 2006," www.pollingreport.com/media.htm (accessed June 8, 2007).
3. Excerpted from a panel participation seminar, "Situation Ethics for the TV News Photographer," presented by Dr. Carl C. Monk, then dean of Washburn University School of Law (Topeka, KS), at the National Press Photographers 24th Annual Television News-Video Workshop, Norman, OK, March 22, 1984, and drawing on discussions among professional journalists in similar sessions held at the workshop since then.
4. Frederick Shook, Dan Lattimore, and Jim Redmond, *The Broadcast News Process,* 7th ed. (Englewood, CO: Morton, 2005).
5. Gene Goodwin, "The Ethics of Compassion," *The Quill* (November 1983), 38–40.

拍摄电视新闻
基本要素

　　摄像师拍摄影像，摄像记者用摄像机讲述故事。事实上，就像作家使用电脑键盘一样，最好的摄像记者使用摄像机——为了记录观察到的东西和报道新闻故事。本质上，摄像机是一种书写和记录报道的工具，与其说是眼睛的延伸，不如说是内在思想的一种延伸。你看到的，关于其他人和事件的所想及所感，都可以通过你的摄像机与别人分享。

　　摄像属于最高端的创造性艺术。恰如其分地捕捉情绪、行动和意图，并表现你想要强调的方面，这要求你不仅是创造的能手，还要在技术上十分熟练。因此，重要的是，你不但要了解你自己、整个拍摄、你的报道，还要了解你的设备。

摄像机

　　某些方面，电子摄像机和胶片摄像机很相似，但有一个很重要的区别（见图 A.1）。电子摄像机的特点就是电荷耦合元件（charge-coupled device，CCD），这是一种将反射光直接转化为电子信号的固态电子器件。摄像机的电路元件将这些脉冲转化成一种达到可播出质量的视频信号，传输到电视显示器上，再记录到电脑硬盘驱动器或录像机上，或者连接到现场的传输设备上。因为它们的大小和重量已经减小，摄像机已较容易携带并能在条件较差的户外使用。

图 A.1 摄像机通过将光线转换成能被储存的电子视频信号成像，存储设备通常有录像机、硬盘或实时传输设备，这一技术使得记录并播放已发生的事件成为可能。

摄像机取景器

摄像机的取景器能够重现黑白或彩色的图像，它本身就是个缩小的电视屏幕。取景器上的图像和录下来的内容以及播送给观众看的内容是一样的。拍摄一段报道后，可以通过取景器重新播放刚才的报道。这样，摄像师可以"现场复查"录像，并确定事件已被恰当地录下来。

白平衡

每次在开始拍摄时，都要将摄像机的白平衡调好，此后在每次摄像的现场调整了光源后，也要这样做。白平衡是摄像机的电路系统为了在现场光源下重现纯白色所做的调整。当摄像机白平衡调节至正常标准，白色将变得纯净且没有偏色。将摄像机对准一张白色卡片或一个白色物体，并按下按钮，摄像机就能够自动调节白平衡。大多数摄像机也可以将白平衡归零至出厂设置。尽管出厂设置是在最理想状况下进行的，它的主要作用仍是为摄像师在紧急拍摄时节约宝贵时间。

录像带的原理

录像过程中，磁带经过磁头，磁带上的粒子以特定的序列排列起来。磁带不仅能记录图像，还能记录声音和同步控制信息。二次记录会打乱磁带上原先排列好的粒子，使之排成新的序列。播放的时候，磁带中排序的粒子产生干扰并形成电子信号从而产生图像和声音。根据厂商的不同设计，录像带能够重复使用并长时间保存信息。

视频格式

多年以来，视频格式已有了多种多样的形式，有索尼 DVCAM、MiniDV Beta、Beta SP、数字

Betacam、松下数字录像（DVC 和 DVCPRO）和更加古老的 M-II、D-3、D-4 格式等。还有 3/4 英寸、4 毫米、8 毫米、19 毫米、1/4 英寸、1 英寸、2 英寸录像；超 VHS（S-VHS），8 毫米 Hi-Band（Hi-8）和一些源于佳能、JVC 等厂商的格式。

在这众多的选择之中，数字录像以其价格和特性优势脱颖而出，深受新闻工作者、有线电视业和生产企业的喜爱。即使是最小型的手持数码摄像机也能提供高质量的播放图像，同时具备 CD 音质，1/5 至 1/15 000 秒的快门速度，通用于低曝光、慢速运动和静止拍照等特性。一些摄像机还能在拍摄高清图像的同时将静止图像贮存在硬盘上（例如捕捉屏幕上的静止照片）。此外，数码录像带体积很小，几小时的视频数据甚至能够装进上衣口袋。公文包大小的数字笔记本编辑器更是提供了无与伦比的便利，哪里有电源就能在哪里工作。请登录 www.digitaljournalist.org 查看关于数码技术的定期更新信息，内容包括高级数字视频拍摄实践，如何用配有硬盘、光盘、记忆棒或是 DVD 刻录机的摄像机拍摄。

 # 镜头

摄像机的镜头用于聚焦并控制透光率，由一系列凹凸透镜组成。可以通过调节外部对焦环前后移动这些凹凸透镜来控制焦距。在按下快门的同时，对焦环将焦点从一点调到另一点，叫作对焦切换。焦点渐渐由近景移向较远的景物，反之同理。与许多同类技术一样，过急和不自然的操作都会使对焦切换失去应有的效果。

微距镜头

拍摄电视新闻的摄像机镜头通常可以使用微距对焦以重现特殊图像。这一特点特别适用于放大较小的拍摄对象，或用于将印刷材料展示在电视屏幕上，例如一份证词或是其他法律文件和印刷报纸（见图 A.2）。

图 A.2　微距镜头帮助摄像师记录图像的细节，尤其适用于放大较小的拍摄目标。

曝光调节

曝光量是通过手动或自动旋转外部旋钮调节透光孔大小来控制的，透光孔是镜头内一种类似人眼虹膜的装置，强光下透光孔缩小，弱光下透光孔扩大以使更多光线进入。

变焦镜头

电视新闻摄像常用的设备是变焦镜头（见图 A.3）。这种镜头可连续变焦以广角拍摄。由于其变焦特性，例如 12～120 毫米或 25～250 毫米，变焦镜头将多种镜头功能合而为一。由于变焦的可连续性，摄像师能够更精确地构景，以消除干扰。

最初发明变焦镜头是为了解决直播时因更换定焦镜头视野变黑的问题。在仅有一个摄像机工作的摄影棚中，这一问题尤为明显。每次摄像师更换镜头时，电视机前的观众都将看到屏幕变黑。

图 A.3   变焦镜头的焦距设置让各种构图成为可能，不过，其变焦的灵活性常被滥用。

变焦镜头怎样调焦

使用变焦镜头，将镜头对准拍摄目标慢慢拉近，对焦。然后拉远至你想要的构图。在你变焦范围内的所有景物将会全部对焦。如果拉近能够清晰对焦，变焦回来却失去了焦点，则镜头可能需要进行维修。

镜头焦距

胶片摄像机的镜头焦距（见图 A.4）由光心（optical center）到拍摄平面的距离决定。电视摄像机的则通常是到机器内电荷耦合元件前端的距离。光心是镜头中的一个点，在这一点上进入的光线会先弯曲然后在成像的过程中聚焦到目标体上。通常镜头的物理长度达不到焦距的长度。

焦距决定了图像大小和视角。焦距扩大一倍，图像也扩大一倍；焦距缩小一半，图像也缩小一半。普通镜头视角通常是 45°，而广角镜头能够达到 90°甚至更大。

镜头透视

普通镜头摄制的物体和其他物体在某一距离上的尺寸大小之比，出现近大远小的规律，和人的肉眼在同一角度观察时所得的视觉效果相同。

生产商都是通过测量对角线比例来确定镜头透视度。因此，普通电视新闻中所用的镜头焦距一般在 25mm 左右。对于普通透视，一些摄像机需要 12mm 左右的焦距，而 35mm 相机则需要 45~55mm 的焦距。

● 广角镜头

长度小于焦距但能产生同样透视效果的镜头叫作广角镜头。这类镜头拍摄出的目标物图像更小，且集中于近景。与普通镜头和长焦镜头相比，广角镜头也能产生更大的景深，达到类似强烈聚焦的效果。

● 长焦或远摄镜头

用于普通透视拍摄但镜头长度大于焦距的镜头叫作长焦镜头或远摄镜头。严格意义上来说，所有远摄镜头都是长焦镜头，而并非所有长焦镜头都是远摄镜头。远摄镜头如其字面意义，比其焦距要短。长焦镜头放大远景图像，使其更为清晰。正常的透视效果被压缩，使远景和近景看起来更近。与其他镜头相比，长焦镜头的景深浅。

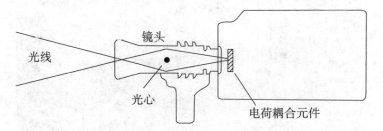

图 A.4　胶片摄像机的镜头焦距由光心到机器内电荷耦合元件前端的距离决定。通常镜头的物理长度很少达到焦距的长度。

光圈

要达到理想的曝光效果就要控制镜头的透光量。由于胶卷和电荷耦合元件不同，不同摄像机对透光量的要求也不同。但在实际应用中，不论拍摄是在黑夜还是在强光下进行，控制透光量的原理可谓大同小异。

光圈使摄像机能够在不同光照条件下控制透光量，与人眼虹膜类似。通过调节光圈的大小可以控制透光量，常见的参数为 f/stop，如 f/1.8、f/8 或 f/22。

F/Stop 参数

F/Stop 是一个由镜头有效直径与焦距之比确定的参数。F/Stop 值越大，光圈就越小。因此 f/1.2 光圈要大于 f/22 光圈（见图 A.5）。

光圈按大小依次将透光量增加一倍或减少一半。例如光圈调节为 f/8 时透光量是 f/5.6 的一半，调节为 f/16 时透光量是 f/22 的两倍。而 f/11 的透光量是 f/22 的四倍。因此参数为 f/1.2 的最小的光圈透光量是 f/22 的 256 倍。

摄像师将透光孔调小称为"关闭"或"缩小"光圈，将透光孔调大称为"开启"光圈。

最常遇见的"完整"的 F/Stop 参数有 f/1.4、f/2、f/2.8、f/4、f/5.6、f/8、f/11、f/16 以及 f/22。根据研究、军用以及相关的实际应用，一些镜头的 f/Stop 参数甚至可以扩大为 f/32、f/45 和 f/64。

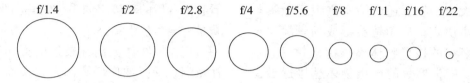

图 A.5　F/Stop 数值代表参数。数值越大，光圈越小。

T/Stop

F/Stop 是假设镜头能吸收所有可用光的理论计算值。更加精确的镜头光圈设置是 T/Stop，它会考虑镜头元件、透镜镀膜和其他镜头元件以及镜头箱的吸光性能。如果镜头都为标准化的 T/Stop，那么镜头箱上光圈号的旁边就要标明字母 t。一般来说，这两个计算值的差距为 F/Stop 的一半。

光圈大小对景深的影响

光圈大小也对景深有影响，景深也就是一个场景中聚焦的区域。光圈越小，景深越明显（见图 A.6）。光圈越大，景深越浅。

光圈大小能影响景深是因为它对进入镜头的光线有影响。因为摄像机在同一时间，只能在一个平面或者一个点上聚焦，只有在那个距离上的物体才能够真正聚焦。其他距离上的物体则会模糊。

光点射到胶片平面或物体表面时会清晰聚焦。如果光线没有对准焦点，则不会呈现出光点，而是光圈，也叫弥散圈（circles of confusion）。如果弥散圈足够小，物体就足够清晰。如果弥散圈太大了，物体会模糊或处于软焦点。小光圈会产生小弥散圈和更深的景深。

图 A.6　景深是指在某一场景中聚焦的区域。左边的例子表现的是浅景深；右图表现的是大景深。

其他影响景深的因素

除了光圈大小，景深还由镜头焦距和镜头与被摄物体的距离决定。广角镜头形成的景深比长镜头大，镜头聚焦的被摄物体离摄像机越远，景深越深。相反，镜头聚焦的被摄物体越接近摄像机，景深越浅。

镜头焦距能影响景深，是因为它对光圈大小有影响。假设所有其他的因素都相同，镜头箱长度加长一倍，通过镜头的光就会减少一半。为了补偿光损失，光圈大小必须加倍。因此，如果 f/8 12mm 镜头的有效直径是 2mm，25mm 镜头的有效直径一定接近 4mm。如果将 25mm 镜头的焦距扩大一倍到 50mm，将会产生接近 8mm 的 f/8 有效直径。因为光圈大小控制弥散圈大小，在用 50mm 和 25mm 镜头拍摄时，场景中不聚焦的物体比用 12mm 镜头拍摄的效果离焦更明显。

用一个简单的实验来帮助证明摄像机到被摄体的距离是如何影响景深的。把一个物体放在离你眼睛很近的地方，然后在不改变焦距的情况下，看物体背后的环境。如果你把焦点保持在物体上，背景将会离焦模糊。

现在把物体向离你较远的方向移动，你就能注意到景深是如何增大的。如果你对焦在数百英尺以外的物体上，那么你视野里的所有范围都能聚焦。

● 如何制造最大景深

在满足以下一个或所有条件的时候，一个场景的景深就会增大，单独满足或全部满足都可以。因此，最大景深就是在所有条件都满足的情况下获得的。

- 小光圈设置（f/22）。
- 短焦距镜头（广角）。
- 摄像机对距离远的物体对焦。

● 如何制造浅景深

当摄像记者想把观众的注意力集中在前景的物体上时，就会制造出浅景深，使后景离焦模糊。

资料框

景深

大多数情况下，总景深的三分之一在聚焦物体的前面，三分之二在它后面。假设镜头聚焦在离摄像机 45 英尺的地方，总景深是 60 英尺。在这个例子中，可接受的焦点或景深范围是从被摄体前 20 英尺处开始（60 英尺的三分之一）到被摄体后 40 英尺的地方（60 英尺的三分之二）。

因此，可聚焦的平面大约为摄像机前 25 英尺至 85 英尺处。

摄像机　　　景深（三分之一）　被摄主体位于　　景深（三分之一）
聚焦于　　　从25英尺处开始　45英尺处　　　　延伸到85英尺处
被摄主体

图 A.7　景深。

当满足以下条件时，一个场景中的景深会变浅。在条件全部满足的情况下，就能得到最浅景深。

- 大光圈设置（f/2.8 或更小）。
- 长焦镜头（远摄镜头）。

避免自动镜头设置

电视摄像机拍摄的画面使用的是标准的灰阶，与黑白摄影师看到的一样。灰阶的一个极值是纯白色，用 10 来表示。另一个极值是黑色，用 1 来表示。从 1 到 10 是各种灰色阴影，颜色从明亮到暗灰依次变化。

一个场景中的物体会呈现出各种白色、灰色或黑色的阴影。摄像机的色彩线路与黑白画面相连接，形成彩色图像。如果你把电视设置中的彩色调淡一些，会看到基本的黑白画面。

如果一个场景主要是由黑白色调形成的，就能呈现出高对比度的画面。如果一个场景主要是由灰色调的物体组成，就会呈现出低对比度的图像（见图 A.8）。在决定曝光度时，摄像机的自动曝光电路从场景中的白、黑、灰区域取样，然后以所有呈现出来的调值的平均值来计算曝光度。

- 摄像机靠近被摄物体对焦。

即使在亮光、大光圈的设置之下，如果摄像师利用 ND 滤光片来减少通过镜头的光，也可以制造浅景深（见第 5 章"光线和照明的魔力"）。

摄像机最容易被高对比度的场景欺骗，比如在对着窗户、天空或白墙拍摄时。高对比度的图像也会失去清晰度和微小的细节。当场景中的物体灰阶倾向于中度时，摄像机制造出来的对比度最精确合适。

因为自动电路不停地根据变化的照明情况调试，所以当场景中移动的物体从具有不同阴影对比的背景前经过时，可能会过度曝光。如果摄像机处于自动曝光设置下，以下镜头中会出现过度曝光：

- 一个小孩骑着自行车经过一个用黑色装饰性花束点缀的尖桩篱栅。
- 一个在一面白墙前面做仰卧起坐的女人进入画面或从画面中消失时。
- 当一辆火车呼啸着通过轨道时，明亮的阳光有节奏地在车厢的间隙中一隐一现。

图 A.8　最明亮和最黑暗的物体之间的变化要求一定程度上的对比。明暗物体之间在低对比的图像（左）中呈现的变化远比高对比图像中（右）中所呈现的要少。

在每一个例子中，自动电路会先尽量降低曝光度，然后增加曝光度来适应变化的光强度。为了避免曝光激增，专业摄像师会先用摄像机里的自动测光仪来设置合适的曝光度，然后在摄像的时候关掉它。要获得更精准的曝光，摄像师可以用手动曝光控制来进行额外调节。

注意摄像机

在出外景时，要时刻记住皮特森（Petersen）总结的准则："墨菲是个乐观主义者。"如果电视世界可能出错，那就一定会出错。如果你把你的摄像机留在三脚架上离开一会儿，这个时候命运就会搞破坏，比如：一阵大风吹过，一只小猫跑过，一个笨手笨脚的过路人经过，总之就是会把摄像机碰倒。如果你忘了把摄像机固定在三脚架上，就去给你的采访嘉宾调整麦克风，回来时就会发现你价值3 000美元的镜头吊在摄像机机身上摇摇欲坠。这都有可能发生。

小结

今天，即使没有技术知识，你也能制作出高质量有技术含量的图像。简单的摄像机操作使自动对焦、曝光和调整白平衡都成为可能。但是如果不理解制作视觉画面的相关过程，作为一名摄像师你就丧失了对内容的控制，就无法利用画面之间细微的差别，让观众感受到故事微妙的色彩、情绪和意义，提升他们的视觉享受。

电视摄像机从一定程度上来说就类似于人的眼睛。摄像机能把光线转变成电子信号，使坐在家里的观众能够接收到，或者使之可以录制成录像带或用硬盘录下以备播放。摄像机镜头聚集并聚焦光线，而镜头光圈能够形成精确的曝光控制。镜头可以是定焦的，也可以是能持续变化焦距的变焦镜头。焦距的变化使摄像师可以通过改变视角和景深，来改变对被摄物体的强调。

尽管在对摄像机完全不了解的情况下也可以拍摄，但是想要尽快完善自己的摄像师会发现，想要在不了解摄像机的情况下精通它的操作是不可能的。

关键术语

光圈	微距对焦	录像机	电荷耦合元件
焦距	最大景深	白平衡	弥散圈
灰阶	光心	对焦切换	广角镜头
对比度	大景深	浅景深	变焦镜头
景深	长焦镜头	T/Stop	

讨论

1. 解释什么是白平衡，为什么白平衡很重要。

2. 解释摄像机发出的视频信号是如何刻录到磁带上的。

3. 列举并描述摄像机镜头的基本作用。

4. 列举变焦镜头的突出作用和优缺点。

5. 解释焦距如何影响镜头视角、画面大小和景深。

6. 解释镜头光圈大小和 F/Stop 值的关系。

7. 描述摄像师想制造浅景深和大景深效果分别要经过哪些步骤。

8. 解释为什么数字录像在复制后质量不会受损。

练习

1. 练习手持摄像机拍摄，达到能够稳定手持的程度。

2. 利用电视摄像机或家用摄像机，调节适应阳光的白平衡，不作其他调节，在荧光下录制一段场景，再在室内石英光下录制第二段，在室外正常日光下录制第三段。现在重复这些过程，但是这次要把摄像机调节成适应石英光。重新放映拍摄的画面，对比不同色温下摄像机的反应。

3. 改变 F/Stop 设置，研究摄像机镜头上的光圈。注意大光圈和小 F/Stop 值之间的关系，以及小光圈与大 F/Stop 值的关系。

4. 把一个物体放在窗户前或者其他强光源前面。让摄像机测算合适的曝光度。注意一下如果在物体前面增加补偿光，物体如何勾勒出轮廓。

5. 在一个场景中，让摄像机自动电路来决定曝光度，然后故意将 F/Stop 值调至一半实现过度曝光或曝光不足，然后调回原值，再加大一倍，分别试一次。在录制时，通过摄像机的麦克风讲话，标识出过度曝光或曝光不足的每一个阶段，或者在场景中用写着"+F1Stop"、"+1Stop"等字样的画板来区分。注意人为的过度曝光和曝光不足的效果，以及场景的对比度。

6. 不改变摄像机的位置，拍摄一个物体的广角镜头，然后用远距摄像的方式拍摄同一个物体。注意焦距设置对图像大小、景深和强调物体的影响。

7. 在一个窗户、天空或其他明亮光源前面拍摄物体的轮廓。让摄像机自动曝光拍摄。然后，将摄像机调到手动设置曝光度，再拍两次。第一次，物体正确曝光；第二次，背景正确曝光。重放录像，对比你拍的三个镜头，特别注意不同片段中曝光的改变、色彩的重现和细节的精细程度。

8. 为了进一步熟悉各种焦距的视角，首先在固定的位置用摄像机拍摄一系列镜头。不用变焦镜头，以以下焦距或类似的焦距——15mm、30mm、50mm、75mm、100mm，拍摄五个独立的镜头。现在，将焦距保持在正常视角，再拍摄五个镜头，这次要距离被摄物体至少 100 英尺以上，然后手动移动摄像机；向物体靠近十步的距离。比较当摄像机位置不动，视度没有发生真正的变化，和当你移动摄像机，视角发生了真正的变化时的拍摄结果。

9. 在有很多可见强光源的场景中将摄像机对焦。故意但逐渐地使场景离焦，注意场景中的物体如何呈现出越来越大的弥散圈。

10. 为了进一步熟悉景深的影响，把摄像机固定在三脚架上，放置在固定的位置，用以下焦距拍摄一个物体的五个镜头：15mm、30mm、50mm、75mm和100mm。在两个镜头之间不要移动摄像机。然后，把摄像机设到最宽的焦距，然后再拍摄五个镜头。这次，手动移动摄像机，使每个镜头都比前一个镜头的拍摄距离近。重复这些步骤，这次用长焦或远距拍摄。注意摄像机越接近被摄物体，景深越小，焦距设置越长的变化。

附录 B

提高现场报道能力

拍摄采访和出镜是摄像记者职业生涯中最能预先想到的两种任务。如果摄像记者想要在报道过程中与出镜记者成为平等的伙伴，一个最重要的作用就是帮助记者完成引人入胜且信息量高的出镜报道。如果摄像记者要在这一方面做出有意义的贡献，那就必须明白这一过程中的原则和惯例。

电视上播放的新闻使人类的很多心理交流得以发挥作用。当你掌握了这些原则，你会在镜头和麦克风前表现得更自然，对新闻总监和观众来说会更有吸引力，你也会变成一个更优雅更职业化的记者。最终，这些本领会使你成为一个更好且更有建树的记者和一个在生活的任何层面都能与别人更好沟通的人。

 提高可以让你自己变得有趣并使你对周围更感兴趣的特质

一个需要你自己回答的很难的问题是，"什么可以让我这个人变得有趣？"部分答案取决于你的外表和体格。可能你比较高，又有雀斑。可能你在发元音时会拖长，说辅音时会缩短。可能你皱眉眨眼的次数太多，或者过于隐藏了自己的情绪以至于大家无法接近。你怎么穿着也会有不同的影响。你在哪儿长大的，和谁一起，你的个人信仰是什么，你的教育背景、价值观体系，以及你的生活经历都很重要。总之，你是独特的。这是第一个可以让你变得有趣的特质。

想要让自己变得有趣，就必须对周围感兴趣。之前，我们讨论过观众绝对不会比你更关心你的报道。作为一种学习了解更多你报道的新闻的方式，你可以使用一个模型——来自一个天才发展顾问巴瑞·纳什（Barry Nash）[1]——与国内的现场报道记者和新闻主持人分享。"询问每一个你报道的故事在社区是否获得了肯定？"纳什说。用这个方法，每一个故事都是关于胜利或失败的。那么在某种程度上，每一个故事都是关于沟通的成败。

 ## 我们为什么要沟通

我们告诉其他人别的事情的主要原因是想看她或他怎样反应。然而当你通过电视摄像机提供信息的时候，镜头不会给你任何反应。为了提升你在镜头前的能力，把镜头看作一个人。使用任何一个最适合你的装置。你可以想象你最好的朋友在观众当中并通过镜头与你交流。不管你做什么，要坚信有个人会对你和你的报道做出反应。

引起观众反应的关键很简单：学会在脑海中预测观众会如何对你和你的报道做出反应。记住主持人和记者实际上可以表现出如他们所希望的观众的反应，来引导观众的反应。如果你希望观众微笑，打个比方，你自己就一定要微笑。如果你说"我们很高兴你可以加入我们"，那么你自己看上去就要向你的观众证明，你对于他们的存在真的感到高兴，特别是通过你的脸部表情表现出来。

 ## 谈论你对新闻报道的感受

你在报道新闻时的大多数表现力都是来自你对报道的感受，不光是你的情感支撑点，还有感官体验。清楚地表达你的情感经历，只要你诚实报道，情感恰如其分。然而，极端的情绪是不允许的。比如，你报道的是你的亲密朋友被杀或受重伤，你表现出极端的情绪，如大哭或愤怒，都是不合适的。

从感觉体验的立场出发，你感受到的比你在报道新闻时做了什么更重要。"重要的是感受，那一刻的经历，"纳什说道，"感觉体验是很重要的"。想要与你的观众交流经历的重要感受，你必须先全方位地了解这个事件。想象一下，你被派去报道一场冰球比赛的结果。先问自己几个问题——在做每个报道前都应如此。

1. 我看到了什么？也许你看见很多粉丝在尖叫、流汗、喝酒和咒骂。你看到冰刀划过冰面的时候溅起的冰碴，你看见运动员比赛时的节奏和他们扮的鬼脸。你看见记分牌，并注意到冰球在擦过球门前溜过冰面。

2. 我听见了什么？现在你听到公共广播系统传出的回声，球员碰撞的声音和牢骚声。观众尖叫着，有时还说下流话。"花生，拿上你那又红又烫的花生！"人群中一个小贩喊道。"那个狗娘养的！"教练吼道。扬声器里传出掺杂着节奏感超强的嘟嘟声的背景音乐。

3. 我嗅到了什么？浓郁的啤酒味、球员的汗味以及爆米花的味道如浪潮般淹没我们。空气寒冷而新鲜。你旁边那个有着浓重须后水味道的家伙的喊声吸引了你的注意。你的另一边，一个女人的香水弥散在空气里。

4. 我感觉到了什么？现在，几乎是下意识的，你开始感到你的脸很冷，并且感到有傻瓜在撞你的胳膊。你的肾上腺激素在你的身体里涌动，你整个人充满兴奋感。外套包裹下的你，感受到最多的是舒适感和温暖。

5. 我尝到了什么？你品尝到了啤酒的麦芽味。你的热狗上有浓烈的芥末味，你的巧克力棒上有烤杏仁味。

将你的经历带入你的报道中

当你了解一个时刻的经历或一个事件，你可以用语言和动作来传达，这是图像无法做到的。这种技巧被 NBC 的记者鲍勃·多特森称为"写到图像的角落里"。这是一种超越二维想象的，能感知的、可触碰的、可描述的报道形式。"你在看见暴风的路线前就可以嗅到它，"多特森在描写飓风的路线时曾经这样写道，飓风折断高大的松树，使之散发出树脂的香味。[2] 在有关于结果的不变的图像或镜头中，"写到图像的角落里"便成了一项独一无二的技术。

如果你打算让你的报道有亲历感，选择准确的表现心理的画面和经历，然后向你的观众讲述那些时刻。尽量让你的报道含有我们可看、可听、可嗅、可尝和可触摸的元素。很大程度上，一个记者或者摄像记者的优秀程度取决于你抓拍新闻时刻和传达这一时刻的本质的能力，因为当我们亲身经历这个事件，我们才更有可能了解它。

多角度报道

很多时候，记者更关心在镜头前他们的样子如何、声音怎样，而不是他们在多大程度上理解这个报道。然而，想要做好则取决于你如何通过多角度报道有效地传达故事。这就意味着，你在传达时需要利用每个报道工具——摄像机、麦克风、口播、视频剪辑，乃至在允许的情况下，描述新闻报道对象的行为和举止。

只有你这样做，观众才会对你的报道感兴趣。当观众看到你对这个报道有自己的思考、解读，并做出反应时，他们才会对报道感兴趣。他们也会在你报道新闻时对你的真实存在做出反应。

有效报道的身体语言

再说一次，只有你对报道的故事感兴趣，观众才会对其感兴趣，所以要向他们表现出你的兴趣。电视是视觉第一的。如果我们没看见，我们就不会相信。所以，要做得具有视觉冲击力。用你的身体语言为你的报道向公众传达你的兴趣。如果你报道的时候是坐着的，要坐在凳子的前沿，身体向摄像机的方向倾斜。双手摆放位置要合适（见图 B.1），面部表情要生动一点。

给报道的价值加入一些想法

作为一个直播新闻节目主持人或记者，你会面临两个直接的问题。

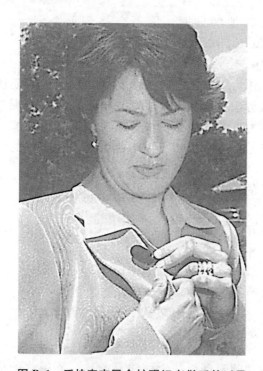

图 B.1　手持麦克风会妨碍记者做手势以及即时地与报道对象和环境互动。如果记者使用不太引人注意的颈挂式麦克风，结合最理想的无线传送接收系统，可以使出镜更加自然流畅。

1. 即时的、对话形式的声音。

2. 如果你是主持人，要理解其他人所写的东西。

为了克服这些困难，你必须了解事件，知道怎样利用你的表现力，并学会全身心地与你的观众交谈。

话语是你的第一个助手，因为组织起来的语言有助于传达意义。就在这一刻，大声说"保龄球"。字正腔圆地说出这个词，并在你说的时候，将球扔入想象中的保龄球道。注意比较下你咬字的用力程度，比如说"乒乓球"这个词。现在大声说"乒乓球"，然后轻轻地说出它。

经历过这个练习，如果你要站在镜头前大声说出这些单词，你可以让你的观众感觉到区别，因为你已经给你的话加入了你的思想。你在传达它们的时候就已经体会到它的含义。虽然向观众传达话语的方式并没有对或错之分，但你报道新闻时的承诺与投入的程度，是使你区别于你的竞争对手的东西。

给文稿做标记

不论我们在什么时候说话，都自然倾向于强调区别和新想法。当我们强调一个词时，我们便是在暗示区别。我们通过在表达时弱化一些词，来减少旧的和不太重要的想法。提高你声音表现力的最快方式之一就是浏览你的文稿，划出那些表明对比的想法（"愤怒的人群"—"没有做出反应"；"人类劳动"—"机器制造商品"），还有那些新的想法。

其他一些考虑：[3]

■ 不要强调代词，除非它们是为了用作对比。例子："They voted for *you*, not *him*.（他们是给你投票，不是他。）"

■ 不要强调任何在你省略后不会改变原意的词。例子："The course you recommend leads to *progress*, but the policy he sanctions leads to *disaster*.（你推荐的方针会带来进步，但是他批准的政策会导致灾难。）"

■ 当一个形容词修饰一个名词时，通常强调那个形容词会比较合理。例子："It was the *smallest* tulrnout in the country's *history*.（这是这个国家历史上的最小产量。）"

■ 很少强调插入语中的内容。例子："He was (said the chair) the last to leave the meeting.［他是（坐在椅子上说）最后一个离开会议的。］"

■ 当你读一个包含有介词和宾语的人称代词的结构时，强调介词前的那个单词，也可强调介词，轻读代词。例子："A night in jail will be *good* for him.（在监狱度过一个夜晚对他来说是好的。)"

也有一些例外：

■ 当代词后面跟的是一个限制性修饰语时。例子："They *sent* for *him* before the votes had been counted. （在票数还未统计好之前，他们派人去叫他。）"

■ 当代词宾语是复合式时。例子："We have reporters standing by *here* and *there*. （我们在这里和那里都有记者。）"

■ 通常，当一个处于介词前面的词是人称代词或其他的词时，你不会强调那个词。例子："Take it *with* you. （你把这个拿上。）"

■ 不经常强调动词。

作为一种规定，在读文稿时，尽量不要让你的气势或是音调下降。任意一个消减会让观众的注意力也随之消减。在你读文稿时，让你的声音平稳并且一直保持平稳，直到你表达完你的想法为止。不管你的音调高低、声调或音量如何，最关键的是思想与话语从头至尾都要保持你的状态。

学习如何放松

为了进行有效的交流，你必须为感到舒服而放松。你必须喜欢你所做和所说的每件事，不要急于求成。暂停一会儿，然后重新建立你身体的感知系统。如果你的肌肉紧绷，放松下来。紧绷的肌肉是在告诉你的大脑："嗨，我不是很放松，我很紧张。"如果你的肌肉紧绷，你在摄像机前的表现也会这样僵硬。

停下来也是为了感觉你是怎么呼吸的。想要有成功的表现，一个秘诀是收腹。要用你的横膈膜而不是你的胸呼气。你可能注意到，你的呼吸在睡觉的时候和刚醒来时，会与一天中其他时间不一样。如果你遇到这种情况，那么通过更有效的呼吸方式来帮助你放松。

进行对话式的讲话

不管你是在户外还是在演播室摄像机前，或者坐在展厅的麦克风前，你主要的任务之一就是与你的观众建立紧密的联系。电视在视觉上可以比真实生活让记者离观众更近。巴瑞·纳什说："电视可以让你与观众离得很近，好像你亲吻睁着眼睛的他们。"当你和观众那样亲近时，你的声音在对话中也需要达到一个理想的水平，如果你按照如下经验原则去做，这个过程就会容易些。

■ 当你紧张时，你的声音会升高，所以努力放松下来。

■ 当音量增大，你的声音也会随着升高，所以在说话时尽量放低音量。

■ 我们传达的信息应该与我们怎样看待他人相关，而不是我们怎样看自己。思考你说出来的话的含义和报道的内容，而不是你在镜头前形象如何，声音怎样。

为了帮助记者把音高保持在对话的感觉上，声音指导经常会让他们对着麦克风读新闻稿。在练习开始时，声音指导会建议用低音量来保持音调符合对话的感觉。在你备稿时，声音指导可能会敦促"柔和一点，再柔和一点，低下来—低下来—低下来"，或者甚至可能建议记者小声读文稿。做轻声耳语这个练习有两个目的：第一，强调降低声调、降低音量；第二，帮助体现亲密性的本质。有时，我们会更加关注那些跟我们耳语的人，而不是那些大声喊叫的人。

另一个值得一做的练习是，在现场摄像机前，在不同的距离练习出镜。你离镜头越远，你对着镜头喊叫的可能性就越大，甚至在你的麦克风别在衣服翻领上时也是这样。当你大声喊叫时，紧张感会增加，音调也会升高，这样就不再有亲和力了。这个问题之所以出现，是因为我们"在和摄像机说话"，而不是观众。在户外，如果你的身后有推土机在工作，你可以大声说话，在那种情况下，环境会告诉你应该做什么。

出镜时，就在你撰写画外音的时候，记得让它显得口语化，将沉默与"空格"结合起来。如果你做的事情有意义，那你可以保持沉默。如果你品尝一种新食物，品尝、加调味品、大声喊叫、吞咽、说话都是可以接受的。

为了和你的观众亲切交谈，不要关注你自己。我们传递的信息应该是和我们怎样看待他人相关的，不是我们怎样看自己。如果你希望博得观众一笑，告诉你自己"我打算让观众笑起来"会更有效，而不是说"这个很有趣"。这样想的目的是为了与看不见的观众建立联系，赢得回应。

给自己找点事情做

即使是出外景，一些记者听上去或看上去也可能不那么自然、舒服和放松。在演播间刚上镜时，或者记者的声音一接入播音室，这一情况都会更糟。要解决这些问题，当你在摄像机前或拿着麦克风时给自己找些事情做也许会对你有所帮助。这个方法会帮助你把注意力从自己身上转移开，通过将你的紧张感转移到其他地方来减少你的紧张。这样，你在镜头前的表现就会更舒服、自然。

出镜的原因

每一个记者在其职业生涯中迟早都会遇到一些问题："我们为什么要出镜？为什么必须这样？我们做这个的目的是什么？"出镜可以用来提升一些不是很有视觉冲击力的报道。其他时候，缺少适当的图像，安排出镜就会成为最有效的沟通方式。出镜也可以树立记者的可信度。出现在第一现场的记者会比那些没有到过现场而是从新闻集团和电话中获取事实的人对报道了解得更多。没有你的出镜，观众会以为新闻主持人做了绝大多数的现场报道。

甚至是付你工资的人，也需要偶尔被提醒一下是谁在"前线"。在续约的时候，他能想起你和你的工作是很重要的。尽管并不是每个报道都需要出镜，但许多新闻报道和几乎每一个记者的职业生涯都会从出镜报道中受益。

演示出镜

努力把每次出镜都做成一个视觉故事，体力和脑力都要全部投入。有一个技巧叫作表现或者演示出镜（demonstration standup）（见图 B.2）。出镜可以是一个记者指着大桥上生锈的螺栓和剥落的油漆，报道一篇有关公路安全性的新闻；也可能是你艰难地攀爬一座陡峭的山，为了说明找到报道的主人公——一个隐士的难度。另外一天，也许为了报道美国饮食中的高胆固醇，你吃完汉堡之后擦去手上的油，抑或是为了报道足球比赛而穿着运动服出镜。

当你出镜时，自己要环顾一下环境并与之协调，甚至在需要的时候可以背对摄像机。在拍新闻特写时，如果你跟拍了流动农场工人漫长、炎热而又疲倦的一天，也许你可以再拍一个坐着的出镜镜头，你可以摘下帽子，向观众们总结说，

如果有其他的工作可以做，没有人愿意拿这么低的薪水工作这么久。

做这些出镜报道的时候，一定要避免耸人听闻的事情。要点就是传递意义，并找好时间做这件事。在摄像机前一定要放松、自然、看起来平易亲和，并且使出浑身解数诠释新闻报道。

评估你的出镜效果的最好方法是问你自己两个问题："我的观众喜欢看吗?"还有"我享受这个过程吗?"如果出镜做得成功，那么这两个问题的答案都是"是的"。另一个判断你的出镜是否有效的方法是不加声音观看。如果你看上去像是我们愿意看的人，即使掐掉了声音，你的出镜还是有效果的。

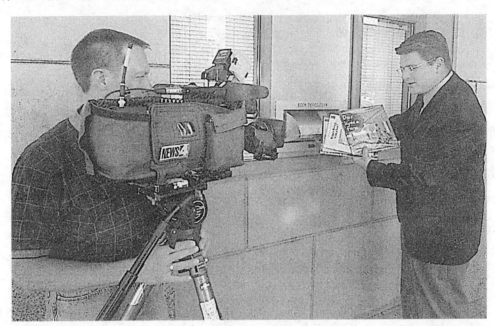

图 B.2　记者可以在镜头前给自己找点事情做，作为一种把注意力从自己身上转移到他们讲述的故事上的方式。这个技术叫作表现或演示出镜。在这个出镜镜头里，记者在展现一个公共图书存放处。

 ## 避免在演示出镜时摆拍

不管你在出镜时打算做什么，不要摆拍的建议依然适用：出镜时，你的出现不能以任何形式改变新闻报道。如果你在出镜时用业余的无线通信设备与一位阿拉斯加火山喷发的目击者谈话，那么你作为记者的行为就已经成为一则新闻。报

道已经变了，因为这一事件不再是你还未参与时的那个样子。另一方面，如果你只是停下来摇晃又老又朽的大桥上松动的栏杆来证明这个桥有多么脆弱危险，这对报道不会造成损害。

你的出现

上电视最基本的原则是把注意力集中在你脸上，而不是你的衣服或配饰上（见图 B.3）。甚至你头发的长度和发型都会影响观众对你的理解程度。通常来说，女性可以穿得职业些，也就是说

选择一些既有女人味又优雅的衣服——比如说女装衬衫和丝绸类衣服以及具有柔和线条的衣服。大体上讲，年轻女性可能希望把头发束起来，这样会显得更成熟可信。

图 B.3　从一个报道环境转入另一个时，合理的装束对记者来说是一种能较好提高可信度的方式。在所有出镜前的考虑里，最重要的一项就是让观众把注意力都集中在你脸上，而不是你的衣服和配饰上。

记者应该尽量减少配饰，以避免观众的注意力从脸部转移。如果眼镜是一个问题，可以考虑换成隐形眼镜。记住镜头离你很近，所以有时你能够与观众交流的只有你的眼神。眼镜会变成另外一个过滤装置分散观众的注意力，但这也是另一种屏障，你可以借助它展现你最好的一面。

不管你什么时候出现在镜头前，一定要穿着得体。这个建议对所有电视记者都适用，无论男女，因为如果观众关心你的领带或是围巾，他们就会错过报道。如果你从垃圾填埋场发回报道，你可能想要松松你的领带，把你的外套袖子卷上去。如果你在滑雪场斜坡上报道，那就穿上滑雪

服。在滑雪跑道上，身着一套丝绸职业装就不太合适，因为它不合时宜，而且可能会在心理上拉远你和新闻素材来源的距离。

穿着一定要有助于增强可信度，这一建议同样适用于采访。如果某一时刻比较放松且不那么正式，你的举止和你穿衣的风格就应该让人感到不拘礼节，可以脱下你的外套，卷起你的袖子。如果报道是深入性、对抗性的，深色的职业服装可能会增强故事的价值。如果场景设置在医院实验室，你可能需要穿上实验室的衣服，以免看上去不合适。

不管你做什么，穿着要避免"消失在背景中"。如果你站在垃圾填埋场，背景是黯淡的褐色，那你穿同色调的夹克就不太好。如果你在一个"很酷"的场景下穿着颜色"很酷"的衣服，类似的问题也会出现。如果你提前知道背景是什么颜色，你就可以穿着颜色能与环境区别开的衣服。记住，衣服的材质也要考虑进去。一些衣服的材质能够帮助增加视觉兴趣。

虽然场景设置、衣服、化妆、发型以及配饰看起来好像和新闻没有关系，但在某些方面他们其实很像报纸的排版、设计和挑战纸媒新闻人的格式。如果报纸的排版拖沓混乱或者不吸引人，那么报道的信息就被削弱了。电视新闻中，报道就像艺术的幻想一样脆弱。

让观众把你当朋友

久而久之，观众会像评价他们最好的朋友一样评价你。当我们在宴会上初次遇到陌生人，我们一部分的评价是基于他们的外表。如果别人要求你谈谈你最好的朋友，你会描述你朋友的声音、穿着、生活习惯和说话习惯。你会告诉我们你朋友的出生地、背景、她或他的年龄和大致收入。所有这些都是我们乐于去从别人那里了解的东西。所有这些也都是我们每个人的与众不同之处。

而你的个性，就是你与人们交流的媒介中最有效的力量之一。想要变得特别成功，你就必须冒着风险，让观众像朋友一样去了解你。想要做到那样，你必须表现出你与众不同的地方。这样的任务要花很多时间，如果你是个"市场跳蚤"，每年从一个地方跳槽到另一个地方，这就很难实现。你工作的群体一样很特别；这也需要事件来证明，并让你了解。如果你要与这个社区建立特殊的关系，即使是在较小的市场，两年的任期是不可少的。很快你的报道会变得更有深度，体现出你对所在社区的人物、议题和事件的更贴切、更权威的理解。

社区分析师

一种可以更多地了解社区和你的观众的途径是进行新闻受众分析。如果你了解那些看你新闻的人，你就会作为一名议题与事件的职业分析师更好地为他们服务。

这个例子中的分析是在调查进行后对如下这些事项的反馈。

第一部分：调查并完成下面这个受众分析表。
A. 自然环境
1. 地理位置
2. 气候
B. 经济环境
1. 主要产业
2. 第二产业

3. 人均收入
4. 白领人口
5. 蓝领人口
C. 政治环境
1. 党派构成
2. 过去五年间主要的当地选票
3. 主要政治意识形态
4. 市政府类型
5. 已被选举上的官员
D. 社会环境
1. 娱乐活动
2. 文化活动
E. 宗教环境
1. 宗教类型
2. 各宗教所占比例
F. 市场中各社区的名字

第二部分：在你的市场里做一组"普通观众"概况简介。假设会有十人看你的新闻播报。用人口统计学的等级评定，以性别和年龄划分群体。每个类型都建立一个普通观众概况简介。这个名单可以怎么满意怎么做。关键是对普通观众群体

中的每个成员都要尽可能细致地进行概况简介。需要考虑以下一些问题：

他们多大？
他们是男是女？
他们结婚了吗？
他们有孩子吗？有几个？
他们住哪儿？
他们在哪儿上班？
他们穿什么？
什么使他们高兴？
什么让他们生气？
他们业余时间怎么过？
他们能赚多少钱？

第三部分：把你所做节目的样本放一起。按照第二部分概况简介中每一个普通观众的角度，研究每一部分。你可能会问到自己的问题包括：

节目和观众有关系吗？有哪些关系？为什么？
如果看起来没什么关系，可以改得更好吗？怎么改？
新闻主持人如何提高每一个节目对当地受众的影响力？

影响人们对新闻来源的感知

不管是无意的还是有意的身体语言都会影响受众解读你的采访。如果你"放开了"采访，不论是在图像上还是身体上，采访都会显得更随意和放松。如果你通过身体语言来传达你的友善和对新闻来源的关心，你的观众就更有可能感受到。

作为一个通用原则，当出现以下图像元素时，采访会带有"社论式"的语调。

■ 记者和受访者着正装、系领带或穿着其他商务装。
■ 某些东西挡在记者与新闻源之间。报道对象可能和一张办公桌一样明显或看上去像一个手持麦克风一样无辜。
■ 记者和受访者的实际距离很远。
■ 受访者看上去像"被困住了"或者像被

"钉在"角落里的桌子后面，或是靠在墙上，无处容身。
■ 记者和受访者面对面坐着，几乎要撞上。

相反地，当出现以下图像元素时，记者和受访者会表现得更放松和友好。

■ 记者和/或者受访者脱下外套，或至少解开扣子。
■ 记者坐在受访者的旁边，中间没有东西隔开，甚至没有固定麦克风。
■ 记者和受访者之间的实际距离是很合适的近距离。
■ 采访在室外进行，图像信息具有自由感，受访者完全出于个人意愿同意接受采访。
■ 记者从别的角度拍摄人物，而不是面对面

地拍摄。

影响观众怎么解读一个新闻来源似乎会带有偏见和扮演的意味，但是在电视新闻或其他人类的表达方式里，没有中性的事物。如果一位受访者心地善良、诚实而友好，是不会想要把沟通推到相反方面的。电视不像报纸，它是一个与人交流的媒介。不论我们怎样努力做到客观无偏见，要记住，在电视新闻里和所有人类交流中，即使

是没有反应也可以叫作一种反应。

如果不做反应，想要做到客观就要在报道所有方面的问题都保持能量平衡。积极地报道所有方面的新闻。如果你的报道是关于税收增长，你可能发现对于住在东边的人来说这是个好消息，因为需要新学校。但是对于西边的老年人来说就是不好的消息，因为他们需要钱来支付医药费。至少，每个新闻人应该确认已准确地传递了信息。

有效使用肢体语言

每次移动的时候，要注意你的肢体语言。除了打手势时，保持双臂在身体两侧自然下垂。身体自然前曲面对摄像机，挺直腰板面向观众则可能让人感到敌意。报道违章建筑时，用你的手拍拍墙面。可能的话，甚至可以用身体撞一下，以表现出建筑质量看起来差强人意。或者，如果你要报道的是一台两磅重的笔记本电脑，也可以真的称一下，然后说："这个两磅重的宝贝（称量并

看着电脑）注定要改变美国人的办公方式。"

当你策划一个报道时，考虑更多的肢体语言。如果动作能够让拍摄更加生动有效而不做作，你可以乘坐电梯、拍拍墙面，甚至掰动训练机的操纵杆。记住不仅要在水平面上移动，也可以在垂直空间中移动。也许在报道被忽视的动物时，你可以先跪着抓起一只小兔子，站起来，然后抱着兔子走到摄像机前。

姿势

姿势是观众对一个人最直接的感知方式，以及对其实力的评判标准之一。通常注意头和肩膀的动作能够最有效地改变一个人的姿势。不论是站、跑、走，就好像木偶一样，想象有一根弦系在头顶。这能帮助你收下颌、抬头，防止走路时

看起来头重脚轻。同时，保持双肩下垂。面对镜头时心理要自然放松，同时也要表现出来。看看那些你尊敬的记者都是怎么做的，通常你会发现他们的动作完美无瑕。

非单一面向性展示

在镜头前你与主持人互动的过程中，观众的注意力通常集中在你们当中发言的那一个上。当主持人说话时，你应当看向主持人。同理，当你说话时，主持人也会看着你。说话时记住将注意

力分配给主持人和观众两个方面，使得观众也能参与到对话之中，也就是我们常说的非单一面向性展示。这一方法比记者和主持人毫无互动地面向镜头轮流发言的方式更可取。

主持人问询

在一段报道中，主持人通常会以简要的介绍作为开头，然后将视线转向你并点评几句作为互动。结束与主持人之间的互动后，转向镜头，开始报道你要讲的故事。报道结束后，将主动权交回主持人手中。这时要看向主持人实现自然过渡。然后主持人在形式上通常会再问你一两个问题。

这种互动就叫作主持人问询。

当你构思好整个报道后，你通常要为主持人设计一两个问题用作提问。设计问题时注意，优秀的主持人一般希望能够从观众和社会的角度提问。条件允许时，你们可能会在节目开始前花些时间讨论问题的答案。

在镜头前怎样表现

不论是在摄影棚还是在外景地，你在镜头前的表现就是对你交流能力、专业技能和思维敏捷程度的考验。因此，坚持用一种独特的方式表现出你正是能够告诉观众们所关心的事的那个人。正如《时代》专栏作家休·赛迪（Hugh Sidey）所说，"记者要启发大众，而非威胁；要传达信

息，而非表演；要言其所知，而非炫耀"[4]。

提出问题、传达信息都证明着你是团队中的一员，证明你关心你所效力的群体。总之，要表现出你关心你的观众甚至是喜爱他们。如果这些你都做到了，你就会成为观众最需要的，能够提供最权威、最受欢迎的信息的那个人。

怎样成为新闻主持人

大多数记者都梦想着成为一名新闻主持人，而且许多记者确实参与到新闻主持人的工作之中。如果你的上司认为你只是个记者，那你就很难实现成为新闻主持人的愿望了。想要成为新闻主持人，第一步是要给自己展示的机会，表现出成为新闻主持人的潜能。把报道设计成需要进行现场互动和后续报道就很容易实现这一目的。向制片人提议故事本身需要记者出场与主持人共同讨论。一旦出镜，你的言行就变得至关重要，记住以下

几点：

■ 全方位地学习新闻主持人是怎样做的。
■ 有目的地聆听。
■ 动作得体，陈述观点时可以拿一支笔或轻敲桌面。
■ 言行自然、有活力。
■ 对话题感兴趣，也让别人对你感兴趣。
■ 注意力集中在你手头的工作上，并享受其中的乐趣。

小结

记者和摄像师在现场需要通过记者在镜头前的表现进行新闻报道。通常，最有效且令人印象最深刻的电视新闻，是报道来源最自然的新闻内容。要想在镜头前表现得有趣，记者自己就要对事件、事件的报道对象、社区及其居民表现出兴趣——并以能让受众感到节目有趣的方式拍摄。

大多数沟通尝试会引起反应。然而摄像机和麦克风从不对新闻人做出反应。解决这个问题的一个好方法就是把镜头当作一个人，想象你是在跟一个朋友说话，猜测观众会怎样对你和你的故事做出反应。

记者和摄像师通过抓住故事的感觉经验——视野、气味、味道和本质，进一步提升整个报道的水平——图像无法表达的时候用语言和动作填补空白。因为只有报道团队对这个感兴趣，观众才会对这个新闻感兴趣，让受众看到记者对报道的思考、解读，并对它有所反应。

记者可以使用身体语言向受众传达对于报道的兴趣与热情。想要在视觉上表现得更积极，记者可以坐在椅子或其他凳子上，身体向摄像机或报道对象倾斜，要做一些手势，适当的时候改变面部表情。

有效的报道取决于对新闻报道和报道对象的全面了解。声音的传送可以通过学习和练习说单词来提高，还有赋予声音属于你自己的含义。单词组成的方式有助于传递意义。"这么多年来，佛罗里达州柑橘的种植者把葡萄柚汁的味道比作刺鼻的风浪。"想要自然地传送声音，就要强调区别和新的思想，并给文稿做标记。

在镜头前放松下来很重要，同时表现出有活力也很重要。适当的呼吸和发声技巧可以帮助记者做到活力十足又不失口语化。一个有用的练习方法是在镜头前的不同距离处练习出镜。目标是克服在镜头前喊叫的问题，尤其是离镜头有一段距离时。喊叫时音调会增高，紧张感增强，与观众紧密的联系就会减弱。

出镜时，为了表达某种意思，记者偶尔在镜头前不讲话，也是可以接受的，比如摇晃一座桥的栏杆，品尝食物。演示出镜，也就是记者在镜头前做一些事情，可以让记者看上去更自然和放松。然而，任何新闻报道不能因为记者出镜而发生变化。

出镜可以帮助建立记者的可信度并且提醒受众，记者是在做真正的现场报道。受众可能会错误地认为是新闻主持人创作了大多数他们看到的报道。记者和摄像师是一个团队，彼此合作以在视觉上增强新闻报道的可信性。

对记者来说，报道时穿着得体很重要，并且穿着要能让受众的注意力集中在记者脸部，而不是衣服、头发或珠宝上。要尽量少戴配饰，避免戴眼镜。想要成为一名成功的现场报道记者，你必须让你的观众像朋友一样去了解你，并且看到你身上的特质。

一些记者可以通过报道那些需要后续报道和细节的新闻，迅速成为新闻主持人。如果可行，向制作人建议一下你上镜跟主持人一起讨论你的报道和相关问题。与主持人交流的技巧包括分散—集中展示和主持人问询。

最后，摄像师和记者应该努力了解观看新闻报道的人。如果你了解观众的需求、兴趣、关心的事情和诉求，你就会更合格地为观众服务。同样的，在一个市场中，任期对大多数记者都有用。在一个社区里，作为一个值得信赖的朋友服务多年，大多数记者会深受权威和新闻来源的欢迎。

关键术语

主持人问询　演示出镜　多角度报道　分散—集中展示

注释

1. Barry Nash is a professional talent consultant. The remarks in this chapter are derived from his work with students at Colorado State and with professional talent in markets of all sizes throughout the country. He is a partner in The Coaching Company, Dallas, TX (www.coachingcompany.com).
2. *NBC Nightly News,* March 29, 1984. Reporters still "borrow" this line. The author has heard it parroted in Texas, Maryland, Louisiana, and Colorado.
3. The "Guide to Marking Copy" and "News Audience Analysis" used as a general reference for this chapter were provided courtesy of Barry Nash, The Coaching Company, Dallas, TX.
4. Hugh Sidey, "The Mick Jaggers of Journalism," *Time* (October 5, 1987), 28.

词汇表

航拍（aerial shot）：从飞机、直升机或类似交通工具上拍摄的镜头。（电视拍摄的视觉语法）

模拟（analog）：非数字相机和磁带放送机的视频输出，将光线转化或存储为电子信号而不是1/0的数字信号。每一级传输都有质量损失。（电视拍摄的视觉语法）

主持人问询（anchor debrief）：报道播出开始时，节目主持人与现场记者马上进行的问答互动。（提高现场报道能力）

光圈（aperture）：置于摄像头内部的可调节虹膜，调节光圈可控制进光量。（拍摄电视新闻）

表见代理（apparent authority）：个人权利的一种，即可合理推断记者进入某人住所或触及其他财产时权利充分。例如当主人不在家时，记者得到警察的允许进入房间。（法律与电视新闻人）

屏幕高宽比（aspect ratio）：电视画面高宽比。（电视拍摄的视觉语法）

调度编辑（assignment editor）：为记者选择、挖掘、安排采访任务。（如何提高讲故事的水平）

轴线（axis line）：从镜头顶端到所拍物体中心并延伸至更远处的虚拟直线。如果摄像师从轴线两侧拍摄，会导致错误的反转。（电视拍摄的视觉语法）

背光灯（backlight）：置于主光源对面，从背面照射物体的光源。也称"轮廓光"。（光线和照明的魔力）

挡光板（barndoors）：用在灯头上阻挡或调整光线的金属铰链门。（光线和照明的魔力）

双向（bidirectional）：一种麦克风拾音方式，收集麦克风前后的声音而不是麦克风周边的声音。（音轨）

蓝眼睛（blue Eye）（记者直播出镜报道）：一种电视直播报道，只有远方记者的出镜报道，没

有相关视频或者预录采访。也叫"裸播"和"吮指"。（现场镜头和远程报道）

BOPSA：一般用于形容会议或午宴上拍到的"一群人围坐一桌"的无聊画面。（调度编辑和制片人）

反射光（bounce light）：物体表面的反射光，使其看上去更柔和自然。（光源和照明的魔力）

宽位照明（broadlighting）：一种照明方式，主光源照射在人物离摄像机最近的一侧脸上。（光线和照明的魔力）

蝶状照明（butterfly light）：顶部照明的一种变化，当主光源在人物上方且稍微靠前时，会在人物鼻子下方投射出蝴蝶状阴影。也叫"魅力光"。（光线和照明的魔力）

CG：字符发生器，一种计算机装置，用于编辑叠加在现场画面或录制画面上的文字。（现场镜头和远程报道）

电荷耦合元件（charge-coupled device, CCD）：将反射光直接转化为电子信号的固态电子元件。（拍摄电视新闻）

弥散圈（circles of confusion）：以重叠光圈形式射到胶片或物体表面的光线，而非导致清晰聚焦模糊的光点。（拍摄电视新闻）

结尾（close）：故事的结束镜头；故事结构的结尾。（电视脚本格式；节目制作；现场镜头和远程报道）

特写（close-up, CU）：被拍摄物体全部或部分充满画面，例如只拍人物的脸或一只手表。（讲述视觉报道；电视拍摄的视觉语法）

冷切（cold cut）：正在播放的画面与背景音同时结束，立刻衔接新画面和新声音的切换方式。这种效果会破坏故事的流畅节奏。（视频剪辑：看不见的艺术）

色温 (color temperature)：光源辐射时红光对蓝光的比例。随着色温升高，画面会逐渐偏蓝。（光线和照明的魔力）

指挥部 (command post)：紧急情况下成立的临时指挥中心，用于控制信息流通，帮助记者和摄像师到达现场。（现场镜头和远程报道）

见解 (commitment)：说明事件的一句话陈述。新闻术语，和文学及戏剧里常用的主题、故事线索、前提或观点类似。另可参见"中心"。（讲述视觉报道；节目制作；如何提高讲故事的水平）

合成 (composition)：屏幕上视觉元素的布置和强调。（电视拍摄的视觉语法；视频剪辑）

对比度 (contrast)：场景中白色调与黑色或者灰色的比例。当画面中物体是黑白的，几乎没有灰色过渡时，对比度高。若画面上物体为白色衬白底，或黑色衬黑底，或者说大部分为灰色时，对比度低。（拍摄电视新闻）

交叉播送 (crossroll)：在记者现场出镜报道后播出的预录视频或采访。（电视脚本格式；现场镜头和远程报道）

剪切 (cut)：剪辑过的视频中的点，在这一点上，观众的注意力会迅速从一个形象转移到下一个形象。也叫"剪辑点"。（视频剪辑）

切换镜头 (cutaway shot)：拍摄外部情景的镜头，例如墙上的时钟或者体育场里的球迷，以将观众的注意力从主要情节上短暂地转移。通常情况下是用来消除跳切和压缩时间的剪辑策略。（电视拍摄的视觉语法；视频剪辑）

插入镜头 (cut-in shot)：用来突出主镜头中某些要素的镜头，例如特写或嵌入式镜头。（电视拍摄的视觉语法）

顿点剪辑 (cutting at rest)：在动作短暂停顿的时间点处将动作匹配的场景剪辑到一起。（视频剪辑）

动点剪辑 (cutting on action)：在某一动作进行时切出画面，在新画面开始时继续该动作而不中断。（视频剪辑）

分贝 (decibel, dB)：声音强度的度量，大约等于人耳通常可觉察响度差别的最小值。（音轨）

诋毁 (defamation)：任何损坏他人名声、声誉或品质的言论。（法律与电视新闻人）

演示出镜 (demonstration standup)：记者在现场报道的同时亲身参与现场的某项活动，该方式可以在视觉上证明和强化所报道的事实。（提高现场报道能力）

景深 (depth of field, DOF)：场景中可接受焦点的范围。通常，外景景深总体范围的三分之一出现在物体或焦点前面，三分之二出现在物体后方。（拍摄电视新闻）

数字 (digital)：用一连串的 0/1 代码将信息记录在视频、磁盘驱动器、电脑或者其他介质中。在信息复制过程中没有质量损失。（电视拍摄的视觉语法）

数字化 (digitize)：将图像从磁带转存到磁盘的过程，最终的存储形式是数据。（视频剪辑）

渐隐 (dissolve)：画面亮度渐弱至黑场，紧接下一个画面，下一个画面亮度从黑场渐强至完全曝光，是一个画面到另一个画面的溶解效果。（电视拍摄的视觉语法；视频剪辑）

距离感 (distancing)：正在发生的事情离得很远或是不真实的感觉。当摄像师在取景器中观看事情的进展时这种感觉十分强烈。（拍摄电视新闻）

失真 (distortion)：指在传输或录制过程中出现的非因故意造成的输出与输入信号不同这种现象。（音轨）

推轨拍摄 (dolly shot)：将摄像机放在移动工具上移向拍摄主体或移离拍摄主体。另可参见"跟踪拍摄"。（电视拍摄的视觉语法）

信号丢失 (dropouts)：传输或录制的声音或画面出现短暂中断的现象。（音轨）

动圈式麦克风 (dynamic microphone)：新闻报道中常用的低级的手持式麦克风。（音轨）

剪辑 (editing)：对视频及伴随声音的编辑，"是对观众思维和联想的有意引导"。编者在这两个方面努力，旨在制造幻觉、重塑现实，并同时引发观众情感共鸣。（讲述视觉报道；视频剪辑）

剪辑点 (edit point)：一个画面结束和下一个画面开始时的衔接点。另可参见"剪切"。（视频剪辑）

ENG：电子新闻采集（光线和照明的魔力）

定场镜头 (establishing shot)：向观众介绍故事发生地及内容。（电视拍摄的视觉语法）

道德 (ethics)：对于"什么是对的，什么是可

接受的"的观念，它决定了人们生活及行为的准则，关乎行为的专业性。（记者的道德素养）

外景镜头（exterior shot）：在室外拍摄的镜头。（电视拍摄的视觉语法）

无关画面（eyewash）：指与所报道内容的主旨几乎毫无关联的画面。也叫"墙纸视频"和"泛型视频"。（引言）

淡入淡出（fade）：画面消退至黑场（淡出）或者画面从黑场到完全显现（淡入）。（视频剪辑）

错误的反转（false reverse）：物体在一个镜头中朝一个方向运动，在下一个镜头中朝相反方向运动。（电视拍摄的视觉语法；视频剪辑；拍摄电视新闻的现场技巧）

羽化（feather）：在变焦拍摄和全景拍摄时使用的技巧，摄像机的运动要极其轻微，逐渐达到预想的速度，然后变慢，再轻微地结束运动。这种方式避免了突然而明显的开始和结束，可以避免观众的注意力被分散。（电视拍摄的视觉语法）

辅助光（fill light）：次要光源，其光照强度大概是主光源亮度的 1/4～1/2。（光线和照明的魔力）

电影时间（filmic time）：活动的图像媒体中时间灵活的呈现方式。虽然真实时间是无法改变的，但在电视和电影中，时间可以被压缩或扩展，远超出真实时间的限制。（视频剪辑）

滤光片（filter）：在摄像中可以控制曝光、对比度和色温的着色玻璃或光学凝胶。（光线和照明的魔力）

滤光因数（filter factor）：摄像中使用滤光片时丢失光线总量的度量。（光线和照明的魔力）

挡光旗（flags）：用不透明板挡住某区域的光亮。（光线和照明的魔力）

闪切（flash cut）：为了让画面配合音乐或节拍而简洁剪切的镜头片段。也称为"快速蒙太奇剪切"。（视频剪辑）

平光照明（flat light）：平淡无奇且几乎没有深度或形状的光效，在主光源位于摄像机上方或附近时产生。（光线和照明的魔力）

焦距（focal length）：摄像机镜头及视角的设计，由从镜头光心到 CCD 成像平面的距离决定。（拍摄电视新闻）

报道的中心（focus of the story）：一个简单、

有力的陈述句，点出即将播出的故事的核心、灵魂。另可参见"见解"。（讲述视觉报道；节目制作）

F/Stop：光圈的一个参数。（拍摄电视新闻）

未来文件（futures file）：对于即将发生的事件的故事策划、注释和新闻发布的整合。（调度编辑和制片人）

泛型视频（generic video）：存档视频或类似来源中的视频，最初出于特定目的拍摄，但后来被随意地用于解释其他的新闻脚本。通常其画面与所播放的新闻是不对应的。（法律与电视新闻人）

灰阶（gray scale）：对比度变化范围，从纯黑经由不同相对灰值过渡到纯白。（拍摄电视新闻）

大景深（great depth of field）：画面看上去距离摄像机很近，并涵盖背景。另可参见"最大景深"和"浅景深"。（拍摄电视新闻）

镜头陀螺仪（gyro-lens）：以电子方式弥补摄像机无意的运动和摇摆的镜头，可以使拍摄画面更加流畅稳定。在以长焦距进行航拍及手持拍摄时尤为适用。（拍摄电视新闻）

削光（hatchet light）：侧光，看起来像是将人物的脸一分为二。（光线和照明的魔力）

正向镜头（head-on shot）：直接在正面拍摄物体运动。（电视拍摄的视觉语法；视频剪辑）

热度（heat）：原声中表现出的令人信服的感性和理性强度。（拍摄电视新闻的现场技巧）

赫兹（hertz, Hz）：表示每秒一个周期的频率单位。参考"千赫"。（音轨）

俯拍（high-angle shot）：把摄像机放在高处向下俯视物体时拍出的镜头。观众会觉得物体变小，并产生一种优越感。（电视拍摄的视觉语法）

高清电视（high-definition television, HDTV）：一种数字传输系统，拥有 1080p 的水平分辨率和 1920p 的垂直分辨率，大约超出标准美国电视分辨率的三倍。屏幕尺寸的外观比例接近电影院的屏幕。（电视拍摄的视觉语法）

精彩集锦（highlights）：体育报道和新闻报道中最有新闻价值的画面片段。（体育赛事的拍摄与报道）

高通滤波器（high-pass filter）：减少低频的声音滤波器，以防止出现风声和设备噪音。（音轨）

HMI 灯（HMI light）：汞弧碘化物的缩写，

HMI 灯可以制造轻柔自然的效果，有着太阳光的色温，但只需要石英光线所需能量的 1/5。（光线和照明的魔力）

说明性录像（illustrative video）：为脚本中一句或一段内容服务的离散镜头，不考虑主题的连贯性和画面之间的连续性。（如何提高讲故事的水平）

阻抗（impedance）：麦克风的特性之一，类似于电阻。（音轨）

插入镜头（insert shot）：近景，对主要情节的细节描述。（电视拍摄的视觉语法；视频剪辑）

互联网（Internet）：将全球光缆及计算机相连的网络，包括数以千计的分散在世界各地的小型局域网络。也叫"万维网"。（法律与电视新闻人）

网络报道（Internet reporting）：通过某个组织的网站进行的数字报道，利用网络来跟进，涉及突发事件、原始画面、市民用手机录的视频、网络文章、主持人和记者的博客、播客、用传统电视新闻转成的视频素材以及未播出的采访素材。（法律与电视新闻人）

侵犯隐私（invasion of privacy）：一切侵扰行为，包括干涉和公布隐私事件，即使事件属实，也侵犯了个人对隐私的合理预期。（法律与电视新闻人）

光照度平方反比定律（inverse-square law of light）：物理定律，距物体的距离增加到两倍，人工光源的亮度减至原来的 1/4。（光线和照明的魔力）

虹膜（iris）：置于摄像机镜头内部的可调节光圈，可控制镜头进光量。（拍摄电视新闻）

跳切（jump cut）：动作看起来不自然地跳至屏幕上的一个新位置。（电视拍摄的视觉语法；视频剪辑）

词条（key）：电子嵌入视频中的文字或图画。（现场镜头和远程报道）

主光源（key light）：照亮物体的主要或主导光源。（光线和照明的魔力）

千赫（kilohertz）：表示每一秒完成 1 000 个周期的频率单位。参考"赫兹"。（音轨）

颈挂式麦克风（lavaliere microphone）：可以夹在衣服上或藏在衣服下的迷你麦克风。（音轨；现场镜头和远程报道）

法律（law）：通过立法确立，并由地方、各州及联邦政府赋予强制力的行为准则，规定了社区或社会事务的处理方式。（法律与电视新闻人）

导入（lead）：新闻节目的第一个镜头，目的是告知观众即将发生的事情。（讲述视觉报道）

导语（lead-in）：广播和电视节目中主持人的固定串词，用于介绍事件，导出视频或预先录制的音频。为使观众更好地理解，导语应立刻将故事展开，而非单纯作为一个后面故事的引子。这个术语还可以指引入广播或电视报道同期声的串词。（节目制作）

诽谤（libel）：利用与社会价值观相抵触的虚假信息，使他人遭致憎恨或谴责，或被嘲笑，以及社会评价降低。（法律与电视新闻人）

照明比率（lighting ratio）：照在物体上的最强光和最弱光的对比。（光线和照明的魔力）

有限进入（limited invitation）：一种记者的行为原则：即使在公共场合如饭店、超市，摄像行为也可能被禁止，记者行为被主要商业活动所限制，比如吃饭和购物。（法律与电视新闻人）

远景（long shot, LS）：拍摄物体的全景。（讲述视觉报道；电视拍摄的视觉语法）

仰拍（low-angle shot）：摄像机放在低处向上拍摄物体。观众会觉得物体处于主导地位，对物体的控制欲和优越感也会减少。（电视拍摄的视觉语法）

主镜头（master shot）：单台摄像机从一个地点以同样的焦距记录整个事件发生的镜头。（电视拍摄的视觉语法）

匹配动作（matched action）：剪辑时一个物体的动作显得很流畅，没有被镜头切换打断。另可参见"叠加动作"（讲述视觉报道；电视拍摄的视觉语法；视频剪辑）

最大景深（maximum depth of field）：景深的最大变化范围，或者是在给定焦距长度及光圈的情况下，一个场景中可以聚焦的东西。另可参见"浅景深"（拍摄电视新闻）

中景（medium shot）：相比于长镜头能够更近地观看物体，并且把物体与周围环境剥离。（讲述视觉报道；电视拍摄的视觉语法；现场镜头和远程报道）

台标（mike flag）：小的四边盒子，印有电视

台标志，一般出现在手持式麦克风上。（音轨）

积极切出（motivated cutaway）：为故事添加有用的新信息的剪切。（电视拍摄的视觉语法）

移摄（moving shot）：摄像机固定在轨道上跟踪拍摄一组动作。与摇摄不同，摄像师的目的是跟踪某一动作，而不是拍摄一个场景中所有静止物体。（电视拍摄的视觉语法）

多角度报道（multidimensional reporting）：试图提高观众观看体验的一种方式，尽可能调动观众的一切感官，让他们体会记者的所思所想，并做出反应。（提高现场报道能力）

"裸播"（记者出镜直播报道）（naked live）：直播电视节目，只有一名记者远程对着镜头讲话，没有支持视频或者事前录制好的采访。另可参见"蓝眼睛"、"吮指"。（现场镜头和远程报道）

自然声（natural sound）：环境中发出的自然的声音，经常可以提升观众的真实感。（讲述视觉报道；音轨；现场镜头和远程报道）

反向动作镜头（negative-action shot）：镜头中的动作远离摄像机。（电视拍摄的视觉语法；视频剪辑）

美国国家新闻摄像师协会（NPPA）（引言；记者的道德素养）

客观镜头（objective camera）：以一个旁观者的客观角度来记录。另可参见"主观镜头"。（电视拍摄的视觉语法）

欧姆（ohm）：电流的测量单位。（音轨）

全方向（omnidirectional）：麦克风拾音模式，可以记录各个方位的声音。（音轨）

单人乐队（one-person band）：摄像、采写、报道、剪辑全部由一个人负责。（拍摄电视新闻的现场技巧）

开放式阴影（open shade）：当户外环境没有直接光照，物体上方也没有任何东西遮挡来自天空的反射光，这时制作出来的阴影效果就是开放式阴影。（光线和照明的魔力）

光心（optical center）：镜头内的一个点，在这一点上进入的光线会先弯曲然后在成像的过程中聚焦到目标体上。（拍摄电视新闻）

重叠动作（overlapping action）：要剪辑的一个镜头中的动作也包含在另一个即将剪辑的镜头中。另可参见"匹配动作"。（电视拍摄的视觉语法；视频剪辑）

节目（package）：一个经过剪辑、要素齐全的新闻事件或新闻特写的视频报道，是由图像、音频、口播、自然声组成的完整整体。（讲述视觉报道；节目制作）

摇摄（pan）：摄像机架在三脚架上旋转，以便在一个镜头中获取全景，或者用手持摄像机以相同的方法移动拍摄。另可参见"移摄"。（电视拍摄的视觉语法）

平行剪辑（parallel cutting）：在独立但不断发展的动作镜头间插入。（视频剪辑）

透视（perspective）：摄制的物体和其他物体在某一距离上的大小之比，出现近大远小的规律。摄像机和人的肉眼在同一角度观察所得的视觉效果是一样的。（拍摄电视新闻）

电话采访（phoner）：录制或者直播的电话访谈，是电视报道的一个组成部分。（现场镜头和远程报道）

摄像记者（photojournalist）：运用摄像机来讲述故事或者新闻事件，而非仅仅拍摄图像。（讲述视觉报道）

补拍镜头（pickup shot）：任何一个强调主镜头动作中特殊元素的镜头，比如特写镜头、反应镜头、观点镜头，甚至是一个新的拍摄角度。另可参见"插入镜头"。（电视拍摄的视觉语法）

视角拍摄（point of view shot）：以主观视角进行的拍摄。（电视拍摄的视觉语法；视频剪辑）

集中报道（pool coverage）：努力减少做无用功，做到资源共享。一个新闻机构收集的信息和电视信号可以为其他利益集团所用。（法律与电视新闻人）

镜头跳转（pop cut）：视觉上的跳跃，通常是先在远距离变焦拍摄一个物体，然后跟进一个特写，由同一台摄像机完成而不将摄像机搬离原来的轨道。（视频剪辑；拍摄电视新闻的现场技巧）

公共信息官员（public information officer）：警察局、消防部门、司法部门或类似机构的官员，负责协调新闻报道和接近新闻事件，提供信息，在紧急情况发生时安排获得官方资源。（现场镜头和远程报道）

对焦切换（rack focus）：旋转对焦环把焦点从一个物体转移到另一个物体上。（拍摄电视新闻）

无线调频（radio frequency）：音视频信号传输的方式。（音轨）

反应镜头（reaction shot）：展示主体对前一个镜头中动作的反应的镜头。（电视拍摄的视觉语法；视频剪辑）

重建镜头（reestablishing shot）：和原始全景镜头相似的镜头。用来重新介绍地点或者重新引进一个动作。（电视拍摄的视觉语法）

远程报道（remote）：通过电话、无线电、微波转播设备或者卫星轨道传回的现场新闻报道。（现场镜头和远程报道）

报道式剪辑（reportorial editing）：事先策划好故事，包括故事逻辑和发展需要的图像、声音、文字以及其他制作元素。也是一种打腹稿的形式。（讲述视觉报道）

揭示镜头（reveal shot）：见"转场镜头"（电视拍摄的视觉语法）

反拍镜头（reverse-angle shot）：移动摄像机，以使其沿着前一个镜头的主轴回溯拍摄。（电视拍摄的视觉语法）

背景音（room tone）：特定环境周围的声音，在剪辑时插入以防止声音遗漏。（音轨）

美国广播电视新闻节目编导协会（RTNDA）（记者的道德素养）

三分定律（rule of thirds）：摄像构图的一种方式。视频显示框一般被横竖各分为三部分。物体应该被安排在线条交接的点上。（电像拍摄的视觉语法）

无线电扫描器（scanner）：持续监听警方、消防、航空、海岸卫队、军队以及类似机构的非商业调频的电台收听器。它可以帮助记者发现突发新闻。（现场镜头和远程报道）

屏幕空间（screen space）：画面中围绕主体的空间，包括头顶空间、人与人之间的间隔、主体移入的空间。屏幕空间如果运用不巧当的话会导致视觉不平衡。（电视拍摄的视觉语法）

序列镜头（sequence）：一个活动中一系列连续的镜头，其中动作从一个镜头过渡到另一个镜头显得非常自然，看起来好像是一个没被打断的事件。（讲述视觉报道；电视拍摄的视觉语法）

连续视频（sequential video）：制作出连续的、不被打断的流畅动作的视频，用来讲述一个故事、交流一种经历。（如何提高你讲故事的水平）

浅景深（shallow depth of field）：画面只有一小部分在焦点上，前景的物体清晰聚集，而背景则全部模糊。（拍摄电视新闻）

新闻记者保护法（shield law）：保护记者，使其有权拒绝透露机密信息来源的法律。（法律与电视新闻人）

侧逆照明（short lighting）：一种光照模式。所有光线照在物体离摄像机最近的一侧。（光线和照明的魔力）

镜头（shot）：摄像机打开至关闭期间记录下的素材。（电视拍摄的视觉语法）

短枪式麦克风（shotgun microphone）：长的圆柱形麦克风，拾音模式和远距镜头类似，可以收录 30 英尺甚至更远处的声音。（音轨）

情境伦理学（situational ethics）：根据可能产生的效应决定对事件的报道。情境伦理学有时会用于为不道德的记者行为辩护，也可能帮助或者伤害故事主体和（或者）记者本人。（记者的道德素养）

造谣（slander）：用口头方式而非书面方式诋毁一个人。通常情况下，电视机构不会被指控造谣，但是会被指控诽谤（用文字损害他人名誉），特别是在广播电视机构有脚本或者记录的情况下。（法律与电视新闻人）

快速变焦（snap zoom）：摄像师突然变动焦距，不停地拉近或拉远以得到画面的不同组合。如果剪辑的时候删掉一些帧，那就会产生两个完全独立的镜头。（电视拍摄的视觉语法）

软焦点（soft focus）：画面中失焦的场景或者区域。（拍摄电视新闻：基本要素）

同期声（SOT）：磁带中的声音，原声摘要的标准参考。（电视脚本格式；现场镜头和远程报道）

原声摘要（sound bite）：从访问、公众致辞、即兴评论中摘取的一小段，通常作为新闻的一部分播出。（讲述视觉报道）

镜面反射（specular light）：由直射光产生的强烈明暗对比效果。（光线和照明的魔力）

分散一集中展示（split-focus presentation）：在现场报道中与主持人互动时，记者在主持人和观众之间分配注意力（通过摄像机）。（提高现场报道能力）

突发新闻（spot news）：突然爆发、没有预警的硬新闻，如火灾、爆炸、空难、飓风、龙卷风。多数突发新闻的标志就是它们的不可预见性。（讲述视觉报道；节目写作；如何提高你讲故事的能力；现场镜头和远程报道）

摆拍（staging）：让人们在镜头前做他们在现实生活中通常不会做的事情，或指示人们做不符合其个性的事。（电视拍摄的视觉语法；拍摄电视新闻的现场技巧）

出镜（standup）：现场记者在镜头前播报一些话语。（讲述视觉报道；节目写作；现场镜头和远程报道；提高现场报道能力）

故事版（storyboard）：以手绘的图片或者视频中的单帧，代表视频故事中的事件场景或者事件顺序。类似于卡通版，故事版可以是手绘的、电脑生成的，或者是大脑中幻灯片式的重现。（讲述视觉报道；节目制作）

主观镜头（subjective camera）：以主观视角拍摄的镜头。请参见"视角拍摄"。（电视拍摄的视觉语法）

传讯（subpoena）：法院收集文档或其他信息的命令，包括要求提供直播录像带、记者的笔记，还有可能是信息源的名字。（法律与电视新闻人）

长焦镜头（telephoto lens）：以比拍摄正常的透视效果所需焦距更长的焦距拍摄的镜头。（拍摄电视新闻）

"吮指"（记者直播出镜报道）（thumb sucker）：只有一名记者远程对着镜头讲话，没有支持视频或者事前录制好的采访的直播节目。请参见"蓝眼睛"、"裸播"。（现场镜头和远程报道）

转场（toss）：从演播室主持人到现场记者的切换。当记者播报完后，切换或"转"给演播室主持人。（电视脚本格式；现场镜头和远程报道）

跟踪拍摄（tracking shot）：通过移动摄像机来保证移动的物体始终在镜头中。有时也指"移动拍摄"。（电视拍摄的视觉语法）

转场镜头（transition shot）：把观众的注意力从一个场景的结束转移到另一个场景开始的镜头（比如，轮船汽笛可以作为从码头鱼市切换到渔船的转场镜头）。转场镜头也叫作"揭示镜头"。（电视拍摄的视觉语法；视频剪辑）

非法入侵（trespass）：对于另一方土地、财产、住所的非法进入。也指对他人财产和权利的非法伤害。（法律与电视新闻人）

推轨镜头（trucking shot）：物体固定，摄像机移动拍摄。（电视拍摄的视觉语法）

T/Stop：镜头光圈参数，和 F/Stop 在某种程度上类似。但是 T/Stop 考虑了镜头吸收光线的各种性能。（拍摄电视新闻）

双人镜头（two shot）：同时显示两个人的镜头。（电视拍摄的视觉语法；现场镜头和远程报道）

电视画面截留（TV cutoff）：由于设计问题或者错误调试，家庭电视接收器在接收传输过来的图像时，无法显现其边缘。（电视拍摄的视觉语法）

伞状照明（umbrella lighting）：一种柔和的间接光，由将人造光射入金属色耐热伞而得到。（光线和照明的魔力）

单向（unidirectional）：一种麦克风拾音方式，只有麦克风前的声音会被记录下来。（音轨）

录像机（VCR）：视频磁带记录器。（拍摄电视新闻）

视觉语法（visual grammar）：重新组织事件的视觉规则，包括原始镜头、现场记录、素材剪辑的过程。（电视拍摄的视觉语法）

画外音（voice over）：画面之外的口播。记者的声音可以出现在屏幕的画面之外。（电视脚本格式）

墙纸视频（wallpaper video）：图像并无多少意义，但是主体事件足以阐释记者的脚本。请参见"无关画面"和"泛型视频"。（引子）

白平衡（white balance）：为在现有光照环境中制造纯白色而对摄像机电路所做的调试；也即没有其他颜色的纯白色。（拍摄电视新闻）

白光（white light）：一个物体在镜头前处于自然、未受影响、情感透明情况下的状态。（拍摄电视新闻的现场技巧）

留白（white space）：画外音口播的间断，允许图像和声音插入，以使观众更加直接地融入故事中。（讲述视觉报道）

广角镜头（wide-angle lens）：以比拍摄正常透视效果所需焦距更宽的焦距拍摄的镜头。（拍摄电视新闻）

野外声音（wild sound）：环境中发出的自然声，帮助传达一种亲历的感觉，经常可以提升听

众或者观众的真实感。（讲述视觉报道）

防风罩（windscreen）：麦克风上泡沫或金属质地的网状物，可以减少由风产生的噪音。（音轨）

擦除（wipe）：一种光效。一个镜头插入，使得另一个镜头在屏幕上消失。（电视拍摄的视觉语法；视频剪辑）

万维网（World Wide Web）：一个为电脑网络用户提供大量资料及接入各种媒介的信息系统。另可参见"互联网"，即连接光缆和电脑的全球网络。

变焦拍摄（zoom shot）：在固定的地点持续改变焦距的拍摄方式。当镜头"拉近"时，物体就会变大，并会离屏幕更近；当镜头"拉远"时，物体就会变小，同时离屏幕更远。（电视拍摄的视觉语法；拍摄电视新闻的现场技巧）

变焦镜头（zoom lens）：可持续变换焦距的镜头，其焦距变化范围从广角到长焦，比如 12～120mm 或者 25～250mm。（拍摄电视新闻）

后 记

从1996年开始，我在中国人民大学新闻学院教授电视摄像、电视制作、电视新闻制作等相关课程。回顾这十几年的职业生涯，可以清晰地观察到：电视制作是一门以实践为主导的课程，偏重具体的技能训练——然而，这门课的教学效果，除了跟任课教师的水平、教学方法、教学设备等有关之外，更为重要的，还是在于学生的主观能动性。作为一门实践课，学生如果缺少日常的训练，或者说缺少创作的热情，那么无论老师讲课水平如何高、设备如何先进，学生的实际制作水平都是难以真正提高的。

如果从专业水准的角度去衡量国内新闻传媒院校的电视制作及电视新闻制作的相关课程，我认为都存在教学效果差强人意的问题，很多学过这门课的学生到毕业的时候，也迈不过专业水准的门槛。在一个学期的课程中，学生能够动手做的作业量有限，在课堂中的讲授无法弥补动手不足所造成的局限。这一问题，我相信也存在于其他实践类课程中。

中国人民大学出版社在2011年跟我商谈《视频基础》和《电视现场制作与报道》两本教材的翻译工作，经过慎重考虑，我决定承接这项任务。最主要的考量正如前文所述：国内的电视制作课程，需要加大对实践环节的开拓。而国外的这一类教材跟国内教材的最大区别在于：国外教材大都注重细节和实际操作的展示，很多时候达到了不厌其烦的程度。可以说，国外的这一类教材，更像是一款电子产品的使用说明书，包括图解、案例等，完全把读者当作零基础的新手。再看国内教材，包括我自己的几本相关著作，都侧重理论讲述，大多数案例和展示，都把读者预设为"一点即通"，所以国内教材看上去较为简洁。正是基于这一差异，引进国外教材的最大价值大概就在于——事无巨细的讲解，可以为读者阅读之后的动手实践提供周到的服务。无论在哪个环节上有迷惑，一查这些教材，都能找到案例和细节的展示。

当然，这两本教材也有其他的优势，比如，在讲授制作技巧和理念的同时，注意将偏理工科的技术知识融入进来；还有，在现场制作和新闻报道等方面，国外的实践观念有很多值得国内学习的地方，读者们可以在阅读学习中仔细加以体会。

这两本教材的翻译，要特别感谢以下人员的初译工作：

马平、毕晓洋、薛艳雯、崔洁涵和贾明锐。他们每人都承担了两本书2～3章的初译工作。

贾明锐参与了译校环节的工作。石昊、丁步亭对两本书的翻译工作亦有贡献。

这两本教材适合作为电视制作相关课程的配套参考书，对于弥补国内电视制作教学相关的短板有着明显的益处。

此外，由于水平所限，加上国内外有关技术、设备等的名词难免存在不对等、不匹配的现象，在翻译中如果出现差错，还请各方读者不吝赐教，我们虚心接受，不断完善。

雷蔚真
中国人民大学明德新闻楼
2012年10月

图书在版编目（CIP）数据

电视现场制作与报道. 第 5 版／（美）舒克，（美）拉森，（美）塔尔西奥著；雷蔚真主译. —北京：中国人民大学出版社，2012.5

（新闻与传播学译丛·国外经典教材系列）

ISBN 978-7-300-15648-4

Ⅰ.①电… Ⅱ.①舒… ②拉… ③塔… ④雷… Ⅲ.①电视节目-制作 ②电视新闻-新闻报道 Ⅳ.①G222

中国版本图书馆 CIP 数据核字（2012）第 079038 号

新闻与传播学译丛·国外经典教材系列

电视现场制作与报道

（第五版）

［美］弗雷德·舒克 约翰·拉森 约翰·德·塔尔西奥 著

雷蔚真 主译

贾明锐 译校

Dianshi Xianchang Zhizuo yu Baodao

出版发行	中国人民大学出版社			
社　　址	北京中关村大街 31 号		**邮政编码**	100080
电　　话	010 - 62511242（总编室）			010 - 62511398（质管部）
	010 - 82501766（邮购部）			010 - 62514148（门市部）
	010 - 62515195（发行公司）			010 - 62515275（盗版举报）
网　　址	http://www.crup.com.cn			
	http://www.ttrnet.com（人大教研网）			
经　　销	新华书店			
印　　刷	涿州市星河印刷有限公司			
规　　格	215 mm×275 mm　16 开本		**版　　次**	2013 年 1 月第 1 版
印　　张	20.75 插页 2		**印　　次**	2013 年 1 月第 1 次印刷
字　　数	564 000		**定　　价**	49.80 元

　　为了确保您及时有效地申请培生整体教学资源,请您务必完整填写如下表格,加盖学院的公章后传真给我们,我们将会在 2～3 个工作日内为您处理。

　　需要申请的资源(请在您需要的项目后划"√"):

□ 教师手册、PPT、题库、试卷生成器等常规教辅资源

□ MyLab 学科在线教学作业系统

□ CourseConnect 整体教学方案解决平台

请填写所需教辅的开课信息:

采用教材			□ 中文版 □ 英文版 □ 双语版
作　者		出版社	
版　次		ISBN	
课程时间	始于　　年　月　日	学生人数	
	止于　　年　月　日	学生年级	□ 专科　　□ 本科 1/2 年级 □ 研究生　□ 本科 3/4 年级

请填写您的个人信息:

学　校			
院系/专业			
姓　名		职　称	□ 助教 □ 讲师 □ 副教授 □ 教授
通信地址/邮编			
手　机	电　话		
传　真			
official email(必填) (eg:XXX@ruc.edu.cn)		email (eg:XXX@163.com)	
是否愿意接受我们定期的新书讯息通知:　□ 是　□ 否			

系 / 院主任:_____(签字)

(系 / 院办公室章)

___年___月___日

100013　北京市东城区北三环东路 36 号环球贸易中心 D 座 1208 室

电话:(8610)57355169

传真:(8610)58257961

Please send this form to:Service. CN@pearson.com

Website:www. pearsonhighered. com/educator